KB074007

우키요에
풍경 속에 담긴 숨은 그림
-기호와 사상-

김 애 경

지식과교양

머리말

이 책은 2013년 출판된 『일본의 우키요에 풍경화 속에 담긴 사상』이 절판되었으나 독자들의 꾸준한 요청이 있어 새롭게 편집되어 다시 세상에 나오게 되었다.

미술은 봄(시각)의 문제이기도 하지만 눈멈의 문제이기도 하다. 즉 그림은 특정 관점을 통해 볼 수 있는 문제일 뿐만 아니라 빠뜨려진 것에 관한 문제이기도 하다는 것이다. 박사학위 논문 탈고 직후 히로시게의 초판 그림을 보러 동경 오타미술관을 다시 찾았다. 논문 심사위원 중 한 분이셨던 이미림 교수님의 말이 생각나서였다. "히로시게! 내가 너의 그림에 대하여 썼어. 이제 말해줘 봐! 라고 하면 히로시게가 대답해 줄 것"이라고 했던 그 말이 인상적으로 가슴 한구석에 남아 있었다. 새삼스럽게 가슴을 두근거리며 오타미술관 입구로 들어섰다.

'이젠 말해 줄까? 내가 몰랐던 것을 …' '그게 뭘까? 뭘까?' 하면서 그림 앞으로 슬금슬금 다가갔다. 그림 안에 숨겨진 새로운 의미…. 내가 알고자 했던 것들! 마치 숨은그림찾기라도 하듯 목을 쑥 빼서 뚫어지라 유리 안의 그림들을 주시했다. '이제 말해줘 봐' 수없이 상상해본 그 시대의 생활 모습과 중요한 사건 사고들이 눈앞에 파노라마 처럼 펼쳐진다. 마을 입구의 도리이, 신사, 불각, 카츠오기, 봉긋한 숲, 진수의 모리, 난간법수, 후지산, 쓰쿠바산, 스미다강, 저아선, 지붕배, 홍등, 찻집, 유곽, 유녀… 등등의 키워드가 보인다.

본디 '우키요에'란 17~18세기 에도시대의 덧없는 세상, 현세를 그린 그림이라는 뜻이다. 주로 여인과 기녀, 광대, 명소의 풍경, 사회현상 등을 중심 주제로 하고 있는 상업예술이다. 이른바 '기분 전환과 쾌락을 위한 기술'에 부합되는 예술작품 군이나 현재에도 그 독특한 평면성과 양식성이 애니메이션이나 현대 회화에서 끊임없이 응용되고 있다. 그리고 무엇보다도 우키요에는 '자포니즘'을 비롯하여 한 세기를 풍미한 고흐, 모네 등 유럽의 인상파 화가에게 직간접적으로 영향을 부여한 작품 군으로도 유명하다. 서민예술로서 일본인의 정신성의 근원이 표상된 매체라고 할 수 있다.

우키요에 풍경화의 대가 히로시게에 대한 평판은 일반적으로 서양에서부터 시작되어 '눈과 달과 꽃의 화가'로 알려져 있다. 그의 대부분의 작품들은 자연미가 풍부하고 기교적이기 때문에 일반적으로 히로시게 그림의 특성을 이야기 할 때 작품의 내용보다 표면적으로 드러나는 서정성만이 강조되곤 한다. 히로시게의 많은 작품들이 자연미와 서정성을 과시하는 것은 사실이지만, 히로시게라는 인간의 성장과정과 당시의 사상을 이해하게 된다면 그의 그림 안에 숨겨진 새로운 비밀들을 발견할 수 있다. 그는 일생동안 적극적으로 종교적 요소를 그림에 반영한 대표적인 우키요에 화가이다. 그는 다양한 작품들 속에서 자신의 종교적인 믿음을 상당히 구체적으로 표현하고 있다.

본서는 히로시게의 우키요에 작품의 전반을 이루는 해당시대의 이데올로기에 주목하면서 그림의 〈정형(定型)〉을 형성하고 있는 주요한 시각 모티브인 소재, 구도, 색 등 조형적 요소의 상징성을 분석하여 히로시게의 풍경판화가 지니고 있는 본질적 성격과 기능을 파악하고자했다. 즉 그가 우키요에 풍경화에서 구사한 특별한 상징 모티브들이 그의 그림에서 어떠한 방식으로 기능하였는지 파악함으로써 인간의 본질 속에 내재하는 종교성과 그것이 그림으로 표상된 사실들을 해석함으로써 우키요에 작품들에 대한 색다른 시각을 제시했다.

히로시게는 일생동안 다량의 작품을 남겼는데, 그 중 종교적 요소는 그의 우키요에에서 큰 비중을 차지하며, 이 점은 다른 우키요에 화가들에게서 찾아보기 힘든 특징으로, 그의 작품이 연구할 만한 당위성을 지니게 하는 점이다. 본서에서는 특별히 히로시게의 데뷔작《동해도 53역참(東海道53次)》과 최만년의 《명소에도백경(名所江戶百景)》을 중점적으로 살펴보았다. 화가에게 있어서 데뷔와 최만년은 특별한 의미를 지니고 있다. 특히 최만년의 대작인《명소에도백경》은 장장 118점으로 이어진 연작으로 운명 직전까지 제작이 진행되었고, 히로시게의 일생일대를 종합한 성격의 작품집이라는 점에서 이 작품집을 분석하는 것은 히로시게의 작품성향을 바르게 이해하는데 도움을 줄 것이다.

이상과 같은 관점에서 본서의 독창성은 다음과 같다.

첫째, 우키요에 작품군 중 풍경을 소재로 한 장르를 분석함에 있어 종래의 양식변천사와는 달리 그것을 생산하고 수요한 당시 사람들의 의식 및 가치체계와 연관시켰다.

둘째, 전통 예술 속에 담긴 사상이라는 큰 흐름 아래 우키요에 풍경화의 전체적인 배경을 종교 사상을 축으로 일관성 있게 구성하였다.

〈메이쇼에(名所繪)〉에서 비롯된 〈우키요에 풍경화〉라는 이름으로의 변천과정에서 '풍경'이라는 단어가 포함하고 있는 이데올로기적 기본개념에 대한 확실한 이해를 바탕으로 하였다. 특히 그림에서 풍경의 의미와 풍경에 포함된 종교행위를 부각시키며, 일본의 종교문화 및 사상을 알기 쉽고 신선하게 재해석하고저 했다.

셋째, 풍경화 속의 상징적 표상을 기호의 집합체로 보고 '작품의 기호가 행동을 유발한다'는 이론을 적용한 그림의 기호행동론이란 방법론에 입각하여 작품 해석을 하였고, 해석 시 호쿠사이 등 다른 화가의 우키요에 및 다양한 종류의 화집과 지지류를 매개로 사용하였다. 나아가 전통적으로 중요하게 다루어져 온 기호학의 기초이론에서부터 상당한 수준의 고급이론에 이르기까지 우키요에를 연구하는 학부나 대학원과정에 있는 학생들에게 분석의 전반적인 영역을 체계적으로 이해할 수 있도록 도식화, 도표화하였다.

본서는 풍경소재 우키요에 뿐만 아니라 다른 소재의 우키요에 해석에도 도움을 주고, 나아가 일본의 우키요에를 새로운 관점에서 연구할 수 있는 길을 열어놓고 연구 방향 및 방법론을 제시하였다.

이 책의 출판을 위해서 많은 분들의 도움을 받았다. 우선 지도교수이신 박규태 교수님께 무한감사를 드리고 싶다. 작은 일 하나도 놓치지 않으시고 지도와 조언을 주셨다. 지도교수님을 만나지 못했다면 히로시게의 우키요에 풍경화를 이렇게 깊이 연구하지 않았을 것이다. 그저 피상적인 색조와 서정성에 감명 받으며 단순한 문화적인 충격에 머물렀을지도 모르겠다. 또한 일본 문학을 깊이 있게 탐독하는 법을 가르쳐주신 김영철교수님, 윤상인교수님께 감사드린다. 또한 박사논문 한 페이지마다 일일이 표시해주시며 가르침을 주신 정형교수님, 예리한 지적으로 몽매한 미술사적 관점에서 퍼뜩 눈을 뜨게 해주신 김용철교수님, 이미림교수님께 감사드린다. 또한 뒤늦게 불타오른 향학열에 지레 지쳐있을 때 믿음과 사랑으로 끝까지 격려해준 가족, 친구, 동료, 선후배 등 이루 헤아릴 수 없이 많은 분들에게도 진심으로 감사와 존경의 마음을 표하고 싶다.

  마지막으로 어려운 여건 속에서도 출판해주신 지식과교양의 윤석산 사장님과 편집자 여러분에게 감사의 마음을 전한다.

2020. 김 애 경

8

| 차례 |

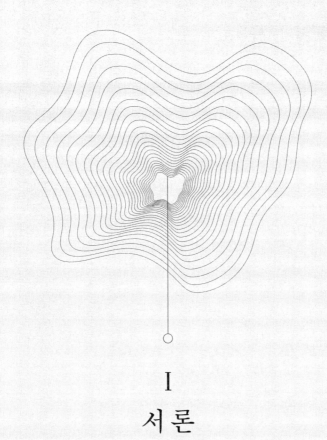

I

서론

1. 연구목적과 문제의식

　일본인의 미의식은 고래로 부터 종교사상과 불가분의 관계를 맺으며 외부에서 새로운 문화가 전래될 때마다 일대 전환기를 맞이하여 독창적인 기법으로 발전시켜나갔다. 첫 번째 전환기는 6세기 중반 불교와 함께 전래된 불교문화로서 본격적인 무사 집단인 막부(幕府)가 정권을 잡은 가마쿠라(鎌倉)시대까지 이어지며 오랜 기간 동안 일본 미의식 발전에 커다란 족적을 남겼다. 두 번째 전환기는 13세기에 전해진 송의 문화인 선종(禪宗)으로 일본 고유의 미의식을 발전시키는 데 기여하여 다도(茶道)와 노(能)의 체계를 완성시켰다. 세 번째 전환기는 16세기부터 시작된 남만(南蛮)문화라 불리던 기독교를 비롯한 서양문화와의 접촉을 통하여 변화하였고 이후 19세기 후반 서양화에 대응하는 미의식인 일본화의 개념이 형성되었다.

　최초의 「풍경화」라는 용어도 이 시기에 나타났다. 이 시기 「풍경화」의 사전적 의미나 미술잡지 및 화가들이 사용한 용어의 용례를 검토하면 미술용어로서의 「산수」, 「경색」에서 「풍경」으로 변천되어 있는 것을 알 수 있다.[1] 「풍경화」라는 용어는 1897년에 최초로 보이고, 「풍경화가」에 대해서는 1900년에 최초로 보인다는 것을 현 시점에서 알수 있고, 「풍경화」와 「풍경화가」라는 표현의 출현이 근대미술사의 어떤 변화의 출현과 일치하고 있고 역사성 및 사상성으로의 독립이 여기에 반영되어있다.[2] 그러므로 일본에서 풍경화란 용어의 사용은 단순히 미술용어인 「산수」, 「경색」이라는 용어가 「풍경」이라는 용어로의 변천을 의미하는 것이 아니고 용어 전환의 이면에는 그 용어의 사용을 당연하게 하는 의미와 역사를 내포하고 있는 것이나.

특히 동 서양 구분 없이 일본 미술사의 한 면을 차지하고 있는 우키요에(浮世繪)[3] 분야에 있어서 「풍경」이라는 용어의 이면에 내포한 의미심장한 뜻은 1914(大正3)년 고지마 우스이(小島烏水)의 『우키요에와 풍경화(浮世繪と風景畵)』[4]를 최초의 시발점으로 사용하기 시작하여 「우키요에」연구 전반, 특히 히로시게(廣重)[5] 풍경판화 연구에 영향을 주며 현재까지 우키요에 풍경화(浮世繪風景畵)[6]론의 통설로 정착

---

1) 松本誠一(1993)「風景畵の成立 日本近代洋畵の場合」『美學』175호, 東京大學出版會, 55쪽.
2) 松本誠一(1993) 같은 글.
3) 주로 근세에 성행하여 현대에까지 그 영향을 보유하고 있는 일본회화의 일종. 근세 초기 풍속화로 시작하여 민속화, 야마토에(大和繪), 한화(漢畵), 가노(狩野), 도사(土佐), 양풍화(洋風畵), 림파(琳派) 등 다양한 유파와 양식을 도입해 소화하여 근세문화 뿐만 아니라 일본문화를 대표하는 회화가 되었다(國際浮世繪學會(2008) 『浮世繪大事典』, 東京堂出版, 44쪽).
4) 小島烏水(1914)『浮世繪と風景畵』, 前川文榮閣.
5) 우타가와 히로시게(歌川廣重: 1797-1858): 가쓰시카 호쿠사이(葛飾北齋)나 우타가와 도요쿠니(歌川豊國), 우타가와 구니사다(歌川國貞) 등과 함께 에도시대를 대표하는 우키요에 화가(國際浮世繪學會(2008) 앞의 책, 67쪽).
6) 메이쇼에(名所繪)의 별칭. 일본의 풍경 풍속을 주로 그린 우키요에의 한 장르.

하였다. 그러나 고지마의 『우키요에와 풍경화』의 집필동기[7]는 19세기 후반 유럽을 석권한 일본풍 유행에 따른 우키요에에 대한 서양의 관심을 빼놓고는 생각할 수 없고 게다가 이 책은 일본경관의 정신적 특징을 설하고 있는 시가 시게타카(志賀重昂)의 『일본풍경론(日本風景論)』[8]을 모태로 하고 있다는 것에 이미 모순점을 내재하고 있다. 즉 시가의 책에서 「풍경론」이라는 용어가 내포한 의미는 인간부재, 사회, 역사, 종교의 부재를 전제로 형성된 자연과학적인 개념이기 때문이다.[9]

그러나 주지의 사실로 에도시대 「우키요에」의 본질은 「우키요(浮世)」[10]를 그린 「그림(繪)」이라는 단어에서 감지할 수 있듯이 찰나적이

---

7) 1867년 파리 만국박람회를 계기로 히로시게의 우키요에가 상인들의 손에서 유통되기 시작하였고 서양의 수집가들이 수집하기 시작하면서 일본의 우키요에가 해외로 이산(離散)되는 와중에 집필되었다. 고지마는 책의 집필동기의 하나로 책을 집필하는 것이 해외유출을 방지할 간단한 길이 될 것이라고 믿었다(小島烏水(1914) 앞의 책, 405쪽).

8) 『일본풍경론』의 초판은 청일전쟁 중인 메이지27(明治27: 1894)년 정교사(政敎社)에서 간행되어 이후 1897년까지 3년 사이에 책의 내용이 보충되고 개정되어 15판을 찍었다. 이후 고지마 우스이(小島烏水)의 그림 해설을 첨부하여 1937년에 간행되었다.

9) 『일본풍경론』의 내용적 특징은 일본의 토지를 구미나 조선반도, 중국의 토지와 비교하여 설하고 있는 점이다. 특히 일본의 풍경이 우월하다는 것을 기후, 해양, 지형 등의 비교에 기본하고 있다. 일본풍경이 우월한 이유를 수증기(水蒸氣)가 많은 것, 유수(流水)에 의한 침식이 격렬(激烈)한 것, 해류(海流)의 다양, 화산이 많은 것을 우키요에를 연상시키는 그림을 첨부하는 방식으로 비교하여 일본풍경의 정신적 특징을 설하고 있다.

10) '우키요(浮世)'라는 단어는 중국에서 『장자(莊子)』의 '우세(浮生)'라는 단어의 의미를 계승하여 생성되었다. 무위자연(無爲自然), 흘러가듯 세상의 모든 것을 수락하여 살아가는 것이 '우세'이고, '우키요'는 그런 '우세'의 관념에 따라 모든 것을 자연체 그대로 받아들여 살아가는 세상이다. '우키요'에 대한 일본에서의 첫 출례는 헤이안시대(794-1185)초기의 『이세모노가타리(伊勢物語)』82단에서 보이고,

고 가장 실감나는 인간현실의 이야기를 그림으로 번안한 것이다. 「우
키요에」의 어디를 펼쳐보아도 십중팔구는 속(俗)적인 것이고, 그 속
은 신앙적인 것과 밀접하게 연관되어 있어서 천황이나 신사, 사찰, 유
곽, 유녀에 대한 무수한 키워드는 자연과학적인 개념과는 거리가 멀
다. 각 시대가 요구하는 시대정신은 「풍경」에 대한 「미의식」의 본질이
어떠했던 간에 상관없이 보이는 대로의 보편적인 특성만을 부각시켜
「풍경」 상호간 우열의 비교 소재로 사용하고 있음을 알 수 있다.

　본 연구는 이러한 점에 착안하여 막말에 유행한 「우키요에」 중 히로
시게의 「우키요에 풍경화」 장르에 초점을 두고 이 장르의 대표적인 특
징으로 사람들에게 회자되고 있는 동위성 – 메시지 또는 텍스트를 구
성하는 각 요소의 의미가 지닌 공통분모 또는 의미 연결의 일관성-을
그것을 잉태시킨 시대정신 및 가치체계를 기조로 하여 새로운 해석을
제시하고자한다.

　히로시게의 『명소에도백경(名所江戶百景)』[11]을 분석대상으로 선택
한 이유는 첫째, 에도말기의 풍경화를 그것을 생산하고 수요한 사람
들의 시대정신 및 가치체계라는 관점에서 보았을 때, 가장 대중적으
로 넓게 지지를 받았던 히로시게의 작품이 연구대상으로 적합하다고

　그 의미는 '우세'로 통하는 '우키요'이었지만, 헤이안시대 말기부터 일본인에게 침
　투한 정토(淨土)사상이나 말법(末法)사상의 영향을 받아서 우키요(浮世)는 괴롭
　고 슬픈 세상이라는 의미인 '우키요(憂世)'로 변했다. 그러나 긴 전란(戰亂)이 끝
　난 근세초기 '우키요(憂世)'는 다시 '우키요(浮世)'가 되어 향락적인 의미를 첨부
　하였지만 근저에는 자연체 우키요관(浮世觀)이 있다.(國際浮世繪學會(2008) 앞
　의 책).
11) 우타가와 히로시게 최 만년의 시리즈물(총118장). 막말 에도의 풍경 풍속을 주제
　로 한 집대성 대작으로 19세기 후반 유럽에서 인기를 얻기 시작하면서 인상파 및
　후기인상파 모네, 고흐 등에게 강한 영향을 부여한 우키요에로서도 알려져 있다.

생각했기 때문이다. 둘째, 전체 구성(118점)의 100점 정도가 신앙적 요소를 표상하고 있는 작품집으로 이 시리즈물의 의의는 어떻게 신생 도시 에도가 신앙적 구조물로 가득한 공간으로 변화하였는지를 위화 감 없는 자연적 모티브를 통하여 명백하게 표상하고 있다는 점에서 찾을 수 있기 때문이다. 셋째, 에도에서 활동한 막말 히로시게의 「우 키요에 풍경화」는 모티브들의 개성을 미술사나 문학사에서 착안한 작 품이나 조형물, 동 식물, 혹은 다양한 문화물들에서 신앙적 이미지를 차용하여 주제 모티브와 현실적인 결합을 시도하여 기호화시키고 있 다는 점이다. 넷째, 그럼에도 불구하고 종교사상을 구심점으로 하는 연구는 찾아보기 힘들고 히로시게 작품연구의 대부분은 예술성과 조 형성, 자포니즘, 동서양 교류의 문제에 치우쳐있다는 점 등을 들 수 있 다.

단, 에도시대의 「우키요에 풍경화」는 다양한 모티브로 구성되어 있 어서 그 내용을 분류하는 것은 간단하지 않다. 더욱이 히로시게 그림 의 특징은 의도하고 있는 주제를 직접 표현하지 않고 상징적인 기법 을 다용하였다.[12] 그러므로 본 논문에서는 상징적 의미 차용이 많은 히로시게 그림의 특성상, 분석에 있어서 경험적이고 직관적인 해석도 무시할 수 없지만 기호학으로 작품의 상징을 읽어내는 방법론을 적용 하였다. 이 방법론은 자칫 예술적인 이미지를 망가뜨릴 수도 있다는 관점에서 비판되고 있으나 기존의 경험적이고 직관적인 상식에만 의 존하던 우키요에 분석과는 대별되는 과학적이고 논리적인 분석방법

---

12) 핵심 주제를 가장자리에 표현하거나 일부만을 잘라서 확대하거나 특정 장소를 연 상시키는 모티브를 삽입함으로서 감상자에게 의도하였던 내용을 연상시키는 작 법이 특징이다.

이다. 또 정보를 매개로 기호 이미지를 통한 의미내용 분석은 의미생
성 경로를 예견할 수 있게 하고 분석적 논리와 더불어 미학적인 면의
음미도 가능하게 할 것이라고 생각한다.

  본 논문의 목적은 히로시게의「우키요에 풍경화」를 종교 사상적 관
점에서 그림의「기호행동론」이라는 이론적 틀을 적용하여 새롭게 해
석하는 것이다. 구체적으로는 히로시게의『명소에도백경』시리즈물
을「기호행동론」이라는 분석틀을 적용하여 초창기 연구인 고지마의
『우키요에와 풍경화』연구에서 예술성에 치우쳐 간과된 주제를 표면
화하여 분석해 보는 것이 목표이다.「기호행동론」이란 기호-인지-행
동의 관계를 논자가 명명한 것이다.

  예를 들어「우키요에 풍경화」에서 종래는 단순한 '스미다(隅田)강
주변 묘사' 라고 생각하고 있던 상징 기호들을 '종교 참예를 위한 의식
을 행한다'[13] 또는 '요시와라(吉原)에 왕래한다'[14] 라는 행동을 의미하
는 것으로 해독하여 기호와의 의미 관계를 파악하는 것이다. 이것은
기호화된 행동론으로『명소에도백경』이 제한된 화폭(약 39 26.5cm)
안에서 효과적인 정보전달 행위를 위하여 '상징성을 공유하는 기호를
다용하였을 것이다' 라는 전제 하에 그 상징의 원리를 파악하기 위해
서는 기호학의 개념이 필요하고, 그 기호는 '당시의 사회문맥에 상응

---

13) 신도에서 중대한 신도 의식이나 행사를 치르기 전에, 또는 치르고 있는 와중에 자
   신의 몸을 폭포, 강이나 바다에서 정화하는 미소기(禊) 미즈고리(水垢離)의식을
   행하였다.
14) 요시와라는 일본의 전통적 공창제(公娼制)에 의한 유곽거리 중 하나로 에도(현
   동경)에 있었던 것으로 일대 환락가 사교장으로 번창하면서 에도문화(江戶文化)
   의 중심에 있었다. 당시 유곽으로의 왕래는 보편적인 가치체계를 지닌 사회현상
   이었다.

하는 특정한 행동을 암시하는 수단으로 표상되었을 것이다' 라는 가설에 기초한다.

위의 가설은 이론적으로 많은 어려움을 내포하고 있다. 사실상 시각 이미지의 상징체계는 구어적 상징체계에 비하여 유연한 가변적 장치로서 사회 과학적인 접근이 쉽지 않고 또 시각적인 기호의 생산자와 수용자 사이에 일치된 의미작용이 일어나게 한다는 것이 어렵기 때문이다. 그러나 본 논문의 분석대상인 「우키요에 풍경화」는 구조적으로 생산자와 수용자 사이에 일치한 의미작용이 비교적 쉽게 일어날 수 있는 상업 예술이었다는 점에서 가능한 전제였다.

우키요에의 연구에 대한 방법론적 관심이 증가하고는 있지만 실제적으로 각 장르에 포함된 메시지에 대한 연구 특히 시각적인 메시지와 상징에 대한 논리적인 연구는 매우 취약한 편이다. 이러한 시점에서 그림의 「기호행동론」은 우키요에 작품에 내포된 다의적 의미작용의 논리적인 분석틀을 새로운 관점에서 제공할 수 있다고 생각한다. 「우키요에 풍경화」를 기호의 텍스트로 보고 해석하는 방법론은 에도를 보다 철저히 표면적인 일상 세계뿐 아니라 심상의 세계(상징세계)를 포함하여 해독하게 함으로서 「우키요에 풍경화」를 새로운 관점에서 평가하게 할 수 있을 것이다.

그러나 본 논문은 선행 연구 성과의 큰 축척 위에 성립하고 있다. 그러므로 자신의 고찰에 들어가기 전에 「우키요에 풍경화」의 총체적 연구사 위에서 성립한 풍경화란 정신적 개념을 개관하고 히로시게의 「우키요에 풍경화」 연구사 및 『명소에도백경』 연구의 경과와 현 상황을 파악한 후 논자 자신의 연구 관점을 제시하고자 한다.

2. 「우키요에 풍경화」의 연구사

2-1. 「우키요에 풍경화」연구사

일본의 우키요에 연구는 개항 후 메이지27(明治27: 1894)년 이지마 쿄신(飯島虛心)의 『가쓰시카 호쿠사이전(葛飾北齋伝)』이나 『우키요에서 우타가와 열전(浮世繪師歌川列伝)』과 같이 작가의 전기 연구를 중심으로 전개되어 왔다.

우키요에의 「풍경」이라는 주제에 초점을 맞춘 연구는 1900년대에 들어서서 본격적으로 시작되었다. 전술했듯이 연구의 최초의 시발점이 된 것은 다이쇼3년(大正3: 1914)년 고지마 우스이(小島烏水)의 『우키요에와 풍경화』라는 저서이다.

고지마의 연구는 우키요에 연구 특히 히로시게 풍경판화 연구 시 필독서로 알려져 있고 이후의 「우키요에 풍경화」 연구 전반에 영향을 주며 우키요에 '풍경화론의 통설'을 정착시켰다는 점에서 선행연구의 시대적 고찰을 시작하기 전에 반드시 자세히 파악할 필요가 있는 책이다. 이 책은 한문을 기조로 한 연구서이다. 제목은 우키요에와 풍경

화를 병렬시키고 있으나, 그 둘의 관계를 서술하고 있는 내용이 아니
고 '우키요에에 나타난 풍경화'라는 의미로 근세 후기에 출현한 풍경
판화를 설명하고 있다. 『우키요에와 풍경화』라는 제목을 쓰고 있지만
이는 에도 후기의 「메이쇼에」를 지칭하는 말이며, 또한 일본에서 자연
을 표상한 그림을 풍경화라고 부르지 않고 일본의 화가들은 「산수화
(山水畵)」또는 「경색화(景色畵)」라고 칭하고 있다.[15)]

이것이 단순한 명칭의 변화가 아님은 이 책의 모태가 된 시가 시게
타카(志賀重昂)의 『일본풍경론』[16)]이란 연구서에서 확인할 수 있다.
일본풍경의 정신적 특징을 설하고 있는 이 책은 청일전쟁 중에 간행
되어 획기적인 베스트셀러가 된 책이다.[17)] 「풍경」이라는 단어를 사용
하여 지금까지와는 상반되는 새로운 풍경관을 성립시켰다는 평가로
널리 인지된 책이다. 이 책의 간행시점에는 일본에서 「풍경」이라는 단
어에 대한 인식이 생소한 시기였다. 「풍경」이라는 단어에 내포된 의미
심장한 뜻은 다음의 인용문에서 짐작할 수 있다.

> 「風景」が日本で見出されたのは明治二十年代(1887-97)である。(중
> 략)風景としての風景はそれ以前には存在しなかったのであり,そう考
> えるときにのみ、「風景の發見」がいかに重層的な意味をはらむかをみ
> ることができるのである。風景とは一つの認識的な布置である。[18)]

---

15) 미술계에서 풍경화라는 용어가 정착하게 된 계기와 역사는 松本誠一(1993) 앞의
    글에서 파악할 수 있다.
16) 志賀重昂(1894) 앞의 책.
17) 10월 초판 발행 후 2개월 만인 12월에 재판을 찍었다. 재판에는 「신문잡지비평(新
    聞雜誌批評)」48편이 수록되어 있어 당시의 반향이 얼마나 컸는지 미루어 짐작할
    수 있다(大室幹雄(2003) 『志賀重昂『日本風景論』精讀』, 岩波書店, 20쪽).
18) 柄谷行人(1980) 『日本近代文學の起源』, 講談社, 17쪽, 21쪽; 李孝德(1996) 『表象

(해석) 풍경이 일본에 출현한 것은 메이지20년대(1887-1897)이다. (중략) 풍경으로서의 풍경은 그 이전에는 존재하지 않았으므로, 그렇게 생각할 때, 「풍경의 발견」이 얼마나 중층적인 의미를 내포하고 있는지 알 수 있는 것이다. 풍경이란 하나의 인식적인 포치인 것이다.

『일본풍경론』의 초판은 1894년 정교사(政敎社)[19]에서 간행되었다. 정교사라는 명칭이 시사하고 있듯이 『일본풍경론』은 일본을 우위에 놓는 자세가 반영된 정치평론 단체에서 간행되었다. 이 책의 본문에 첨부된 목판 풍경화는 에도시대를 생각나게 하는 우키요에적인 삽화와 사실적이고 과학적인 새로운 양풍그림 등 두 계통의 그림이 사용되었다.[20] 풍경미를 설명하는 책인 만큼 삽화와 같이 고찰함으로서 일본 풍경관의 특징이 다소 명확해졌을 것이므로, 이 책에서 삽화가 수행한 시각적 역할은 나름대로 중요했을 것이다.[21] 첨부된 삽화는 화산 연기가 분출하고 있는 후지산을 위시하여 대부분 울창한 산림과 웅장한 기암괴석을 표상한 그림들이다.

　본 논문은 삽화의 내용과 이를 해석한 사람이 바로 『우키요에와 풍경화』의 저자 고지마(小島)인 것에 주목하고자 한다. 『일본풍경론』의 삽화에 대한 선택적 요건을 다음의 인용문에서 참조할 수 있다.

　空間の近代-明治「日本」のメディア編制』, 新曜社.
19) 기관지 『일본인』을 간행하던 메이지 내셔널리즘의 프로파간다를 행하던 중심적 기관.
20) 전자는 히바타 세코(樋畑雪湖), 후자는 에비나(海老名明四)에 의한다(安西信一(2006)「志賀重昂『日本風景論』における科學と芸術-無媒介性と國粹主義」, 東北芸術文化學會, 3쪽).
21) 増野惠子(2008)「志賀重昂『日本風景論』の挿図に關する報告」『非文字資料から人類文化へ』, 神奈川大學21世紀COE プログラム研究推進會議, 101쪽.

日本は山獄國なり、故に此國に生産したる民人は平常其の雄魁に
して且つ幽黯なる形容を觀目し、又た風雨晦明、四時の変更万狀なる
を觀察し、自ら山岳を似て神靈の窟宅となすの感想を涵養する者な
り。(中略) 皆な神若くは仏を祀り、或は山伏、巡礼者の登山して之
れを拝崇するは、是れ民人の山獄國に生産成育せし故となす。[22]

(해석) 일본은 산악국가이기 때문에 이 나라에서 태어난 사람은 평
상시부터 웅장하고 거대하며(雄魁) 유암한(幽黯)한 모습을 바라보고,
바람과 비, 어둠과 밝음(晦明)으로 인해 사시사철 변화무쌍함을 관찰
하니 자연스럽게 산악은 신령이 깃든 곳이라 여기는 마음이 함양되
다. (중략) 사람들은 모두 신 혹은 부처님으로 모시니 야마부시(山伏)
나 순례자가 산악을 숭배하는 것은 국민들이 산악국에서 태어나 자랐
기 때문이다.

위의 내용만으로는 책의 내용이 종교 혹은 신앙과 밀접한 관련이
있을 것 같이 보인다. 그러나 오히려『일본풍경론』은 세세한 자연 과
학적 근거의 제시와 더불어 전체적 내용은 반종교적(反宗敎的) 이라
고 할 수 있다. 예를 들어 예로부터 신앙의 산으로 알려져 있는 교토
(京都)의 히에잔(比叡山)에 관한 다음 인용문을 보면 종교에 대한 언
급은 일절 나오지 않는다.

京都市より田中、一乗寺を経二理二十一町間人力車を驅り山の西
麓に達す、また大津町より正一理二十町、人力車を驅り官弊大社日吉

22) 志賀重昂(1894) 앞의 책, 157쪽; 小鳥鳥水(1937)「解說」『日本風景論』, 岩波書店
(初版), 230쪽.

神社に詣(いた)る、社より登ること十町、花摘社あり、花摘社より延
暦寺中堂まで二十町、中萱より八町、絶頂に達す、頂は「四明峰」と称
す、京都の全市、加茂川の平原、琵琶湖の全体、「近江八景」、悉く眉
端に集り、宛然一大パノラマ、ただ北方のみ比良岳に遮断せらる。[23]

(해석) 교토시에서 다나카, 일승사를 경유하여 21정(10정:1.09 키로
미터)을 인력거를 타고 산의 서쪽 기슭에 도착, 오쓰마치에서 1리 20
정, 인력거를 타고 관폐대사인 히요시 신사에 이르다. 신사에서 10정
더 오르면 화적사, 화적사에서 엔랴쿠사 중당까지 20정, 중훤부터 8정
더 가면 정상에 달한다. 정상은 「사명봉」으로 칭하고, 교토 전 시가지,
가모가와 평원, 비파호 전체, 「오미팔경」, 모두 미간에 모여, 완연 일대
파노라마, 단 북방만 히라다케로 차단된다.

여기서 거론되고 있는 절이나 신사의 명칭은 단순히 거리를 짐작하
게 하는 도표의 역할에 지나지 않는다. 히요시신사(日吉神社)나 엔랴
쿠지(延暦寺)도 다만 평면적 또는 파노라마적인 그림과 같은 풍경론
을 펼치기 위한 도구에 지나지 않는다. 이러한 풍경론은 이 책의 곳곳
에서 언급되고 있다.[24]

예로부터 신령스러운 산이라 칭해져 온 후지산에 대해서도 상투적
인 신앙적 경외심조차 언급이 없다. 오로지 자연 과학적 사실에 의거
하여 후지산의 우수성을 기술하고 있으며, 종교적 문화사적 의의라든
가 산을 경외하며 살아가는 인간생활 사회 역사라는 매개물은 일체

23) 志賀重昂(1894) 위의 책, 140쪽; 小鳥鳥水(1937) 위의 책, 204쪽.
24) 近藤信行(1995) 『『校訂』『日本風景論』』, 岩波書店(初版). 59, 62, 120, 214, 277, 355쪽.

사용하고 있지 않다.

> 富士山に對する世界の嘆聲此かくの如し、豈に一辭一句だに自美
> 自讚を要せんや、然れども理學上其の優絶なる所は竟ついに說かざる
> べからず、けだし理學上富士山の優絶なる所は、其の麓底の平面より
> 峰頂に到るまで、同一距離の縱坐標を以て山を幾個に横切し、一對の
> 縱坐標の加をその差を以て除するに常に不変數の商を得,宛として對
> 數曲線の定則を表はすにあり。[25]

(해석) 후지산에 대한 세계의 탄성은 이와 같다. 어찌 한마디로 자미
자찬을 할 수 있을까. 그러나 이학상 그 우월한 점에 대하여 설명하지
않을 수 없다. 필시 이학상 후지산의 우월점은 그 산 기슭의 평면에서
부터 산봉우리에 이르기까지 동일거리의 종좌표로 산을 몇 군데로 횡
절하고, 일대 종좌표의 합을 그 차로서 나누면 항상 불변수의 값이 나
와, 흡사 대수곡선 정 측을 나타내는 것 같다.

이 밖에도 일본 전통적 산악신앙이 다음과 같이 피력되었다.

> 特に火山は最も推魁変幻に、自然の大活力を示現するを以て、民
> 人のこれを拜崇する殊に熱熾に、その富士、淺間、戸隱、飯網、御
> 嶽、乘鞍、日光、棒名、妙義、岩手、月山、羽黑、湯殿、岩木、白
> 山、立山、妙高、弥彦、大山、彦山、溫泉、阿蘇、霧島の大權現、明
> 神若くは神社なる者、皆な火山を以て神仏の棲息場の如くに仮定する

---

25) 志賀重昂(1894) 앞의 책, 61쪽 ; 小鳥烏水(1937) 앞의 책, 89쪽.

が故のみ。 [26]

(해석) 특히 화산은 가장 추괴 변환하여 자연의 대 활력을 현시하므로 국민이 이것을 특히 열열히 숭배하는 것은, 그 후지, 센겐, 도가쿠, ……의 대관현, 명신 또는 신사 같은 것, 모두를 화산으로서 신불의 서식장과 같다고 가정할 때 만이다.

산악신앙을 과학이 지지된 속신에 지나지 않는다고 본 것이다. 이와 같이 풍경미를 과학의 틀 안에서 재편제하여 균질적인 평면성으로 도식화한 것, 종래의 명소유적의 특권성을 파기하고 '익명적 풍경'을 발견한 것에, 시대문맥에 위치한 『일본풍경론』의 근대성이 있었다.[27]

『일본풍경론』의 '익명적' 평면에는 인간의 형상이 없다. 거기에는 예술의 첨경(添景)으로서의 인간은 표상되어 있지만, 풍경을 창출한 생생한 인간생활의 과정-사회와 역사(나아가 정치)-이 대부분 결여되어 있기 때문이다.[28]

전술한 히에잔(比叡山)이나 후지산, 산악신앙에 관한 인용에서 제시하였듯이 종교적 전근대적 역사성의 배제는 곧 과학적 틀에 의한 균질적 평면성의 확보를 의미하는 것이다. 그러므로 일본풍경론은 전체구조 자체는 인간부재 및 종교의 부재를 전제로 한 것으로 생각된다. 『우키요에와 풍경화』의 저자 고지마(小島)는 이와 같은 풍경론에 감명을 받고 다음과 같은 서평을 피력하였다(1937).

---

26) 志賀重昂(1894) 위의 책, 157-158쪽 ; 小鳥烏水(1937) 앞의 책, 230쪽.
27) 李孝德(1996) 앞의 책 ; 加藤典洋(2000)『日本風景論』, 講談社.
28) 大室幹雄(2003) 앞의 책, 제1, 2장.

当事にあっては最も目新しいものであった。(中略) 例令今日の進ん
だ知識を土台として『日本風景論』から、多少の誤謬をさがして見たと
ころで、志賀が我々当事の青年に与えた感化力を、秋毫も動揺させる
ことは出來ない。(中略)『風景論』がでてから,從來の近江八景式や、日
本三景式の如き、古典的風景美は、殆ど一蹴された觀がある。[29]

(해석) 당시로서는 가장 새로운 것이었다. (중략) 예를 들어 오늘날
진보한 지식을 토대로 하면『일본풍경론』에서 다소 오류가 있다고 해
도 시가가 우리들 당시 청년에게 부여한 감화력을 추호도 동요시킬 수
없다. (중략)『풍경론』이 나오고 종래 오미팔경식이나, 일본 삼경식과
같은 고전 풍경미는 거의 일축된 감이 있다.

다소 흥분한 위와 같은 논조로 보아 시가(志賀)의 풍경론은 당시 젊
은이였던 고지마(小島)에게 큰 영향을 끼쳤다고 보여 진다. 고지마
뿐 아니라 당시 이 책의 파급 효과는 매우 커서 시가의 풍경론의 영향
아래 〈일본풍경론의 계보〉로 칭하여지는 일련의 후속 연구가 이어졌
다.[30]

고지마의 책『일본산수론(日本山水論)』(1905)도 그 산하(傘下)에
있는 책이다. 고지마는『일본산수론』에 적용한 미학을 우키요에에 적
용하여『우키요에와 풍경화』를 간행하였고 다수의 잡지에 기고했다.

---

29) 近藤信行(1995) 앞의 책, 368-371쪽.
30) 小島烏水(1905)『日本山水論』; 伊藤銀月(1910)『日本風景新論』; 渡辺十千郎
　　(1924)『風景の科學』; 保田与重郎(1942)『風景と歴史』; 上原敬二(1943)『日本
　　風景美論』; 勝原文夫(1979)『農の美學—日本風景論序説』; 加藤典洋(2000) 앞
　　의 책; 切通理作·丸田祥三(2000)『日本風景論』.

고지마의 「메이쇼에」에 대한 사관도 『일본풍경론』의 사관 즉 메이지의 시대적 사관을 크게 벗어나지 않는 범주 내에서 기술되었다고 말할 수 있을 것이다. 그것은 『우키요에와 풍경화』에서 고지마가 막말 「우키요에 풍경화」의 출현 요인에 대하여 지적하고 있는 부분에서 확인된다. 그는 막말기 미인화나 야쿠샤에(役者繪)의 질적 저하가 풍경화를 탄생시킨 요인이 되었다고 언급하고 있다.[31] 즉 미인화나 야쿠샤에를 퇴폐적이고 예술성이 저하되는 그림으로 보고 풍경화를 그에 대한 안티테제로 한 단계 높이 위치시키고 있는 것이다.

이러한 사관은 일본 우키요에 연구의 초창기로 불리는 시대에 「메이쇼에」를 「우키요에 풍경화」라는 명칭으로 예술작품의 반열에 올려놓고 평가하게 하는 방향성을 제시하는 한편, 「메이쇼에」가 그려진 시대적, 역사적 배경과 공동 제작자 각각의 역할과 및 특성을 경시하고 있다.

『우키요에와 풍경화』는 우키요에 연구사의 윤곽을 그렸다고 크게 평가되고 있는 만큼 이후 후속연구의 통설을 정립시키는 계기가 되었다. 당시 우키요에에 대한 고지마의 인식을 표출한 문장을 인용하면 다음과 같다.

> 江戸市民の生活を、今日と對照すれば、とうであらう、かの時代には、鋤鍬を執る農民にも、所謂鄕土芸術があった。一般人の手芸も、今日のやうに全く喪失はされなかった、一言すれば、彼等には所謂美的生活があり、所謂芸術化された人生があった。[32]

---

31) 小島烏水(1914) 앞의 책, 2-3쪽.
32) 小島烏水(1914) 위의 책, 4쪽.

(해석) 에도시민의 생활을 오늘날과 대조하면 어떨까. 그 시대에는 호미와 가래를 잡는 농민들에게도 소위 향토예술이 있었다. 일반인의 수예도 오늘날과 같이 완전히 상실되지 않았다. 부언하자면 그들에게는 소위 미적생활이 있었고 소위 예술화된 인생이 있었다.

여기서 우리는 우키요에가 탄생한 사회 역사적 배경과 그 본질과는 별개로 고지마가 우키요에를 순수예술의 반열에 올려놓고 있음을 알 수 있다.

2-2. 히로시게 「우키요에 풍경화」의 연구사

고지마의 『우키요에와 풍경화』 이후 1932년에 최초로 히로시게의 총설적 연구서인 우치다 미노루(內田實)의 『히로시게(廣重)』가 발행되었다. 이 책은 작가의 전기, 고증, 작화 총 목록의 분류, 정리 등을 망라한 연구서로 이미 간행시점에서 권위가 인정되었다. 『히로시게』에 수록된 광범위한 자료는 오늘날 출처를 의심받고 있으나 히로시게를 테마로 한 많은 문헌에서 다량 인용됨으로써 그 위상을 정착시킨 책이다. 우치다는 제4장 「풍경판화사」에서 히로시게를 우키요에 풍경판화의 완성자로 보고 『명소에도백경』과 보영당판(保永堂版) 『동해도53역참(東海道五十三次)』의 색료와 예술성을 비교하였다. 그리고 「히로시게와 자연」 항목에서 히로시게는 자연과 인간의 교섭을 묘사하고 있으며 혹은 자연과 인간의 애정을 묘사하고 있다고 기술하고 있다.

1939년 마쓰키 기하치로(松木喜八郎)의 『히로시게 에도 풍경판화집(廣重江戶風景版畵集)』은 오직 히로시게의 풍경판화에 초점을 두었다는 점에서 주목을 끌었다. 이 책에 수록된 이시이 겐도(石井硏堂)의 「히로시게 에도메이쇼에(廣重江戶名所繪)」는 『명소에도백경』을 포함하여 히로시게가 그린 에도 「메이쇼에」의 제재가 일정한 장소로 상당히 편향되어 있음을 수량적으로 제시하였다.[33] 또 그는 히로시게 연구 최초로 대본사용의 문제를 지적하여 「우키요에 풍경화」 장르에서 종종 보이는 대본이용의 문제를 표면화시켰다.[34]

1943년 체계적으로 「우키요에 풍경화」를 분석한 책으로 평가되는 나라사키 무네시게(楢崎宗重) 곤도 이치타로(近藤市太郎) 공저 『일본풍경판화사론(日本風景版畵史論)』이 발행되었다. 2부 구성으로 전반부를 나라사키가 일본화에서 우키요에의 위치, 우키요에에서 「우키요에 풍경화」의 위치라는 시점으로 일본의 회화사를 정리하며 「우키요에 풍경화」의 양식적인 면을 항목으로 구분하여 분석하였다. 후반부를 정리한 곤도는 각론형식으로 화가들의 계보를 논하면서 풍경

---

33) 히로시게의 에도 「메이쇼에」의 제재가 된 명소의 수는 152개소, 그린 그림의 총수는 1,083장이라고 한다. 명소 중 작화빈도 20회 이상은 14개소, 20회 미만 10회 이상이 15개소, 10회 미만 5회 이상이 17개소 있고, 명소의 수로서는 이 46개소의 작화빈도가 높다는 것을 알 수 있다. 이것을 작화 총 수로 보면 이 46개소에서 881매를 헤아리고, 비율로 보면 실로 81%에 이른다. 이와 같이 그려진 장소에 상당한 편중이 있었다는 것은 틀림이 없다. 이것은 「메이쇼에」의 수요가 대표적인 일부 에도명소에 편중되어 있다는 것을 반영한다.
34) 石井硏堂(1922) 「히로시게의 『六十余州名所図會』 표절의 흔적(廣重の六十余州名所図會 剽窃の痕)」 『中央美術』82호, 89쪽-95쪽. 石井硏堂에 의한 지적을 기점으로 이후에도 히로시게의 대본 이용의 발각은 계속되어 保永堂판 『東海道五十三次之内』나 丸淸판 『東海道』에는 1797년 간행의 『東海道名所図繪』(秋里籬嶌著, 竹原春朝齋畵)에서 차용한 그림이 지적되었다.

판화를 작품론이라는 형태로 취급하였다. 그러나 작품론은 결국 작가
론이라는 관점에서 보면 풍경판화 전체가 호쿠사이와 히로시게 두 사
람의 화가로 대표되어 버려서 작품 전체의 사적전개로 보았을 때 부
당한 처리라고 비판하는 연구자도 있으나, 풍경판화를 작품론이라는
형태를 취하여 논한 드문 예로 평가받고 있다. 이 책에서 주목되는 점
은 곤도가 풍경판화의 성립과정과 정착시점을 기술한 부분이다. 곤도
는 과도기 시대의 후반에 덴메(天明: 1782-1788) 간세(寬政: 1789-
1801)시대 인물화의 배경으로 또는 여행기의 삽화적 의미로만 역할
하였던 자연풍광이 첫째는 우키에(浮繪)의 자극에 의해서, 둘째는 우
키요에 작가 자신이 찾아낸 사실주의에 의해서, 셋째는 네덜란드 회
화의 영향에 의해서 풍경 그 자체가 우키요에의 중요한 제재로까지
채택되어 관념적 형식주의적 양식을 과감히 버리고 사실주의적 표현
에 의한 풍경화를 발견한 것은 일본풍경화사상 대서특필할만한 사건
이었다고 기술한다. 또 나라사키는 6장 「풍경판화의 양식사적 제 경
향(風景版畵の樣式史的諸傾向)」에서 5개의 양식사적 관점 즉 근세
문화사의 풍경취미, 우키요에 화사(畵史)의 일본풍경화의 발전, 양풍
표현의 일본화(日本化), 풍경 판화의 판화기법의 진보, 일본 풍토미의
예술적 표현으로 정리한 후, 결국 풍경판화의 정착은 이러한 내용을
체득한 풍경판화가의 출현이라고 기술하고 이러한 필연적 충분조건
이 전적으로 근세말기에 충족되어 풍경판화 대성으로 이어졌다고 단
정하고 있다.

　동년의 후지카케 시즈야(藤懸靜也)의 『우키요에의 연구(浮世繪之
研究)』(1943)는 우키요에 연구사의 대저로 인식되었다. 이 책은 상 중
하로 구성되어 시간 축에 따라 주요 화가의 활동상을 개설한 통사적

성격의 책이다. 우키요에의 주요 장르를 개설한 「우키요에의 대상과 표현」(3편 제1장)편에서 본래 인물풍속의 배경적 역할을 하였던 풍경 표현이 진화한 것이 「우키요에 풍경화」라고 일반적인 풍경화 진화론을 언급 한 후 '우키요에 풍경화의 퇴폐'라고 하는 우키요에계의 상황이 호쿠사이 풍경화의 출현에 의해서 바로잡히고, 히로시게에 의해서 풍경화의 대발전이 도모되었다고 설했다. 또 말기 우키요에를 개설한 7편 제2장에서는 덴메이 간세기 이래 사실주의의 유행, 우키요에 유파 내부에 있어 풍경묘사의 진전과 더불어, 에도말기에 미인화를 비롯한 풍경 묘사가 말초적이고 감각적인 방향으로 간 것에 대한 반동으로서 풍경화나 화조화 등 사실주의적 장르가 발달하였다고 지적하고 있다.[35]

해를 거듭해 쇼와31(昭和31: 1957)년에 당시로서는 획기적인 화제별 우키요에 전집이 간행되었다. 수준 높은 인쇄기술에 의한 풍부한 도판과 상세한 도판해석은 우키요에 연구에 기여한 면이 컸다고 평가되고 있지만, 제6권『풍경화』파트에서 나라사키가 언급한 막말기 풍경판화의 출현에 대한 내용은 아직 통설을 벗어나지 못하였다. 미인화나 야쿠샤에의 남작(濫作) 및 예술적 저하에 대한 우키요에 화가들 자신들의 마지막 정신적 욕구의 구현이 호쿠사이, 히로시게에 의한 풍경화의 대성으로 이어졌다고 설한다.

1914년 초창기의 우키요에 연구가 '풍경'이라는 주제에 주목한 이후 고지마(小島)의 사관이 약 반세기에 걸쳐서 계승되고 1965년 스즈키 쥬조(鈴木重三)에 의해 전환기를 맞게 된다. 스즈키는 1965년 두

---

35) 藤懸靜也(1943)「7편 제2장」『浮世繪之硏究』, 雄山閣.

편의 논문[36]에서 다른 설을 제시하였다. 이는 기행문 또는 명소도회 (名所図會) 등, 지지(地誌)[37]의 성행, 우타마쿠라(歌枕)와 명소가 짝 을 이룬 니시키에(錦繪)의 판행과 도요하루(豊春) 이후의 우키에(浮 繪)의 재 유행과 같은 에도후기의 문예와 그림의 동향, 그리고 제반 도로정비를 기반으로 한 여행자의 증가 등을 배경으로 하여 풍경화가 자연히 발생한 것이라는 새로운 설이다. 이 설은 오늘날까지 후속 연 구자들의 지지를 받으며 각종 우키요에 화집이나 전람회 도록의 총설 등에서 인용되고 있다.

이후 스즈키는 1970년 우치다의 『히로시게』를 크게 갱신한 『히로 시게(廣重)』를 간행하였는데 이 대저 이후 한권의 책 안에 전기나 작 품의 성립연구, 해제나 목록 등을 집합시킨 연구서를 간행하는 것은 곤란하게 되었다. 스즈키의 총서가 개정이나 증보할 필요가 없는 최 고의 종합서적임을 의미하는 것이다. 그러나 이와 같은 화가론은 분 업체제 하에서 제작된 우키요에의 성격으로 보았을 때 화가의 역할에 비중을 두게 한다. 이것은 우키요에가 한모토(版元: 출판사, 이하 판 원)의 자본을 기반으로 조각사 채색사의 공동분업을 바탕으로 생산 되는 상업적 성격의 인쇄물임이 간과되고 있다는 의미와 동일한 것이 다.

스즈키의 영향 아래 연구의 방향은 작품을 심도 있게 해석하는 개 별연구나 새로운 문헌자료의 탐색에 대한 관심으로 나타났지만 「우키

---

36) 鈴木重三(1970)『廣重』, 日本経濟新聞社, 25-26쪽; (1971)「風景畵小史」『原色日 本の美術24 風景畵と浮世繪師』, 小學館, 194쪽. 동 논고는「繪本と浮世繪」(미술 출판사, 1979년)에「浮世繪風景畵小史」로 개제되어 수록되어 있다.
37) 지지란 지리상의 특정 지역을 자연, 지형과 교통을 첨가하여 그 지역성을 기술한 서적.

요에 풍경화」연구사 전체의 서술맥락에 큰 변화는 보이지 않았다.

1971년 나라사키 무네시게(楢崎宗重)의 『히로시게 - 우키요에계의 거장의 행적(廣重-浮世繪界の巨匠のあゆみ)』이 간행되었다.[38] 풍경판화의 정착을 거장의 출현이라는 관점에서 보고 있는 나라자키의 저서는 대중적 화가의 관심사의 변천과 일생을 통한 다량의 작품집을 소개하고 있는 전기집 계열이다.

그러나 동시기(1971)에 히로시게 풍경 판화를 실로 색다른 연구관점에서 생각해 보게 하는 주목을 끄는 제목의 책 한권이 간행되었다. 이 책은 스즈키 진이치(鈴木仁一)의 『말기 우키요에시 - 그 이상 작품집(末期浮世繪師 - その異常作品群)』이다. 상징적인 의미로 가득한 표지의 도판 〈오슈아다치가하라히도쓰이에노즈(奧州安達がはらひとつ家の図)〉의 모티브는 〈임부를 거꾸로 매달아 놓은 것〉, 〈그것을 올려다보며 칼을 갈고 있는 노파〉, 〈피색을 연상시키는 붉은 천〉, 〈피어오르는 화로(囲爐裏)〉 등 으스스한 느낌을 주는 「우키요에 풍경화」의 안티테제로 구성되어 있다. 작가는 쓰키오카 요시토시(月岡芳年:1839-1892)로 막말에서 메이지에 걸쳐 활동한 우키요에 화가이다. 이에 대하여 스즈키(鈴木仁一)는 우키요에가 막말 비상시 그대로의 반사경이라고도 말할 수 있을 것 같은 처참한 피로 물든 그림이나 정치 풍자화를 수용한 것은 당세풍을 그린 그림인 우키요에가 당연히 걸어갔어야 할 혈로라고 지적하고 있다.[39] 막말의 우키요에를 거론할 때 풍경판화는 빼놓을 수 없는 주제이다. 히로시게의 풍경판화가 유

---

38) 楢崎宗重(1971) 『廣重-浮世繪界の巨匠のあゆみ』, 淸水書院.
39) 手塚貫(1974) 「小島鳥水著「浮世繪と風景畵」をめぐって」 『浮世繪芸術』, 日本浮世繪協會會誌 38, ベルリン國立博物館 東洋美術館特輯, 7쪽.

행할 때 괴기물이 동시에 유행하고 인기를 끌었던 시대적 배경이 있
다. 풍경판화가 완전하게 성립하고 대성한 것이 근세말기였다고 한다
면 이것은 풍경판화가 근세말기라는 시대와 부합하는 조건 하에서 대
성하였다는 중요한 의미이다. 스즈키의 총서 이후 새로운 연구의 방
향성이 감지되기라도 한 듯 다각적 각도에서 막말의 히로시게 작품을
분석하는 연구가 행하여지기 시작했다.

　1998년 미술사가인 아사노 슈고(淺野秀剛)와 일본 근세 사학자인
요시다 노부유키(吉田伸之)의 공저 『우키요에를 읽는다 5 히로시게
(浮世繪を讀む5 廣重)』가 간행되었다. 이 책은 「히로시게의 풍경화의
허구(廣重の風景畫の虛構)」[40]를 보필하여 간행된 책으로 허구라는 단
어는 특별한 의미를 나타낸다. 이 책은 히로시게 풍경판화의 배경이 되
는 시대나 사회상황을 구체적으로 기술하였다. 이 연구에서 히로시게
의 작화자세에 대한 중요한 지적이 이루어졌다. 즉 히로시게는 '사람들
이 품고 있는 토지의 이미지, 풍토의 이미지를 기조로 하여 그 기대를
저버리지 않는 방향 내에서 개변하였기 때문에 폭 넓은 사람들에게 지
지를 받았던 것'이라고 기술하고 있다. 이와 같은 작화자세는 히로시게
연구에서 종종 거론되고 있고 그 의미는 실경실사가 아니라 대본을 사
용하여 의도적으로 다양한 변형을 가한 것으로 여겨진다.[41]

　2000년에 접어들어 그동안 언급이 없었던 풍경화의 정의문제가 가
미야 히로시(神谷浩)의 「풍경화고(風景畫考)」 『우키요에 예술(浮世

---

40) 1998년, 국제우키요에학회 연구회.
41) 히로시게의 「우키요에 풍경화」는 리얼리티성이 높아서 실제 사생하였다고 평가
　　하는 시각이 높으나 명소도회(名所図繪) 등의 삽화를 대본으로 하여 그린 것이 많
　　다는 점에서 꾸준히 문제제기 되어왔다.

繪芸術)』[42]에서 거론되었다. 지금까지 총서를 포함한 대부분의 논고나 화집은 풍경화란 용어를 거리낌 없이 사용하여 온 감이 있었다. 그러나 아쉽게도 가미야는 풍경화의 정의를 문학성의 배제와 인사(人事) 배경으로서의 역할감소를 실질적인 풍경화의 완성요소로 규정하고 이러한 조건에 해당하는 것이 호쿠사이의 양풍화부터라고 설했다. 자연히 히로시게의 「우키요에 풍경화」를 포함하는 것이다. 그러나 이 책은 일본의 연구자들에게 「우키요에 풍경화」의 정의문제를 고민하게 하는 계기가 되게 하였다.

비교적 최근의 2008년 기시 후미카즈(岸文和)의 『회화 행위론(繪畵行爲論)-우키요에의 어용론(pragmatics)』은 히로시게를 칭하는 여러 관점 즉 사생의 화가, 와유(臥遊)의 화가, 서정의 화가, 의장가(意匠家), 여행의 화가 등이 부여된 매커니즘을 고찰하고 있다.[43]

이처럼 연구가 진행되면 진행될수록 「우키요에 풍경화」의 연구경향은 일본 우키요에 화사(畵史)의 관점에 다양한 학술적인 관점이 더해짐으로서 서민문화로서 「우키요에 풍경화」의 다각적 측면을 파악해 보려는 시도가 행하여지고 있다.

2-3. 『명소에도백경』 연구의 경과

막말 「메이쇼에」의 대명사격인 『명소에도백경』에 관해서도 다각적

---

42) 국제우키요에학회(2000) 『浮世繪芸術』, 136호.
43) 岸文和(2008) 『繪畵行爲論──浮世繪のプラグマティクス』, 醍醐書房, 267-294쪽.

인 연구가 행하여 졌다. 연구사 검토를 위하여 전술한 고지마의 『우키요에와 풍경화』로 돌아가서 집필동기를 다시 한 번 살펴보는 것이 선행연구의 방향성을 이해하는데 도움이 될 것이다. 그는 집필동기를 "우키요에의 해외유출을 막기 위한 의사가 있다"고 쓰고 있다.

殊に廣重の版畵を蒐集するに、今日便利であることは、浮世繪頹廢記の唯一大家で最近代のひとであるために、版のいい作品も未だ可なりに殘存して、之を求むること、割合に困難でなく、價格も歌麿や北齋に比べては(二三の特殊の作品を除いては)低廉であるから、今日でも甚だしく、晩くは無いのである、さうして邦人が、これ等の版畵を理解し、愛藏することは、自然海外流出を防ぐ簡單な途になるであらうと信ずる[44]

(해석) 특별히 히로시게의 판화를 수집하는데 오늘날 편리한 것은 히로시게가 우키요에 퇴폐기의 유일한 대가로서 최 근대 사람이므로 판이 좋은 작품도 아직 꽤 많이 잔존하고, 이것을 구하는 것이 비교적 곤란하지 않고 가격도 우타마로나 호쿠사이에 비하여(두세 개의 특별한 작품을 제외하고)저렴하므로, 오늘날에도 수집이 매우 어렵지 않다. 그래서 자국인이 이러한 판화를 이해하고, 애장하는 것은 자연히 해외유출을 방지하는 간단한 길이 될 것 이라고 믿는다.

해외유출이란 개항 후 춘화를 비롯한 유명화가의 「미인화」, 「야쿠샤에」, 「메이쇼에」가 구미로 무작위로 반출된 것을 의미하며 「우키요

---

44) 小島烏水(1914) 앞의 책, 405쪽.

에 풍경화」의 평가에 있어서 서양의 미학, 서양의 관점에서 좋고 나
쁨의 기준이 먼저 성립되어 논하여져 온 계기가 된 시점이기도 하다.
불행 또는 행운으로도 평가가 엇갈리는 이 시점의 공식적인 계기는
1867년 만국 박람회부터로 인지되며 우키요에에 대한 평가가 현재도
서양의 평가 기준의 영향에서 벗어났다고 할 수 없다는 판단의 근거
가 된다.[45] 다음은 「히로시게(廣重)」『동양미술선서(東洋美術選書)』
의 인용문이다.

  '히로시게는 일본인의 마음속에 살아있는 정감-풍경에 대한 불변의
  미적 감수성을 캐치하여 그것을 기조로 풍경과 인간생활과 융합한 세
  계를 축출한 것이다'. 이것은 구미의 영향과 구미의 평가기준에 근거하
  여 일본인에게 만족을 주는 평가요소라는 논란성을 배제할 수 없다. 우
  키요에의 예술적인 평가는 구미에서 시작되어 그 후 일본에서 관심을
  쏟게 된 면이 강하기 때문이다.[46]

근세 후기 우키요에를 논할 때 구미가 커다란 위치를 점하고 있고
그 원점에 히로시게의『명소에도백경』이 위치하는 것은 이러한 요인

---

45) 1867년 파리 만국 박람회에 일본의 채색화 채색판화(우키요에)100여 점의 작품
   이 전시되어 당시 인상주의 화가들에게 크게 영향을 주었다. 이후 탄생한 자포니
   슴(프랑스어: japonisme)또는 자포니즘(영어: Japonism)이라는 말은 19세기 중-
   후반 유럽에서 유행하던 일본풍의 사조를 지칭하는 말로, 1872년 프랑스의 비평
   가, 판화제작가, 미술수집가였던 필립 뷰르트(Philippe Burty: 1830-90)가 최초
   로 사용한 말이다. 이것은 단순한 '일본취미 (Japoneserie)'에 그치지 않고 일본취
   미를 예술 안에서 살려내고자 하는 새로운 미술운동을 지칭하는 문화용어가 되었
   다. 이러한 분위기는 19세기 유럽에서 30여년 이상 지속되었고 이는 서양의 미학
   적 관점에 변화를 주었을 뿐만 아니라 일본의 미학적 관점에도 영향을 주었다.
46) 山口桂三郎(1969)「廣重」『東洋美術選書』, 三彩社.

때문이다. 더욱이 인상파와 연관시켜 우키요에를 논할 때 고흐가 『명소에도백경』 작품 중 두 작품을 골라 똑같이 모사[47]한 것을 근거로 히로시게와 인상파 화가와의 연결이 반드시 거론되고 있다고 해도 이상하지 않을 만큼 구미와 관련지어 작품을 해석하는 의식이 형성되어 있는 것 또한 부정할 수 없는 사실이다.

고지마의 단순한 애국심의 발로로 집필된 『우키요에와 풍경화』는 『명소에도백경』의 연구에도 방향성을 제시하고 있는 것이다. 「풍경」의 조형성이 강조되고 그 위치를 구미와 관련지어 작품을 해석하는 논고가 주를 이룬다. 그리고 이러한 연구의 대부분은 『명소에도백경』을 포함한 자포니슴과 관련된 연구이다. 다음으로 빈번한 주제는 신구(新旧)의 경관을 비교대조하는 화상자료로서의 역할, 근년의 대본 이용의 문제 그리고 보도화로서의 미디어성에 초점을 둔 연구이다.

1920년 『금석대조에도백경(今昔對照江戶百景)』은 히로시게의 『명소에도백경』을 관동대지진 전에 촬영한 실경사진과 대조한 화집으로 각 도판의 해석은 이시이 겐도(石井研堂)가 담당하였다. 1975년에는 『우키요에 대계(浮世繪大系)』16 · 17권에 『명소에도백경』 전 작품이 수록되었고 본 시리즈물에 대해 미야오 시게오(宮尾しげを)는 에도 서민의 풍속과 연중행사와 관련하여 파악할 필요가 있다고 강조하였다.[48]

1986년 『명소에도백경』 대본 이용문제가 오쿠보 쥰이치(大久保純一)에 의해서 지적되었다. 그동안은 히로시게 자신의 사생을 기본 토

---

47) S058:「大はしあたけの夕立」, S030:「亀戸梅屋舗」
48) 座右宝刊行會 / 編集制作(1976)『浮世繪大系』16(별권4)「名所江戶百景1」 · 17(별권5)「名所 江戶百景2」, 集英社.

대로 그려졌다고 생각되어오던 터였다. 오쿠보는 본 시리즈물 중 12
장 정도가 1834년 간행된 『에도명소도회(江戶名所図會)』[49]를 대본으
로 이용한 그림이라고 지적했다.[50]

　1991년 『히로시게『명소에도백경』신인쇄에 의함(廣重名所江戶百
景 新印刷による)』[51]은 묘판(描板)한 그림을 해석한 것이다. 이 화집
에서는 오늘날의 풍경과 대비하여 각 그림의 사적배경, 고사, 문학과
의 관련 등이 제시되었다. 동년 호리 데루아키(堀晃明)의 『히로시게
명소에도백경(廣重名所江戶百景)』이 간행되었고,[52] 1992년 미야오
시게오 문(文)『명소에도백경(名所江戶百(ひゃく)景)』이 간행되었
다.[53]

　1986년 뉴욕에서 헨리 스미스(Henry Smith)의 블루크린 미술관
(Brooklin Museum)소장의 화집『HIROSHIGE One Hundred Famous
Views of Edo』가 출판되었다. 이 화집은 5년 후인 1992년 일본어로
번역되어 연구자들의 주목을 받았다. 이 화집은 우키요에의 매스미디
어적 관점에서 일본 사학자인 스미스가 개국을 배경으로 에도의 이행

---

49) 『에도명소도회』(1834-1836): 에도 간다(神田) 기시쵸(雉子町)의 나누시(名主),
　　사이토가(齋藤家)의 부자 3대, 사이토 유키오(幸雄)·유키타카(幸孝)·유키나리
　　(幸成)에 걸쳐 완성한 7권 20책. 에도와 근교의 명소를 그린 화집으로 그 범위는
　　무사시국(武藏國: 현 동경도의 대부분, 사이타마현(埼玉縣)과 가나가와현(神奈川
　　縣)의 일부) 전체에 미친다. 실지 답사에 의한 문장과 하세가와 셋단(長谷川雪旦)
　　의 상세한 삽화에 의한 에도명소기(江戶名所記)의 집대성이다.
50) 大久保純一(1986)「廣重風景畵における種本利用の諸相について」『名古屋大學
　　文學部 研究論集』XCVI 哲學32, 105-121쪽.
51) 河津一哉 해설, 奧新太郎 감수(1991)『廣重名所江戶百景 新印刷による』, 暮らし
　　の手帳社.
52) 堀晃明(1991)『廣重名所江戶百景』, 東海銀行國際財団.
53) 宮尾しげを(1992)『名所江戶百(ひゃく)景』, 集英社.

기 풍경에 주목한 것이다. 특히 1853년 흑선 내항, 1855년의 안세(安政) 대지진을 거쳐 정치적으로도 격동기였던 시대배경이 『명소에도백경』에 어느 정도 반영되어있는가라는 중요한 문제제기가 이루어졌다. 비교적 최근의 연구인 2005년 하라시다 미노루(原信田實)의 「저널리즘화 되는 우키요에(ジャ ナリズム化する浮世繪)」[54]도 같은 맥락의 연구이다. 즉 우키요에의 메시지성에 주목한 것이다.

이후 2007년 『나조도키 히로시게 에도백(謎解き廣重「江戶百」)』이라는 하라시다의 서적은 『명소에도백경』의 보도성의 배후에 담겨있는 당시 서민의 시각적 공유 이미지를 분석한 책이다. 여기서 하라시다는 검열인과 당시의 시각 이미지를 관련시켜 일본의 빈번한 자연재해인 지진을 분석하였다. 이러한 해석은 전술한 아사노(淺野)가 지적한 히로시게의 작화자세 즉 '실경 묘사가 아니라 의도적으로 다양한 변형을 가하여 실제로 사생한 것 같은 독특한 리얼리티를 표출하여 작품을 성공으로 이끌었다' 는, 즉 '허구와 실상'이 의미하는 것과 어느 정도 맥락을 같이하고 있다. 그러나 이런 해석은 『명소에도백경』 작품 속에 찍혀있는 검열인(改印)과 그림의 출판시기가 비슷하게 일치하였다는 검증이 어렵다는 점에서 비판받을 수 있다. 그럼에도 이 서적은 「우키요에 풍경화」의 해석방법을 흥미롭게 재인식시켜 대중에게 가까이 다가갔다는 점에서 평가받고 있다.

2008년을 전후한 시기에는 화집형태의 간행이 주를 이루었다. 에도말기 풍경판화의 대부분은 『부악36경(富嶽三十六景)』이나 『동해도

---

54) 原信田實(2006)「ジャ ナリズム化する浮世繪」『浮世繪師列伝(別冊太陽)』, 平凡社, 166-167쪽.

53역참』과 같이 대규모 시리즈물로 제작되었다. 히로시게의 작품들도 대부분 시리즈물이라고 해도 과언이 아니다. 그러므로 이러한 특징을 반영하는 연구의 바람직한 연구방향은 스즈키 쥬조에 의해서 지적된 바가 있다. 그는 개개의 그림을 그것을 단독으로 감상 혹은 분석하는 것이 아니라 시리즈 전체의 구상 안에서 생각해야 하는 관점의 중요성을 강조하였다.[55] 또 고노 모토아키(河野元昭)는 에도말기의 우키요에를 특징짓는 개념으로 '수량주의'를 지적하고 일부의 명작으로 여겨지는 그림에만 주목해서는 곤란하고 명작과 그 탄생을 받쳐주고 있는 범용작(凡庸作)의 총체로서 시리즈물을 취급해야하는 것의 의의를 주장하였다.[56] 이러한 지적은 본 연구와 관련되는 부분으로 작품집 전체의 내용을 기호화된 집합체로 보게 하였다. 화집형태로 해석을 첨부한 간행물들은 우키요에 풍경판화 연구에서 불가결한 요소로 판단된다.

2007년에는 동경예술대학미술관 발행의 화집[57]이 간행 되었다. 이 화집에는 간행 순의 도판 및 계절순의 도판이 수록되어있고 지도와 작품의 대응에도 세심한 배려를 하였다. 화집에 수록된 논고 중 니제키 기미코(新關公子)「우키요에가 인상파 화가에게 끼친 영향(浮世繪が印象派に及ぼした影響)」[58]은 자포니슴과 관련지어 특히 고흐나 고갱의 공간해석에 부여한 영향에 대하여 논하고 있다. 같은 책에서 오쿠보 준이치(大久保純一)의 논문「구도로 본『명소에도백경』(構図か

---

55) 鈴木重三(1992)「浮世繪「揃物」試論」『名品揃物浮世繪12 廣重Ⅲ』, ぎょうせい.
56) 河野元昭(1996)『日本の美術367 北齋と北齋派』, 至文堂, 24-32쪽.
57) 東京芸術大學美術館(2007)「図錄歌川廣重《名所江戸百景》のすべて」, 芸大ミュジアムショップ.
58) 東京芸術大學美術館(2007) 위의 책, 12-16쪽.

ら見た『名所江戶百景』)'은 히로시게의 특이한 구도로 평가되는 '근
상형구도(近像形構図)'를 새롭게 설명하고 있다. 그는『명소에도백
경』의 근상형구도는 최 근경 모티브의 일부를 극단적으로 크로즈업
하여 원경의 풍경을 그 배후로 들여다보게 하는 대담한 구도라고 설
했다. 그리고 이러한 구도의 채용은 우키요에 판매 시 점두에서 눈길
을 끌기 위한 요인이 되었을 것이라고 설했다.[59] 동년 간행된 그의 저
서『히로시게와 우키요에 풍경화(廣重と浮世繪風景畵)』는 센류(川
柳)[60], 교카(狂歌)[61]등과 같은 동시대의 문자 사료를 적극적으로 활용
한 연구서이다. 이 책 4장에서 화가에게 에도라고 하는 도시의 발전
과 성숙, 전통성이나 유서(由緖)의식에 대한 발아가 있었다고 피력한
다.[62]

　동시기에 간행된 아사노 슈고(淺野秀剛)와 후지사와 무라사키(藤
澤紫)의『히로시게『명소에도백경』이와사키코렉션(岩崎コレクショ
ン)』도 동시기의 화집으로 주목되었다.[63] 아사노는 이 시리즈물을 소
개함에 있어서 화첩(畵帖) 화책(畵冊)으로서의 판매 형태가 지니는
특징을 상세히 기술하고 있다. 또 이 화집에는 최신의 연구 동향이 제
시되어 있다. 그 중 무엇보다도 그림에 등장하는 간판이나 노렌(暖
簾), 나아가 시리즈물 전체에서 감지되는 채색의 호사성에 근거하여

---

59) 이것은 우키요에의 판매 형태에 기초를 둔 해석으로 당시 미인화 중 미인대수회
　　(美人大首繪)의 판매 전략과 관련지은 해석이다.
60) 에도시대 중기에 유행한 하이쿠(俳句)와 같은 형식인 5 7 5의 음률로 된 단시.
61) 유희로 부른 와카(和歌)라는 의미로, 정통의 와카에 대하여 골계 해학을 담아서
　　읊는 비속한 와카를 말하며 에도 초기 이후에 유행하였다.
62) 大久保純一(2007)『廣重と浮世繪風景畵』, 東京大學出版會, 205-207쪽.
63) 淺野秀剛, 藤澤紫(2007)『廣重 名所江戶百景/秘藏 岩崎コレクション 』, 小學館.

스폰서 가능성을 도출한 점은 시리즈물의 용도를 파악 해 볼 수 있는
주목되는 부분이다.

　2008년에는 일영불(日英仏)해석으로 보는 『Hiroshige(歌川廣重)
『명소에도백경』이 동경의 오타기념미술관(太田記念美術館) 소장의
초판인쇄로 구성되어 발행되었다.[64] 이 화집에서 당시의 「우키요에
풍경화」의 출판부수를 숫자를 들어 1만에서 1만 5천부였다고 꼬집어
지적한 점은 「우키요에 풍경화」가 에도시대의 대중적인 상품이었다
는 막연한 관념에 객관적인 관점을 부여하였다.

　2009년에 발행된 고바야시 다다시(小林忠) 감수 『우키요에 『명소
에도백경』 복각 모노가타리(浮世繪『名所江戶百景』復刻物語)』는 동
경박물관 소장 『명소에도백경』총 120장을 복각으로 재현하였다. 고
흐가 모사한 그림을 표지로 하고 있는 이 책은 판화제작에 관련된 도
구, 다색 채색 기술과 겐토(見当)[65]와 같은 인쇄방법, 일본 특유의 분
업 체제를 통해 판원이라 불리는 에조시돈야(繪双紙問屋: 인쇄물 매
매업자)의 상혼(商魂)을 중심으로 한 공동분업 체계를 인식시켰다.

　이외에도 일본에서 히로시게의 『명소에도백경』론은 각종 전람회
도록의 총설 및 개별적으로 발표된 논고를 포함하면 이루 헤아릴 수
없는 분량이다. 그 공통적인 골자는 '일본 전형적인 풍경을 서정적 정
취로 담아내었다'는 것이다. 다만 그 점을 긍정적인 관점에서 본다든
지, 부정적인 관점에서 본다는 차이가 있을 뿐이다. 부정적 측면으로

---

64) メラニ ・トレ デ,ロ レンツ・ビヒラ (2008)『Hiroshige(歌川廣重)名所江戶百
　　景』, TASCHEN.
65) 판화나 인쇄에서 도색할 위치나 겹치는 위치를 지시하거나 나타낸 것. 돈보(とん
　　ぼ: 잠자리)라고도 칭함.

볼 수 있는 것은 스즈키가 「풍경 화조화」에서 우선 종래의 논점을 기술한 후 '히로시게의 화적에 애수정서가 구석구석에 흘러넘치고 있는 것은 독자심리의 약점을 취한 감상소설과 같이 때로는 작위적인 통속성의 난점이 있다'고 피력한 부분이다.[66] 기상현상의 역할에 대하여 '비, 안개, 천둥의 배치는 거기에 불만스러운 점이 없는 것은 아니다. 도회인의 여행심을 자아낸 여성적 풍경화가....'. 와 같은 논조가 그것이다.[67]

2-4. 국내 우키요에 연구

우키요에에 대한 국내의 연구도 상당히 진전되었다. 초기는 우키요에의 개괄적 고찰이 대부분이었으나 최근에는 선행 고찰을 바탕으로 한 테마 중심의 깊이 있는 연구가 진행되고 있다.[68] 한국에서 다루어진 주요 테마로는 자포니슴, 표현특징, 한일비교, 우키요에 풍경화, 미인화 등이 있다.

자포니슴과 관련된 논문은 권선희(1990)의 「浮世繪가 19세기 西洋近代美術에 미친 影響 硏究」, 강미경(2004)의 「프랑스 나비파(Nabis)와 자포니즘(Japonisme)의 상관관계(相關關係)」, 김중현(2006)의 「『마넷 살로몽』의 주인공 코리올리스에게 미친 우키요에(ukiyo-e)의

---

66) 手塚貫(1974) 앞의 글, 24쪽.
67) 手塚貫(1974) 같은 글.
68) 한국에서 거론된 주요 테마로는 풍속화, 미인화, 자포니슴, 표현기법, 한일 비교, 디자인 등이 있다.

영향 고찰」, 곽보영(2009)의 「아르누보 장신구에 표현된 자포니즘 예술 특성」, 강민정 · 임경호(2011)의 「자포니즘의 특성이 근대 디자인의 형성에 미친 영향」 등이 있다.

한국의 미술이나 디자인 분야와 관련시킨 논문은 이미림(2003)의 「새로운 미인화(美人畵)의 전형 – 마루야마 오쿄(圓山応擧)와 신윤복(申潤福)의 미인화(美人畵) 표현」, 고바야시 다다시(小林忠)(2004)의 「18세기 일본미술의 한 단면-雅와俗의 호응: 본격파 회화와 우키요에」, 오쿠보 쥰이치(大久保純一)(2005)의 「錦繪と繪本―浮世繪版畵の形態と特質」, 최수정 · 조현신 · 이명희(2006)의 「한국의 민화와 일본 우키요에(浮世繪)의 비교연구」, 이행화 · 박옥련(2007)의 「우키요에에 표현된 고소데(小袖)의 색채 특성에 관한 연구」, 강민기(2009)의 「1930-1940년대 한국 동양화가의 일본화풍」, 김애경(2009)의 「비교문화관점에서의 민화와 우키요에」, 박옥련 · 이행화(2009)의 「에도시대 우키요에 표현된 여성복 고소데(小袖)의 특성에 관한 고찰」, 양지나 · 이상은(2009)의 「일본 우키요에에 나타난 이미지를 통한 의상디자인 연구」, 민병걸(2010)의 「일본 그래픽디자인의 실천적 기점으로서의 에도 우키요에 고찰」, 김승연, 조향숙(2011)의 「근대 동북아의 목판화 연구 한,중,일의 18-19세기 화조목판화를 중심으로-」, 박옥련(2011)의 「에도시대 우키요에에 나타난 유녀(遊女)의 머리형태에 관한 고찰」, 이미림(2012)의 「근세후기〈미인풍속도〉의 회화적 특징: 한일비교」가 있다. 기호학과 관련된 고찰로는 이마하시 리코(今橋理子)(2005)의 「전설의 기호: 葛飾北齋의〈수박도〉와 칠석」, 김애경(2012)의 「우키요에 풍경화–속(俗)의 「기호행동론」적 해석」 등이 있다.

사상이나 시대의식의 고찰로는 우에하라 마사카즈(上原正和)
(2004)의 「풍경의 전통적인 일본 미의식과 연못경관(風景における伝
統的な日本の美意識とため池景觀)」, 차미애(2006)의 「에도시대 통신
사 등성행렬도(通信使登城行列図)」, 김애경(2009)의 「에도후기 우키
요에의 시각이데올로기: 히로시게의 『명소에도백경』」, 김애경(2010)
의 「히로시게『명소에도백경』속에 담긴 「신불(神仏)」 표현의 특징과
의미 고찰」, 김애경(2011)의 「우키요에 풍경화 속에 숨겨진 「mori(森,
社, 杜)」사상」 등이 있다.

풍속과 관련한 고찰로는 김애경(2009)의 「행락문화의 표상 : 우타
가와 히로시게『명소에도백경』」, 성해준, 이성혜(2010)의 「우키요에
에 표현된 일본인의 성의식」, 이미림(2010)의 「도시 강호의 허구의 공
간-길원에 대하여」, 이성례(2010) 「일본 근대 메이지기 인쇄미술에
나타난 현모양처 이미지」 등이 있다.

표현 특징에 관한 고찰로는 이미림(2003)의 「일본 우키요에 미인화
의 연구동향」, 김지영(2005) 「우키요에(浮世繪) 표현기법으로서의 미
타테(見立) 연구 스즈키 하루노부(鈴木春信) 작품을 중심으로-」, 이
미림(2006)의 「에도시대 유녀(遊女)의 초상 : 간분 미녀도(寬文美女
図)를 중심으로」, 김지영(2007)의 「「화중화(畵中畵)」 기법을 통해 본
우키요에(浮世繪) 표현기법 고찰」, 김지영(2008)의 「에도 대중의 시
각 텍스트 수용 양상」, 이미림(2008)의 「에도시대 시각문화와 미인대
수회(美人大首繪)」, 이성례(2008) 의 「일본 에도시대 목판화에 나타
난 모자상의 이중 표상」, 문지영(2012)의 「우타가와 히로시게(歌川重
廣)의 우키요에 풍경화에 나타난 일본전통교량의 특징과 표현기법」
등이 있다.

우키요에를 문학이나 영화 등과 연계시킨 고찰로는 정연경(2007)
「영화에 나타나는 일본미술의 요소: 〈프린스 앤 프린세스〉〈킬 빌 1〉,
〈게이샤의 추억〉을 중심으로」, 이준섭(2008)의 「우키요에로 본 주신
구라(忠臣藏)」 등이 있다.

학위논문으로는 이연식(2007)의 「고바야시 기요치카(小林清親)
의 작품에 나타난 에도 양풍화(洋風畵)와 우키요에의 상호영향관계
에 대한 연구(석사논문)」, 이행화(2009)의 「우키요에에 나타난 고소
데(小袖)의 조형적 특성 연구(박사논문)」, 양지나(2010)의 「에도시대
우키요에 복식에 표현된 문양과 색채(박사논문)」, 김지영(2012) 「시
각텍스트로 본 주신구라(忠臣臧)(박사논문)」 등이 있다.

히로시게『명소에도백경』 분야에 대한 연구는 이진형(2008)의『우
타가와 히로시게의 우키요에 풍경화연구』가 있다. 이 연구는 박물학
적 관점에서 히로시게 풍경판화에 나타난 일본인의 자연관을 고찰하
였다. 문지영(2012)의 연구는 「우타가와 히로시게의 우키요에 풍경화
에 나타난 일본전통교량의 특징과 표현기법」을 고찰하였다.

논자는 주로 우키요에의 정보매체 역할에 착목하여 연구를 진전시
켜 왔는데, 2008년은 히로시게 사후 150년에 해당하여 이 시기를 전
후로 히로시게 특히『명소에도백경』에 관한 중요한 저작이 다수 발표
되었다. 이에 호응하듯 한국인의 관심도 고조되어 최근 국립중앙박물
관의 일본실 구성을 비롯한 각종 박물관, 미술관의 우키요에 전시 및
지방순회 등, 그림을 직접적으로 접할 수 있는 장소도 점점 증가하고
있는 추세이다. 특히 「우키요에 풍경화」의 대표 주자인 호쿠사이와 히
로시게를 테마로 한 전람회는 매년 열리고 있다. 온라인상에서도 유
명 미술관, 박물관, 도서관 소장의 우키요에를 생생하게 접할 수 있는

디지털화 시스템이 구축되어 있다. 한국에서도 일본을 대표하는 이미
지로 히로시게나 호쿠사이의 그림을 차용하고 있는 것을 종종 볼 수
있다.[69] 이와 같은 추세는 일본의 '시대적 조류'인 우키요에에 대한 관
심이 높아졌다는 것을 반영하는 것으로 이러한 최신의 동향에서 지금
까지 행하여왔던 연구방향의 타당성을 재인식할 수 있었다.

---

69) 예를 들어 대한항공 광고는 『부악36경(富嶽三十六景)』의 「가나가와오키나미우라
   (神奈川沖浪裏)」, 「쇼슈나카하라(相州沖原)」, 보영당판 『동해도53역참』 등을 차
   용하였다.

3. 연구도식

연구 도식

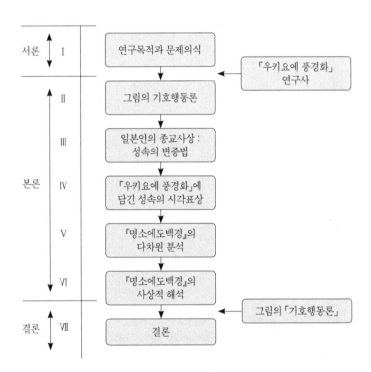

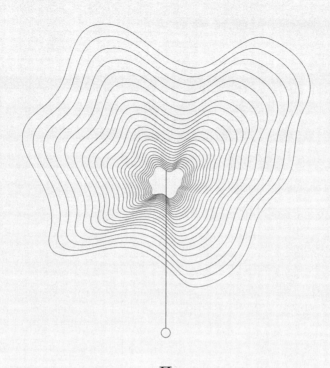

II

그림의 「기호행동론」

1. 이론적 배경

에도시대(江戶時代: 1603-1867)의 '우키요에'는 주로 '서민층' 사이에서 소비된 상업 미디어적 성격의 그림(繪)으로 주로 '풍속'을 소재로 한다.[1]

단지 '풍속'을 그린 것만을 말하자면 오래된 에마키(繪卷)안에 얼마든지 있다. 가마쿠라(鎌倉)시대(13세기)에 제작된 가센에(歌仙繪)[2]([자료Ⅱ-1] 참조)를 시작으로 14세기 경에는 각종 직업의 생태를 일괄해서 그린 그림인 소위 「쇼쿠닌쓰쿠시에(職人盡繪)」[3]([자료Ⅱ-2]참조)와 같은 형태의 그림이 있고, 16세기 말의 가노에도쿠(狩野永德)의 작으로 대표되는 『낙중낙외도 병풍(洛中洛外図屛風)』은

---

1) '우키요에(浮世繪)'란 단어의 현재 알려진 첫 출례는 연보8(延宝8: 1680)년에 간행된 하이쇼(俳書) 『소래조래쿠사(それ 草)』이고, 이어서 덴나2(天和2: 1682)년 이하라 사이카쿠(井原西鶴)의 『호색일대남(好色一代男)』, 동년 히시카와 모로노부(菱川師宣)의 그림책 『浮世續繪盡』에 용례가 보인다.
2) 가센(歌仙: 와카(和歌)의 명인)의 초상을 그리고 대표적인 와카나 간단한 전기를 첨가한 것. 가마쿠라시대의 니세에(似繪)장르로 성행하였다.
3) 가센에(歌仙繪)의 구도나 개성적인 용모를 본 따 직업을 그린 그림.

교토(京都)내외의 「우키요에 풍경화」인 것과 동시에 '풍속화'이다.[4] 또 여러 화가가 공동으로 그린 『고쇼쿠즈(耕職図)』[5]도 일본의 농촌 '풍속'을 내용으로 하고 있다.[6] 이후 17세기 전반에는 가노파(狩野派) 의 화가인 『다카오간푸즈 병풍(高雄観楓図屛風)』이나 『가가유라쿠즈 병풍(花下遊樂図屛風)』과 같은 '풍속화'가 많은데 이것들은 종종 초기 우키요에로서 취급된다.[7]

초기 우키요에로 불리는 작품집의 대부분은 소재가 '서민'의 '풍속' 이지만 아직 '서민'을 위한 작품은 아니다.

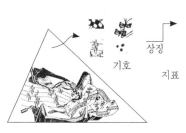

[자료Ⅱ-1] 가센에(歌仙絵) 13세기경 고지쥬(小侍従: 헤이안시대의 여성)

[자료Ⅱ-2] 『七十一番職人歌合絵巻』(부분 도)14세기경 (출처: 東京国立博物館)

후세 사람으로부터 '서민'의 작품이라고 일컬어지는 그림이 등장한 것은 목판화라는 형태로 '풍속화'가 유행하면서 부터이다. 즉 목판 풍

---

4) 武者小路穣(1990)『繪師』, 法政大學出版局. 201쪽.
5) 경작과 양잠의 과정을 정밀하게 그린 중국화. 무로마치시대(室町時代: 1336-1573) 일본에 전해져 가노 유키노부(狩野之信)를 비롯하여 장벽화(障壁画)의 소재 가 되었고, 1676년 가노에노(狩野永納)의 복각본(模刻本)도 있다.
6) 武者小路穣(1990) 앞의 책.
7) 武者小路穣(1990) 같은 책.

속화의 유행에 따라 목판화의 다양한 기법이 개발되어 니시키에 (錦繪)라고 불리는 다색 목판기법의 전개와 더불어 스즈키 하루노부(鈴木春信)이하 기타가와 우타마로(喜多川歌麿), 도슈사이 샤라쿠(東洲齋寫樂)와 같은 우키요에시(浮世繪師, 이하 화가)라고 불리는 새로운 직업 화가들이 등장하여 일본 미술사의 일익을 담당하게 된 이후부터이다.

본 논문은 일본회화에 대한 작가론, 작품론이 아니고 '서민'이 주체가 되어 '풍속을 주제로 그림을 그리고 소비한다는 것'에 초점을 둔다. 그리고 '그 그림을 그리는 사람의 시대의식은 어떠했으며 어떤 역할을 했는지' 그리고 '그림을 그리는 과정에 어떠한 요소들이 작용하고 있었는지' 나아가 '시대의 어떤 가치체계와 결합이 되어있는지' 등, '풍속', '서민', '사상'이라는 추상적인 관념으로 통합되는 것을 표면화하여 알고자 하는 것이다.

최근 서민층의 그림이라고 일컬어지는 에도시대의 '니시키에(錦繪: 통칭 우키요에)'를 기존의 전통적인 분석방법에서 벗어나 살아있는 시각으로 재현하여 다양하게 읽어보려는 방법론적 시도가 다각적으로 행하여지고 있다. 다양한 시각 이미지 연구의 방법론 중 기호학으로 작품의 이미지를 읽어내는 방법이 있다. 이 방법론은 자칫 예술적인 이미지를 망가뜨릴 수도 있다는 관점에서 비판되고 있으나 [자료Ⅱ-1] 이나 [자료Ⅱ-2]와 같이 상징적 의미차용이 많은 우키요에의 특징상 분석에 있어서 기호 이미지를 통한 의미내용 분석은 의미생성 경로를 예견할 수 있게 하고 분석적 논리와 더불어 미학적인 면의 음미도 가능하게 하는 과학적이고 논리적인 분석방법이라고 할 수 있다.

본 연구는 우키요에의 다양한 장르[8] 중 에도후기 '서민'의 '풍속'을
주요한 주제로 하고 있는 '우키요에 풍경판화'를 사회적 문화적 맥락
안에 위치시켜 구성 모티브 상호간의 의미관계를 그림의 「기호행동
론」이라는 이론적 틀을 적용하여 해석하고자 한다. 이것은 기호화된
행동론으로 「우키요에 풍경화」가 제한된 화폭(大判 약39 26.5cm : 대
략 B4 사이즈) 안에서 효과적인 정보전달행위를 위하여 '상징성을
공유하는 기호를 다용하였을 것이다'라는 전제 하에 그 상징의 원리
를 파악하기 위해서는 기호학의 개념이 필요하고, 그 기호는 '당시의
사회문맥에 상응하는 특정한 행동을 암시하는 수단으로 표상되었을
것이다'라는 가설에 기초한다.

위의 가설은 이론적으로 많은 어려움을 포함하고 있다. 사실상 시
각 이미지의 상징체계는 구어적 상징체계에 비하여 유연한 가변적
장치로서 사회 과학적인 접근이 쉽지 않고, 시각적인 기호의 발주자
와 수용자 사이에 일치된 의미작용이 일어나게 한다는 것이 쉽지 않
기 때문이다. 그러나 본고의 분석대상인 「우키요에 풍경화」는 구조적
으로 발주자와 수용자 사이에 일치한 의미작용이 비교적 쉽게 일어날
수 있는 상업 미디어적 성격의 그림이었다는 점에서 가능한 전제였
다.

이하에서는 그림의 「기호행동론」의 이론적 배경이 된 기호학의 전
반적인 흐름과 대표적인 기호학자 소쉬르와 퍼스의 기호론을 살펴본

---

8) 일반적으로 우키요에는 다색 목판화(錦繪: 니시키에)를 지칭하지만 흑백 목판화나
붓으로 그린 그림들도 해당된다. 다색 판화로서의 우키요에는 18C 중엽 이후에 등
장하여 주로 가부키 배우, 스모의 역사, 유곽의 여인들을 독립된 화제로서 그렸으나
19세기 초에는 풍속묘사를 주요 소재로 한 풍경화와 유사한 「메이쇼에」가 등장하
여 유행하였다. (國際浮世繪學會(2008) 앞의 책, 44쪽).

뒤, 퍼스의 삼분법적 이론을 토대로 한「기호행동론」의 파생과정을 설명하고자한다. 이어서 생성된 분석틀이「우키요에 풍경화」작품분석에 타당한지에 관한 근거를 제시하고 구체적인 이미지 사례들을 통해 검증하면서 논점을 정리할 것이다.

1-1. 기호와 기호학

카시러(E. Cassirer)는 인간을 '상징을 만드는 동물(animal symbolicum)'로 규정하며, 인간은 언어, 신화, 종교, 예술, 학문, 역사 등과 같은 인간 활동들의 체계를 상징 형식으로 사용하는 본성을 지니고 있다고 말한다. 이것은 인간의 제반 행동에 기호가 중요한 역할을 하고 있다는 의미이다.

기호(記号)란 의미작용[9]을 하기위하여 쓰이는 개체를 통틀어 이르는 말이다.

히로시게의『명소에도백경』작품 속에서 기호의 예를 들자면 [B08S039](도판 고유번호)의 흩날리는 벚꽃 잎처럼 인생의 덧없음을 함축하는 상징이기도 하고, 도판[B11S062]의 빨간 깃발과 같이 어느 장소나 집단을 알리는 지표로 사용할 수도 있고, 두견새처럼 님에 대한 그리움을 담아내는 상징이기도 하다. 도판[I05S086]의 흩어진 말

---

9) 자기생각을 표현하거나 다른 사람의 생각을 읽어 내는 행위를 의미작용(signification)이라 하고, 의미작용을 통해 서로 메시지를 교환하는 행위를 커뮤니케이션이라 하며, 이 둘을 합하여 기호작용(semiosis)이라 한다. 기호학이 의미작용에 더 관심을 두는 것은 근본적으로 정신적 과정이라는 점 때문이다.

똥에서는 불쾌하게 풍기는 냄새를, 도판[A19S098]의 쏘아올린 불꽃놀이의 선에서는 요란한 소리를 각각 시사하며, 또 도판[A20S114]의 멧돼지 고기를 상징하는 글자나 군고구마 선전 문구처럼 아이디어, 생각, 지시, 원형, 개념 등의 무형의 정보도 제공한다. 그러므로 기호는 언어이기도 하고 비언어적 측면인 시각, 촉각, 청각, 후각적이라고 할 수 있다.

그렇다면 기호학은 어떠한 학문인가? 기호학은 기호의 창조와 의미작용이 어떻게 이루어지는가를 연구하는 학문으로 다음의 세 가지 연구 영역을 가진다.

(1) 기호자체: 기호의 다양성, 의미를 전달하는 상이한 방식 그리고 기호를 사용하는 사람들과 기호와의 관계 방식에 대한 연구 등으로 구성된다.

(2) 기호가 조직화되어 있는 약호나 체계: 기호학은 하나의 사회 혹은 문화의 욕구를 충족하기 위해서, 혹은 욕구전달에 유용한 커뮤니케이션 채널을 개발하기 위해서 발전되어 온 약호의 다양한 방식을 다룬다.

(3) 약호와 기호를 둘러 싼 문화: 역으로 문화의 존재와 형태가 이 같은 약호나 기호의 사용에 의해 좌우된다.

따라서 기호학은 일차적으로 텍스트에 주안점을 두며 '수신자'라는 용어보다 '해석자' 또는 '해독자'라는 용어를 주로 사용한다. 왜냐하면 '해석자(해독자)'라는 용어는 보다 많은 능동성을 내포하고 있으며 또한 읽는다는 것은 우리가 무언가를 배운다는 것을 함축하고 있기 때문이다. 그러므로 해독에 의해 생성된 해석체는 해독자의 문화적 경험에 의하여 다양하게 표출된다. 해독자는 그들의 경험, 관습, 태도 및 감정을 텍스트에 끌어들임으로써 텍스트의 의미를 창출하는 역할을 한다.

1-2. 소쉬르와 기호학

기호학의 이론적 발판은 소쉬르(1857-1913, Ferdinand de Saussure)류와 퍼스(1839-1914, Charles Sanders Peirce)류에 두는 것이 일반적이다.

우선 소쉬르의 기호학 이론은 구조주의적 인식 방법으로 언어학(음운론)에서 출발하여 그는 〈기호= 기표+기의〉로 보았다. 우리가 커뮤니케이션을 위해서 사용하는 기호는 그 기호체계가 말의 외적 형식(소리나 모양)인 기표(記表, signifier)와 말의 의미인 기의(記意, signified)의 연결 관계 즉 의미작용에 의해서 완성된다는 것이다. 소쉬르가 말하는 의미작용을 도식화하면 [그림Ⅱ-1]과 같다.

[그림Ⅱ-1] 소쉬르의 의미작용

예를 들어 A가 자동차 한 대를 구매했다고 가정해 보자. 그 자동차는 하나의 기표로서 같은 계열체인 리무진에서부터 스포츠카, 지프차,

경차에 이르기까지 다양한 차종과 비교되면서 특정한 형태를 나타내
는 외시적 의미(1차 의미작용)로 이해하게 되며, 그 계열체에서 A가
선택한 자동차의 크기와 성능, 디자인 등의 요소는 다시 기표로 작용
하여 그 자동차를 구매한 A가 어떤 사람인지 말해준다. 예를 들어 리
무진은 고급스타일의 비싼 차라는 사실 외에도 소유자의 사회적 수준
이나 지위, 더 나아가 사회적인 위계까지도 나타내는 공시적 의미(2
차 의미작용)를 형성한다. 2차 의미는 인간의 의미작용의 과정이 개
입한 결과로 나타나는 것이다.

   소쉬르의 기호학은 항상 상보적인 양면이 존재하는 언어의 모순적
성격을 통합적으로 지닌다. 그러므로 소쉬르의 기호모형은 이분법과
변증법적 합성이라는 대립되는 두 가지 조작을 포함하고 있다(예: 모
양-배경, 기호-대상체, 기표-기의)[10] 이러한 소쉬르의 요소들의 관계
는 후에 그레마스(Algirdas Julius Greimas)의 기호학적 사각형으로 이
어진다.

1-3. 퍼스의 기호학

   소쉬르의 언어적 출발과 달리 퍼스는 비언어적인 현상과 경험되는
모든 현상을 기호로 간주하였다. 퍼스는 이미지의 영역을 '도상적인
범주' 내에서 정의한 최초의 인물이며 그의 정의는 비언어적인 의사

---

10) 박영원(2003) 『광고 디자인 기호학』, 서울 범우사, 40쪽.

소통 체계에 대한 것이다[11].

그는 행동에 초점을 두고 사고를 유도하였다. 즉 모든 발견은 구체적인 행동과 연계되어 지고 행동은 인지를 위한 가장 중요한 전제 조건이 된다고 말하고 있다. 퍼스는 내부 세계에 대한 우리의 지식은 외부사실에 대한 사전지식에서 발전하는 가설적 추론으로부터 파생된다는 것이므로, 무전제적, 비매개적, 순간적인 직접적 인식이라 할 수 있는 순수한 직관이란 있을 수 없고, 모든 지식은 논리적으로 앞서는 선행지식에 의해 규정된다는 것이다[12].

퍼스의 인지는 지식과 의미의 생산과정이며, 이것은 연역(deduction), 귀납(induction), 그리고 유추(abduction)에 의한다고 하였는데 특히 기호의 약호(cord)와 규칙의 형성과 해석에 유추의 과정이 개입되기 때문에, 기호(sign)를 대하게 되면 항상 유추가 발생한다는 것이다[13]. 따라서 기호의 해석에 개입하는 유추의 과정은 인지이론(Cognitive Theory)과 결합하여 중요한 기호학의 연구 대상이 된다[14].

이러한 이론을 바탕으로 퍼스의 기호학은 기호들의 구성 3요소를 기호체(표상체), 대상체, 해석체(해석소)로 구분한다. 이 삼원적 관계는 여러 가지 도식으로 나타낼 수 있다.

---

11) 베르나르 투쌩(1987) 윤학로역 『기호학이란 무엇인가』, 청하, 69쪽.
12) 박영원(2003) 앞의 책, 46쪽.
13) D. G. Mick(1986) *Consumer Research and Semiotics : Exploring the Morphology of signs, Symbols, Significance*, Joumal of Consumer Research. Vol.13, p.199.
14) 박영원(2003) 앞의 책, 30쪽.

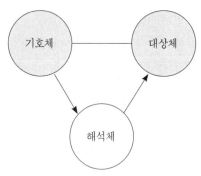

[그림Ⅱ-2] 퍼스 기호의 삼원적 관계

[그림Ⅱ-2]의 삼원적 관계는 기호가 의미작용을 행할 수 있도록 하
는 수단이 되며 제4의 요소인 해석자가 이 삼원적 관계를 통하여 기호
를 인지하게 된다는 것이다. 기호의 삼원적 관계를 구성하는 3요소를
정리하면 [표Ⅱ-3]과 같다.

[표Ⅱ-3] 기호의 구성요소

기호의 구성요소	의미와 기능
(1) 기호체(표상체)	기호 그 자체로서 어떤 관계도 가지지 않는 것
(2) 대상체	기호체가 지시하는 대상물 기호(표상체)가 나타내는 그 무엇
(3) 해석체(해석소)	기호 구조의 내부에서 기호체를 대상체로 이끄는 해석 작용 주어진 기호로부터 촉발되는 의미 효과

세 번째인 해석체는 퍼스가 중점을 두어 강조한 요소로 퍼스는 해
석을 그 자체로 새로운 기호(해석체)로 보았으며, 무수한 해석체는 궁
극적으로 원래의 기호가 지시하는 대상이 무엇인가를 밝히기 위한 것

이라는 것이다. 즉 퍼스는 제4의 요소인 해석자에 의한 다양한 해석을 중시한 것이다. 해석자와 해석소는 퍼스의 기호학에서도 흔히 혼동되어 사용 되는데 해석소는 기호자체로서 생성되는 의미체계이며 다시 말해서 인간은 기호의 해석자이고 그에 대한 기호와 지시 대상의 대응 작용은 해석이라고 말할 수 있다[15]. 해석자는 기호를 해석하여 지시 대상과 결합 시킨다고 할 수 있고 여기에서 퍼스는 기호를 다양한 해석자가 '인지하는 방법'에 따라 그 종류를 세 가지로 분류하였다.[16] 이 분류 중 운용의 3항 관계는 (1) 도상기호(icon) (2) 지표기호(index) (3) 상징기호(symbol)로 퍼스의 기호학을 거론할 때 가장 중요시 되고 있는 부분이다. 각 3항을 정리하면 [표 II -4]와 같다.

[표 II -4] 기호분류 중 운용의 3항 관계

(1) 도상기호(icon)
• 대상체와 유사한 이미지나 소리
• 예: 후지산과 닮은 후지총, 초상화
(2) 지표기호(index)
• 대상과 실존적 관계에 있는 기호
• 예: 다이아반지는 부의 지표, 흔들리는 나뭇가지는 바람이 분다는 지표
(3) 상징기호(index)
• 대상과는 전혀 관계없이 약속에 의해 자의로 만들어진 관념이나 기호
• 예: 태극기는 대한민국을 상징, 로고는 학교나 기업을 상징

---

15) Heinz F Kroehl저, 최길렬 역(1993) 『현대 커뮤니케이션 디자인』, 도서출판 국제, 35쪽.
16) 첫째 비교에 의한 3항 관계: 질기호, 존재기호, 법칙기호. 둘째 운용의 3항 관계: 도상기호, 지표기호, 상징기호. 셋째 사고의 3항 관계: 평어적 기호, 술어적 기호, 논증적 기호.

즉 도상은 동일성 또는 유사성에 의한 기호이며 지표는 인접성과 인과 관계, 상징은 규칙 또는 자의적인 관습에 의한 기호라고 할 수 있다. 퍼스는 사물을 표현하는데 완전한 기호는 대부분 도상적, 지표적, 상징적 요소가 적절히 조화되어야 한다고 말하고 있다. 따라서 모든 이미지가 보여주는 도상성, 지표성, 상징성의 혼합은 그 이미지를 용이하게 가정하는 환영적인 다른 측면을 볼 수 있기 때문에 역동적인 특징과 이미지를 읽어내는 수용자의 내적 자아를 강조 한다고 할 수 있다[17]. 퍼스의 기호학은 모리스에 의하여 재정립의 기회를 맞게 되고[18] 움베르트 에코(Umberto Eco)로 이어지게 된다.

1-4. 소쉬르와 퍼스 기호학의 합일점

퍼스의 관점을 소쉬르의 기호에 대한 관점과 비교한다면 소쉬르가 이분법을 기반으로 그의 언어학을 전개하여 기호를 동기화된 기호와 자의적 기호로 나누었는데 퍼스의 도상기호와 지표기호는 동기화된 기호로 상징기호는 자의적인 기호에 해당된다고 할 수 있다. 그러므로 소쉬르와 퍼스의 기호학적 차이는 자의성에 관한 문제인데 퍼스가 말한 도상기호나 지표기호는 그 기호와 대상간의 관계가 자의적이 아니라는 점에서 소쉬르가 말한 기호의 영역에 들지 못한다고 말할 수

---

17) 노만 브라이슨 외, 김융희, 양은희 역(1995) 『기호학과 시각예술』, 시각과 언어, 55쪽.
18) 퍼스의 행동주의적 기호이론을 정립하는데 공헌한 모리스는 '기호는 기호가 해석 자에게 야기 시키는 행동에의 성향이라는 관점에서 기술되고 유별되지 않으면 안 된다'고 주장하였다.

있겠으나, 소쉬르는 '상대적 자의성'이라는 개념을 통하여 퍼스의 도상과 지표개념을 포용한다고 볼 수 있고, 퍼스는 '상징기호'라는 개념으로 소쉬르의 기호의 '자의성'이라는 중요개념을 포용하였다고 볼 수 있다[19].

19) 박영원2003) 앞의 책, 48쪽.

2. 그림의 「기호행동론」

2-1. 기호-인지행동

퍼스의 기호학은 기호들의 구성 3요소를 대상체, 기호체(표상체), 해석체(해석소)로 구분하여 해석체 즉 제4의 요소인 해석자에 의한 다양한 해석을 중시하였다. 소쉬르는 기호의 주된 기능은 기표와 기의의 연합을 통해서 이루어지는 '의미작용'에 있다고 하였다. 이들은 각각 용어를 다르게 사용하고는 있으나 기호학에 있어서 기호와 관련된 해석행위가 주요한 주제 중 하나인 것을 알 수 있다.

이 행위라는 단어를 염두에 두고 그림 이미지를 기호의 연속으로 보았을 때 기호 주변에 응집하는 행위는 한편으로는 〈창조행위〉이고, 다른 한편으로는 〈해석행위〉 즉 〈기호행동〉일 것 이라고 생각한다.

「기호행동론」은 「우키요에 풍경화」의 〈해석행위〉에 적용을 위한 것으로 퍼스의 기호학 개념에 기반한 〈기호-인지-행동〉이라는 3항의 관계 위에 성립한다. 3항의 관계란 〈외부에 있는 상〉과 〈내면에 있는 의식〉이 〈정보〉를 매개로 〈특정기호〉가 생성되어 〈의미작용〉이 일어나

는 과정의 관계이다. 매개가 되는 정보는 인간이 태어나서 사회 속에서
생활하면서 학습하게 된 경험이나 이미 생성된 사회적 관습이다[20].

[그림Ⅱ-3]은 〈기호-인지-행동〉의 관계를 도식화한 것이다.

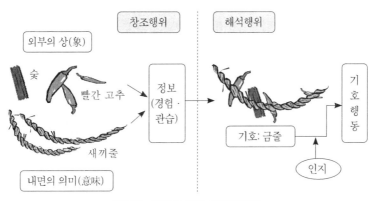

[그림Ⅱ-3] 기호-인지-행동의 관계

도식에서 숯, 고추와 새끼줄은 각각 고유의 내면적 의미를 가지고
있는 외부의 상이다. 세 사물이 정보를 매개로 결합하여 「금줄」[21]이라
는 특정한 기호가 생성되어 의미작용이 일어났다. '금줄'이라는 기호
의 해독에 있어서 현대인의 관점으로는 '의학이 발달하지 못했던 시
대에 예방 의학적 효과와 새 가족의 출산을 알리는 이중의 목적을 지

---

20) 비언어적 기호학은 퍼스-모리스-시벅-에코(U. Eco)로 이어지는 계보로 에코는
'기호는 이미 생성된 사회적 관습의 토대위에서 어떤 것을 대신하는 그 무엇으로
받아들여질 수 있는 모든 것'이라고 정의하여 기호의 관습적(conventional)인 특
성을 강조하였다. 이들의 계보는 오랜 시간을 거쳐 기호가 사회적 관습과 불가분
의 관계로 인식되어왔음을 시사한다.

21) 부정한 것의 침범이나 접근을 막기 위하여 문이나 길 어귀에 건너질러 매거나 신
성한 대상물에 매는 새끼줄. 아이를 낳았을 때, 장 담글 때, 잡병을 쫓고자 할 때,
신성 영역을 나타내고자 할 때에 사용한다. 이 줄이 있는 곳은 사람이 함부로 드나
들지 못한다.

닌 과학적인 표시물'이라는 해석이 가능하다. 따라서 표상체인 금줄을 매달아 대중에게 보이는 것은 개별적이고 구체적인 사실, 즉 있는 그대로의 사실로서 작용한다.

반면 마을 사람들은 이미 생성된 사회적 관습의 토대위에서 '부정한 사람의 접근을 막으며 잡귀의 침범을 방어할 목적으로 사용되어진 신호'라고 해석할 것이다. 이때 각각의 해석자는 다음과 같은 몇 가지 정보를 학습에 의하여 또는 관습적으로 더 알고 있었으리라 예측해 볼 수 있다.

금줄은 태어난 아기의 성별을 알리는 신호로 성별에 따라 각각 다르게 나타냈다. 아들이 태어났다는 기호는 세끼줄에 고추, 숯, 짚 등을 달았다. 딸이 태어났다는 기호는 숯, 솔잎, 종이 등을 달아 신호하였다. 이때 고추의 붉은 색은 악귀를 쫓는 데 효험이 있고 숯의 검은빛은 잡귀를 흡수하는 역할을 했다. 부정을 탈까봐 사람의 접근을 금지했다.

이러한 정보 하에 이 금줄을 본 사람들은 아들인지 딸인지 굳이 물을 필요가 없이 기호의 해석이 가능하며 '방문을 삼가한다' 라는 기호행동을 할 것이다. 그러므로 기호를 사용한 사람도 '접근하지 말라'는 의미전달목적을 달성한 것이다. 즉 양자 간 기호의 목적을 달성한 일치된 기호행동이 일어난 것이다.

2-2. 기호와 심상(心象)의 관계

「기호행동론」은 「우키요에 풍경화」해석 행위에 적용하기 위한 것으로 퍼스의 기호학 개념에 기반 하여 〈기호 인지 - 행동〉이라는 3항

의 관계 위에 성립한다. 이것은 그림 매체에 표상된 기호정보를 매개
로하여 기호 해석자의 '행동'과 '심상(心象)'을 읽는데 목적을 둔다. 그
렇다면 기호행동이 어떻게 심상을 표현한다고 설명할 수 있을까?

여기서 기호행동(記號行動, symbolic behavior)에 대한 사전적 정
의를 참고해 보는 것도 개념 전개에 도움이 되리라 생각한다.

> 기호행동: 기호(記號)를 사용하는 유기체의 목적추구 행동.
> 예컨대 자신이 직접 물을 가져오지 않고 다른 사람에게 "물을 가져
> 오라"고 말하는 경우처럼 유기체는 기호를 사용함으로써 타인을 매개
> 로 자기의 목적을 달성할 수 있다. 유기체는 유전적으로 갖추고 있는
> 기호체계와, 학습에 의하여 후천적으로 획득한 기호체계를 사용하여
> 기호행동을 한다. 기호행동은 학습과정 기억과정 인지과정에까지 관여
> 하고 있으며, 커뮤니케이션은 여러 사람의 기호행동에 의해서만 성립
> 할 수 있다는 점에서 커뮤니케이션 과정에도 본질적으로 중요한 역할
> 을 하고 있다.[22]

위의 내용은 언어를 상정한 정의이나 기호는 비언어도 포함하는 것
이므로 비언어의 기호행동의 정의도 위에서 크게 벗어나지 않는다고
생각한다.

위를 요약하면 어떤 목적을 위하여 기호를 사용하는 존재가 유기체
라는 것이다. 그렇다면 전술한 「기호행동론」의 '심상'의 표현문제로
돌아가서, 우리는 어떤 존재의 기호행동에 '심상'이 있는지 없는지의
판별기준을 일상경험이나 관습에 의하여 암묵적으로 적용하고 있다.

---

22) 두산백과사전(doopedia).

또 통상적으로 기호는 인간의 심상표현으로 간주된다.[23]

본 논문이 기호를 통하여 인간의 심상을 읽는 것이 목표라면 이 암묵리의 판별기준을 명시화하는 논리가 필요하게 되는 것이다. 단순히 유기체가 기호행동을 한다고 해서 그것이 심상을 표시한 것으로 간주된다면 기호를 사용하는 모든 유기체는 모두 심상(마음)이 있는 것이다.

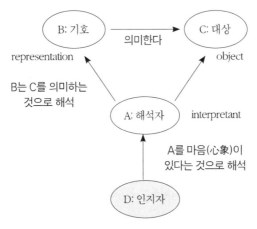

[그림 Ⅱ-4] 퍼스의 기호학에 의한 생명기호론의 가설

[그림 Ⅱ-4]는 '유기체에게 심상이 있다는 것에 대한 판별기준은 유기체가 기호행동을 취할 수 있는 것에서 판별가능하다'라는 생명기호론[24]의 가설을 퍼스의 기호학 3항을 응용하여 도식화 한 것이다. 이 내

---

23) 기호(sign)는 커뮤니케이션 관계에서 참여자들 사이에 별도로 존재하는 인간 커뮤니케이션의 요소인데 이는 한 참여자의 마음속에 있는 그 무엇을 대신하는 요소이며, 수용되면 다른 참여자의 마음속의 그 무엇을 대신하게 될 것이다(Wibur Schramm, William E.Poter, *Messages and Media*, 최윤희역(1993) 『인간 커뮤니케이션』, 나남, 79쪽).

24) Jesper Hoffmeyer 저, 松野孝一郎, 高原美規 역(2005) 『生命記号論—宇宙の意味と表象』, 靑土社.

용은 생존의 목적을 가진 유기체 A가 B와 C사이의 관계를 학습 했을 때, B는 C의 기호가 되고 유기체 A는 B의 해석자가 된다는 것이다. 이 때 4요소인 인지자는 기호적 관계를 학습할 수 있는 A를 심상이 있는 것으로 간주한다.

결론부터 말하면 이 도식은 A가 반복적인 훈련을 통하여 기호행동을 할 수는 있으나 이때의 기호행동은 조건 반사에 가까운 것으로 조건반사는 심상의 있다고 판단 할 수 없다는 것을 설명하기 위하여 제시되었다. 즉 기호행동을 한다고 해서 모든 유기체가 심상이 있다고 볼 수 없다고 보는 것이다.

문제의 핵심은 기호의 자의성에 관한 합의점에 있다.

즉 기호와 대상체와의 관계가 자의적이라는 것은 다양한 목적이나 욕구의 변화에 대응하여 기호의 가치도 다양하게 변화해 간다는 의미이다. 즉 기표와 기의 사이에는 아무런 자연적 혹은 필연적 관계가 없다는 것이다. 기호를 사용하는 유기체 A의 목적추구행동(=기호행동)을 가능하게 하는 환경세계의 구조도 시시각각 변화한다고 볼 때, 훈련에 의한 기호행동은 시시각각 변화하는 환경의 구조에서는 훈련받은 내용대로 기호행동의 적용이 불가능할 것이라고 생각한다. 그러므로 기호행동을 한다는 것을 '심상(마음)'이 있다는 것으로 판단하려면 기호가 단일한 구조가 아닌 다음의 요건 중 적어도 2가지 이상을 만족시켜, 기호가 도상적, 지표적, 상징적 요소로 상호 유기적인 관계에 있어야한다.

• 이분법적인 구조화된 환경세계를 상정할 수 있다.
• 의미가 있는 부분과 의미가 없는 부분으로 음양의 가치를 구비한다.

• 기호가 합목적적 욕구에 상응하게 구조화되어 있다.

이 요점을 [그림Ⅱ-5]의 도식으로 제시하였다.

A가 정보 획득을 목적으로 B와 C사이의 자의적인 관계를 학습(경험)했을 때 B는 C의 기호가 되고 A는 B의 해석자가 된다. 이때 인지자 D는 해석자에게 심상(마음)이 있다고 생각한다.

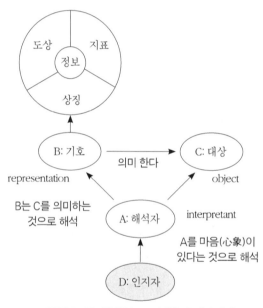

[그림Ⅱ-5] 기호구성요소의 상호 유기적 관계

3. 「기호행동론」의 우키요에 적용

3-1. 우키요에의 기호

우키요에도 언어처럼 다양한 기호작용을 일으키는 기호의 매체 중 하나이다. 우키요에는 주제, 기능, 구도, 색 등을 통해 작품에 특징이 부여되어 다양한 장르로 명명되었다.[25]

「우키요에 풍경화」의 의미작용을 기호학적 이론으로 접근할 경우, 그 자체가 단순한 풍경이 아니라 도상, 지표, 상징의 의미를 내포하며, 이들의 중첩에 의해 소비자와 작품 간의 의미작용이 가능해진다. 그러나 제작자가 부여한 「우키요에 풍경화」의 영향력은 기호학 이론에서와 마찬가지로 소비자의 정신적 개념을 통해 완성된다. 「우키요에 풍경화」의 주체는 발주자가 아닌 소비자의 자의인 것이다.

---

25) 메이쇼에(名所繪), 미인화(美人畵), 야쿠샤에(役者繪), 레키시에(歷史繪), 하리마제에(張交繪), 나마즈에(鯰繪), 춘화(春畵), 시니에(死繪), 무샤에(武者繪), 모노가타리에(物語繪), 오모챠에(玩具繪), 스모에(相撲繪), 花鳥畵(화조화), 요코하마에(橫浜繪), 우루시에(漆繪), 베니에(紅繪) 등.

「기호행동론」은 기호가 사용된 에도에서 시각 이미지의 발주자와 수용자 사이에 비교적 일치된 의미작용이 쉽게 일어났었다는 기본 전제하에 자의적으로 생성된 기호와 행동의 관계를 「우키요에 풍경화」에 적용시킨 방법론이다. 사실상 시각적인 기호의 발주자와 수용자 사이에 일치된 의미작용이 일어나는 것은 쉽지 않다. 전술하였듯이 시각 이미지의 상징체계는 구어적 상징체계에 비하여 유연한 가변적 장치로서 시각적인 기호의 발주자와 수용자 사이에 합목적적으로 일치된 의미작용이 일어나게 한다는 것이 어렵기 때문이다. 그러나 순수 시각이미지와 달리 「우키요에 풍경화」는 특수한 구조를 지닌 판화 매체였다.

3-2. 우키요에의 의미작용 구조

[그림Ⅱ-6]은 우키요에의 의미작용 구조를 도식화 한 것이다. 이 도식은 우키요에가 '당시의 사회문맥에 상응하는 특정한 행동을 암시하는 수단으로 표상되었을 것이다' 즉, '제작자와 수용자 사이에 비교적 일치된 의미작용이 쉽게 일어난다'는 가설의 기본 전제가 유의미함을 이해하기 위한 것이다.

도식에서 우키요에는 7개 요소로 구성된 상품임을 알 수 있다. 즉 발주자-제작자-중개자-수용자로 배열된 수평적 4요소는 발주, 생산, 유통, 소비로 이어지는 당시의 제도적 요소이다. 출판계획과 더불어 소비자의 욕구에 순응하여 적절한 대상체(주제)를 선정한 발주자(版元: 출판사)는 화가(繪師: 에시)에게 원화(原畵, 이하 판화 밑그림)를 발주한다. 화가는 지정된 화면 크기에 검열과정 상 요구되는 규칙에 입각해 발주받은 대상을 표상하고 검열과정을 거친 후 호리시(彫師, 이하 조각가), 스리시(摺師, 이하 채색가)의 공정을 거쳐 중개자를 매개로 유통망(서점(繪草紙屋)이나 대여점)에 올려져 수용자에게 소비되는 일련의 과정을 나타낸다.

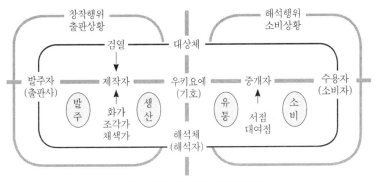

[그림Ⅱ-6] 우키요에의 의미작용 구조

　반면 대상체-우키요에-해석체(해석자)로 배열된 수직적 3요소는 그림의 내용적 요소이다. 대상체라고 하는 것은 작품의 주제가 되는 모든 것이다. 우키요에(텍스트)는 대상체을 기호로 나타낸 표상체이며, 해석체는 표상과 대상이 합쳐서 생성된 작품을 해석한 해석체이자 정보(경험이나 관습, 문헌자료)를 매개로 해석가능한 해석자이다. 곧 수용자로 이어질 소비층이다. 이상과 같은 제작 과정에 대한 파악은 기호 행동론이란 방법론을 우키요에에 적용하는데 있어서 중요한 의미를 가지고 있다.

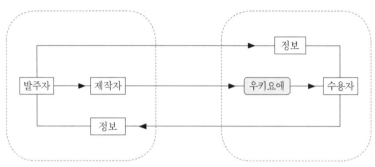

[그림 Ⅱ-7] 우키요에의 의미작용 간략화

[그림 Ⅱ-7]은 일련의 의미작용 과정을 간략화한 것이다.

'발주자는 수용자들이 환호할 만한 메시지(정보)들을 화가(제작자)에게 발주했다' '화가(제작자)는 발주내용을 도판에 담았다' 즉 우키요에는 일련의 커뮤니케이션 과정에서 생성되어 소비되므로 발주자와 수용자 간의 비교적 일치된 의미작용이 쉽게 일어날 수 있는 매체인 것이다. 그러므로 흥행된 작품의 경우는 의미작용이 더욱 활발히 일어났다고 볼 수 있을 것이다. 작품을 해독하는 것은 당시 사람들의 몫으로 당시의 사회 환경에서 학습된 경험이나 관습 및 새로운 정보를 매개로 작품을 해독할 것이다.

그러나 현대의 사람이 우키요에를 매개로 그들의 행동과 심상(心象)을 읽어 내려면 다음과 같은 3가지 사항을 염두에 두고 읽어야 한다. 이 유의점은 「기호행동론」을 적용하여 우키요에를 분석할 때도 동일한 사항이다.

첫 번째는 근세 우키요에 화가와 현대의 화가와의 차이점을 정확하게 인지할 필요가 있다. 우키요에를 분류하거나 감정을 할 때 화가의 이름으로 거론되고 있는 현실이지만 화가는 독자적 창작자가 아니라 조각가, 판화가와 더불어 공동 제작과정의 필수 불가결한 일 기능에 지나지 않았다고 볼 수 있다.

두 번째로 유의할 점은 커뮤니케이션을 구성하는 각 요소에 대하여 그 존재적 차이점을 인지하는 것이다. 작품을 사회적 맥락 속에서 이해할 수 있을 것이다.

세 번째는 도표의 왼쪽 사각형은 창작행위 즉 출판 상황을 나타내고, 오른쪽 사각형은 해석행위 즉 소비상황을 나타낸 2개의 사각형으로 분류한 것에 대한 이해이다. 이와 같은 구조로 나타낸 것은 작품이 생산(창작)되는 상황과 소비(해석)가 이루어지는 상황이 시간적, 공간적으로 격차가 있다는 것은 나타내기 위함이다.

즉 시간적인 격차는 「우키요에 풍경화」를 사회적 맥락에서 분석하려고 할 때, 주로 작품에 찍혀있는 검열인을 단서로 출판시기를 유추하게 되는데 이때 검열을 받은 시점과 출판이 되는 시점과의 시간적 격차를 계산하여야 한다.

공간적인 격차는 공간 인지의 격차를 의미한다. 예를 들어 관현사(權現社)나 요시와라는 현재 사라진 공간이다. 해당시기의 공간에 대한 인지는 관습이나 문헌정보를 기초로 해야 한다.

4. 「기호행동론」 적용 사례 분석

사례 1. 도판[B10S061]

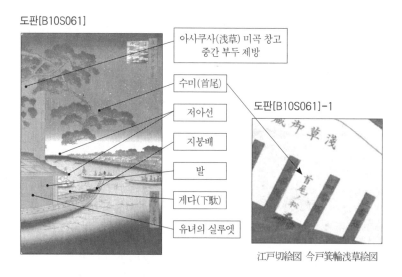

기호	인지	행동
스미다강, 밤하늘, 수미란 이름의 소나무, 저아선(猪牙船), 지붕배, 게다, 발(簾)	스미다강 선착장의 밤	신요시와라 내왕

도판[B10S061]관련 문헌자료

도판[B10S061]의 표제는 「아사쿠사가와 슈비노마쓰 오우마야가시(淺草川首尾の松御廐河岸)」이고 판화 밑그림의 검열일은 안세3(安政: 1856)년 8월이다. 제시된 그림을 해석하려면 두 가지 사항에 대해 인지하고 있어야한다. 첫째, 스미다강의 수로에 대한 인지, 둘째, 스미다강의 교통수단이 되었던 배의 종류와 용도에 대한 인지이다.

먼저 수로에 대한 인지이다. 수로가 특히 발달했던 에도에는 유곽(遊郭)인 신요시와라(新吉原)로 통하는 수로가 4개 있었다. 가장 이용하기 수월했던 루트는 야나기 바시(柳橋)에서 시작된다. 이 다리는 간다강이 스미다강과 합류하는 지역에 걸려있다. 이곳을 시작으로 이어진 수로는 산야수로의 이마도(今戸)까지 이어지고 이마도로부터 요시와라까지는 육로를 이용하게 되는데 그 거리는 매우 짧았다.

다음으로 스미다강의 교통수단에 대한 인지이다. 에도에는 다양한 용도의 배가 있었지만 특히 유곽 내왕 시 손 쉬운 교통수단은 '요시와라 배'라고도 불렸던 저아선(猪牙船)으로 폭이 좁고 뱃머리가 뾰족하여 속도가 빨랐다(자료[B10S061]-1참조). 이외에 유흥에 사용되었던 배로는 야네부네(屋根船: 지붕이 덥힌 배, 이하 '지붕배')가 있었다자료[B10S061]-2는 『에혼에도미야게(繪本江戸土産)』[26]에 묘사된 지붕

---

26) 『繪本江戸土産』라는 제목의 에혼(繪本)은 세 종류가 있고 모두 에도의 명소안내서이다. 첫 번째는 호레키3(宝曆3: 1753)년의 니시무라 시게나가(西村重長)그림, 오쿠무라 기혜에(奧村喜兵衛)간행 3권이다. 두 번째는 스즈키 하루노부 그림인 『繪本續江戸土産』3권으로 메와5(明和5: 1768)년 또는 호레키년간(1751-1764) 간행이라 보고 있다. 세 번째는 우타가와 히로시게의 그림인 소본(小本) 전10권으로 담채판화이다. 초편에서 4권까지는 가에3(1850)년, 5, 6편은 불명, 7편은 안세4년(1857)간행이다. 8, 9, 10편은 2대 히로시게 작이다(國際浮世繪學會(2008) 앞

배이다. 지붕배의 경우 무사(武士) 이외는 배에 미닫이를 장치하는 것
이 금지 조항이었으므로 서민은 발(簾)을 이용했다. 그러나 발을 내리
는 것도 덴포개혁(天保改革)시 금지되었는데 다음의 인용문에서 금
지의 이유를 알 수 있다.

　　川筋往來いたし候日覆船え、簾をおろし、河岸、橋間等え繋置、
　　中には猥の義も有之哉に相聞候、向後雨雪又は波立候節は格別、寒氣
　　の節たり共、平常は簾卷揚置候樣可致候。

　(해석) 스미다강을 왕래하는 지붕배에서는 발을 내리고 강 기슭이나
다릿목 근처에 배를 계류해 놓고 배 안에서 음란한 행위를 하고 있다고
한다. 앞으로 비나 눈, 파도가 높을 때를 제외하고, 겨울이라 하더라도
발을 걷어 올려 배안이 보이도록 해야 한다.[27]

[자료B10S061]-1
저아선((猪牙船)

[자료B10S061]-2 18.2×12.2 歌川広重
『에혼에도미야게』 7편 1850(嘉永3)-1867(慶応3)
(출처: 에도동경박물관 화상자료)

　의 책, 89쪽).
27) 『덴포신세이로쿠(天保新政錄)』(1842).

위의 문헌자료의 인지 하에 제시된 도판[B10S061]을 해석하면 다음과 같다.

도판[B10S061]의 표제의 의미는 좌측 전면의 소나무가 있는 선착장을 상징한다. 이 소나무는 막부의 아사쿠사(淺草) 미곡 창고 4번과 5번 중간 부두제방에 있는 소나무로 신요시와라로 가는 저아선의 길목을 지표하였다(도판[B10S061]-1 참조).

좌측 중경 및 원경으로 보이는 배는 주로 저녁이 되면 요시와라로 유객을 운반하기에 분주했던 저아선이다. 전경에 지붕배가 강조되었다. 반쪽만 묘사된 지붕 배 안에 유녀가 실루엣으로 상징되었다. 뱃머리에 두 켤레의 게다(下駄)가 놓여있다. 상상하던 유녀의 모습은 자료[B10S061]-2에서 볼 수 있다. 1842년의 덴포개혁에서 지붕 배의 발(簾)에 대한 규제를 엄격히 하였는데, 이 그림은 그 규칙의 느슨함을 상징적으로 표상한다. 그림의 기호들은 '스미다강 주변의 밤 풍경'을 1차적으로 공시하지만 「기호행동론」의 틀에 적용하면 1차적 의미를 넘어 '요시하라에 왕래한다'는 2차적 의미를 공시하고 있다.

사례 2. 도판[B08S039]

도판[B08S039]

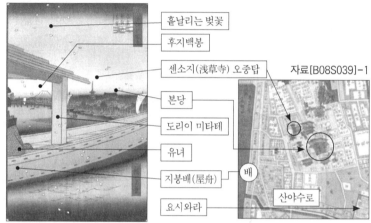

흩날리는 벚꽃

후지백봉

센소지(浅草寺) 오중탑

본당

도리이 미타테

유녀

지붕배(屋舟)

요시와라

자료[B08S039]-1

배

산야수로

江戸切絵図 今戸箕輪浅草絵図

기호	인지	행동
푸른 강물, 흩날리는 벚꽃, 지붕배, 오중탑, 센소지, 유녀, 아즈마바시(吾妻橋), 후지 백봉, 도리이 미타테	스미다강 무코지마(向島) 근처	신불기원 요시와라 내왕 행락

도판[B08S039]관련 문헌자료

도판[B08S039]의 표제는 「아즈마바시 긴류잔엔보(吾妻橋金龍山遠望)」이고 판화 밑그림 검열인은 안세4(1857)년 8월이다. 이 그림을 해석하려면 세 가지 사항을 인지하여야한다. 첫째, 스미다강 연안 무코지마(向島)의 미메구리 이나리사(三囲稲荷社)에 대한 인지, 둘째, 센소지 근방의 성천궁(聖天宮)마을에 대한 인지, 셋째, 도리이의 미타

테(見立て) 기법[28]에 대한 다양한 상징방법에 대한 인지이다. 먼저 미메구리 이나리사에 대한 인지이다.

일본의 민속신앙 중 대표적인 신앙의 하나가 이나리(稲荷)신앙이다. 이나리신앙은 에도시대 특히 에도라는 도시에서 폭발적인 융성을 보이며 정착한 신앙으로[29] 이나리 신사는 대명의 저택에서부터 마을 어귀는 물론이고 유곽 내에도 있었다.

자료[B08S039]-1

신요시와라(新吉原)
江戸切絵図 今戸箕輪浅草絵図

자료[B08S039]-2

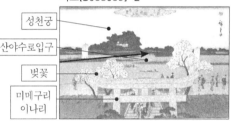

성천궁
산야수로입구
벚꽃
미메구리
이나리

東都名所(山本) 三囲堤真乳山遠望
(출처: 에도동경박물관 화상자료)

에도 고지도(古地図)에서 신요시와라를 보면 유곽(遊郭) 귀퉁이에서 이나리사가 확인된다[30](자료[B08S039]-1 참조). 특히 유곽 근처의 미메구리이나리사는 벚꽃의 명소로서 우키요에에서 스미다강에

---

28) 미타테의 다양한 기법에 대해서는 최경국(1994)「江戸時代における「見立て」文化の總合的研究」, 東京大學 박사학위 논문에서 참고할 수 있다.

29) 에도시대 이래 현재까지도 전국의 신사(神社)총 약 8만사 중 약 3만사가 이나리로 추정된다. 에도에 산재한 이나리 명칭의 유래는 농업신, 토지신, 성신(聖神), 신기(神木), 빙령(憑靈), 여우, 복덕, 장수, 양육, 병 치료, 화재예방, 음식금기 등 다양하다.

30) 에도에는 남녀 구성비의 불균형이라는 지역적 특징으로 인하여 200개소가 넘는 오카바쇼(岡場所)가 번성하여, 매독 등 성병이 맹위를 떨치게 되어, 매독도 이나리의 효험을 기대하는 병이었다. 湯淺德子(2008)「稲荷信仰から見える江戸」, 東京工業大學校 大學院 社會理工研究科, 석사논문.

흩날리는 벚꽃 잎은 무코지마의 미메구리이나리사를 상징하는 모티브로 종종 차용되었다.

　다음으로 성천 마을에 대한 인지이다. 미메구리이나리사의 도리이는 건너편 마쓰치야마(待乳山)지역의 성천궁을 상징적으로 마주하고 있었다. 성천궁은 금용산 센소지(金龍山淺草寺)에 속한 절로 에도시대 성천신앙은 상두인신(象頭人身: 코끼리 머리에 사람 몸)인 남녀포합상이 본전이었던 것에서 연분을 맺어주는 신(緣結び), 부부화합, 일가번영, 상매번성(商賣繁盛)의 이익이 있다고 여겨져 두 갈래로 갈라진 무(二股大根)는 상징성을 내포하여 신불에게 공물로 바쳐졌다.

　자료[B08S039]-2는 이상과 같은 내용을 그림으로 담은 우키요에이다. 도리이 너머 봉긋한 숲 속의 건축물이 바로 성천궁으로 강변 고지대에 위치한 봉긋한 형상으로 인하여 산야수로 통하던 저하선 뱃길의 입구를 지표하는 이정표 역할을 하였고, 이 주변마을을 속칭 성천마을 또는 산야마을로 칭했다(자료[B08S039]-1참조).

　마지막으로 도리이의 미타테에 대한 상징방법에 대한 인지이다. 에도시대의 미타테는 다양한 분야에서 다양한 의미로 해석이 가능하지만, 우키요에의 한 장르인 「메이쇼에」에서는 주로 미타테하고자 하는 어떤 형상을 그것과 닮은 주변사물에 비유하는 기법을 의미하였다. 예를 들어 후지산을 미타테한 후지총, 후지총을 미타테한 초가 지붕 등이 그것으로 대중사이에서 널리 인지된 상징적 의미를 공유하고자하였다. 그러므로 풍경에서 도리이를 미타테한다고 생각하였을 때, 미타테에 차용되는 사물들은 주로 기둥이나 교각, 나무, 지붕 등으로 주변풍경(또는 환경)에서 흔히 볼 수 있는 모티브가 미타테의 제재로 활용되었다. 이와 같은 기법은 현대인에게는 은밀한 기법으로 인지되

지만 당대에는 우키요에 화가들이 빈번히 사용하던 공공연한 편리한
기법이었다. 자료[B08S039]-3과 자료[B08S039]-4는 미타테 기법
이 활용된 호쿠사이의 그림이다. 자료[B08S039]-3에서는 교각, 자료
[B08S039]-4에서는 전방의 도리이가 또 다른 의미의 도리이(鳥居)
로서 기능하였다.

자료[B08S039]-3   자료[B08S039]-4

北斎 富嶽三十六景 深川万年橋下 橫大判   北斎 富嶽三十六景 登戸浦橫大判
(출처: 동경국립박물관 화상자료)   (출처: 동경국립박물관 화상자료)

위의 세 가지 문헌자료의 인지 하에 앞부분에 제시된 도판[B08S039]
을 해석하면 다음과 같다. 좌측 아즈마교(吾妻橋)와 원경에 위치한 센
소지의 오중탑이 표제의 장소를 상징하는 기호로 사용되었다. 전경의
지붕배는 스미다강에 떠있고 유녀와의 행락장면을 상징한다. 스미다
강에 흩날리는 벚꽃 잎은 무코지마의 미메구리 이나리사가 근처에 있
다는 것을 상징한다. 배의 방향은 산야수로(山谷堀)를 지표하고 있는
데, 산야수로는 성천마을 입구에서 시작되는 수로로서 산야마을이나
신요시와라에 다니는 배의 뱃길로 이용되었다(자료[B08S039]-2 참
조). 전경에 확대된 지붕배 안에 잘려서 묘사된 유녀의 표상과 흩날리
는 벚꽃 잎이 상호의미작용한다. 원경으로 눈을 돌리면 계절과 상관
없이 눈 덮인 후지의 '백봉'(白峰: 관설후지는 전체가 하얀색이 아니

므로 '백봉'과 '관설후지'를 구분함)이 중앙에 배치되었다.

그림에서 보이지 않는 배안의 모습을 유추한 히로시게 『명소에도백
경』의 저자 헨리 스미스의 해설이 재미있다.

> 한차례 춘풍이 지붕배로 꽃눈을 날리고 있다. 배는 무코지마를 나와
> 서 스미다강을 가로 질러 갈대가 있는 얕은 물 사이를 지나 산야 수로
> 로 향하고 있다. 이 장면의 주인공인 게이샤(芸者)는 왼편에 살짝 그 보
> 습을 보이고 있다. 몸에 공이 들어 간 비녀와 격있는 무늬의 오비와 기
> 모노를 입고 있다. 일행은 1명이나 2명의 객과 아마 동행인 게이샤, 한
> 명이나 두 명의 시중을 드는 사람일 것이다. 이 배에 탄 인물들은 미메
> 구리이나리사(三囲稲荷社) 부근으로 벚꽃놀이 가서 이마도(今戸) 다
> 리의 다릿목에 있는 요정으로 들어가려는 것일 게다. 그렇지 않으면 해
> 가 지는 것을 기다려 객은 요시와라에 가려는지도 모른다.[31]

위와 같은 유추가 가능한 것은 이 그림의 기호인 푸른 강물, 흩날리
는 벚꽃 잎, 지붕배, 오중탑, 센소지, 유녀, 아즈마교 등이 '스미다강 주
변 묘사'를 지표하고 있지만 일차적 의미를 넘어 '무코지마의 미메구
리 이나리신사 왕래' '요시와라 왕래'라는 2차적인 의미작용을 포함하
고 있기 때문이다.

그림에서 신앙적 요소를 찾아보면 다음과 같다. 눈길을 끄는 지붕
배가 띄어진 장소는 미즈고리(水垢離) 장소인 스미다 강이고, 강 너머
로 센소지 관음사의 가람 본당 지붕과 사원의 상징인 오중탑(五重塔)
이 지표되었다. 배의 지붕 너머로 후지 '백봉'이 상징으로 위치하였고

---

31) ヘンリ・スミス(1992) 『廣重 名所繪江戸百景』, 岩波書店, 39쪽.

배의 지붕과 기둥은 근경과 원경이 부여하는 입체로서의 특징이 적극적으로 활용되어 우키요에 표현의 한 기법인 도리이의 미타테로 활용되었다. 『명소에도백경』의 이러한 시각적 장치들은 「메이쇼에」로서의 특징에 '신불기원 이미지'로서의 특징을 강하게 부각시킨 독특한 작품집임을 알 수 있게 한다.

사례 3. 도판[B11S062]

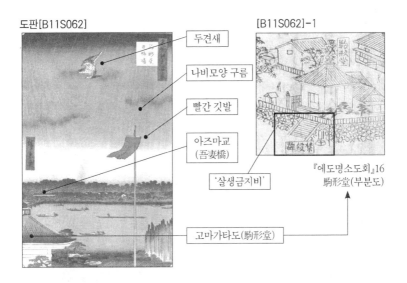

도판[B11S062]

두견새
나비모양 구름
빨간 깃발
아즈마교 (吾妻橋)
'살생금지비'
고마가타도(駒形堂)

[B11S062]-1

『에도명소도회』16 駒形堂(부분도)

기호	인지	행동
고마가타도(駒形堂), 푸른 강물, 배, 비, 먹구름, 빨간 깃발, 두견새, 나비구름, 아즈마바시(吾妻橋)	스미다강 서안 상류	신불기원 요시와라 내왕

도판[B11S062] 관련 문헌자료

도판[B11S062]의 표제는 「고마가타도 아즈마바시(駒形堂吾妻橋)」이고 판화 밑그림의 검열일은 안세4(1857)년 5월이다. 이 그림을 해석하려면 두 가지 사항에 대한 인지가 필요하다. 첫째, 스미다강변 교통의 요지에 대한 인지, 둘째, 센소지 관음에 대한 인지이다. 먼저 스미다강변의 교통의 요지에 대한 것이다.

수로가 중요한 교통수단이었던 에도시대에 고마가타도는 에도에서 중요한 교통의 요지 중 하나로 꼽히는 선착장이 있었다. 고마가타도는 아즈마교(吾妻橋)건너편 센소지(淺草寺)에 인접하여 있었고 고마카타란 이름이 상징하고 있듯이 마두관음(馬頭觀音)이 안치 되어있었다. 마두관음이라는 단어가 상징하는 것은 '왕래길', 특히 말이 유일한 수송수단이었던 시대의 중요한 교통로를 의미하는 단어이다. 당시 마두관음은 도로의 심볼로서 동일본(東本日) 가도를 따라 안치된 곳이 많았던 신앙이었다.

두 번째로 센소지에 대한 인지이다. 그림의 장소인 고마가타도는 센소지와 중요하게 관련되어있다. 우선 이곳은 센소지 관음본존이 현시된 유서 깊은 장소로 인지되던[32] 성스러운 곳으로서 특히 관음본존 출현과 관련이 깊은 센소지 삼사관현제(三社觀音祭) 때에는 육로로 미코시(御輿)를 센소지까지 운반한 후, 배로 스미다강을 북상하여 이 지역을 반환점으로 했다. 이러한 까닭으로 사원 주변은 「살생금지

---

32) 『에도명소도회』의 삽화글인 「센소지 관음연기(淺草觀音緣起)」에 의하면 스이코 천황 36년(628년) 미야토가와(宮戶川: 스미다가와의 하류근처)에서 어로 중이던 히노구마(檜前) 형제가 투망 속에서 1체의 불상을 발견하고 그 불상을 가지고 상륙한 땅에 세워진 당(堂).

의 비(禁殺碑)」가 세워졌을 정도로 주변 강은 신성시되어 어로금지, 요리집 금지 등 성스럽게 관리되는 지역이었다(자료[B11S062]-1 참고). 또한 이곳은 센소지관음 참배로 향하는 첫 번째 관문으로서 배로 상륙하는 사람 뿐 만아니라 육로를 이용하는 사람도 우에노(上野)를 출발하여 이곳까지 와서 나중에 상세하게 보게될 센소지 낙문(雷門: 도판[B14S099]참조)으로 향하여야 했다.

그러나 고마가타도는 요시와라와의 연관성도 유서가 깊다. 이곳 선착장은 신요시와라로 통하는 수월한 교통로이기도 하였다. 이 장소는 요시와라의 유녀 2대 다카오(高尾)[33] 다유가 센다이(仙台)의 3대 번주 다테 쓰나무네(伊達綱宗: ?-1711)를 그리워하며 읊었던 구(句)의 소재가 된 곳으로도 유명하다. 다음은 유명했던 석별의 정을 담은 구(句)이다.

　　ゆうべは波の上の御歸らせ、いかが候。
　　御館の御首尾つつがなくおわしまし候や。
　　御見のまま忘れねばこそ、思い出さず候。かしこ。
　　　　　　　　　　君はいま 駒形あたり ほととぎす。

　(해석) 나는 당신을 상기하는 적이 없어요. 그것은 언제나 당신을 생각하고 있기 때문에 잊어버리는 적이 없기 때문입니다. 당신은 지금 고마카타 선착장 주변에서 배를 기다리고 있겠지요.

---

33) 다카오다유(高尾太夫)는 요시와라의 대표적 명기(名妓)로 이 이름을 칭한 유녀는 11명 있었다고하며 모두 미우라야시로자에몬(三浦屋四郎左衛門) 소속의 유녀였다.

위의 문헌자료의 인지 하에 도판[B11S062]를 해석하면 다음과 같다.

이곳은 첫 번째 도판[B10S061] 오우마야가시 선착장에서 1키로 정도 북상한 곳이다. 좌측으로 아즈마교가 보이는 것으로 보아 신요시와라의 육로 길도 멀지 않았다. 그림의 비 내리는 하늘에 다양한 기호가 표상되어 있다. 우선 외로이 날고 있는 두견새 한 마리와 좌측 전경의 고마가타도는 상호 의미작용 한다. 마치 다카오 다유(高尾太夫)가 읊었던 구(句)를 그림으로 표상해 놓은 듯하다. 당시의 에도의 남자라면 모두 알고 있을 법한 상징이다.

하늘의 나비 모양 구름도 유녀를 상징한다. 에도시대 나비는 종종 유녀를 상징하는 메타포로 차용되었는데 이 그림에서는 두견새와 더불어 센다이 번주 다테 쓰나무네를 향한 그리움을 증폭시키는 기제로 차용되었다. 빨간 깃발은 고마모노야(小間物問屋)[34] 햐쿠스케(百助)를 지표하는 요소로 햐쿠스케는 여자의 화장품 장신구 등 박래품(舶來品)을 매매하던 곳으로 상징되었다.

이 텍스트의 의미작용은 다양한 종류의 기호들의 결합에 의해 중층적으로 창출되고 있다. 그림의 구성 모티브인 고마가타도, 푸른 강물, 배, 비, 먹구름, 빨간깃발, 두견새, 나비구름, 아즈마바시 등은 일차적으로 '비내리는 고마카타 선착장 주변 정경'이라는 의미를 공시하고 있지만 일차적인 의미를 넘는 상징기호를 해독할 수 있다면 마두관음이나 센소지 및 신요시와라와의 관계가 상징되어 있다는 것을 알 수

---

34) 방물(細物: 고마모노), 또는 박물(高麗: 고마모노), 배로 들어온 박래품(舶來品: 외국상품)을 판매하는 곳.

있다. 나아가 '신불기원'이나 '요시와라 왕래'라는 행동과 연결지어 생
각해 볼 수 있을 것이다.

5. 소결

에도시대의 우키요에라는 매체는 상징적 이미지를 매개로 하는 판화그림이다. 에도시대 기호의 발주자는 에도인에게 어떤 행동을 하게끔 유발시키는 유형의 이미지에 대해 너무나 잘 알고 있다. 에도의 인간이라면 위와 같은 스미다강 주변의 기호가 담긴 텍스트들을 통해 바로 요시와라 내왕이나 신불기원을 연상했을 것이다.

'화가는 발주 받은 내용을 도판에 담았다' '발주자는 당대인이 환호할 만한 정보를 발주하였다'라고 하는 두 가지 기본사항을 염두에 두고 도판을 분석하면 우키요에의 상징적 표상을 기호로 보고 해석하는 방법론은 표면적으로 드러나지 않는 시각 이미지의 잠재된 의미작용을 파악하는데 도움이 된다. 또한 이를 통하여 히로시게 작품 이미지의 표상적 특징이 비교적 사실성에 근거한 상징적인 표현 방법을 다용하고 있음을 확인할 수 있다.

에도시대의 우키요에를 분석한다는 것은 좁게는 주요 소비층이 밀집하여 있었던 지역인 에도에 대한 인식의 한 단면을, 넓게는 우키요에의 소비가 이루어지던 에도시대서민층의 의식세계 및 가치체계를 분석하는 것이다. 우키요에의 이미지를 기호로 보고 작품이 대상체를 어떻게 표현하였는가를 분석함에 있어서 「기호행동론」이란 분석 도구는 표면적으로 드러나지 않는 잠재된 이데올로기를 과학적인 방법에 의해 파악할 수 있는 하나의 방법론이다. 또한 다양한 주관적인 용어를 사용할 수밖에 없었던 우키요에 해석에 있어서 통일된 분석용어를 사용할 수 있게 한다. 이러한 측면에서 「기호행동론」은 상징적 의미차용이 많은 우키요에의 특징상 현대인의 시선으로 보아 단순하게 '서정적' 표상이라고 표면상의 해석에만 그치기 쉬운 텍스트를 분석함에 있어서 그 의미 생성 경로를 이해할 수 있게 하고 분석적 논리와 더불어 미학적인 면의 음미도 가능하게 할 것이라고 생각한다.

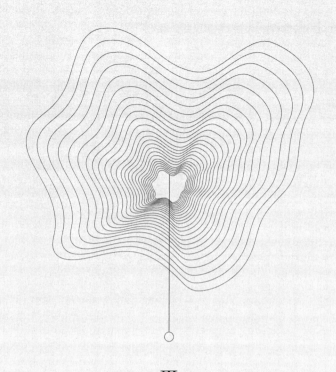

III

일본인의 종교사상:
성속의 변증법

1. 성과 속의 표층

　사상은 인간이 만든 것으로 정신성의 근원이 되는 것이다. 일본인의 정신성을 논할 때 흔히 종교와 관련지어 '무종교의 종교' '무신앙의 신앙' '종교 불신'이라는 말이 종종 사용되고 있음을 볼 수 있다. 이때 '무종교의 종교'란 종교가 없다는 말이라기보다는 무종교를 종교로 삼는다는 의미이고 '무신앙의 신앙'이란 종교를 가지고는 있으나 깊은 신앙심이 없다는 의미이다.

　이와 같이 부정적인 뉘앙스를 지닌 사상은 '종교불신'에서 비롯된 것이다. '종교불신'은 전전(戰前)의 국가신도에 대한 반동에서 종교에 대해 무언가 미심쩍고 불건전한 것이라는 부정적 이미지가 대중사이에 널리 퍼졌다는 사실과 관계가 있다. 이것은 국가의 종교정책이 가져온 결과로, 시대를 거슬러 올라가면 에도막부의 사청(寺請, 寺檀)제도에 원인이 있다.

　막부는 16세기부터 일어난 잇키(一揆)가 국가지배에 지장이 된다는 이유로, 모든 불교 교단들을 정치권력 안으로 거두어들이려고 하였다.[1] 또 당시 기독교와 일연종에서 파생된 후주후세하(不受不施派)의 세력도 국가통치요소의 저해요소가 되었으므로 탄압대상으로 여겨지고 있었다.[2] 그 이유는 이들 세력이 잇코잇키(一向一揆)나 홋게잇키(法華一揆)와 같이, 정치적인 권력자보다 종교적인 절대자를 상위에 두는 사상을 내포하였기 때문에 국가통일을 지향하는 자에게는 무시할 수 없는 존재였고, 이러한 배경에서 막부는 크게 세 단계의 종교통제를 실시하였다. 그것은 (1) 혼마쓰(本末)제도, (2) 슈몬아라타메(宗門改), (3) 단가(檀家)제도다.[3]

이 중 슈몬아라타메는 원래 기독교신자의 단속을 위한 정책이었지만 단속이란 명분 아래 「종문인별장(宗門人別帳)」이 종교 통제의 기반이 되어 호적의 역할을 하였다. 이것은 신앙의 유무와 관계없이 전국민을 불교사원의 신자로 소속시킨 것으로 소속되지 않은 자에 대해서는 이교도(異敎徒), 즉 기독교신자로 단정하였다. 그러므로 「아무 개절의 단나(檀那)이다」라는 것은 자신의 정체성을 증명하는 것이 되었고 그 정체성의 증명은 쇼야(庄屋)[4]나 주지가 행했다. 이러한 제도 위에 형성된 다양한 종교의례나 행사가 사원의 생계를 도와주는 역할을 하였고 여기에 민중구제를 망각한 종교의 직업화와 형식화가 진전되었다. 승려는 대중 혹은 세대를 관리하는 세속적인 관리자에 불과하였고, 불교교단의 종교적 가치는 소멸되어 종교적 이상을 갖지 않

---

1) 서울대학교 종교문제연구소 편(2006) 시노다슌이치 「일본의 사회변화와 불교계의 세속화 양상」『종교와 역사』, 서울대학교 종교문제연구소 편, 서울대학교출판부, 801쪽.
2) 서울대학교 종교문제연구소 편(2006) 같은 책.
3) 서울대학교 종교문제연구소 편(2006),같은 책.
4) 에도시대 마을의 사무를 맡아보던 사람

는 불교신자를 만들어낸 것이다.[5] 또 종교통제가 결혼이나 장의를 비롯한 종교의례에까지 영향을 미쳐, 종교의례조차 종교성을 갖지 못하는 세속적인 행사로 변질되었다.[6]

이후 메이지정부는 신불분리(神佛分離)라는 정책 하에 국민에게 깊이 뿌리내린 신불습합(神佛習合)을 폐지하고 패전까지 국가신도를 강요하며 국민의 정신적 통합을 꾀했다. 그러므로 일본인의 '무종교의 종교' '신앙 없는 종교'으로 말하여지는 정신성은 국가의 종교정책의 불신에서 비롯된 사항이라는 사실도 무시할 수 없는 것이다.

그러나 무엇보다도 일본인의 사상은 현세 중심적 사상이 그 기축을 이루고 있고, 종교 비교학 및 민족학적 관점에서는 이를 '성속(聖俗)의 변증법'[7]이라는 말로 축약하여 설명할 수 있다. 성속의 변증법과 그 형태론에 대해서는 이미 다수 논급된 바 있다. 특히 '성(聖)'이라는 것을 의식(意識)과의 관계에서 설명한 학자로는 멀치아 엘리아데(Mircea Eliade)[8]가 있는데, 그의 주요 논점은 시대나 문화에 상관없이 종교적인 삶의 주요한 특성은 구조적이고, 원초적인 문화단계에서는 인간의 삶 그 자체가 곧 종교적 행위에 해당된다는 것이다.[9] 그리고 이러한 사실에 못지않게 흥미로운 또 다른 측면으로 성현들 – 즉 상징, 신화, 초자연적 존재에 표출되어 드러나는 성(聖) – 은 하나의

---

5) 서울대학교 종교문제연구소 편(2006) 앞의 책, 803쪽.
6) 서울대학교 종교문제연구소 편(2006) 같은 책.
7) 서로 상반되는 것들이 대립하고, 융합하고, 조화를 이루어 새로운 형태로 태어나는 과정을 말한다.
8) 1907-1986, 성속의 변증법, 역의 합일을 근저로 하여 성속의 대립 과정에서 발현한 인간의 문화유산, 즉 인간의 영혼, 정신, 상상력의 원천을 구성하는 신화 등을 연구한 루마니아 출신의 미국 종교학자.
9) Mircea Eliade(1969)저, 박규태 역(1990) 『종교의 의미 – 물음과 답변 – 』, 서광사, 8쪽.

구조로서 파악할 수 있다고 하면서,[10] 지금까지 모든 종교현상에 대한 정의는 성(聖)과 속(俗)의 대립이라는 공통적인 구조적 특징을 보여준다고 하였다.[11] 그리고 우선 '성(聖)'이라는 개념의 영역에만 범위를 정하게 되면 이론적 측면에서 뿐만 아니라 실제적 측면에서도 여러 가지 곤란한 문제들이 발생하기 시작한다는 것이다. 왜냐하면 종교현상을 정의하기에 앞서 어디에서 종교적 사실을 찾아야 할지를 먼저 알아야만 하기 때문이라고 하여 자료 수집에 대한 실제적인 중대한 곤란을 제기하고 있다. 그 이유는 두 가지이다. 첫째, 한 가지 종교만 연구하는 데에도 평생연구로 부족하다는 점, 둘째, 종교의 비교 연구를 작정했다면 몇 사람이 덤벼도 소기의 목적을 달성할 수 없다는 점이 그것이다.[12]

그러므로 이런 점을 참고하여 본 논문은 일본인의 종교사상을 성과 속의 변증법적 구조로 논하기에 앞서 각종 대중매체나 사회단체의 통계자료가 현 시점까지 이어진 일본인의 정신성의 연속성을 이해하는 데 도움이 된다고 생각하여 '무종교를 종교로 삼는다'고 일컬어지는 그들의 정신적 토양의 표층을 우선 살펴보고자 한다.

---

10) Mircea Eliade(1969)저, 박규태 역(1990) 같은 책.
11) 미르치아 엘리아데저, 이용주 외 번역(2005) 『세계종교사상사』, 이학사. 엘리아데에게 있어 인간은 성스러움을 지향하는 호모 렐리기오수스(종교적 인간)이면서도 범속한 현실을 살지 않으면 안 되는, 역설적인 삶의 조건을 가지고 있는 존재이다. 그의 이론서인 『세계종교사상사』는 성속의 변증법, 역의 합일이 근저를 이루고 있으며 성속의 대립 과정에서 발현한 인간의 위대한 문화유산, 즉 인간의 영혼, 정신, 상상력의 원천을 구성하는 모든 종교적인 것을 성스러움의 표현으로 간주하였다.
12) 멀치아 엘리아데(1983)저, 이재실 역(1993) 『종교사 개론』, 도서출판 까치, 23-24쪽.

1984년 일본사회의 「종교회귀 현상(宗教回歸現象)」[13]이 지적된 이래 「일본인의 종교의식조사」가 각종 사회단체별로 조사되었는데 그 결과는 대개 비슷한 숫자로 나타났다. 일본인의 약 7할 정도가 「자신은 무종교다」고 생각하고 있다는 것이다.[14] 그런데 흥미로운 것은 신앙을 가지고 있는 일본인 신자의 수는 합계 약 2억만 명으로 일본 총인구의 두 배에 가까운 숫자이다. 또 「가정에 가미다나(神棚)가 있는가?」라는 질문에 「있다」가 약 5할, 「묘지(お墓)를 가지고 있다」라고 대답한 사람은 9할이었다.[15] 이러한 숫자들의 집계는 확실히 모순된다. 단순 계산해도 종교를 가지고 있다고 대답한 3할의 신도가 평균 6, 7개 정도의 종교를 '겹치기'하여야 계산이 맞는 것이다. 이것은 일본인 소수의 신도가 실제로 6, 7개의 종교를 겹치기하고 있다고 판단하

---

13) NHK 방송여론조사소(1984)는 1973년경부터 전후 20년 정도 지속된 일본인의 탈종교적인 경향이 역전하여 다시 종교로 다가가고 있다는 것을 지적하며 이것을 '종교회귀현상(宗教回歸現象)'이라고 명명하였다. 나아가 '종교 회귀'가 발생한 이유를 3가지 측면인 (1) 규범의 변화와 종교, (2) 과학과 종교, (3) 경제 대국화와 종교로 거론하였다. 특히 과학과 종교 관계에서 사람들이 공해문제나 핵무기 문제 등의 심각화가 과학 불신이라는 사고를 지니게 한 반면 '비합리적인 것' '신비적인 것'에 흥미를 보이게 되었다고 설명하였다(NHK방송여론조사소 편(1984) 『일본인의 종교의식(日本人の宗教意識)』, 일본방송출판협회).

14) NHK방송여론조사소 편(1984), 위의 책에 의하면, 신앙을 가지고 있는 일본인 33%, 미국인93% / 신앙을 가지고 있지 않은 일본인65%, 미국인7% ; 신사 본청 (1996年10月) 「신사에 관한 의식조사(전국 성인 남녀 2000명 대상)」, 「신앙하고 있는 종교는?」에서, 「믿지 않는다」49.5%. ; 아사히 신문(1995年 9月 23日 조간)의 조사에 의하면, 「신앙하고 있는 종교가 없다」라고 대답한 사람은 63%. ; 요미우리 신문사(1998年 5月)의 조사에 의하면 「종교를 믿고 있지 않다」78%. 『종교 · 종교데이터』, 요미우리 신문사(2008년 5월) 여론조사결과에 의하면「종교를 믿고 있지 않다」71.8%로 집계되었다.

15) 「가정에 神棚이 있는가?」라는 질문에, 「있다」가 51.33% 『종교연감』(평성12년), 조동종(曹洞宗)이 도시에 살고 있는 동종 단신도의 종교의식을 정리한 것에 의하면「묘지를 가지고 있다」고 대답한 사람은 91%였다(94년).

기보다, 일본인의 대다수가 '자신은 무종교다'라고 응답하면서 무언가
무언의 종교의식에 참여하고 있다는 것이 통계에 반영되었다는 것을
의미하는 것이다.[16] 이러한 현상은 매년 큰 변동이 없이 나타나고 있
다.

　다음은 일본인 신자수(信者數)의 추이를 나타낸 일본 문화청(文化
廳) 발행 『종교연감(宗教年鑑)』[17]의 통계이다. 전체적으로 일본인의
신자수는 매년 약 2억 만 명으로 나타나고 그 숫자는 총 일본 인구의
두 배에 가깝고 전체적으로 신도계와 불교계가 양대 축을 이루고 있
음을 파악할 수 있다.

[표Ⅲ-1] 일본인 신자수의 추이(2010. 12. 31 현재)

년도\계통	2004	2005	2006	2007	2008	2009	2010
총수	213,826,661	211,020,747	208,845,429	206,595,610	207,183,223	207,304,920	199,617,278
신도계	108,580,457	107,247,522	106,817,669	105,824,798	108,427,100	106,498,381	102,756,326
불교계	93,485,017	91,260,273	89,177,769	89,540,834	87,506,504	89,674,535	84,652,539
그리스도계	2,161,707	2,595,397	3,032,239	2,143,710	2,369,484	2,121,956	2,773,096
기타	9,599,480	9,917,555	9,817,752	9,086,268	8,880,135	9,010,048	9,435,317

*일본 문화청(文化ㄱ) 발행 『종교연감(宗教年鑑)』 참조

---

16) 일본 서민의 대부분은 신년에 메이지신궁(明治神宮)이나 나리타산 신쇼지(成田
山新勝寺) 가와사키 다이시(川崎大師), 후시미이나리 타이샤(伏見稲荷大社), 센
소지(淺草寺) 등에 하쓰모우데(初詣)하고, 장례는 불교식, 시치고상(七五三)에는
미야 마이리(宮参り), 결혼식 · 지진제(地鎭祭)는 신도식으로 행한다. 최근에는
그리스도교식으로 결혼을 희망하는 여성이 증가하고 있다.
17) 일본에서 현재 활동하고 있는 다종다양한 제반 종교에 관하여 개요를 설명하고,
법인 수나 신자 수 등, 종교단체에 관한 각종 통계를 수록한 자료집.

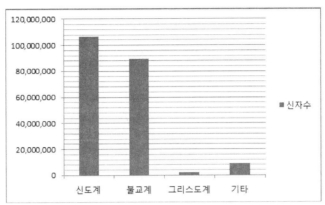

[그림Ⅲ-1] 일본 종교단체(2010년 종교연감 참조)

　여기서 신자수는 각 종교단체가 각각 신사의 우지코(氏子), 사원의 단가신도(檀徒), 교회의 교도(敎徒) 및 신자(信者), 교단회원(會員), 도시(同志), 숭경자(崇敬者), 수도자(修道者), 도인(道人), 동인(同人) 등과 같이 칭하는 것 모두를 포함하고 있다. 신자의 정의 및 자격 등은 각각의 종교 단체에서 정하고, 숫자의 추산 방법도 독자의 방법을 취하고 있다.

　다음의 표는 종교단체를 각 계통별로 세부적으로 파악한 것이다. 여기서 종교단체란 종교의 교의를 전하고, 의식 행사를 행하고, 신자를 교화 교육하는 것을 주요한 목적으로 하는 단체이다. 이 표는 각각의 종교 단체는 표면적으로는 그 성격을 구분하기 어려울 수도 있다는 것을 시사하고 있다.

[표Ⅲ-2] 일본 종교단체수 (2009 12. 31 현재)

항목	종교단체						신자 총수
	신사	사원	교회	포교소	기타	계	
계통 총수	81,317	77,552	32,851	23,400	7,160	222,280	207,304,920
신도계	81,224	14	5,641	1,094	823	88,796	106,498,381
불교계	27	77,496	2,266	2,092	3,791	85,672	89,674,535
그리스도계	1	2	7,171	961	1,167	9,302	2,121,956
기타	65	40	17,773	19,253	1,379	38,510	9,010,048

*일본 문화청(文化庁) 발행 『종교연감』2010년 참조

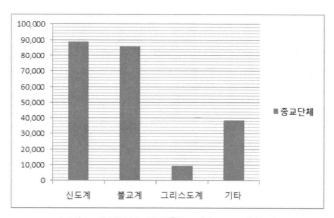

[그림Ⅲ-2] 일본 종교단체(『종교연감』 2010년 참조)

즉 위의 표에서는 신사로 칭해지면서 불교계통인 단체, 그리스도계
통 및 기타계가 파악되고, 사원으로 칭해지면서 신도계단체, 그리스
도계 및 기타단체에 속해 있는 종교단체가 파악된다. 특히 교회는 총
32,851개소 중 순수한 그리스도 계통의 단체는 7,171개소인 약 22%
에 불과하다. 포교소는 명칭만으로는 신사인지 사원인지 또는 교회인

지를 구분하기 어렵다. 여기서 기타 단체는 신도계, 불교계, 그리스도
교 그 어느 쪽에도 특정하지 않는 교단이다. 즉 신도와 불교 혹은 신도
와 불교와 그리스도교 등 복수의 종교가 혼합되어 성립 한 종교이거
나 그러한 종교의 어느 쪽과도 관계가 없이 독자적으로 창창(創唱)된
종교 단체 등이다.

  반면 총 종교 단체 수 대비 신도계와 불교계는 78%를 차지하며 역
시 양대 축을 이루고 있다. 특이한 것은 총 신자수 대비 불과 1%를 차
지하고 있는 그리스도교의 종교 단체 수는 4%로 높았고, 기타 종교도
총 신자수 대비 4%를 차지하고 있으나 단체수는 무려 17%로 월등히
높았다. 이와 같은 숫자의 의미는 그리그도교나 기타 종교는 신도계
와 불교계에 비하여 신자수가 소수인 종교 단체가 월등히 많다는 것
을 의미한다.

  이렇게 민중이 일본 종교사정을 숫자상으로 파악할 수 있도록 종교
행정의 내용이 커다란 전환기를 맞게 된 것은 종전과 더불어 GHQ[18]
하에서 일본국 헌법의 발포에 의한 것이다. 종교의 자유 및 정교(政
敎)분리의 원칙이 헌법에 규정되어, 일본 정부는 종교단체의 법인자
격 취득에 관한 법률의 분야를 제외한 종교사정에서 손을 떼게 되고
종교사정에 관해서는 종교단체의 자발적 협력을 필요로 하게 되었다.

  이상과 같은 사실은 각 종교단체의 보고가 과장된 면이 있을지도
모른다는 점을 함축하고 있지만, 이 숫자의 특징들은 일본인의 종교
심의 표층을 참고하는데 도움이 된다. 즉 이러한 현상은 수천가지 종

---

18) General Head Quarters(連合國最高司令官總司令部), 쇼와20년(昭和20, 1945)
   아메리카 정부가 설치한 대일 점령 정책 실시기관.

교적 현상 가운데서 단지 작은 일부를 살펴보는 것이 될 수 있으나 이 통계들은 일본에 대한 신앙적 다양성의 표층을 이해하기에 충분한 것이다. 그렇다면 일본인의 종교적 심층은 어떻게 접근하면 좋을까?

2. 성과 속: 일본인 정신성의 심층

흔히 '무종교의 종교'로 말하여지는 일본인의 심층적 종교관에는 '습합적 구조'에 대한 끊임없는 갈등이 내재되어 있다. 그 갈등은 끊임 없이 변화하면서 시대에 부응하는 새로운 갈등국면을 전개하지만 '신불습합'의 오랜 전통은 메이지시대의 폐불훼석(廢仏毀釋)만큼 쇠하지 않고 신심을 지탱하고 있다는 점은 긍정적이다. 종교에 대한 부정적 견해들은 아예 종교의 실재성마저 부정하기 때문이다.

그러므로 총 신자수 대비 약 92%를 차지하고 있는 '신도'와 '불교'의 양대 축에 일차적인 중요성을 두고 자신은 '무종교'라고 답한 70% 가운데 75%가 '무종교'이지만 '종교심(宗敎心)'은 중요하다고 답했다는 상당한 비중의 숫자에 초점을 맞추어 파악해 보는 것도 일본인의 종교관의 심층을 이해할 수 있는 실마리가 될 수 있을 것이다.

통계상 '신도'와 '불교'의 양대 축이 부자연스럽게 보이지 않듯이 일본에는 '신불'이라는 말도 일상적인 단어로 사용되고 있다. 이 말은 신도와 불교를 축약한 말이 아니고 그 자체로서 독립적인 의미를 지닌 단어이다. 즉 일본의 '신불'이라고 하면 신과 불 즉, 신도와 불교를 말하고, 이는 신불습합이라는 일본 종교사의 전개과정에 관한 전반적인 이해를 전제로 하고 있다.[19] 또한 일본의 '신불'은 근세기를 전후해 나타나는 '신불'의 세속화라는 문제와 본질적 관련을 맺고 있고, 일본의 종교사에서 가장 큰 흐름은 신과 불 즉, 신불관계라는 두 기축의 상호관련 속에서 전개되어 왔다.[20] 그러므로 이 독립된 의미로 사용되고 있는 '신불'이라는 단어의 원류를 짚어 보면 신불습합이나 신불혼효라 칭하여지는 일본 전통의 사상에 다다르고 결국 종교의 습합(習合, 混淆)이라는 종교적 태도 혹은 사상에 이르게 된다.

습합 또는 혼효란 서로 다른 종교가 서로의 장점을 받아들여 융합하고 공존하는 것을 의미한다. 습합에 해당하는 영어의 신크리티즘(syncretism)은 그리스어의 신크레티스모스(synkr tismos)에서 유래한 말로 '혼교주의' 등으로 번역된다. 종교습합의 의미를 포함하고 있는데 종교적 교의(敎義) 의례(儀礼) 등을 절충 내지 통합하려는 것을 의미한다.

다음의 인용문은 일본의 종교학자 호리 이치로(堀一郎)의 『성과 속의 갈등』에서 인용한 것으로 일본종교의 습합(혼효)의 과정을 미국의 종교 사회학자인 로버트 벨라(Bellah, Robert N.)[21] 의 소견을 통하여 설하고 있다.

---

19) 정 형(2007) 『일본근세소설과 신불』, 제이엔씨, 7쪽.
20) 정 형(2007) 같은 책.
21) (1927 -)미국의 종교 사회학자로 베버(Weber)와 뒤르껭(Durkheim)의 이론에 기초하여, 종교와 사회의 관계에 대해 연구하였고, 특히 일본의 근대화와 종교사상의 역할에 관심을 가지고 *Tokugawa Religion*(1957), Chicago Free Press.(堀一郎 · 池田昭(1962) 역 『日本の近代化と宗敎倫理』, 未來社)를 간행하였다.

일본에는 민족종교라고 일컬어지는 것에서부터 실로 다양한 내용과 양상을 갖는 많은 종교가 병존하고 그 차이에 각각의 의의가 있음에도 불구하고, 이것을 '전체로서의 일본 종교(Japanese religion as a whole)'라는 개념에 통합될 정도의 동질성을 가지고 있다고 베라(Bellah)는 말하고 있다. 유교와 신도는 불교에서 그 형이상학과 심리학을 차용하고, 불교와 신도는 유교에서 윤리 사상을 차용했다. 그리고 불교와 유교는 국가 및 가족 종교라고 하는 일본의 종교적 전통 속으로 완전히 일본화되어 버렸다.[22] 그리고 이 일본 종교의 기초 구조로서 로버트 벨라는 (1) 은혜(恩惠) 시여자(施与者)로서의 초종속자(神 등)에 대한 종교적 행위 즉 존경과 감사 및 보은 사상의 존재와, (2) 존재의 근거, 실재하는 내적 본질로서의 초 종속자에 대한 어떠한 형태로의 합일, 동화의 시도로 보고 있는 점[23]에서 신을 인간의 연장선상으로 보는 특수한 신 관념이 탄생하여, 신의 인간화(화신, 권화(權化))와 더불어 인간의 신화(人神)가 지극히 자유롭게 모순 없이 행하여져 왔다. 그리고 사회적 상위자는 하위자에 대하여 일종의 카리스마를 소유하는 자로 생각 되어졌으며 그 카리스마는 동시에 종교적 카리스마의 성격을 띤다. 그 정치적 카리스마와 종교적 카리스마의 동일시는 특히 일본 종교를 생각할 때뿐만 아니라, 일본 사회의 구조를 생각할 때도 중요하고 또 '즉신성불(卽身成仏)'사상의 뿌리 깊은 존재나 진언종[24]이 일본 불교 제종에 미친 영향 등 많은 문제를 함의하고 있다.[25]

22) 堀一郎·池田昭(1962) 위의 책, 96쪽.
23) 堀一郎·池田昭(1962) 위의 책, 98-99쪽.
24) 일본의 대표적 불교 종파인 진언종은 '즉신성불(卽身成仏)'사상을 기반으로 마음과 육체의 합일(合一)을 강조하고 현세에서는 '국가 안정의 수호'와 '재앙을 없애고 복을 쌓는 것'을 강조 한다
25) 堀一郎(1993) 『聖と俗の葛藤』, 179-180쪽.

좀 길게 인용한 면이 있으나 호리는 결국 신도가 오늘날까지 잔존할 수 있었던 이유를 습합의 과정 즉, 세속화의 과정에 두고 있는 것이다. 그는 '신도는 습합의 역사를 가지고 있지만, 예술적도 아니고 우상도 없고, 윤리적 규범이라든지 형이상학적인 사상의 일면도 없는 종교로서 실로 개인과 가족의 일원으로서만 존재하고, 가족은 국가의 일원으로서만 존재한다는 것을 나타내고 있다'고 삭막하게 피력한 『일본 불교』의 저자 영국의 찰스 엘리옷(Chares Elliot)의 소견도 인용하였다. [26)]

찰스는 동서에서 일본 신화의 세계에서나 보여 질 것 같은 신도가 오늘날까지 잔존한 것은 전체적으로 불교의 관용성에 의한 것이라고 하였다. 그러나 신도는 같은 불교 수용국인 미얀마(버어마)의 토착종교가 단순한 애니미즘적 정령신앙(ナッツ信仰:낫쓰신앙)[27)]과 같은 속신이 되어버린 것과는 대조적으로 일종의 국가제사로서 또 농경의례로서 국민의 정신생활의 지주적 역할을 수행했다고 설했다. 뿐만 아니라, 신불습합, 양부신도(兩部新道)와 같은 형태로 신도의 신들은 불보살(仏菩薩)의 화신으로 여겨져 다수의 신사가 승려의 손에 위임되었음에도 불구하고 신도는 억압 받지 않고, 미이라화도 되지않고, 종종 부활의 중핵에 등장할 정도로 끈질긴 생명력을 유지해온 것이라고 설명하기도 하였다.[28)]

이들 연구자의 공통된 관점은 일본 종교습합의 역사는 일본 종교의

---

26) 堀一郎(1993) 위의 책, 181쪽.
27) 낫쓰신앙은 현세에서 공덕을 쌓은 사람은 사후 수미산(須弥山)의 낫국(ナッ國)에 갈 수 있고, 낫국에서는 1일이 현세의 365일에 상당하므로 장수가 보장된다고 믿었던 개념이다.
28) 堀一郎(1993) 위의 책, 181쪽.

기본 구조인 동시에 생명력의 원천이었고, 이 원천을 바탕으로 신의 인간화와 더불어 인간의 신화가 모순 없이 행하여지는 의식이 민중들 사이에 생성되었다는 것이다.

통계상으로는 대략 일본 전 국민을 신도계의 신자로 소속시키고 있는(일본문화청 발행 『종교연감』 2011년 판에서 신도계 신자수는 약 1억 600만 명, 현 일본 인구수는 약 1억 2천만 명을 근거로 판단) 『종교연감』에서 '신도'에 대한 정의를 참고하는 것도 이해에 도움이 될 것이라고 생각한다. 국가신도가 국민의 통합된 정신성을 강요하였듯이 신도의 정의는 각 시대의 정신으로부터 자유로울 수 없을 것이다. 2010년 판 종교 연감에서 신도에 대하여 다음과 같이 정의되었다.

신도란 일본민족 고유의 신 신령에 관한 신념을 기반으로 발생하여 전개해 온 종교의 총칭이다. 또 신도라고 하는 경우에는 신 신령에 관한 신념이나 전통적인 종교적 실천 뿐 아니라 널리 생활 속에 전승되고 있는 태도나 사고방식까지도 포함하기도 한다. 신도는 크게 나누어 신사를 중심으로 한 신사신도, 막말 이후 창설된 교파신도 및 이 둘과 같은 종교단체를 결성하지 않고 가정이나 개인적으로 영위되는 민속신도가 있다.[29]

위의 신도정의는 너무 광범위하고 애매모호하다. 특히 서양의 기독교 또는 불교적 신(GOD)의 개념에 익숙한 관점에서는 이해하기 어려운 독특한 것이다. 다음은 『세계종교사전』의 신도에 대한 정의이다.

---

29) 일본 종교연감(2010), 3쪽.

신도는 8세기 불교가 전래된 후 그것과 토착종교를 구별하기 위하여 중국어 신타오(神道)를 따서 지어진 이름이다. 당시 일본에서는 '가미노미치(神の道)'로 불리었을 것이다. (중략) 신도의례들은 가미(神), 즉 자연의 힘들로부터 호의와 보호를 받는 데에 초점을 맞추며, 금욕과 제물봉헌, 지도 그리고 정화의식 등을 중요하게 다룬다. 공동체 의례들은 연중 일정한 시기에 맞춰 생의 발달 단계에 따라서 신사에서 행해진다. 가미란 원래 지형지물, 특히 신령한 산(영산)이나 암벽, 동굴, 샘, 나무, 돌 등과 관련된 자연의 신비한 힘들이었다. 수많은 민담들도 이러한 장소를 둘러싸고 발달했다. 민담들은 흔히 동물(의지하기 위한 것), 특히 사람(여자보다 남자)을 지켜주는 여우나 너구리, 오소리, 개, 고양이 등을 소유하는 일을 언급한다. 천체는 다만 신도 가미에 관하여 부대적 역할을 수행할 따름이다.[30]

위 신도의 정의도 광범위하고 애매모호하기는 마찬가지이다. 인류학자 루스 베네딕트는 신도에 대하여 '일본적 원리'라는 말을 사용하였다. 그녀는『국화와 칼』에서 일본인의 행동 안에는 서구인의 기준에서는 전혀 모순된다고 생각되어지는 제반 요소가 모순 없이 존재해있는 사실을 지적하고 있다.[31] 그녀는 이에 대해 한마디로 '일관된 하나

---

30) 존 히넬스편(1999) 장영길 역「신도」『세계종교사전』, 까치글방, 183쪽.
31) 일본인은 싸움을 좋아하는 동시에 얌전하고, 군국주의적인 동시에 탐미적이고, 불손하지만 예의바르고, 완고하지만 적응성이 풍부하며, 유순하지만 시달림을 받으면 분개하고, 충실하면서도 불충실하며, 용감하면서도 겁쟁이이며, 보수적이면서도 새로운 것을 즐겨 수용한다. 또 그들은 다른 사람이 자신을 어떻게 생각하는가에는 놀랄 만큼 민감하지만, 동시에 다른 사람이 자기의 잘못된 행동을 눈치 채지 못할 것이라고 생각할 때는 쉽게 범죄의 유혹에 빠지고 만다. 그들의 병사는 철저히 훈련되지만 또한 반항적이다.(Ruth Benedict(1946)『The Chrysan-themum and The Sword』, Houghton Mifflin Company, p.2).

의 체계', '단일한 원리'에 의하여 움직이고 있다고 말한다. 그 원리는 불교적인 것도 아니고 유교적인 것도 아니다. 그것은 '일본적 원리'로 말하여질만한 것으로 여기에 '일본의 장점과 단점이 있다'고 하였다.[32]

전술한 벨라 (1967. 6)는 「신도 연구 국제 회의」에서 '신도적이 되는 것'이라는 의미는 일본인은 자기 확립이 유난히 결여되고 자기와 타자와의 대립에서 타자 중심으로 사고하고 반응하는 성향이 강하다는 측면에서 나온 말이라고 하였다.[33]

이들은 모두 일본인의 애매모호한 성향을 신도와 관련지어 말하고 있는 것이다. 그러므로 신도의 개념을 시원스럽게 정의하기는 상당히 곤란한 사항인 것이다. 저명한 종교학자들조차 신도란 외래 종교와 구별되는 일본 고유의 종교, 외래종교를 제외한 모든 종교, 일본민족의 모든 고유종교, 일본인의 모든 생활양식 등 심지어 신도가 종교인지 아닌지 모르겠다는 학자들도 있다.

대체적으로 사전의 정의나 학자들은 신도를 일본고유 종교형태로 이해하려고 하고 있으나 그 범위에 대해서는 명확하게 말하지 못한다. 어디까지를 신도의 범위로 생각해야하는지 종교 사회학자 이노우에 노부타카(井上順孝)의 설을 참고하여 생각해 보면 다음과 같다.

신도라는 것은 학문적으로 애매한 개념이다. 일단 일본의 전통적인 종교 혹은 토착적인 신앙 형태로 이해되고 있지만 어디까지를 신도에 포함시켜야 되는지에 대해서는 정설이 존재하지 않는다. 이는 민족종교가 일반적으로 그러하듯이 신도의 명확한 기원을 알 수 없기 때문에

32) Ruth Benedict(1946) 위의 책, 19쪽.
33) 堀一郎(1993) 앞의 책, 178쪽.

생기는 현상이다. 신도는 이른바 원점이 불투명한 신앙 체계인 것이다. 또는 이는 역사적으로 외래종교 특히 불교의 사상 및 의례 등으로부터 많은 영향을 받으면서 때로 어디까지가 신도 인지를 판단하기가 불가능할 정도로 습합되었기 때문이기도 하다. [34]

신도의 역사가 '습합'의 역사라고 한마디로 단정 지을 수는 없으나 '종교습합'이 신도에게 미친 영향은 무시할 수 없는 듯하다. 천년이라는 세월동안 불교의 사상과 습합된 '신불' 사상이 간단히 통계상에서 별개의 두 축으로 나누어질 수 없는 이유가 여기에 있다. 신도계와 불교계로 분리하는 것은 불가하고 일본인 정신의 심층에서 '신불'은 이미 분리 불가능한 '전승되는 사고방식'인 것이다. 이러한 복잡한 구조적 갈등이 "나는 무종교"라고 대답하면서 "종교심은 중요하다"라고 애매하게 대답하게 한 일 요인이 아닐까?

다음으로 그들이 신봉하고 있는 신도의 신(kami, カミ)은 어떤 존재인지를 파악해 보는 것도 일본인의 종교의 심층을 이해하는데 중요할 것이다. 신도의 가미(신) 개념 또한 신도의 정의와 더불어 범위가 실로 애매모호하다. 통속적으로 '팔백만신(八百万神)' 이나 '정어리의 대가리도 신심으로 부터(鰯の頭も信心から)'[35]라는 말이 널리 알려져 있다. 전자는 많은 신의 다양성을 상징하는 말이고 후자는 하잘 것 없는 정어리의 대가리에 비유하여 신심(信心)의 중요성을 일깨우는 말이다.

---

34) 井上順孝 외, 역자 박규태(2010) 『신도, 일본 태생의 종교 시스템-신도는 과연 순수하게 고유한 일본만의 전통인가』, 제이엔씨, 347쪽.
35) 에도시대 때 '세쓰분'(양력2월3일)은 마귀를 쫓아내는 의식으로 현관문 앞에 냄새나는 정어리 머리를 달아매는 습관이 있었다. 그런 시시한 정어리의 머리라도 믿으면 귀중한 것과 같이 느끼는 것부터 유래한다.

간단한 위와 같은 말에서도 감지되듯이 신도의 신(kami, カミ)이라는 개념은 초월신을 뜻하는 한자의 '神'이나 영어의 'GOD'와 차이가 있다. 거기에는 일반적 종교들이 보여주는 신의 절대적 권위라든가 유일성 등의 관념이 없다.

『종교연감』에서 제시한 각 신사의 제신을 살펴보면 그 성격에 따라 8가지 유형으로 구분되었다.

① 만물 창조에 관한 신: 아메노미나카누시노카미(天の御中主神), 다카미무스히노카미(高皇 産靈神), 가미무스히노카미(神皇産靈神) 등 조화 삼신(造化三神).
② 영능(靈能)상의 신: 후쓰노미타마노오카미(布都御魂大神) 등.
③ 직업에 관해서 모셔지는 신: 고토시로누시노미코토(事代主命), 가나야마히코노미코토(金 山彦の命) 등.
④ 천상(天象)에 관한 신: 히노카구쓰찌노카미(火之加具土神), 미즈바노누노카미(罔象女神), 카모와케이카즈치노카미(加茂別雷神) 등.
⑤ 지상(地象)에 관한 신: 오오야마쿠이노카미(大山咋神), 소코쓰나카쓰 우와쓰와타쓰미노카미(底津 中津 表津綿津見神))등
⑥ 동식물에 관한 신(다카오카미노카미(高靇神) 등.
⑦ 음식물에 관한 신: 우카노미타마노오오카미(宇迦之御魂大神) 등.
⑧ 사람을 모신 신: 스가와라노미치자네(菅原道眞: 天滿宮), 도쿠가와 이에야스(德川家康: 東 照宮), 전쟁 등에서 사망한 사람들(야스쿠니(靖國)신사, 고코쿠(護國)신사) 등.[36]

---

36) 문화청(2011) 앞의 책, 2쪽.

위의 구분에서 가장 큰 특징은 신봉되는 신들이 인간과 인격적으로 크게 다르지 않은 존재라는 관념이다. 이 관념은 일본인이 신사와 자신의 관계를 규정하는 대목 중 '우지가미(氏神)'[37]와 '우지코(氏子)'의 관계에서도 일부 엿 볼 수 있다. 즉 그 지역 신사에 모셔진 신 혹은 신사 자체를 같은 뿌리를 둔 집단의 신이란 뜻으로 '우지가미'라 부르고, 이에 대해 자신들은 그 우지가미의 자식이라는 뜻에서 '우지코'라 칭하고 있는데 이런 호칭을 쓰는 것은 둘의 관계를 친자 관계, 즉 부모-자식관계로 규정 짓는다는 것을 의미한다.[38]

이러한 관념은 또한 우리에게 익숙한 애니메이션 「이웃집 토토로(となりのトトロ): 1988」, 「센과 치히로의 행방불명(千と千尋の神隱し): 2001」, 「원령공주(もののけ姫):1997」나 「마루 밑 아리에티(借りぐらしのアリエッティ): 2010)」 등에서도 엿 볼 수 있다. 각 작품들의 애니미즘적 종교관이 보여주는 것처럼, 조상, 자연물, 현인, 선인과 악인까지도 신성(神性)을 지니고 있다고 인정되면서 추앙받는다.

일본의 종교학자 시마조노 스스무(島薗進)는 일본인은 '무종교'라고 일컬어지는 경우가 많지만 실은 넓은 의미에서의 '종교적인 것' 이나 '스피리츄얼리티(spirituality, 靈性)'[39]로 통하는 듯한 감수성이나 사고를 마음에 품고 있다고 했다.[40] 한편 일본 국어학자들은 〈가미〉의

37) 제신을 숭배하는 신사를 일컬어 우지가미(氏神)라고 칭하는 경우도 많다. 여기서 우지가미란 ① 문자 그대로 씨족의 선조로서 모셔지는 신, ② 선조신이 아니라도 씨(氏)에 유서가 있는 신, ③ 주거지의 진수의 신(鎭の神)을 포함하지만 우지가미란 진수의 신을 가르키는 것이 근세 이후 일반적이 되었다.
38) 윤상인 외(2011) 『일본을 강하게 만든 문화코드』, 나무와숲, 155-157쪽.
39) 스피리츄얼리티(spirituality, 靈性)'는 정신적인 것이다. 신과의 보이지 않는 연결을 믿거나 또는 느끼는 것을 기본으로 하는 사상이나 실천의 총칭.
40) 島薗進(2007) 『スピリチュアリティの興隆 新靈性文化とその周辺』, 岩波書店.

어원을 찾아서 신에 해당하는 〈가미〉는 '숨는다'라는 의미의 태고적 말인 〈가무(カム)〉가 변화한 것으로[41], 본래 수원(水源)인 산골짜기에 숨겨진 생명적 영령성을 가리키는 의미가 있다는 것이다. 반면 우상 등 형태를 보이는 신령은 가무나비(神山), 모리(杜), 히모로기(神籬), 이와쿠라(神石)등을 빙대(憑代)로 해서 머무는 정령[42]이라는 것이다.

성(聖)은 속(俗)의 반대라는 정의는 서구적이고 초월신적인 시점일지 모른다. 신도의 신(神)을 가리키는 일본어인 '가미(かみ)'라는 낱말의 뜻은 초월적인 의미인 신(GOD, 창조주)이란 뜻을 완전하게 표현하지 못하고 그 성격이 인간처럼 다양하며 각 신마다 일정한 역할과 기능이 부여되어 있기 때문이다. 한편 일본의 마을마다 고유의 신도가 있고 모든 집단에는 또 그 집단 고유의 배타적이고 유니크한 신도를 가지는 것은 흡사 국가적 천황제가 일본사회 도처에 있는 다양한 소 천황제에 반영되는 경향이 있는 것과 궤적을 같이 하고 있다.[43] 이러한 사회에서는 종교가 세속사회를 넘어서 종교 그 자체로서 성장하고, 종교적 가치의 우위성을 수립하는 것은 지극히 곤란하다.[44] 같은 동양사회에서도 인도에서는 종교적 가치가 항상 정치적 가치를 상회하고, 법률이나 정치를 끊임없이 유린하였다. 일본에서는 신도가 그 원초형태를 정돈하였을 때 그것은 이미 정치적 가치에 종속하는, 말하자면 세속적 종교(scular religion)의 성격을 강하게 가지고 있었다

---

41) 上田正昭(2003)『身近な森の步き方-鎭守の森探訪ガイド-』, 文英堂, 192쪽.

42) 薗田稔(2000)「日本的集落の構成原理に關するエッセイ」『季刊 悠久』第83号, 鶴岡八番宮悠久事務局, 15~45쪽.

43) 堀一郎(1993) 앞의 책, 176쪽.

44) 堀一郎(1993) 위의 책, 186쪽.

고 상상된다.[45)

  일본에서 성과 속의 거리는 생각보다 밀접하고 일본어 혼네(本音)와 다테마에(建前)의 관계처럼 성은 본질을 은폐하는 장치로 기능하는 수가 많다. 그리고 숨어 있는 속이 사태의 본질인 경우가 종종 있으므로 일본인의 종교관의 심층은 성과 속 양쪽의 시각을 두루 갖추고, 종교의 보편성과 특수성을 균형있게 고려하여야 온전하게 볼 수 있다. 본 논문은 '신불', '성속', '보편성과 특수성'이라는 어구를 염두에 두고 막말의 '우키요에'를 통하여 일본인의 사상을 균형잡힌 시각으로 접근하고자 한다. 일본의 막말이라는 시대는 종교라는 세계적인 보편성과 '신불습합'이라는 특수성이 맞물려 형성된 시기이고 '신불분리'의 경계선상에 있었던 시기이기도 하다. 우키요에로 통칭되는 일본의 니시키에(錦繪)는 당시 서민층 사이에서 중심적 역할을 수행했다고 일컬어지는 대중매체[46)로서 이러한 일본인의 시대적 갈등과 대중의식이 잘 나타나 있다.

---

45) 堀一郎(1993) 같은 책.

46) 高橋克彦(1992)『江戶のニュ メディア : 浮世繪情報と廣告と遊び』, 角川書店 ; 加藤光男(2000)「浮世繪を讀み直す--江戶っ子のマスメディア」『埼玉縣立歷史資料館研究記要22号』, 埼玉縣立歷史資料館 ; 富澤建三(2005)『錦繪のちから-幕末の時事的錦繪とかわら版』, 株式會社文生書院 ; 吉田豊(2003)『江戶のマスコミ「かわら版」』, 光文社.

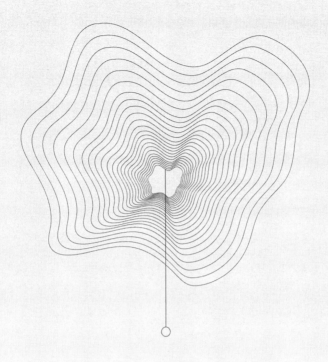

IV
「우키요에 풍경화」에 담긴
성속의 시각표상

1. 「메이쇼에」의 배경

　일반적으로 한 시대에 '대표로 삼을 만큼 상징적인 행락문화'가 존
재하여 국민들이 그 문화를 향수하려면 첫째, 교통의 발달 둘째, 화폐
문화의 형성이라는 기본 조건이 필요하다. 첫째는 도요토미 히데요시
(豊臣秀吉)가 다이묘들의 통제수단으로 사용한 산킨코타이(參勤交
代)[1]제도로 인하여 전국적인 교통망의 확충과 더불어 숙박업이 충실
해졌다.[2] 도쿠가와 이에야쓰는 에도막부 설립 전에 5대 가도를 정비
하고[3], 전국시대부터 있었던 '덴마(伝馬)제도'[4]를 강화하여 사실상 행
락과 관련된 교통과 숙박의 조건은 대부분 에도 초기에 완비되었다.

---

1) 도요토미 히데요시가 센고쿠 다이묘의 처자들을 인질로 잡아 오사카 성, 주라쿠 다
　이, 후시미 성에 살게 한 것을 계승, 보완한 것으로 1635년 법 제정 당시 이미 다이
　묘들의 통제수단으로 관례화되어 있었다.
2) 豊田 武 · 兒玉幸多 編(1970) 『体系日本史叢書 24, 交通史』, 山川出版社, 105-140쪽.
3) 도카이도(東海道), 나카센도(中山道), 고슈가도(甲州街道), 오슈가도(奥州街道),
　닛코가도(日光街道).
4) 일정한 거리를 두고 24시간 운영하는 '슈쿠바(宿場 : 에도시대의 역참)'을 설치하
　고, 공문을 전달하는 관리와 군량미를 운반하는 군대가 휴식을 취하거나 밤을 묵고,
　또 말을 바꿀 수 있도록 하는 제도.

두 번째의 조건인 화폐문화의 형성은 막부경제를 유지하는 세금정책인 고쿠다카(石高)제도의 시행으로 첫 번째 조건과 밀접하게 연동되어 사실상의 형태를 완성하였다. 고쿠다카 제도는 모든 가치를 쌀로 환산하여 세금을 거두는 세금정책이지만, 쌀은 부피가 많이 나가서 그 가치를 돈으로 바꾸어 모든 거래를 하게 되었고, 그 결과 일상생활 전반에 화폐의 사용이 본격화되어 대금업자, 환전상인(兩替商) 등 화폐와 관련된 금융기관의 발달과 그에 상응하는 화폐문화가 급속히 형성되었다.

결과적으로 도쿠가와 막부가 정권을 세우고 이에 대한 도전을 원천적으로 봉쇄하는 수단으로 시행한 제도들은 사회 인프라구축에 긍정적인 효과를 가져와 신불기원과 관련한 행락문화형성의 제도적 기반이 되었다.

1-1. 종교참배 붐과 개장(開帳)

이상과 같이 교통의 발달과 화폐문화의 형성이라는 인프라가 구축되자 에도와 지방을 연결하는 전국적 규모의 인적교류와 물적유통이 활발하게 전개되었다.[5]

결국 이것은 농, 공상인의 부의 축적을 용이하게 하였고 사농공상(士農工商)의 엄격한 신분제 사회에서 그들은 경제적인 축척을 소비로 전환하여 그들만의 독특한 문화에 관심을 갖기 시작하였고 행락문

---

5) 豊田武 · 兒玉幸多 編(1970) 앞의 책, 134-140쪽.

화도 그 일환으로 전개되었다.

그러나 서민들의 '행락문화'란 말이 아직 익숙지 않았던 시대, 대표적인 대중적 서민행락의 관행적 시초는 이세신궁(伊勢神宮)참배단에 대한 기록과 개장기록[6]에서 찾을 수 있고, 또한 일본에서 '명소(名所)'를 찾아가는 순례 행위가 관광의 효시이기도 하였다는 연구[7]도 있다.

에도 막부는 주거이동 및 여행의 자유를 제한하고 종교를 철저히 정부통제 하에 두었다고 하나 서민의 종교적 행위인 이세 참배를 위한 여행과 개장(開帳)에는 비교적 관대하였다. 이세 참예의 특징을 서술한 다음의 인용문에서 에도시대 종교참예의 성격을 알 수 있다.

　이세참예는 이세참궁(伊勢參宮)을 목적으로 하였지만 여행자는 사원에도 참예하였고, 관음 신앙에 기초하여 서국 순례를 목표로 하는 도중일기(道中日記)에서도 신사참예에 대한 기사가 많다. 이세참궁은 교의(教義) 상에서는 가장 엄밀하게 불교를 배제했지만, 이세를 방문하는 사람들은 신궁에 도착하기까지도 또 이세 재중에 사원도 같이 참예하여 돌았다. 또 본래 사원을 대상으로 하는 납경장(納経帳)에 이세신궁이 등장하는 등, 신사와 사원을 혼동하는 경향조차 보인다. 에도시대는 신과 불이 구별되면서도 병존했다.[8]

6) 근세 에도에서 개최되었던 개장의 전반을 알 수 있는 자료에는 막부의 공식기록인 『開帳差免帳』『開帳願差免留』, 齋藤月岑『武江年表』가 있다. 허남린(2008) 「비불(秘仏)의 전시와 일본의 종교문화: 개장(開帳)」『종교와 문화』Vol. 14, 서울대학교 종교문제연구소.
7) 김양주(1997) 「일본관광명소와 자원의 변천 변화하는 사회적 욕구와 만들어지는 '명소'」『국제지역연구』Vol. 6, No.1, 서울대학교 국제지역원, 143쪽.
8) 塚本明(2009)「江戸時代における参詣街道沿いの地域社會の構造」『研究成果報告書』, 3쪽 ; 塚本明(2010)「近世伊勢神宮領における神仏 關係について」『人文論叢(三重大學)』제27호, 15쪽.

또 에도시대 외국인으로 네덜란드 상관(商館)의 의사였던 켐펠
(Engelbert Kaempfer: 1651-1716)은 그의 여행기에서 종교 참배 관
련 붐과 관련하여 다음과 같이 서술하고 있다.

> 이 나라의 가도에는 매일 믿을 수 없을 정도로 사람들이 모여들어,
> 두 세 절기 동안은 주민이 많은 유럽 도시들의 길거리와 흡사할 정도로
> 길거리에 사람들이 넘쳐난다. 나는 일곱 개의 중요한 가도 중 가장 중
> 요한 도카이도(東海道)를 네 번이나 왕래한 체험으로 이것을 입증할
> 수 있다. 사람이 넘쳐나는 이유 중 하나는 이 나라의 인구가 많다는 것
> 이고, 또 다른 하나는 다른 나라 국민들과 달리 이들은 상당히 자주 여
> 행을 한다는데 있다 (중략) 이세 참배 여행에 나선 사람들은 그들이 어
> 디에서 왔던지 간에 이 큰 가도의 어떤 구간을 통과하지 않으면 안된
> 다. 참배여행은 1년 내내 이루어지고 있으나 특히 봄에 많이 집중되어
> 있으며, 이 때 쯤 되면 가도는 오로지 참배여행을 하는 사람들로 가득
> 차게 된다.[9]

참배 붐은 외국인의 눈에 기이하게 보여 졌을 것이다. 봉건체제하
에서 서민들의 여행은 인정되지 않았고, 여성과 농민의 여행은 더욱
엄격히 통제되었으나 종교참배의 경우는 여행이 공인되었다. 특히 이
세신궁 참배여행은 17세기 이래 약 60년을 주기로 하여 반복적으로
발생하면서, 18세기에 들어 1705년, 1718년, 1723년, 1771년, 1830년
에 걸쳐 수백만 명의 대규모 참배로 이어졌다.[10] 종교참배는 합법적인

---

9) ケンベル(1977) 齋藤信譯『江戸參府旅行日記』, 平凡社, 49쪽.
10) 神崎宣武(1991)『物見遊山と日本人』, 講談社, 127쪽.

수단 외에 비합법적 수단인 누케마이리(抜け参り)[11]를 포함하면 상상하는 것 이상으로 대규모로 이루어졌음을 위의 여행기에서 유추할 수 있다. 또한 문자자료 뿐 아니라 당세의 유행풍을 소재로 한 우키요에도 이세참배 양상을 상품 주제로 하여 강중(講中)들의 모습을 담았다.

자료[Ⅳ-1] 広重(1855) 伊勢参宮略図(3장) (출처: 일본 국립국회도서관 디지털화 자료)

자료[Ⅳ-1]은 출판시기가 『명소에도백경』 출판 시기와 동일한 시기인 1855년으로 추정되는 히로시게의 작품이다. 이 작품에서 종교참배 붐이 에도말기까지 일본 특유의 독특한 사회현상으로 자리 잡아갔음을 알 수 있다. 그러므로 서민들 간의 종교순례 붐이 「메이쇼에」의 수요증가를 이끌었다는 설은 그것만으로 근거를 삼기는 어렵지만[12] 전혀 영향이 없었다고는 할 수 없다. 원격지의 사사(社寺)를 소재로 삼

---

11) 에도시대 공식적인 허가증 없이 이세신궁 참배에 나서는 일이지만 묵인되었다.
12) 당시 일본은 1832년 경에 시작된 소위 덴포의 대기아로 불리는 만성적인 기근 기간으로 에도에서도 심각한 쌀 부족과 물가의 급등이 있었다. 에도에서는 서민의 60% 정도가 구조미(救助米)에 의존했다고 한다(南和男(1978) 『幕末江戸社會の研究』, 吉川弘文館, 248쪽).

은 「메이쇼에」는 당시 각 물가에 비하여 염가였고[13] 즐거움을 주는 인
쇄물이었기 때문이다.

자료[IV-2] 善光寺如来御開帳之図 井両国広小路賑

(출처: 일본回向院 화상자료)

참예
개장
60일

자료[IV-3]

---

13) 간세7(寬政7: 1795)년에는 부교쇼(奉行所)의 문서에서 18文을 초과하는 판매가
금지되었고, 분카연간에는 대판 니시키에가 20文, 덴포9(1838)년 경에는 대판 니
시키에가 32-38文 또는 48文(內藤正人(2005)『浮世繪再發見』, 小學館, 176쪽)이
었다고 한다. 그러므로 풍경화 붐이 일었던 때의 가격은 한 장당 20文정도였고 그
이후에 점점 가격이 올랐다고 볼 수 있다(小林忠, 大久保純一(1994)『浮世繪の鑑
賞基礎知識』, 217쪽). 가격에 차이를 보이는 것은 인쇄의 질에 따라 달라졌다고
판단되며 한 장당 가격은 당시의 메밀국수 한 그릇 값과 비슷하였다.

한편 종교참배 붐과 더불어 개장의 붐도 함께 일었다. 개장이란 보통 일에는 주자(廚子)안에 안치되어있는 비불(秘仏)을 특정일에 주자 (廚子)의 문을 열어 일반인에게 공개하여 참예를 허용하는 것이다. 개장의 방법에는 신불을 움직이지 않고 공개하는 이개장(居開帳)과 특별한 장소에 신불을 이동시켜서 서민의 배견을 허락하는 출개장(出開帳)이 있다. 출개장은 목적지뿐만 아니라 도중의 마을이나 촌락에서 일반인에게 배견시키는 방법도 크게 효과가 있었다.

에도시대 개장의 시작은 죠오3(承応3: 1659)년 센소지(淺草寺)의 이개장을 시초로 이후 서국(西國: 긴키(近畿)의 서쪽 지방) 및 지치부 관음영장(秩父觀音靈場) 등 각지의 저명 사원의 출개장으로 확대되었다. 그 중에서 신슈(信州: 현 나가노) 의 젠코지(善光寺)의 출개장은 유명하고 인기가 있었다.

자료[Ⅳ-2]는 에도의 료코쿠에코인(兩國回向院)에서 60일간 젠코지가 출개장을 개최했을 때의 모습을 담은 그림이다. 자료[Ⅳ-3]은 좌측의 주석을 확대한 것으로 다음과 같이 적혀있다.

(주석) 此度、江戸ゑかうゐん(回向院)ニおいて、六十日のあいだ 御かいてう(開帳)

有、わざわざしんしう(信州)までさんけい(參詣)の人 もあるなかに、 如來の御方よりけちゑん(結 緣)にあ(會)いたてまつ(奉)るといふハ、ま ことにありがたきこと(事)なり。まい(參)るべし。しん(信)ずべし。

(주석 현대어) 今度、回向院で、60日の間、開帳がある。 わざわざ信州まで出向いて參詣·結緣しようという者もいるのに、 如來樣の方から江戸の人 と結緣するために江戸に出てきて下さる。

そのありがたさを感得して、参詣するよう。

(해석) 이번에 에코인에서 60일 동안 개장이 있다.
　일부러 신슈(信州)까지 참예하러 오는 자도 있는데 여래님 쪽에서
에도의 사람들과 결연하기 위하여 에도에 오셨다. 그 감사에 감득하며
참예하도록.

　위 내용은 참예를 권유한 것으로 상반부의 그림은 개장광경을 묘사
한 것이고 하반부는 개장으로 인해 활기를 띠고 있는 료코쿠의 모습
을 묘사한 것으로 60일 동안 행사가 진행되었던 것을 알 수 있다.
　자료[IV-4]는 지방 출개장의 모습을 표상한 것이다. 분세2(文政2:
1819)년 젠코지 개장과 필적될 만큼 인기가 있었던 사가(嵯峨: 교토) 의
아라시야마(嵐山) 세료지(淸凉寺) 비불이 지방인 나고야에서 공개되고
있는 모습을 담은 그림으로 지방 출개장의 양상을 파악해 볼 수 있다.

자료[IV-4] 『嵯峨靈仏開帳志』 「嵯峨開帳」 (출개장), 高力種信(猿猴庵)画, 1819.
(출처: 名古屋市博物館蔵)

기록에 의하면 교토 세료지의 개장은 나고야에서 4회나 개최되었
다고 하며 화상은 상세한 설명을 첨부한 글자와 더불어 승려가 신성
한 보물을 열심히 설명하고 있는 듯한 모습과 참예자가 진중하게 듣
고 있는 장면이 묘사되어 있다.[14] 이와 같이 에도시대 중기부터는 에
도뿐만 아니라 지방에서도 전국의 저명 사사(寺社)의 비불비상(秘仏
秘像)이 개장명목으로 출장하는 등 개장의 최성기(最盛期)를 맞았다.

원래 개장의 목적은 신자들 간의 결연의 기회를 추구하기 위한 것
이었으나 가람의 건립, 보수, 정비를 위한 경비를 충족하기위한 경제
행위로서 중요한 이벤트의 일종이었다고 할 수 있다. 이러한 추세는
이어져 18세기 후반(寬保-天明期)이 되면 에도에서만도 개장이 평균
1년에 6회 이상 행하여졌다고 한다.[15]

개장의 기간은 전술한 젠코지의 예처럼 60일 정도 지속된다고 보았
을 때 1년 내내 개장이 있었다고 볼 수 있는 것이다. 이러한 사회적 분
위기는 대규모로 많은 참예자들이 모이는 유력한 신사나 사원 앞에
몬젠마치(門前町)[16]라는 시가지를 형성하게 하는 요인으로 이어졌다.
시가지에는 주로 사사관련자 및 참배객을 상대로 한 상공업지가 조성
되었다. 일례로는 미세모노고야(見世物小屋)라는 진품 등을 매물로
한 상점도 있었고 개장을 미세모노화(見世物化) 한 특이한 새, 짐승,

14) 名古屋市博物館編, 高力猿猴庵(2006)『猿猴庵の本 泉涌寺靈宝拝見図 · 嵯峨靈仏
開帳志』,名古屋市博物館.
15) 比留間尚(1980)『江戸の開帳』,吉川弘文館, 40쪽.
16) 역사적으로 시가지의 성립 장소에는 성(城), 주(湊), 시장, 투기장(相場) 등 이 있
지만 사사(寺社)도 그 중 하나로서 사사의 문전에 발달한 신사의 경우는 도리이마
에쵸(鳥居前町)라고도 한다. 광의로는 사원신사의 신도가 사사 근처에 집락을 형
성한 사내마을(寺內町) · 사가마을(社家町)도 포함한다. 日本大百科全書(1998).
小學館.

벌레, 불상 등을 대나무로 엮어서 만든 대바구니 세공(籠細工)으로 사람을 끄는 특이한 풍습도 있었다.[17]

요약하면 개장은 사원의 '경제적 연료 공급원의 확보' 차원에서 개최되는 경우가 많았다고 할 수 있다.[18] 즉 사원은 개장과 더불어 연극, 춤, 보물, 전시회, 고세키(講席:일종의 만담) 등의 오락기회를 제공하고 찻집 음식점 등의 개점을 허락하는 등 사람들을 끌 수 있는 것이라면 적극적으로 조치하였다.[19] 이러한 개장의 성격은 본래의 목적과 달리 개장에 대해 국가의 공권력이 개입하게 되어 에도말기에 이르면 특별 개장이라는 명목으로 개장의 허가가 더욱 빈번해졌다. 이로 인해 에도는 개장행사가 없는 날이 하루도 없을 정도로 개장으로 지고 새는 도시가 되었다.[20]

다음 자료[IV-5]는 에도의 료코쿠에코인에서 개최된 출개장의 모습을 담은 지지의 삽화이다. 에코인은 출개장이 빈번이 개최되는 사원으로서 유명했을 뿐 아니라 금전이 관련된 권진스모(勸進相撲)의 정장소(定場所)로서도 흥행하여 사원경내는 번화가를 방불하였다. 이 삽화는 1836년에 그려진 것으로 밀집한 사람들의 모습과 주석에서 막말 개장의 분위기를 짐작할 수 있다. 자료[IV-6]는 우측의 주석부분을 해석한 것이다.

---

17) 죽세품(籠), 조개(貝), 사기그릇(瀨戶物), 麥藁, 糸, 昆布, 箒 등 다양한 소재를 사용하여 신불에서 전설상의 인물, 새, 짐승, 초목까지를 세공한 미세모노(見世物)는 소재와 만들어진 물건에서 낙차를 즐기는 풍습이었다.

18) 허남린(2008) 앞의 글, 81쪽, 90쪽.

19) 허남린(2008) 같은 글.

20) 허남린(2008) 위의 글, 89-90쪽.

자료[Ⅳ-5] 『에도명소도회』7.「回向院開帳祭」
(출처: 와세다대학도서관 古典籍總合DB)

개장(開帳)   주석부분

자료[Ⅳ-6]

(주석) 諸國の靈仏靈神等結緣のため大江戶に出でて啓龕せんと欲
するもの多くは当院に於て拜せしむ諸方より便りよき地なる故殊に參
詣多し。

(해석) 제국의 영불영신 등의 결연을 위해 대 에도에 계감(啓龕: 출장
하여 주자를 열어 불상의 배견을 허락)하니 구원을 받고자하는 많은 사

람이 당원에 배례하였고 사방으로 소문이 퍼져 각별히 참예가 많았다.[21]

1-2. 종교 신앙적 강(講)의 유행

"평생에 한번은 이세참배를..."[22]이라는 소원에서 알 수 있듯이 이세
참배는 서민들이 평생에 단 한번 꿈꾸는 특별한 일이었고 그 꿈을 실
현시키기 위해서 평범한 서민에게는 무엇보다도 경제적인 여유가 제
1의 조건이 되었다. 이점에서 신앙적 강(講)은 여행에 필요한 경제적
인 문제를 해결해주는 수단이 되어 참배 붐 형성의 촉매제 역할을 하
였다고 할 수 있다.

강(講)이란 원래 불교의 불전강설 집회에서 유래한 것인데, 이에 영
향을 받아 중세 이래 신사에서도 숭경강((崇敬講)이라는 강조직이 결
성되었고 점차 전국적으로 퍼져나갔다.[23] 그것이 민간에 침투하면서
민간신앙집단에도 강이란 명칭을 붙이게 되었다. 강은 크게 '경제적
인 결속을 위한 강'과 '종교 신앙적 강' 두 가지로 나눌 수가 있다. 신

---

21) 『에도명소도회』7권-18책 (1836) 「回向院開帳祭」 삽화 글.
22) 「お伊勢いきたや伊勢路がみたいせめて一生に一度でも...」라는 이세온도(伊勢音
頭)가 있다. 근세 서민의 이세참배는 연평균 30-40만 명으로 여겨진다. 이세에서
의 체제는 4박 5일 정도로 온시(御師: 오시)의 마중을 시작으로 가마로 이동, 내
궁 외궁참배, 섭사 말사순배, 나아가 아사마야마(朝熊山)나 후타미가우라(二見ヶ
浦) 등의 명소에도 들렀다. 온시집에서는 다이카구라(太神樂)봉납을 구경하고 매
번 호화로운 식사를 하며 후루이치(古市)의 유곽에서 유녀가 추는 이세온도에 흥
취하고, 아이노야마(間の山)에서 다이도게(大道芸)를 즐기는 등, 이세마이리는
신앙과 유락을 겸한 여행이었다(新城常三(1982)『新稿社寺参詣の社會経済史的
研究』, 塙書房)
23) 박규태(1996)「일본종교의 현세중심적 에토스」, 宗敎學硏究 Vol.15, 20쪽.

앙적 강은 사원이나 신사와 밀접하게 연결이 되어 강의 구성원을 강
중(講中)이라고 했는데, 강의 임원은 강이 신앙하고 있는 사원이나 신
사로부터 위촉되는 것이 일반적이었다. 종파나 사원, 신사측은 자신들
의 교단을 확장하기 위하여 강을 조직하여 신자 획득이나 결속을 목
적으로 하였고, 강중 또한 사원이나 신사와 밀접하게 관련하여 참배
를 위한 경제적인 문제해결의 돌파구를 모색했다.

자료[Ⅳ-7] 歌川広重의「이세참궁(伊勢参宮) 宮川선착장」安政
(출처: 三重大学附属図書館 화상자료)

   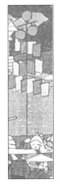

자료[Ⅳ-8]
오가게마이리
(おかげまいり)

자료[Ⅳ-9]
강중(講中)

자료[Ⅳ-10]
강중

자료[Ⅳ-11]
강중

자료[IV-7]는 이세 강중의 열기를 엿볼 수 있는 우키요에로서 깃발을 든 다양한 강중들의 모습이 묘사되어있다(자료[IV-8], 자료[IV-9], 자료[IV-10], 자료[IV-11]), 뿐만아니라 그림 좌측 하단에 개의 목에 폐속이 걸려 있는 특이한 현상도 묘사되어있다(자료[IV-12]).

자료[IV-12] 개와 폐속

에도시대는 메이지의 신불분리정책이 시행되기 이전인 신불습합의 관례가 이어지던 시대로 종교적 성격을 지닌 강에는 불교를 기초로 한 것들이 역사도 깊고 규모가 큰 것이 많았다.[24] 이에 비해 신사의 경우 숫자와 규모는 작았으나 유명 신사의 참배강(參拜講), 대참강(代參講)들이 발달하였고 전국적으로 펴져있던 것들로는 이세강(伊勢講), 구마노강(熊野講), 후지강(富士講)등이 있고 그 외에 각 지역마다 유명한 신사나 영산을 중심으로 하는 강조직이 발달하였다.[25]

그 중 에도를 중심으로 폭발적인 유행을 보이던 대표적인 것으로는 후지산 등반 수행을 최종 목적으로 삼았던 후지강과 후지산보다 가볍게 등반할 수 있었던 점에서 선호된 사가미(相模: 현 가나가와)의 대산(大山)에 등반하는 대산강(大山講: 오야마코)이 시타마치(下町) 서

24) 일연종 계통의 미노부강(身延講), 법화종의 강, 쵸닌들이 치바현 나리타시의 부동명왕(不動明王)을 참예하기위하여 조직하였던 나리타강(成田講), 중부 일본에 널리 퍼져있던 젠코지강(善光寺講), 시코쿠(四國)의 88개 사원 순례를 위한 다이시강(大師講) 등이 있었다(문옥표(1997) 「일본관광의 사회조직 단체여행의 역사와 문화」『국제지역연구6』, 서울대학교 지역종합연구소, 110쪽).
25) 櫻井德太郎(1962)『講集団成立過程の研究』, 吉川弘文館, 246-247쪽.

민층을 중심으로 대유행하였다. 특히 후지강 신자들은 에도시내 곳곳
에 의사(擬似) 체험과 추체험(追体驗)의 장소로 인조 축조물인 후지
총(富士塚)을 사사(寺社) 경내를 비롯한 정원 등, 시내 도처에 축조하
여 모리바(盛り場)를 형성하는 특이한 유행의 양태를 정착시켰다. 후
지강과 후지총에 대해서는 Ⅵ장에서 다룬다.

　강중(講中)의 참예 형태를 보면, 회원 전원이 참배하러가는 소마이
리(總參り)도 있었으나 대부분 강(講)에서 몇 명을 선정하여 대표로
참배하는 대참강(代參講)이 행하여졌고 그 대표적인 예로는 이세강,
구마노강을 비롯하여 온타케강(御嶽講), 대산강(大山講)등과 전술한
후지강이 있다.

자료[Ⅳ-13] 「大山詣りで高輪の図」(富士講中の図)国芳画
(출처: 国立国会図書館 화상자료)

　자료[Ⅳ-13]은 강중들의 참예 형태를 묘사한 우키요에이다. 에도
만(江戸湾)을 배경으로 에도의 다카나와(高輪) 성문를 출발하려는 강
중일행의 다양한 모습이 나타나있다. 화면에는 백색일색의 복장을 한

후지강 일행들과 대산강 일행들의 모습도 보이고 좌측 끝으로 에도성 출발의 상징인 다카나와 성문의 석담이 보인다. 대산강 일행들의 모습은 인기배우로도 미타테되어 상품화되었다.

[자료Ⅳ-14] 「五拾三次ノ内大磯 馬入川 선착장」豊国 1850년
(출처: 神奈川県伊勢原市 화상자료)

자료[Ⅳ-14]는 순례자들의 참예모습을 인기배우로 마타테한 우키요에이다.[26] 우측으로 참예자를 안내하고 참배나 숙박 등을 알선하였

26) 에도 이치무라자(市村座)에서 가에3(嘉永3: 1850)년에 초연된 「주신구라고쥬산

던 이세온시(伊勢御師)가 고헤(御幣)를 짊어지고 방울을 들고 있는 모습이 상징적으로 묘사되었다.

이상과 같은 사회현상은 대부분 도시부를 중심으로 폭발적인 유행을 보였는데 그 열기는 현대인이 보기에 광란적인 모습으로까지 비춰질 수 있으나 '종교 신앙적 강'과 같은 사회현상에의 동참은 「에도팔백팔강(江戶八百八講)」이라는 어휘가 상징하듯이 당대 사회의 보편적 이데올로기였다. 이외에도 후지강과 대산강을 소재로 한 우키요에에는 서민의 열광적인 신앙적 열기가 반영되어있는 그림이 다수 존재한다. 이에 대해서는 Ⅵ장에서 상세하게 다룬다.

종교참배 붐으로 신앙적 강이 발달하게 되었든지, 아니면 강의 발달로 종교참배 붐이 일게 되었든 간에 결과적으로 이와 같은 사회현상은 일본 종교문화 형성의 기폭제가 되어 한 시대를 주도하였던 현상들이었다.

1-3. 쇼진아케(精進明け, 精進落し)의 풍습

다음으로 종교문화 형성의 특이한 배경으로서 쇼진아케(精進明け), 또는 쇼진오토시(精進落し, 이하 쇼진아케)라는 일본의 유락풍습을 살펴보기로 한다.

「쇼진(精進)」이란 속(俗)된 생활을 버리고 선형을 닦아 오로지 불

쓰기(忠臣藏五十三紀)의 네 번째 장면인 바뉴강(馬入川) 선착장의 풍경을 미타테한 것이다.

도에만 열중하는 일을 표현한 불교용어로서, 「아케(明け)」란 수행의
기간이 끝나서 보통의 생활로 되돌아간다는 종교적 의미이다. 이처럼
쇼진아케의 풍습은 원래 불교의 풍습이긴 하지만 에도시대 특히 '신
불기원 후의 유락풍습'으로 차용되었다. 이것은 당시 막부의 '유곽 정
책과도 밀접하게 관련되어있다.

　도쿠가와 이에야스에 의해 세워진 에도막부는 막부 개설 초기 4, 5
년간에 공인된 위락시설인 집창체제를 급속히 정비하였다.[27] 이 정책
은 중세로부터 근세에 걸쳐서 일본 유곽사에 정설화된 공식을 만들었
다. 그것은 중세까지 산창이라 불리며 각지에 산재해 있던 유곽이 근
세가 되면 일정한 지역에 모인 집창으로 불린다고 하는 공식으로 '산
창제도가 집창제도로 바뀌었다' 라는 설명이 된다.[28] 또는 '근세에 들
어 유곽제도에 대한 정비 또는 사창제도의 확립'[29]이라고도 말하여진
다. 그러므로 막부에 의해 합법적으로 인정된 것과 다름이 없는 유곽
의 대중화는 에도후기 폭발적인 유행을 보이던 신앙적 강과 개장 등
종교참예 붐과 맞물렸다.

　강의 회원 전원이 참배하러가는 소마이리(總參り)든 강에서 대표로
선정된 사람만이 참배여행을 떠나는 대참강(代參講)이든 각각의 참배
일행들은 일단 참배여행을 떠나면 그 기간을 수행기간으로 간주하였
던 것 같다. 그러므로 수행기간 동안은 미소기를 비롯하여 나름대로 정
화의 절차를 따랐던 것으로 보여진다. 그러나 수행기간이 끝났다고 간

27) 에도의 압사심우위문(壓司甚右衛門)이 유곽설치를 간원한 것이 1612년, 원요시
　와라가 허가 된 것이 겐나4(元和4: 1618)년, 신요시와라로 이전한 것이 메레키3
　년(明曆3: 1657)이다.
28) 渡辺憲司(1994)『江戸遊里盛衰記』, 講談社, 15쪽.
29) 渡辺憲司(1994) 위의 책, 35쪽.

주되는 시점에서 쇼진아케라는 명목으로 선호된 장소는 공인된 유곽
에서의 유흥이었다. 대표적인 유곽으로는 이세신궁 몬젠마치의 후루
이치(古市)와 오사카의 신마치(新町), 교토의 시마바라(島原) 등의 위
락시설에서의 유흥이 도시관광과 함께 정례화된 코스였다.[30]

그러므로 자연히 유명한 사원과 신사주변에 참배객을 상대로 한 상
공업자들이 모여 들어 몬젠마치라는 집락(集落)을 형성하였고, 이상
과 같은 이유로 몬젠마치는 유곽 등 유흥시설과 관련성이 깊다. 그러

므로 도리이 근처에 미세모노
(見世物)의 흥행과 더불어 유
곽이 번성하였던 것은 이러한
요인 때문인 것이다. 이와 같은
유착은 에도시대의 보편적인
사회현상으로 사찰이나 신사의
참배가 종교적 목적보다 유락
을 위해서 이루어졌음을 살펴
볼 수 있게 해 주는 또 다른 예
라는 연구결과가 있다.[31]

에도의 센소지 부근 요시와
라에서는 찻집(引手茶屋: 히키
테 찻집이라고도 칭함)이 고객

자료[Ⅳ-15] 瓦版
『江戸のマスコミ「かわら版」』유녀 염가판매
(출처: 吉田豊(2003))

---

30) 神崎宣武(1991) 앞의 책, 133-134쪽.

31) Ishimori, Shuzo(1989) *"Popularization and Commercialization of Tourism in Early
    Modern Japan"*, in Japanese Civilization in the Moderm World Ⅳ:Comparative
    Studies of Economic Institutions, eds, by Umesao Tadao, Mark Fruin, and
    Nobuyuki Hata, Senri Ethnological Studies, No, 25, p.185.

의 보증인이 되어 유객을 유녀야(遊女屋)로 안내하는 시스템으로, 유녀야는 손님을 찻집(茶屋)에 의존하는 경우가 많았고 특히 불경기나 전염병 등으로 손님이 끊어지면 찻집에 지불하는 소개비를 높이 올려서라도 손님을 획득하려고 했다.[32] 찻집은 손님을 소개하고 이익을 챙겼던 중개업소로 간세기(寛政期: 1789-1801)에 100집 정도 되었던 것이 점점 그 숫자가 늘어서 1850년경에는 300채 정도가 되었다고 한다.[33]

자료[IV-15]는 신요시와라 스미쵸(角町)의 가와라반이다. 사원을 상징하는 만(卍) 이라는 자를 집어넣은 문장이 들어간 포럼 아래의 글자는 '유녀 염가 판매'이다. 유곽의 불경기를 극복하기위한 광고지이거나 색다른 상징을 내포하고 있는 매개물로서 당시의 가치체계를 반영하고 있다.

그렇다면 '신불기원 후의 유락풍습'으로 차용된 유곽의 대중화는 어느 정도였을까? 에도시대의 대표적인 대중매체였던 우키요에나 평판기(評判記)[34], 문예작품 등에서 유행의 정도를 확인할 수 있다. 우선 유녀평판기를 통해서 살펴보면 다음과 같다.

유녀평판기는 유녀의 용모나 기예, 품행, 마음씨 나아가 잠자리의 좋고 나쁨까지를 기록한 것이다. 간에년간(寛永年間: 1624-1643)에 유녀 평판기는 가나소시(仮名草子)안의 1절에 포함시킨 형태로서, 이야기의 진행에 따른 필요성에 의해 안내기 풍으로 기술된 것으로 보

---

32) 吉田豊(2003) 앞의 책, 162쪽.
33) 吉田豊(2003) 같은 책.
34) 평판기는 에도시대에 출판된 유녀나 가부키 배우의 품평을 기록한 책으로 유녀의 것은 유녀평판기(遊女評判記) 배우를 평판한 것은 배우평판기(役者評判記)로 칭했다.

아, 그곳이 무엇보다도 당대성을 부여하기에 절호의 장소였기 때문이
다.[35] 유녀평판기는 1681-1688년을 피크로, 이후 1751-1763년에 걸
쳐 120-30년 동안, 서명이 판명된 것 만해도 대략 200종정도에 달하
고, 호레키(宝暦: 1751-1764)경 이후는 '세견(細見)'으로 칭하여지는
유리안내서가 봄가을로 정기 간행되었다. 그에 따라 평판기에 기록되
었던 유녀의 품행이나 마음 씀씀이와 같은 주제는 풍속 소설책인 샤
레혼(洒落本)이 담당하게 되었다.[36] 에도후기에 접어들어서도 전기에
는『색도대경(色道大鏡)』이후『제국색리안내(諸國色里案内)』등 유
곽안내를 위한 실용서적이 출판되었다. 또한 이하라 사이카쿠(井原西
鶴)의 작품을 비롯하여, 우키요조시(浮世草子), 가부키, 조루리(淨瑠
璃)의 소재로 다용되었으며, 후기의『동해도 도보여행(東海道中膝栗
毛)』『금초혜(金草鞋)』등 활계본(滑稽本)이나 지방 샤레본(洒落本)
이라 불리는 것도 있다. 이 외에 여행기, 일기, 견문기 등에도 유곽이
종종 등장하며, 반쓰게류(番附類)에는 한 장짜리 우키요에인『대일본
유국유리 세견전도(大日本遊國遊里細見全図)』라는 유곽지도, 스고로
쿠(双六風) 안내도 등과 같은 유곽 안내도도 많이 존재하였다.[37]

이상과 같은 문헌들이 애호되고 유통되는 현상은 신불기원 후 쇼진
아케의 장소로서 유곽이 선호되었던 당시의 사회현상과 전혀 관련이
없다고 할 수 없을 것이다.

---

35) 中野三敏(2007)『江戶名物評判記案内』, 岩波書店, 22쪽.
36) 中野三敏(2007) 위의 책, 26쪽.
37) 渡辺憲司(1994) 앞의 책.

1-4. 출판물 규제와 검열제도: 필화(筆禍)

인간이 다른 매개물을 통하여 사상이나 감정 등을 대표시킬 때 특히 이러한 상징은 정치와 결부되면서 권력의 인정을 위한 하나의 계기를 만들어준다.[38] 막말, 가와라반(瓦版)[39]이나 명소그림에 의한 정보전달의 역할이 크고 흥행함에 따라 막부가 그림의 형식과 내용을 통하여 영향력을 행사할 수 있었다는 내용을 반영할 수 있는 근거는 출판물에 대한 규제정책이다.

막부는 신흥막부 출범 후 3번에 걸친 출판규제를 실시하여왔다. 우키요에의 출판에 관해서도 그 내용을 검열 받고 그림 안에 허가인을 받는 날인제도가 1790년부터 실시되었다. 만일 우키요에가 막부체제를 비판하는 내용 등에 사용된다면 일순간에 세간에 침투할 우려가 있었기 때문이다. 법령 그 자체는 메레키(明曆) 간분(寬文: 1655-73)경부터 제정되었으나 교호(享保: 1716~1736)경에는 금지의 대용이 구체적으로 정비되어 내용을 위반한 에시(繪師)나 판원은 처벌되었다. 그 골자는 다음의 5항목이다.[40]

(1) 막부 체제를 비판하는 내용이 있는 것
(2) 노부나가·히데요시 정권 이후의 무가에 대한 기사
(3) 사회 사건 사고나 유행에 관한 보도
(4) 비용을 많이 투자한 호화한 인쇄

---

38) Walter Lippmann(1922) "Public Opinion", N.Y. Free Press, p.11.
39) 에도시대 천재지변이나 화재, 신쥬(心中) 등 시사성이 높은 뉴스를 속보성을 담아 전달하던 정보지. 가도에서 읽으면서 팔러다녔던 것에서 요미우리(讀賣)라고도 한다.
40) 稻垣進一(1990)「図說·浮世繪入門」, 河出書房新社.

(5) 춘화류, 호색물 등 풍기상 바람직하지 않은 내용이 있는 것

이후 간세년간(寬政: 1787-1793)에 마쓰다이라 사다노부(松平定
信)⁴¹⁾가 실시한 간세개혁(寬政改革)의 일환으로 출판통제가 시작되
고, 검열제도를 도입하여 출판을 지방 자치단체 행정관의 관리 하에
두어 우키요에 분야에서는 제판 전에 밑그림(版下)을 제출하여 검열
을 날인받는 방법을 취하게 하였다.

검열은 당시 말로「아라타메(改)」로 호칭되었으나 그「아라타메
(改)」가 행하여졌다는 표시로「기와메(極)」라는 글자가 새겨진 동그
란 인장이 찍혔다. 이 이후 우키요에의 화상에는 검열인(改印: 아라
타메인)이 보이게 되었다. 검열은 책 속의 삽화에도 적용되었다. 간세
2(1790)년에는 출판물 단속에 관한 포고문(觸書)을 발포하고 그 효과
를 높이기 위하여 본보기 징계로 적발한 것이 출판사 쓰다쥬(蔦重)⁴²⁾
와 우키요에서 산토쿄덴(山東京伝: 1761-1816)이었다.

자료[Ⅵ-16]은 산토교덴『시가케분고(仕懸文庫)』의 표지와 삽화이
다.『시가케분고』는 에도 후카가와(深川) 오카바쇼(岡場所: 사창) 의

---

41) (1758-1829) 에도후기의 대명.
42) 쓰타야쥬자부로(蔦屋重三郞: 1750-1797)는 간엔3(寬延3: 1750)년 신요시와라에
서 출생하여 요시와라 차야(茶屋)의 기타가와(喜多川)의 양자가 되었다. 유곽이
라는 특수한 환경에서 출생하고 성장한 쥬자부로는 20대 전반에 신 요시와라 고
짓겐미치(五十間道: 에도시대 신 요시와라의 에몬자카(衣紋坂)에서 오몬(大門)
까지의 도로로 도로 양편에는 호객찻집과 음식점 등이 있었다)에 책 대여점(貸
本) 및 소매를 하는 책방「고쇼도(耕書堂)」를 개업하여 안에2(安永2: 1773)년부
터는 전통있는 판원인 우로코가다야(鱗形屋)가 거의 독점적으로 출판해 오던 유
곽·유녀에 대한 안내서인「요사와라 사이겐(吉原細見)」판매도 하게 되었다. 그
러나 소매만으로 만족하지 못하고 별도의 형태인「유녀평판기(遊女評判記)」등과
같은 출판을 직접 착수하여 서서히 사업을 확대하였다.

풍속을 그린 것으로 제목의 문고(文庫: 분코)란 단어의 의미는 유리 (遊里)에서 유녀의 옷을 운반하기 위한 옷상자이다.

文庫: 유녀의 옷상자(箱)

자료[IV-16] 『仕懸文庫』山東京伝 著·画, 洒落本, 寛政3(1791) (출처: 와세다대학도서관 古典籍總合DB)

자료[IV-17] 『娼妓絹麗』山東 京伝 著·画, 洒落本, 1791. (출처: 와세다대학도서관 古典 籍總合DB)

이외에도 필화의 대상이 된 교덴의 사례본은 『쇼기기누부루이(娼 妓絹麗)』『니시키노우라(錦之裏)』라는 대중소설로 간세3(1791)년 쓰 타쥬(蔦重)에서 출판되었다. 이 책들은 모두 조루리(淨瑠璃)나 가부 키(歌舞伎)에서 알려진 인물을 등장시켜 교묘하게 무대의 설정을 바 꿔서 후카가와(深川)나 요시와라(吉原)의 유곽을 제재로 하고 있다. 발매 시에는 표지에 「교훈독본(教訓讀本)」으로 기재하여 판매하였으 나 결국 금령위반으로 출판금지 되었다. 간접적으로 유곽을 상징한 그림도 필화의 대상이 되었다.

자료[IV-17]은 『쇼기기누부루이(娼妓絹麗)』의 삽화로 장기판을 유 곽에 상징하고 장기판의 말을 유객에 비유하였다. 이 소설책 이 3권의 삽화로 인하여 교덴은 수갑 50日형(재택인 채로 표주박 모양인 수갑 을 채우는 것)에 처해졌고 판원인 쓰다쥬는 서적 절판을 비롯하여 재산의 반을 몰수당하는 가혹한 형을 받았다. 이후 교덴은 붓을 꺽고, 쓰다쥬는 니시키에(錦繪) 중심 경영으로 전환하였다.[43]

이어서 간세4(1792)년에는 「이치마이에(一枚繪): 한 장짜리 인쇄물」 조차도 선전 목적으로 사용하기위하여 실제 여자 이름을 표시하는 것이 금지되고, 나아가 과도한 중첩된 채색의 금지, 적색 사용 금지가 발령되었다.

자료[Ⅵ-18]은 법령을 피해서 묘사한 시키테이산바(式亭三馬)의 저서 『다쓰미후겐(辰巳婦言)』의 삽화인 기타가와 우타마로(喜多川歌麿: 1753경-1806))의 구치에(口繪)[44] 「보현상(普賢像)」이다. 제목 「이시바기단(石場妓談)」에서 이시바(石場)란 단어가 상징하고 있는 것은 후카가와의 유명했던 일곱 개의 하나마치(花街) 중 하나를 의미한다. 코끼리를 타고 있는 그림의 여성은 이곳의 유녀를 상징한 것으로 이 책은 소위 곤냐쿠본(蒟蒻本)[45] 즉, 풍속을 어지럽히는 책이라는 이유로 절판의 명을 받았다.

石場: 후카가와의 유곽을 의미   유녀

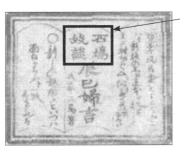

자료[Ⅳ-18] 『辰巳婦言』式亭三馬 寛政10
(출처: 일본국립국회도서관 화상DB)

『辰巳婦言』口絵「普賢像: 보현보살상」喜
多川歌麿(출처: 早稲田大学図書館 화상DB)

---

43) 棚橋正博(2012)『山東京伝の黄表紙を読む』, ぺりかん社.
44) 서적, 잡지의 권두 또는 본문 앞 부분에 게재하는 그림이나 사진.
45) 사례본(洒落本)의 다른 이름으로 표지의 색과 형태가 곤약과 흡사한 것에서 명칭됨.

이하의 인용문은『필화사(筆禍史)』에 기록된 우키요에에 관한 부분
을 요약한 것이다.(자료[IV-19] 참조).

분카1(文化1: 1804)년에 미인화의 대가 기타가와 우타마로는 도요
토미 히데요시의 하나미를 제재로 한 우키요에 「다이코고사이라쿠도
유칸노즈(太閤五妻洛東遊觀之図)」를 그렸다는 이유로 막부의 노여움
을 사 수갑 형 50일에 처해졌다.[46]

자료[IV-19]『太閤五妻洛東遊観之図』歌麿
Picture of Hideyoshi and his Five Wives Viewing the Cherry-blossom at
Higashiyama / 大判(3장) (출처: 에도동경박물관 화상자료)

---

46) 例へば太閤の側に石田三成兒輩の美少年にて侍るを,太閤その手を執る,長柄の銚
子盃をもてる侍女顔に袖を蔽ひたる図,或は加藤清正甲冑して,酒宴を催せる側に,
挑戰の妓婦蛇皮線を彈する図など也,かれば板元繪師等それ／＼糾問の上錦繪は
殘らず沒收,畵工歌麿は三日入牢の上手鎖,その外の錦繪かきたるもの悉く手鎖,板
元は十五貫つ の過料にて此の一件事すみたり云 又『浮世繪畫人伝』には左の如
く記せり喜多川歌麿と同時に,豊國,春亭,春英,月麿及び一九等も吟味を受けて,各
五十日の手鎖版元は版物沒收の上,過料十五貫文宛申付られたり豊國等の描きし
は,太閤記中賤ヶ嶽七本槍の図にして,一九は化物太平記といふをものし,自畵を
加へて出版せしによるなり.『筆禍史』宮武外骨(1974) 原本：淺香書店(1911) 底
本：影印版,崙書房.

당시 우타마로 뿐만 아니라 우타가와 도요쿠니(歌川豊國: 1769-
1825), 가쓰카와 슌테(勝川春亭: 1770-1820, 가쓰카와 슌에(勝川春
英: 1762-1819), 기타가와 쓰키마로(喜多川 月麿: ?-1830) 및 짓펜샤
잇구(十返舍一九: 1765-1831) 등도 문초를 받고 각 50일의 수갑형,
판원은 원판몰수 외에도 15간몬(貫文)⁴⁷⁾의 벌금형에 처해졌다. 도요
쿠니 등 화가와 잇구는 「다이코키(太閤記)」⁴⁸⁾와 관련하여 표현하였다
는 것이 징계의 이유였다. 당시 52세의 우타마로에게 이는 매우 무거
운 형으로 심리적으로도 신체적으로도 악 영향을 받아 그는 2년 후 사
거했다. 이 시대는 막부의 허가 없이 무사의 생활을 그리거나 풍자하
는 것은 금지되었다. 「다이코키」와 관계가 있으면 문학 작품이건 그림
이건 테마로서는 금기였다.

다음은 덴포연간(天保: 1830년-1843년), 미즈노 다다쿠니(水野忠
邦)의 개혁이다.

덴포13(1842)년에 시작된 이 개혁은 출판 관계자에게 다양한 규제
가 행해졌다. 내용은 배우 그림인 야쿠샤에(役者繪)나 유녀그림, 일정
매수 이상의 판목 사용이 금지 되었고, 이어서 동년 6월의 출판 통제
령은 간세개혁의 출판물 전체에 대한 통제보다 훨씬 엄격하였다. 예
를 들면 간세의 통제령에서는 우키요에에 일반 여성의 이름을 특정하
여 그리는 것을 금지했었지만 일반인이 아닌 유녀나 가부키 배우 등
을 그리는 것은 문제시되지 않았다. 그러나 덴포의 통제령에서는 가
부키 배우나 유녀를 그린 한 장짜리 인쇄물의 판매, 상연 중인 연극에

---

47) 1貫 = 100兩 = 1000匁, 1兩 = 10匁, 1匁 = 10分, 1分 = 10厘, 1厘 = 10毛, 1斤 =
   (16/100)貫, 1貫文 = 2石.
48) 도요토미 히데요시에 관한 전기.

서 취재한 배우그림의 출판이나 배우를 닮게 표현하는 것조차도 금지
되었다.[49] 이듬해인 14년(1843)년 5월에는 우키요에 뿐만 아니라, 우
키요에와 밀접하게 연관되는 서민용 소설류도 마찬가지로 등장인물
을 가부키 배우에 비유하는 것이나 사치스러운 풍속을 묘사하는 것
이 금지되었다. 본보기로 류테 다네히코(柳亭種彦, 1783-1842)나 다
메나가 슌스이(爲永春水, 1790-1844)와 같은 인기 작가가 풍기를 혼
란시킨다는 이유로 징벌되었고, 화가 우타가와 구니사다(歌川國貞:
1786-1865)의 삽화를 넣어 번안한 대중소설인 다네히코(種彦)의『니
세무라사키 이나카겐지(修紫田舍源氏)』[50]도 절판이라는 처분을 받았
다([자료Ⅳ-20]참고).[51]

자료[Ⅳ-20]「修紫田舍源氏」1830년경
 1冊 17.5×12.6 歌川国貞
(출처: 일본국립국회도서관 화상DB)

자료[Ⅳ-21].安政見聞誌(1856).
(출처: 와세다대학도서관 古典籍総合DB)

49) 山口桂三郎(1990)「天保改革と役者繪の出版」『浮世繪の現在』, 勉誠出版(株),
    380쪽.
50) 『겐지모노가타리(源氏物語)』를 우타가와 구니사다(歌川國貞: 1786-1865)의 삽
    화를 넣은 대중소설 풍으로 번안한 전 38편의 장편소설.
51) 천보개혁 이후의 출판에 대해서는 古堀榮(1932)「天保改革と錦繪」『浮世繪芸術』
    5号, 浮世繪芸術社에서 구체적으로 참조할 수 있다.

우키요에계와 문예계에서는 무사그림(武者繪)이나 충효를 주제로
한 내용이 요구되어졌지만 에도후기에 이르면 규제의 망을 피해 상업
적 목적을 달성하기 위하여 다양한 수법이 사용되었다. 예를 들자면
전술한 것과 같이 제목을 교훈적으로 위장하거나, 세상을 교묘하게
풍자하는 것, 내용을 추측하여 판정하는 타입의 상징 그림, 보충 설명
을 위한 문자가 많은 그림이 대량으로 나돌게 되었다. 이러한 동향은
그림의 완성도에 승부가 있었던 개혁 전과는 명확하게 다른 차이를
보인다.

반면 우키요에가 덴포개혁 이후 니시키에의 '저널리즘화'(鈴木仁
一)로 말하여지는 현상이나 고카(弘化)·가에연간(嘉永: 1844-54)
이후, '가부키'가 실록물로 치우친 점이 보이듯이 「메이쇼에」라고 하
여도 구매층의 의식변화에 대응하는 것이 추구되어졌던 시대적 상황
이 있다.[52]특히 막말에는 흑선 내항이나 각지의 재해 등을 전하는 가
와라반이 홍행하면서 변화하는 세상을 풍자하곤 하였다. 예를 들어
안세2년(1855) '안세 대지진'에 대한 가와라반이 다수 발행되었다.

그 중 각지의 재해 상황을 삽화와 더불어 기록한 『안정견문지(安政
見聞誌)』는 안세 대지진에 의한 후카가와(深川)의 모습을 사실적으로
묘사하였고 더불어 주석에 화재로 무가(武家), 쵸닝 주택 모두 소실되
어 괜찮은 집은 한 채도 없었다고 기록하고 있다(자료[Ⅳ-21]참조).
이 책은 발매 금지본이 되어 책을 출판한 인쇄소와 공저자인 잇피쓰
안 에쥬(一筆庵英壽)는 수갑 형에 처해졌다. 뿐만 아니라 삽화를 그린

---

52) 國際浮世繪學會(2008) 앞의 책, 477쪽.

화가 우타가와 요시쓰나(歌川芳綱)가 붕괴된 한조몬(半藏門)[53]을 인상적으로 그린 것이 문제시 되어 조각가와 채색가에 이르기까지 필화를 당했다. 그러므로 막말 정보성 내용이 많이 포함된 그림을 더 선호하게 되었던 배경에는 출판물 통제의 대목 중 색채 제한에 따른 우키요에의 완성도의 저하라는 설명도 가능하지만 막말 서민 의식의 변화로 질 보다는 정보성 내용이 많이 포함된 상품을 더 선호하게 되었던 때문으로 볼 수 있다.

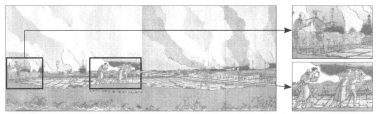

자료[Ⅳ-22] 『安政見聞誌』1856 삽화 (출처: 와세다대학도서관 古典籍総合DB)

자료[Ⅳ-22]은 발매 금지본이 되었던 『안정견문지』에 수록된 삽화 중 일부로 에도 방면을 바라본 것이다. 피난하고 있는 인물의 사실적 묘사는 자연재해에 대한 두려움을 전하기도 하지만 무엇보다도 책에서 삽화의 역할은 피해지역에 대한 정보를 전하고 있다. 본 논문은 바로 이 시기가 히로시게의 『명소에도백경』 제작이 막 시작된 시점인 안세2(1856)년 2월이라는 점에 주목하고자한다. 『명소에도백경』의 판원인 우오에(魚榮)는 물론이고 히로시게를 비롯한 제작자 일원(조각가, 채색가 등)들은 시대가 요구하는 충분한 정보를 담아야했지만 필화를 의식하지 않을 수 없었을 것이다.

---

53) 에도성문의 하나.

2. 히로시게의 다중적 작품세계와 정체성

2-1. 히로시게의 생애

히로시게는 일본 미술사에서 우타가와 히로시게(歌川廣重)로 알려져 있지만, 교과서에서는 안도 히로시게(安藤廣重)로 불리우는 우키요에 유파에 속하는 다색 목판화의 거장 중 한 사람이다. 그러나 최종적으로 그의 묘는 다나카(田中)라고 되어 있다.

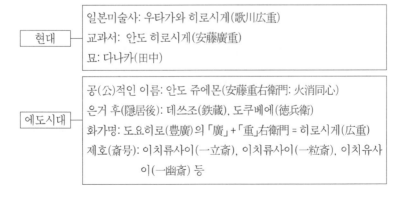

현대	일본미술사: 우타가와 히로시게(歌川広重)
	교과서: 안도 히로시게(安藤廣重)
	묘: 다나카(田中)

에도시대	공(公)적인 이름: 안도 쥬에몬(安藤重右衛門: 火消同心)
	은거 후(隱居後): 데쓰조(鉄蔵), 도쿠베에(徳兵衛)
	화가명: 도요히로(豊廣)의「廣」+「重」右衛門 = 히로시게(広重)
	제호(斎号): 이치류사이(一立斎), 이치류사이(一粒斎), 이치유사이(一幽斎) 등

자료[IV-23] 東海道五拾三次関「本陣早立」
(출처: 에도동경박물관 화상자료)

일반적으로 다나카(田中)라는 호칭은 낯설지만 다나카는 히로시게의 본성(本姓)으로 작품 중에서 종종 다나카가(田中家)의 가문(家紋)을 표출하고 있다(자료[IV-23]참조). 히로시게의 부친, 겐에몬(源右衛門)은 다나카가(田中家)에서 에도 막부의 하급 무사인 안도가(安藤家)의 데릴사위로 왔다. 그는 이후 일종의 세습직인 에도 소방대 소방 감독관으로 종사하며 안도 쥬에몬(安藤十右衛門)의 딸을 처로 맞아 히로시게(廣重)·다쓰(たつ)·사다(さだ)형제를 낳았다.[54]

이후 히로시게의 양조부인 쥬에몬(十右衛門)이 후처를 맞아 적통인 주지로(仲次郎)가 탄생했다. 그렇게 되자 히로시게보다 양조부의 친자인 주지로가 적통 계승자가 된 것이다. 그리하여 주지로가 8세가 되던 때에 상속자로 결정되고 히로시게 자신은 본성인 다나카(田中)로 돌아간다. 단, 소방직 직무의 종사가 8세인 주지로에게 무리이므로 히로시게는 안도가의 유서있는 자로서 안도 데쓰조(安藤鐵藏)라는 이름으로 안도 추지로가 성인식(元服)을 하는 1832년 11월까지 소방직에 종사한다. 이후 소방직인 가업을 추지로에게 물려주고 27세에 은퇴한다.

우타가와 히로시게라는 이름은 우타가와 도요히로(歌川豊廣)에 입문하여 1812년에 부여받은 이름이다. 따라서 후세에서 우키요에서

---

54) 國際浮世繪學會(2008) 앞의 책, 67쪽.

(浮世繪師)로서의 히로시게는 안도 히로시게보다는 우타가와 히로시게가 더 일반적으로 불리게 된 것이다. 교과서에서 그의 호칭이 안도 히로시게로 사용되고 있는 이유는 에도시대의 관습과 관련이 있다. 에도시대 사람들은 제호(齋号)를 간단하게 타인에게 팔곤 하였던 관습이 있었는데 메이지시대가 되어 모든 사람이 성(姓)을 사용하게 되었고, 3대 히로시게가 안도 히로시게로 서명한 것에서 에도시대로 거슬러 올라가 초대까지도 안도 히로시게로 표기하게 되어 혼란의 원인을 만들고 있다.[55]

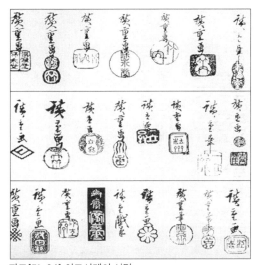

자료[Ⅳ-24] 히로시게의 서명
(출처: *HIROSHIGE James A. Michener Collection* 1991)

그의 호칭은 이외에도 다양하다. 아명은 안도 도쿠타로(安藤德太

---

55) 原信田實(2006)「浮世繪は出來事をどのようにとらえてきたか」, 神奈川大學21
世紀 COEプログラム, 18쪽.

郎)이후, 쥬에몬(重右衛門), 데쓰조(鐵藏), 도쿠베에(德兵衛)이고, 제호(齋号)는 우타가와(歌川), 이치유사이(一遊齋), 이치류사이(弍立齋), 도카이도(東海道), 유사이(幽齋), 이치유사이(一幽齋), 이치류사이(一粒齋), 이치류사이(一立齋), 류사이(立齋), 이치류도쿠가(一流獨畫), 우타시게(歌重), 보쿠린쇼샤(墨林樵者) 등이다. 자료[Ⅳ-24]는 작품에서 그가 사용한 서명이다.

현재까지 연구에 의한 자료들을 기본으로 개략적인 연표 위에서 히로시게의 주요 서명과 더불어 그의 생애를 살펴보면 다음과 같다.

- 1797年 (1세) : 출생, 소방역 종사자 공동주택(火消役屋敷)
- 1809年 (13세) : 부모 사망, 소방직 종사
- 1811年頃(15세) : 우타가와 도요히로(歌川豊廣)에 입문. 소방직과 겸업.
- 1812年頃(16세) : 히로시게(廣重)라는 화호(畫号) 습명.
- 1818年頃(22세) : 미인화, 야쿠샤에(役者繪: 배우그림) 작품 발표 시작
- 1819年頃(23세) : 화재그림(火事繪)「에도노하나(江戶乃華)」
- 1823年 (27세) : 데쓰조(鐵藏)로 개명, 소방직을 안도 추지로에게 인계.
- 1830年 (34세) : 이치유사이(一幽齋)로 개호
- 1831年頃(35세) : 『동도명소(東都名所)』간행
- 1832年 (36세) : 이치류사이(一立齋)로 개호
- 1833年 (37세) : 『동해도53역참(東海道五拾三次)』간행 개시
- 1837年 (41세) : 『에도근교8경(江戶近郊八景)』『가나자와8격(金

澤八景)』

- 1842年 (46세) : 『행서동해도(行書東海道)』『광가입동해도(狂歌入東海道)』이치류사이(一立齋), 류사이(立齋) 제호 병용
- 1843年 (47세) : 『동도명소(東都名所)』완성
- 1846年 (50세) : 오가쵸(大鋸町)에서 도키와쵸(常盤町)로 이사
- 1849年 (53세) : 「예서동해도」, 나카하시가노(中橋狩野)신도(新道)로 이사
- 1851年 (55세) : 오신(お辰)을 양녀로, 육필화 덴도모쓰(天童物) 제작
- 1856年 (60세) : 삭발하고 법체가 됨. 『명소에도백경(名所江戶百景)』간행 개시
- 1858年 (62세) : 9월 6일. 사망『명소에도백경』미완성.

그는 15세 때 우타가와 도요히로(歌川豊廣, 1776-1828)에 입문하여, 1812년경(16세) 우타가와 도요히로(歌川豊廣)의 '히로(廣)'와 본명 쥬에몬(重右衛門)의 '시게(重)'를 합한 '히로시게(廣重)'라는 이름을 받았다. 이후 27세까지 가업인 소방직을 겸업하면서 스승 도요히로의 온화한 화풍을 배워간다. 문하생 시절인 분카말기(文化末期: 1817년경)에서 분세기(文政期: 1818-1830)에 걸친 히로시게의 작품을 보면 야쿠샤에(役者繪), 무사그림이나 미인화, 화재그림 등과 같은 니시키에가 있고, 합권소설(合卷小說)의 표지그림, 삽화 등에 조금씩 작례를 남기고 있다.

자료[Ⅳ-25], 자료[Ⅳ-26], 자료[Ⅳ-27], 자료[Ⅳ-28]은『에도의

꽃(江戸乃華)』에 실려있는 히로시게의 초창기 그림이다. 1818년경
(23세)으로 추정되는 이 화집은 상하 두 축으로 된 21점을 천에 그린
것으로 소방직이라는 직업에서 얻은 경험이 극명하게 표현되어있다.
그러나 인기 면에서는 당시 우타가와파에서도 도요쿠니(豊國)의 제
자인 구니사다(國貞)를 비롯한 라이벌 화가들에게 미치지 못했던 것
같다.[56]

자료[IV-25]『江戸乃華』상권 広重,
寛政8(1796)「十人火消出馬の図」
(출처: 에도소방박물관 화상자료)

자료[IV-26]『江戸乃華』상권 広重
「毎町自身番屋火事を知らするの図」
(출처: 에도소방박물관 화상자료)

자료[IV-27]『江戸乃華』하권 広重,
간세8년(1796)「本所、深川辺16組火
に迎え図」
(출처: 에도소방박물관 화상자료)

자료[IV-28]『江戸乃華』하권 広重, 간세8년
(1796)「遊君別荘江立退之図」
(출처: 에도소방박물관 화상자료)

　　문화생시절 히로시게는 중국의 영향을 받은 가노파(狩野派)와 인
상주의적인 사조파(四條派)의 화풍을 공부한 것으로 여겨진다. 왕시

---

56) 内藤正人(2007)『もっと知りたい 歌川廣重-生涯と作品』, 東京美術, 8쪽.

히로시게와 면식이 있었던 에도의 마치나누시(町名主), 사이토 겟신(齋藤月岑: 1804-1878)의 『증보우키요에류고(增補浮世繪類考)』 등에 의하면, 히로시게는 가노파 화가였던 오카시마 린사이(岡島林齋: ?-1865)와 교류했던 것으로 전해진다.[57] 이 두 유파는 그의 후기작품에 영향을 끼치게 되나, 그는 동서양의 회화기법으로부터도 강한 영향을 받았을 것으로 추정된다.[58]

　27세 때 그는 화가로서 독립한다. 스승인 도요히로의 수수하고 세련된 화풍은 후일 히로시게가 독자적인 화풍을 이루는데 도움을 주었으나, 1828년 33세 때 스승의 운명을 계기로 일신상의 전환기를 맞이한다. 1830년 히로시게는 자립에 커다란 박차를 가하며 제호(齋号)를 이치유사이(一遊齋)에서 이치유사이(一幽齋)·유사이(幽齋)로 개호하고 그 만의 독특한 감성을 살린 부감(俯瞰)형 「메이쇼에」를 선보임으로써 뒤늦게 성공가도를 달리게 된다.

2-2. 화가로서 히로시게의 위치

　가에(嘉永: 1848-1854)에 간행된 『에도스나고세견기(江戶壽那古細撰紀)』는 『요시와라세견(吉原細見)』을 모방한 것으로 막말 우키요

---

57) 內藤正人(2007) 위의 책, 6쪽.
58) 에도시대는 쇄국의 시대라고 말하여지고 있으나 중국, 네덜란드와는 '통상의 나라' 로, 조선과는 '통신의 나라'로서 외교관계가 있었다. 당시의 우키요에는 그 내용에 대해서는 엄격한 법령의 규제를 받았지만 표현기법에 있어서는 동양화, 서양화의 수법을 적극적으로 받아들였다(김애경(2009) 「江戶後期浮世繪にみる視覺イデオロギ」日本文化學報 제42집, 198쪽).

에계의 사정을 참고할 수 있는 책이다. 그 곳에는 막말 극작가와 화가들을 스모로 마타테한 반쓰케(番付)가 있다.

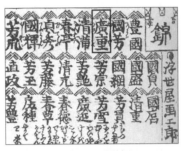

자료[Ⅳ-29] 『江戶寿那古細撰紀』1853   자료[Ⅳ-30] 小島烏水(1914) 『浮世絵と風景画』

자료[Ⅳ-29]는 화가의 입지를 거론할 때 자주 인용되는 부분으로 초창기 고지마의 연구에서 인용된 이래 다수의 연구자들이 인용하고 있다(자료[Ⅳ-30]참조). 상위 26인을 수록한 우키요에 화가의 순위에는 3대 도요쿠니가 '도요쿠니 니가오(似顔)'로 칭하여지며 1위를 차지하고 있고, 이어서 '구니요시 무샤(武者)', '히로시게 메이쇼(名所)'라고 실려 있다. 고지마는 '이 세견의 내용을 정정하여 재 출판한 『에도고명세견(江戶古名細見)』 한권이 메이지원년(1868)에 출판되었지만 요시와라 세견을 모방해서 무단으로 출판했다는 이유로 판원이 처벌받고 절판되었다'고 적고 있다.[59] 당시 사람들은 반쓰케 형식으로 특정 분야의 인기순위를 매겨 인식하는 것을 즐겼던 것 같다. 이 책은 대중서적이므로 전체적인 에도의 상황을 대표하지는 못하지만 당시 히로시게를 메이쇼에와 연결되어 인지하였던 사항을 참고할 수 있다.

---

59) 小島烏水(1905) 앞의 책, 314-315쪽.

그가 특히 메이쇼에 분야에 주력하였던 것은 그가 남긴 방대한 분량의 작품에서도 확인된다.

왜 히로시게는 「메이쇼에」에 주력하였으며 그의 「메이쇼에」는 왜 인기를 끌었을까? 우선적으로는 히로시게가 「메이쇼에」에 특별한 재능을 가지고 있었다고 생각할 수 있다. 그리고 어느 시대나 작품은 그 시대를 반영하는 거울이므로 그의 「메이쇼에」가 대성한 것이 막말이었다고 한다면 히로시게의 「메이쇼에」가 막말이라는 시대와 부합하는 조건 하에서 대성하였다는 중요한 의미이다. 후세 사람들은 대부분 히로시게를 서정적인 풍광을 특기로 하는 에도후기의 메이쇼에 화가로 인지하고 있다.

그러나 히로시게의 「메이쇼에」가 유행할 때 막말에서 메이지에 걸쳐서 혼탁한 세상을 배경으로 우키요에의 괴기물(怪奇物)이 동시에 유행하였다. 우키요에 뿐만 아니라 요미혼(讀本)[60]의 삽화에도 예부터 전승되는 일본의 괴기들이 그려지고 끔찍하게 피로 물든 나마구비(生首: 자른 목)나 처참한 사건을 취급한 책들이 유통되었다.[61] 자료 [IV-31]은 히로시게가 그린 우키요에로 좌측 소나무와 등롱 주변의 설경은 모두 해골 형상이다. 그러므로 막말의 우키요에를 거론할 때 풍경판화는 빼놓을 수 없는 주제이지만 이 두 상반되는 장르가 동시에 수용된 당시의 사회적 배경을 살펴보도록 한다.

---

60) 에도시대 소설의 일종으로 그림을 주로 했던 구사조시(草双紙)에 비해 읽는 것을 주체로한 책이라는 의미.
61) 辻惟雄(2008) 第二章「生首を描く」『奇想の江戸挿繪』, 集英社, 44-62쪽.

자료[IV-31] 広重「平清盛福原にて怪異を見る図」3008×148
(출처:福岡市博物館「特別企画展 幽霊妖怪画大全集」)

히로시게가 우키요에시(浮世繪師)로서 활약한 에도 후기인 가에
(嘉永), 안세(安政) 년 간은 대 내외적으로 다양한 변화가 있었던 시
기였다. 이 시기의 사회적 분위기를 인지할 수 있는 대형 사건사고에
대해서는 Ⅴ장의 [표Ⅴ-5]에서 정리되었다. 우선 가에7(1854)년에는
원호(元号)가 가에(嘉永)에서 안세(安政)로 개정되었다. 그 이유는
개원(改元) 전 4월, 교토에서 대 화재가 발생하였고, 6월에는 진도 약
7.3으로 추정되는 이가우에노(伊賀上野) 지진이 있었으며, 또 이국선
이 근해(近海)에 종종 나타난다는 것이 개원(改元)의 이유였다.[62]

그러나 개원 후, 안세라는 시대는 개원이 염원하였던 단어의 의미
와는 거리가 멀었다. 안세2(1855)년에는 「안세 에도대지진」이라 불리
는 지진이 발생했다.[63] 이전부터 고질적으로 에도를 공습한 대지진은
겐나(元和)의 지진(1615년), 게안(慶安)의 지진(1649년), 겐로쿠(元
祿)의 지진(1703년)이 있었으나 그로부터 150년 이상의 시간적 공백

---

62) 原信田實(2007)『謎解き 廣重「江戶百」』, 集英社, 23-24쪽.
63) 안세 3대 지진의 하나. 에도만을 진원으로 하고, 관동지방 남부에서 발생한 M6.9
의 대지진.

이 있었으므로 대지진에 대한 위기감이 결여되어있던 사람들에게 지진에 대한 공포감은 상상 이상이었을 것으로 생각된다. 계속해서 안세3(1856)년의 큰 태풍 피해가 있었고 화재도 빈번하게 발생하였다. 특히 안세4(1857)년 4월의 시바우다가와(芝宇田川)에서 발화한 화재는 피해가 컸다. 또 안세5(1858)년에는 히로시게가 동년 콜레라로 사망했다고 전해지듯이 나가사키(長崎)에서 침입한 콜레라가 전국적으로 퍼져나가 초 인구 과밀지역인 에도에서만 사망자 10만 또는 26만이라고도 하였다.

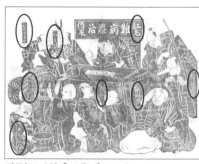

리우인(りういん): 소화불량
이쿠비(いくび): 목이 굵고 짧은것
네코제나카(ねこぜなか): 새우등
하나나시(はななし): 코 없음
센키(せんき): 하복부나 고환의 병
무시바(むしば): 충치
다나시리(たなしり): 뛰어나온 엉덩이

자료[IV-32] 홍모(紅毛: 고모)
고모(紅毛)전래, 난병치료 (출처: 동경대학교대학원 情報学環所蔵DB)

　　대외적으로의 혼란도 가중되었다. 1853년 흑선으로 상징되는 정세불안 속에서 일본은 1854년 미일 화친조약 체결 후 개국의 문을 열었다. 개국 후 일본은 막정 개국파(幕政開國派)와 존황양이파(尊皇攘夷派)로 분열하여 막부의 와해가 시작되었다.
　　페리 내항이 초래한 막말의 정치적 긴장과 혼란은 서민층에게 불안감과 더불어 지금까지 본적이 없는 외국문물 및 외국인 그 자체에 대한 호기심도 확대하였다. 자료[IV-32]는 외국문물에 대한 호기심이 표현된 우키요에로 제목의 홍모(紅毛: 고모)란 네덜란드, 영국 등 북미계 사람을 지칭하는 단어이다.

서민의 호기심과 불안감을 해소하는 시각정보의 역할은 커졌고 대판(大版) 니시키에(大錦繪), 반지본(半紙本) 등의 인쇄가 요구되었다. 이러한 세상 민심을 반영하여 출판사들은 뉴스성을 풍부하게 담아 서민의 취향에 민감하게 반응하면서 염가의 「메이쇼에」 판화 제작을 서로 경쟁하였으며 제작량도 한 번에 대량화하였다.[64]

그러므로 막말 「메이쇼에」 수요의 증가는 이상과 같은 복합적인 배경이 종합되어 수요 증가의 견인차 역할을 하였던 것이라고 말할 수 있을 것이다. 「메이쇼에」 수요의 증가에 힘입어 '「메이쇼에」 히로시게'로 불리던 히로시게도 심기일전하여 『명소에도백경』 시리즈물에 착수하게 되고 그의 나이 60에 시대와 부합하는 에도 최후의 풍광을 담아내기 시작한다. 이 시점은 같은 우타가와파의 화가 요시쓰나(芳綱)가 『안정견문지』의 삽화로 인하여 필화를 당한 시기였고 메이지유신 10년 전의 일이다.

2-3. 세로그림과 히로시게

마샬 맥루한(Marshall McLuhan)은 미디어를 '메시지'라고 정의한

---

64) 우키요에 목판화는 잘 팔리면 초판의 완성도를 고려하지 않고 인쇄할 수 있는 한 도까지 판목이 인쇄되었던 매체로 채색사(摺師) 한 사람 당 하루의 작업량은 200매 전후로 말하여지고 있다(高橋克彦(1897) 『浮世繪鑑賞事典』, 講談社, 243쪽). 판목 마모의 재현에 의해 약 1만 매 정도 인쇄되었다고 한다(鈴木重三(1970) 앞의 책, 39쪽).

바 있다. 그리고 존 배렐(John Barrell)은 그의 저서『풍경화의 어두운 면』에서 미술은 봄(시각)의 문제일 뿐만 아니라 눈멈의 문제이기도 하다고 했다.[65] 즉 그림은 특정관점을 통해 볼 수 있는 문제 일뿐만 아니라 빠뜨려지는 것에 관한 문제이기도 하다는 것이다.

에도를 집대성한 대작이라 불리는『명소에도백경』은 세로그림이다. 리얼리티가 있는 풍경 공간을 표출하기 위한 화면 형식으로는 가로가 긴 직사각형이 적당하고 세로가 긴 그림은 풍경을 그리는 형식으로 선호되지 않는다.[66] 그렇다면 히로시게는 왜 세로 형식을 택했던 것일까?

자료[Ⅳ-33]広重 死絵 3대 豊国畵
(출처: 가나가와현 역사박물관 소장)

세로그림 형식의 장단점은 양식사적인 관점에서는 다양한 기술이 가능하지만 우키요에를 사회기능적인 관점에서 보았을 때는 무엇보다도 세로 화면은 풍경화이면서도 인간 생활사에 대한 관심을 표현하기에 효율적이었기 때문이라고 생각한다. 그의 그림의 대부분은 의미전달의 효율성을 위하여 스야리가스미(すやり霞)[67]나 미타테 등의 상징성이 강한 독특한

---

65) Jonathan Harris저, 이성훈역(2004)『신미술사? 비판적 미술사!』, 경성대학교 출판부, 137쪽.
66) 菅原眞弓(2009)『浮世繪版畵の十九世紀―風景の時間, 歷史の空間』, ブリュッケ, 120쪽.
67) 야마토에(大和繪: 일본화의 한 유파) 특유의 일종의 표현기법의 통칭. 화면에 안개(霞)처럼 보이는 구름을 그려 넣는 여백효과이다. 이외에도 동일화면 내에 복잡한 장면을 공유시켜 장면에서 장면으로 이동시키는 효과를 가진다.

표현 기법을 다용하였다.

또한 막말 서민층을 중심으로 획기적인 붐을 보였던 종교참배와 개장, 쇼진아케의 풍습, 강(講)의 유행 등 한 시대의 문화를 주도한 사회현상이 대다수 그림의 주제가 되었다. 그러므로 이러한 서민들의 생활사 속에서 창출된 모티브를 제한된 공간 안에서 서술적으로 표현하기에는 오늘날의 신문과 같이 앞쪽에서 뒤끝까지 거리가 깊은 세로그림이 가로그림보다 훨씬 효과적으로 '메시지'을 전달하지 않았을까?

『명소에도백경』도 세로 그림이다. 그러나 『명소에도백경』에서는 이 시기의 흑선 소동이나 기술자는 일거리가 없고, 상인은 거래가 없어 금전의 회전이 되지 않았으므로 가부키가(歌舞伎街)도 한가하였고, 강도가 유행하여 밤 8시가 넘어서는 왕래하는 사람을 볼 수가 없고, 신요시와라도 둘러보는 사람들만 있었다고 하는 서민의 경제 상황은 보이지 않는다.[68]

에도후기의 경제상황은 에도초기부터 이어져오던 종교 순례자들이 지출하는 비용과 지역 경제의 기여 정도에 관련하여 도중일기(道中日記) 등을 분석한 연구를 통해서도 유추해 볼 수 있다. 종교참배를 목적으로 여행하는 순례자들의 부담은 지역 사회 측에서 보면 그 지역 경제를 윤택하게 하는 것이었으나 에도 후기가 되면 경제적으로 빈곤한 순례의 증가에 따라 치안유지의 관점에서 통제와 억제하는 요소도 출현했다고 한다.[69] 역설적으로 히로시는 에도 후기의 풍광을 매우 안정되고 평화로운 사회상으로 표상한 다수의 작품을 남겼다. 이것은

---

68) 原信田實(2007) 앞의 책. 44쪽.
69) 塚本明(2009) 앞의 글, 2쪽.

정보전달 매체의 특징인 리얼리티의 개념을 에도시대의 관점에서 생
각해보게 하는 사항이다.

그의 전반적인 「우키요에 풍경화」에서 보여지는 서정적 분위기의
기저에는 눈에 보이지 않는 정반대의 우키요('浮世: 현세)'가 있는 것
이다. 안세5년(1858) 9월 6일, 히로시게는 한 시대의 이데올로기적인
요소에 '서정적 이미지'를 부여하면서 그의 생을 마쳤다.[70)

자료[IV-33], 세로그림은 히로시게의 사세(辭世: 임종 때 남기는
구)가 적혀있다는 히로시게의 시니에(死繪)이다. 이 그림의 문구는
리얼리티의 화가라는 이미지에 더하여 서정적 이미지를 추가적으로
전달하고 있으며 이 두 이미지는 후세에 그를 대표하는 이미지가 되
었다. 다음은 그의 묘비에 적혀있는 사세(辭世)이다.

「東路へ筆をのこして旅のそら 西のみ國の名ところを見舞」

밑줄친 '西のみ國'란 서방의 정토를 칭하는 것으로 그곳의 명소를
순회하러 간다는 의미이다. 화가로서 「히로시게」의 이름은 세계적으
로 알려져 있지만, 주로 풍경화 작품을 다수 남긴 그의 생애는 다음과
같이 시대 구분되어 평가되고 있다.

제1기 미인화 중심시대 · · · · · · · · · · 18세-30세
제1기 풍경화 준비시대 · · · · · · · · · · · 31세-35세
제1기 풍경화 및 화조화 신흥시대 · · · · 36세-40세
제1기 원숙시대 · · · · · · · · · · · · · · · · 41세-50세

---

70) 淺草新寺町 曹洞宗南昌山東岳寺에 매장. 법명은 顯功院德翁立齋居士.

제1기 풍경화 역량시대 · · · · · · · · · 51세-62세

2-4. 히로시게와 동해도물(東海道物) : 서정적 구조와 신앙

'리얼리티'와 '서정적 이미지'에 주목하여 그의 출세작인 『동해도53역참』을 살펴보고자한다. 이 연작물은 히로시게가 「메이쇼에」 화가로서 입지를 굳히게 된 첫 작품집으로 『명소에도백경』보다 약 20년 전인 1833년경에 간행된 것으로 서정적 이미지의 발단을 살펴볼 수 있는 자료이다.

당시 동해도(東海道)는 에도와 교토를 연결하는 간선 도로로서 정치, 문화교류의 중요한 역할을 담당하였고 특히 순례의 길로서 인식되었다.[71] 『동해도53역참』은 정치의 중심지인 에도(江戶)의 니혼바시(日本橋)를 출발점으로 하여 교토 · 산죠오하시(三條大橋)를 종착점으로 한 그림으로 교토, 나라(奈良), 오사카(大阪)를 연결시킨 총 55점의 시리즈물이다.[72]

---

71) 애당초 참예행도는 순례를 위한 길이 아니었고 생활의 길로서 축조되었다. 그것이 신앙의 길도 되었고 또 정치 및 경제의 길도 되어갔다. 신앙의 길로서의 비중이 높아지고, 지역 경제에 순례통행이 일정의 의미를 갖게 되자, 지역사회가 여행자를 수용하는 자세 및 영주의 대응도 전환한다.(塚本明(2009), 앞의 글, 2쪽).

72)日本橋→品川→川崎→神奈川→保土ヶ谷→戶塚→藤澤→平塚→大磯→小田原→箱根→三島→沼津→原→吉原→蒲原→由比→興津→江尻→府中→丸子→岡部→藤枝→島田→金谷→日坂→掛川→袋井→見付→浜松→舞阪→新居→白須賀→二川→吉田→御油→赤坂→藤川→岡崎→池鯉鮒→鳴海→宮→桑名→四日市→石藥師→庄野→龜山→關→坂之下→土山→水口→石部→草津→大津→京都·三條

이 시리즈물은 여행의 자유가 제한되었던 에도 서민이 교토를 한 번 구경하고 나라의 불사(仏寺)를 참배하는 것, 이세(伊勢)의 신궁(神宮)에 참예하는 것을 일생의 소원으로 염원[73]했던 시대적 상황과 결부되어있다. 작품집은 참배 여행 코스의 정보를 시각적으로 보여주는 동시에 53역참을 소개한 즐거움을 주던 시각 매체로 참예자에게는 물론 동참하지 못한 사람들에게도 그 가치가 큰 것이었다.

예를 들어 자료[Ⅳ-34], 3경 「가와사기(川崎)」에서는 진언종의 사원인 가와사키 다이샤(川崎大師)로 향하는 나들목 상황을 알 수 있다.

자료[Ⅳ-35], 7경 「후지사와(藤澤)」에서는 정토종계 시종의 총본산인 유코지(遊行寺)의 몬젠마치의 묘사와 에노시마 변재천(江ノ島弁財天)까지의 거리를 지표하였다.

자료[Ⅳ-36], 12경 「미시마(三島)」에서는 미시마신사(三島神社) 앞을 지나는 다양한 모습의 참배인을 표상하였다.

자료[Ⅳ-37], 42경 「미야(宮)」에서는 아쓰다신궁(熱田神宮)의 의식에 참여한 사람들의 활기 있는 모습이 표상되었다.

자료[Ⅳ-38]에서는 덴구(天狗) 가면을 등에 지고 백색 복장을 한 긴피라 신자가 긴피라 신앙을 보급하기위한 순회장면이 표상되었다.

자료[Ⅳ-39], 「고유(御油)」에서는 이세참예(伊勢參り)를 소재로 한 짓펜샤잇쿠(十返舎一九)의 「도카이도 도보여행(東海道中膝栗毛)」에 등장하는 야지로베(弥次郎兵衛)와 기타하치(喜多八)를 연상시키는 인물이 나온다.

大橋.
73) 樽崎宗重(1984) 앞의 책, 106-108쪽.

자료[Ⅳ-34]
3경 川崎六郷渡舟

자료[Ⅳ-35]
7경 藤澤遊行寺

자료[Ⅳ-36]
12경 三島朝霧

자료[Ⅳ-37]
42경 宮熱田神事

자료[Ⅳ-38]
13경 沼津熱田神事

자료[Ⅳ-39]
36경 御油旅人留女

(출처: 국립국회도서관 화상자료)

이와 같이 종교참예라는 보편적인 서민의 염원을 담은 히로시게의 첫 동해도 시리즈물은 커다란 흥행성공을 거두면서 뒤늦게 히로시게의 이름도 조명을 받기 시작하여 히로시게의 동해도(東海道) 물만도 다양한 형태로 20여종에 이른다.

그러나 히로시게의 동해도물은 형태상의 다양성이나 출발점과 도착점이 있다는 시리즈물의 특징으로 보았을 때 화면의 전개 구조에도 변화가 있을법하지만 시각적으로 한결같이 서정적인 분위기를 유지하면서 느낌을 신앙적으로 완결하는 견고한 구조를 보여준다. 이와 같은 구조를 역으로 생각하여보면 서민의 신앙적 정서가 담긴 단순한 정형구조는 당시 서민에게 선풍적인 인기를 끌 수 있었던 일 요인이 되었던 것으로 판단된다.

출판물이 유행했다고는 하지만 아직 출판이 용이하지 않았던 에도시대에 동해도물과 같은 시리즈물은 이해하기 쉽고 즐거움을 주는 유일한 문화매체로서 세상과의 소통의 장을 마련해주는 역할도 하였을 것이다. 정형화된 구조로 인한 생명력은 동해도물이 선행장르(미인화, 배우화 등)와 공존하면서 또 새로운 양식에 소멸되지 않고 판행이 계속되어 오늘날까지 다수 전해지고 있는 것으로도 입증되는 대목이다.

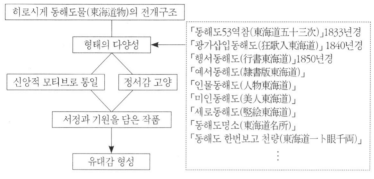

[그림IV-1] 동해도물의 화면구조

[그림IV-1]은 이상의 내용을 도식으로 정리한 것이다. 히로시게가 일생동안 주력한「메이쇼에」판화의 역사를 보았을 때 동해도물에서 시작한 구조적 짜임새는『명소에도백경』이라는「메이쇼에」를 분석함에 있어서 중요한 기본틀이 된다. [그림IV-1]과 같이 신앙과 정서감 고양이 매치되어 서정과 기원을 담은 작품으로 이어져, 유대감 형성으로 흘러가는 견고한 구조는 신앙적인 것이 곧 생활이었고 합법적으로 여행을 떠날 수 있는 명목이 되었던 시대의식과 잘 부합하여 명작들이 창작되었던 것이다. 각 시리즈물마다 직·간접적으로 당시의 사상적 토양인 신불습합적인 세계관이 반영되어 표출되고 있는 것은 이러한 구조로 구성되었기 때문이라고 풀이해 볼 수 있을 것이다.

[표IV-1]은 다양한 형태의 동해도물 그림의 일례이다. 전술한바와

같이 우키요에는 불교의 무상함을 잊고 덧없는 현세를 마음껏 즐겨
보자는 변화한 사상적 풍토에서 잉태한 서민문화이다. 그러나 풍경을
소재로 한 동해도물에는 현세적 삶의 무상함을 넘어서 구원을 받고자
하는 신앙적 발원이 에도에서 교토까지 53차, 오사카까지 57차, 또 나
라시대 율령제에 의한 동해도에서는 이세의 스즈가역(鈴鹿驛)에서
히타치(常陸)까지 55역참으로 이어졌다. 신앙적 발원이 포용된 동해
도물 시리즈는 기본적으로 사무라이와 같은 당시의 귀족 계급을 수요
자로 한 것이 아니므로 당대 서민층의 가치체계를 반영한 양식이라고
보아야한다.

[표IV-1] 히로시게의 다양한 동해도물

	동해도물 종류	신앙적 모티브
자료[IV-40]	東海道中栗毛彌次馬	쇼진아케(유곽관련)
자료[IV-41]	狂歌人東海道	후지백봉, 단자와산, 후지 미타테
자료[IV-42]	行書版東海道	도리이, 신사
자료[IV-43]	隷書東海道	도리이, 등롱
자료[IV-44]	竪繪東海道	도리이, 쇼진아케
자료[IV-45]	美人東海道	도리이, 쇼진아케
자료[IV-46]	東海道一卜眼千両	도리이, 신사, 쇼진아케

히로시게의 작품에 대하여 서정적이라거나 애수가 깃들어 있다는
평은 이러한 구조 즉 신앙과 정서적 고양이 매치된 견고한 구조를 지
적한 것이다. 히로시게의 동해도 시리즈물 장르 이후 당대「메이쇼에」
의 대가 호쿠사이도 일시적으로 사람들에게 잊혀질 정도로 출판사의
작화의뢰는 히로시게에게 쇄도하였다고 한다.[74] 이것은 히로시게의
입지가 호쿠사이 만큼 높아졌다는 의미일 것이다.

자료[Ⅳ-40] 東海道中栗毛彌次馬 藤沢
(출처: 静岡市東海道広重美術館 화상자료)

자료[Ⅳ-41] 広重 狂歌入東海道 原
(출처: 静岡市東海道広重美術館 화상자료)

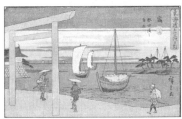

자료[Ⅳ-42] 行書版東海道 宮 熱田浜之鳥
居 20×32 1850(출처: 慶應大学図書館 DB)

자료[Ⅳ-43] 隷書東海道 掛川
(출처: 慶應大学図書館 DB)

자료[Ⅳ-44]
竪絵東海道 宮 1855
36.7×24.6 中判錦絵
(출처:慶應大学図書館DB)

자료[Ⅳ-45]
美人東海道藤沢宿
(출처: 慶應大学図書館
DB)

자료[Ⅳ-46]
東海道一卜眼千両 藤沢
弁天小僧菊之助(출처:慶
應大学図書館 DB)

---

74) 樽崎宗重(1984) 앞의 책, 109쪽.

2-5. 히로시게의 정체성

히로시게는 전국 각지의 명소를 소재로 삼았지만 특히 '에도(현 동
경)의 명소' 그림은 1,500점이라는 방대한 점수에 이른다.[75] 위의 작품
들이 판화라는 점을 염두에 둔다면 생산, 소비된 작품의 유포 량은 엄
청난 것으로 그 영향력 또한 무시할 수 없던 것임을 미루어 짐작할 수
있다.[76]

『동해도53역참』의 성공을 계기로 동해도물의 화가로 이름을 굳히
게 된 히로시게는 다량의 작화의뢰를 받게 되는데 이 시기의 작품으
로는 『오미팔경(近江八景)-保永堂合板』8점[77], 『교토명소(京都名所)
榮川堂板』10점[78], 『나니와명소도회(浪花名所図會) 榮川堂板』10점[79],
『동해도 에노시마(東海道之內 江之島路) 保永堂板』2점[80], 『에도명소
이즈미시판(江戶名所の內-泉市板)』5점[81] 등이 있다.

이밖에도 연속하여 『동도명소(東都名所)-藤彦板』21점, 『에도명소
(江戶名所)

75) 國際浮世繪學會(2008)『浮世繪大辭典』, 株式會社 東京堂出版, 477쪽.
76) 우키요에 풍경화의 출판 부수는 1만에서 1만 5천부였다(メラニ・トレデ,로 렌
   ツ・ビヒラ (2008) 앞의 책).
77) 堅田落雁, 矢橋歸帆, 粟津晴嵐, 比良暮雪, 石山秋月, 唐崎夜雨, 三井晩鐘, 瀨田夕
   照.
78) 祇園社雪中, 淀川, 糺川原之夕立, 嶋原出口之柳, あらし山滿花, 四條河原夕涼, 通
   天橋の紅楓, 淸水,金閣寺.
79) 今宮十日ゑひ壽, 安井天神山花見, 道とんぼりの図, 八けん屋着船之図, しん町九
   けん丁, 順慶町夜見世の図, 堂じま米あきない, 雜喉場魚市の図, 安立町難波屋の
   まつ, 住吉御田の祭式出樂之図.
80) 七里ヶ浜, 片瀨.
81) 內永代橋佃沖漁舟, 隅田堤雨中之櫻, 上野東叡山, 兩國花火,御殿山の花盛.

喜鶴堂板』11점, 『사계에도명소(四季江戶名所) 川正板』4점, 『가나자와팔경(金澤八景) 越平板』8점, 『제국육다마가와(諸國六玉河)-蔦屋板』6점, 『에도근교팔경(江戶近郊八景) 喜鶴堂板』8점, 『에도명소(江戶名所) 泉市板』16점, 『에도고명회정진(江戶高名會亭盡)-藤彦板』30점, 『동도팔경(東都八景) 藤彦板』8점, 『동도명소(東都名所) 藤彦板』19점, 『본조명소(本朝名所) 藤彦板』15점, 『동도시바팔경(東都司馬八景) 越前屋板』8점, 『동도명소(東都名所) 川正板』12점, 『동도명소 스미다강팔경(東都名所之內隅田川八景)』8점, 『신찬 에도명소(新撰江戶名所)』14점, 『동도명소판(東都名所坂つくしの內) 山庄板』10점, 『동도명소(東都名所) 佐野喜板』34점, 『동도명소(東都名所)-布吉板』16점, 『동도명소(東都名所)-上金板』7점, 『동도명소(東都名所)-丸淸板』19점, 『동도명소(東都名所)-增銀板』5점, 『동도명소(東都名所)-山本板』13점, 『에도명소(江戶名所) 泉板』2점, 『동도명소(東都名所)-江崎板』6점, 『동도명소(東都名所)-万吉板』9점, 『에도명소(江戶名所の內)-江崎板』4점, 『명소 설월화(名所雪月花)』3점, 『에도명소 삼조망(江戶名所三ツの眺)』3점, 『에도명소교진(江戶名所橋盡)』1점, 『관동명소도회(關東名所図會)』5점, 『일본주진(日本湊盡)』11점, 『제국명소(諸國名所)』20점, 『행서동해도(行書東海道)-佐野喜板』56점, 『행서동해도(行書東海道)-山庄板』56점, 『동해도53역참 명소속화(東海道五十三次名所續畵)』55점,

『이세참궁 도보 동해도(伊勢參宮膝栗毛東海道中)』5점, 『동해도53역참(東海道五十三次)-江崎板』55점 등 끊임없이 이어진다.[82]

---

82) 楢崎宗重(1984) 앞의 책을 기본으로 하여 작성됨.

위와 같이 연속되는 다작은 출판사의 요구에 부응한 것으로 생각되
나 결국 작품의 양에 비하여 걸작이 부족한 천편일률적인 대량 생산
을 의미하는 것이다. 천편일률적인 작품이란 앞서 [그림IV-1]에서 도
식으로 전개한 정형화된 견고한 형태를 지칭하는 것이다.

히로시게는 50세를 전후하여 8년(1843-1849)간 종래 「메이쇼에」
에 주력하였던 힘을 「메이쇼에」이외의 분야 즉 「역사화」나 「미인화」
에도 분산시키고 또 서적의 삽화나 그림책 방면에도 활약해 본다.[83]
그러나 각각의 분야에서 뚜렷한 성과가 없던 차, 1849년 당대의 「메이
쇼에」의 대가 호쿠사이의 운명을 계기로 「메이쇼에」분야로 다시 재
개한다.

이 시기의 작품으로는 『53차명소도회(五十三次名所図會) 蔦屋板』
55점, 『53차(五十三次) 村市板』56점, 『동해도53대(東海道五十三對)
遠久 · 伊場久 · 伊場仙板』,

『쌍필53차(双筆五十三次) 丸久板』55점, 『오미팔경(近江八景) 魚榮
板』8점, 『제국육다마가와(諸國六玉川) 丸久板』6점, 『산해미타테스모
(山海見立相撲) 山田屋板』20점, 『육십여주 명소도회(六十余洲名所図
會) 越平板』69점, 『하코네희판(箱根喜

板) 佐野喜板』7점, 『후지36경(富士三十六景) 蔦屋板』36점, 『후지
36경(不二三十六景) 佐野喜板』36점, 『하리마제 에도명소(張交江戶
名所) 泉市板』1점, 『국진 하리마제 도회(國盡張交図會) 藤慶板』18점,
『53차 하리마제(五十三次張交) 泉市板』14점, 『신고서화합(新古書畵
合) 山口板』1점, 『하리마제 죠루리가가미(張交淨瑠璃鑑)

---

83) 楢崎宗重(1984) 앞의 책, 146쪽.

三喜板』5점, 『동해도53역참도회(東海道五十三次図會) 山口板』15
점, 『에도명소첩교도회(江戶名所貼交図會) 山田屋板』10점, 『에도명
소 하리마제도회(江戶名所張交図會) 山庄板』14점, 『대산도중 하리마
제도회(大山道中張交図會) 伊場仙板』3점,

『부요 가나자와8승 야경(武陽金澤八勝夜景) 蔦屋板』1점, 『아와나
루토 풍경(阿波鳴門之風景) 蔦屋板』1점, 『기소도로의 산천(木曾路之
山川) 蔦屋板』1점, 『에도명소(江戶名所) 山田屋板』45점 등이 있다.[84]

이상과 같은 열거에서 통상 『동해도53역참』과 『명소에도백경』 『후
지36경』의 저자로 널리 알려져 있던 히로시게가 얼마나 많은 양의 작
품을 남긴 당대의 대중적인 화가였는지 알 수 있다. 히로시게가 일생
동안 남긴 다량의 작품 중 신앙적 요소는 그의 우키요에에서 큰 비중
을 차지하며 이러한 점은 그의 작품을 연구할 만한 당위성을 가지게
한다. 신앙이 그의 인생 전반에 걸쳐 영향을 주고 작품 활동의 밑바탕
이 되었음에도 불구하고 그의 정체성에 대한 연구는 매우 부족한 상
황이다.

그의 일생과 작품을 정체성 측면에서 살펴보면 대도시 에도가 위기
에 처했던 시기 일수록 작품을 신앙심의 공유 수단으로 삼으려 했던
노력을 잘 알 수 있다. 따라서 그의 작품을 검토 서술하기 이전에 그를
둘러싼 환경과 경험적 신앙을 살펴보겠다. 히로시게라는 인간의 성장
환경과 당시의 사상을 이해하게 된다면 그의 그림 안에 숨겨진 새로
운 의미들을 발견할 수 있고 이해가 풍부해질 것이다.

---

84) 楢崎宗重(1984) 위의 책을 기본으로 하여 작성됨.

히로시게는 에돗코(江戶っ子) 이다. 에도의 1년은 정월에 근처의 우지가미(氏神)[85]나 에호가미(惠方神)[86]에 대한 참배를 시작으로 거의 매일 제례나 개장(開帳) 등의 행사가 있었다. 또 사람들은 신사와 불각뿐만 아니라 자연숭배 사상에 기반한 신앙의 대상으로 숭배되는 유명한 것이 있다면 산이나 폭포 고목 등을 숭배하기 위하여 멀리까지도 참배하였다. 현재와 같은 과학 지식이 없었던 에도시대는 병이 나거나 재앙이 생기면 신불을 비롯한 주술과 부적에도 크게 의존하던 시대였다.

에도시대는 고래로부터 이어져 내려오던 신불습합의 전통적 관습 하에 에도의 도시로 들어오는 6개의 출입구에는 6척의 지장보살좌상(地藏菩薩坐像)이 위치하여 있었고[87], 마을로 들어서면 마을 구석마다 이나리(稻荷)의 모리(森)가 있었다. 에도의 도심을 가로지르는 교통의 요지인 스미다강과 그 지류를 따라서는 변천의 모리(森, 社, 社)가 상징적으로 산재하여 있었다. 심지어 일상의 세계와 다른 세계로 일컬어졌던 요시와라의 입구로 통하는 육로나 수로의 입구에도 있었고, 요시와라로 들어서면 유곽의 네 귀퉁이에도 신사가 진좌하였다.

히로시게는 나가야(長屋)에서 출생하였다. 에도의 공동주택인 나가야는 크게 나누어 무가 저택의 나가야와 일반 서민의 나가야가 있었다. 전자는 참근교대를 위하여 에도에 머무는 대명의 가신이나 중

---

85) 그 고장의 수호신.
86) 그 해의 복덕을 맡은 신.
87) 지장보살좌상은 교토의 6지장(六地藏)을 모방하여 조립한 것으로, 東海道 品川寺(1708), 奧州街道(奧州道中) 東禪寺(1710), 甲州街道(州道中) 太宗寺(1712), 中山道 眞性寺(1714), 水戶街道 靈巖寺(1717), 千葉街道 永代寺(1720) 순으로 설치되었다.

하급 무사가 살았다. 히로시게가 살았던 소방수 공동주택(定火消屋
敷)은 무가 지대인 야요스가시(八代洲河岸)에 위치한 연립으로 약
3000평 정도에, 주임 격인 히게시야쿠(火消役)을 비롯하여 하급 무사
인 요리키(与力)[88] 6명, 도우신(同心)[89] 30명, 가엔(臥煙)[90] 300명의
소방 관계자가 그 가족들과 상주하였다. 히로시게는 이곳에서 44세까
지 살았던 것으로 추측된다. 히로시게 부친의 직책은 소방수 도신(火
消同心)[91]이었다.

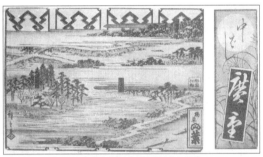

자료[Ⅳ-47] 히로시게의 센샤후다(千社札) 2개
小島烏水『(浮世絵と風景画)』(1914)

에도는 연중 밤낮없이 화재가 빈번했던 '화재의 도시'[92]로, '화재는

---

88) 에도막부의 대표적인 직명(職名)의 하나로 사무라이(侍) 대장 등에 부속한 기마
　　사(騎馬士)로서 에도시의 행정, 사법, 경찰의 임무가 있었다(日本國語大辭典).
89) 에도막부의 하급 관리의 하나로 요리키(与力) 아래에서 서무 소방 경찰 등의 공무
　　를 맡았다(日本國語大辭典).
90) 에도시대 소방수 공동주택에 상주하는 소방수로서 몸에 문신을 새기고 용감한 기
　　풍을 가지고 있었다(日本國語大辭典).
91) 소방직 상근자로서 하타모토(旗本)가 지휘하였다.
92) 西川松之助(1972)「江戸町人總論」『江戸町人の研究』第1卷, 5-20쪽: 에도의 도시
　　적 특색을 '남성도시' '화재도시' '강제 이전도시'로 규정하였다.

에도의 꽃(火災は江戸の華)' 이라는 말이 있을 정도로 화재가 많았다. 그러므로 에도에서 소방직은 생명을 담보로 하는 위험한 직업이었을 것이다. 항상 긴급함을 감수하고 살아가야하는 사람들에게 정신을 의지할 수 있는 신앙은 필수적인 것이었으리라 생각할 수 있다. 비좁은 나가야였지만 어느 집이나 가미타나(神棚)가 있었고 신사 불각에의 참예는 생활의 일부였다. 히로시게의 가족도 예외가 아니었을 것이다. 히로시게의 센샤후다(千社札)[93]에서도 그 깊은 신앙심을 엿 볼 수 있다(자료[IV-47]참조).

　또 그가 생애후반에 삭발하고 법체가 된 것에서도 미루어 짐작할 수 있다. 뿐만 아니라 선술하였듯이 히로시게는 화가로서 일생동안 적극적으로 신앙적 요소를 그림에 반영하였는데 그 중에서도 대표적인 요소를 들자면 후지강(富士講)이 있다. 후지강은 후지산 신앙의 일환으로 발생한 것으로 특히 에도를 중심으로 폭발적인 유행을 보이던 신앙으로 6장에서 상세하게 논할 것이다. 에돗코인 히로시게도 시대의 조류에 편승하여 후지강에 합류했을 수도 있겠지만 가업이었던 소방직과도 어느 정도 연관성이 있다. 후지신앙은 화난 방제와 관련하여 특히 도비(鳶: 소방수)들의 신앙을 모았다는 역사적 사실이 있다. 이 사실은 고마고메(駒込)의 후지총에서 확인된다.

　후지강이 성행했던 에도에서는 많은 신사가 경내에 인공 후지산을 상징한 미니 후지총을 축조하여 음력 6월 1일에 등반을 허용했다. 특

---

93) 센샤후다(千社札)란 신사나 불각에 참배한 기념으로 자신의 이름이나 옥호(屋号), 직업, 주소 등을 써서 붙이는 종이이다. 에도 중기부터 유행하기 시작하여 에도후기에는 일상화된 일종의 부적으로 후다가 붙혀져 있는 동안에는 신사나 사원 등에 머물며 기도한 것과 같은 공덕이 있다고 믿었던 민간 신앙에서 비롯되었다.

히 에도의 고마고메(駒込), 다카다(高田)의 도즈카무라(戶塚村), 뎃포
즈이나리(鐵砲洲稻荷), 후카가와하치만(深川八幡), 아사쿠사 우메보
리의 샤리바(淺草埋堀の砂利場), 가야바쵸텐만구(茅場町天滿宮), 메
구로 교닌자카(目黑行人坂)는 후지강의 거점이 된 지역으로 현재에
도 후지총의 흔적이 남아있는 지역이다.[94]

  그 중에서도 고마고메(駒込)의 후지총은 마을 소방수(町火消)들 사
이에서 신앙을 모아 고마고메 후지총에는 소방직 종사의 사람들이 남
긴 소방소의 상징 마크 및 봉납 석비가 많이 남아 있다. 특히 당시 소
방수로서 이름을 떨쳤다고 하는 가가토비(加賀鳶)[95]의 신앙이 두터워
다고하며 그가 봉납했다는 석비도 전해진다. 이것은 화산인 후지산
센겐신앙의 연기와 관련되어 있고 사람들은 영봉(靈峰) 후지에 오르
면 구원을 받고 후지산에 참배하면 화난을 면할 수 있다고 생각하였
던 가치체계를 반영하고 있는 것이다.

---

94) 이계황(2007)「근세 후지(富士)신앙의 성립과 그 전개」『일본역사연구 제26집』,
    일본사학회.
95) 에도시대 가가한(加賀藩) 마에다가(前田家)소속의 뛰어나 소방수.

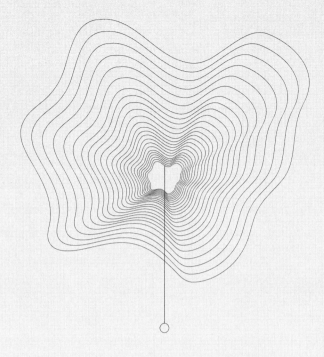

V

『명소에도백경』의
다차원 분석

1.『명소에도백경』의 요인별 분석

『명소에도백경』은 히로시게 사후 2대 히로시게의 보필을 거쳐 총 120점이 간행된 시리즈물이다. 120점 중 1점은 바이소테겐교(梅素亭 玄魚)[1]가 디자인한 목록이고 1점은 2대 히로시게의 작품[2]이다. [도판 V-0]의 목록에는 「이치류사이 히로시게 일세일대 에도백경(一立齊 廣重一世一代江戶百景)」이라고 표기되어 있는데 이것은 화가의 일생 일대를 집대성하였다는 의미이다. 목차는 전집형태로 간행 될 때 구성되었고 춘하추동 계절로 분류하였다.

목차의 흐름이 전체 시리즈물 이해에 도움이 되고 작품집의 제작 동기를 파악하는데 중요하다는 점을 감안하면 히로시게가 어떠한 목 차를 구성했는지 알 수 없다는 것이 아쉬운 점이다. 그러나 본 논문이 성과 속을 축으로 사상적 관점에서 접근하여 작품집을 분석한다는 전 제에서는 계절적 분류가 적합하였다. 왜냐하면『명소에도백경』에는

---

1) 1817 - 1880, 막말-메이시시대의 도안가.
2) 도판[S119]: 「赤坂桐畑雨中夕けい」.

일본인의 가치체계가 세시풍속과 함께 세부묘사 되어 있었다.

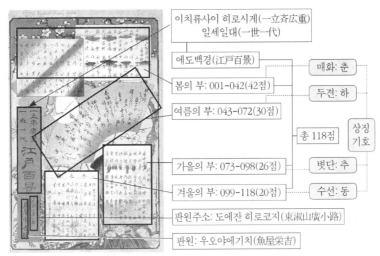

[도판 V-0] 『명소에도백경』 목록
바이소테겐교(梅素亭玄魚:1817-1880) 1858경

이하에서는 『명소에도백경』을 해당시대 사람들 사이에서 공유되어
내려오던 상징기호의 집합체로 보고, 성과 속이라는 두 축을 중심으
로 다차원적인 분석을 한다. 일차적으로 종교 사상적 요소는 그 나라
의 지리적 조건[3]이나 생태적 환경과 깊은 연관을 맺으며 그 특징이 표
출된다는 점에 중점을 두고, 먼저 지역별 분류 분석을 하고 아울러 지
리 생태적 분석 및 계절, 검열인, 사건사고 등 각 요인별 분석 등을 통

---

3) 지표면과 현실적으로 나타나는 종교제도, 상징적 사건, 행위 등의 종교적 현상들
  은 학문적으로 접근할 수 있는 대상으로 모든 종교는 개인이든 민족이든 가시적 형
  태의 종교 건축물을 가지고 있는데 종교지리학에서는 신앙양태보다 신앙의 실제
  대상과 가시적 표현에 역점을 둔다(David E. Sopher(1967) *Geography of Religions*,
  New York, Prentice Hall, Inc., p.1. (허남진(2006) 「종교지리학: 종교학과 지리학의
  경계넘기」『종교문화연구』제8권, 44쪽(재인용).

해 작품집 전체의 특징을 파악한다.

1-1. 지역별 분류 분석

『명소에도백경』총 118점에 표현된 명소의 지리적 분포를 알기위하여 에도의 기점인 A. 니혼바시(日本橋)를 중심으로 분세원년(文政: 1818)에 그어진 에도의 주인선(朱引線)[4]과 행정구역을 고려하여 [그림Ⅴ-1]과 같이 11개 지역으로 나누었다. 이후 작품집 118점을 11개 지역으로 변별하여 [표Ⅴ-1]과 같이 정리하였다. 이때 같은 지역에 속한 복수의 작품에 대해서는 계절별 목록 순에 따랐고, 주인선 안과 밖에 속한 그림, 주인선 근접내측 또는 외측에 속한 그림을 별도의 기호로 표시하였다.

이상과 같은 분류결과를 그림에 반영하여 도판해석 시 그림에 대한 기본정보 즉, 그림의 소재가 된 지역, 그림의 계절, 도판 일련번호, 주인선과의 관계를 바로 참고할 수 있도록 각 도판에 다음과 같이 고유 번호를 부여하였다.

---

4) 주인선은 에도의 범위를 그린 그림지도의 하나로, 주인선의 내측이 에도, 즉 고부나이(御府內)로 칭하여지던 곳이었고, 동(東)은 가메이도(龜戸)·오나기(小名木) 주변, 서(西)는 쓰노하즈(角筈)·요요기(代々木) 주변, 남(南)은 가미오사키(上大崎)·미나미 시나가와(南品川) 주변, 북은 가미오구(上尾久)·시모이타바시(下板橋) 주변의 내측으로 정해졌다.

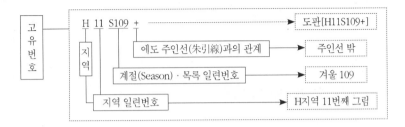

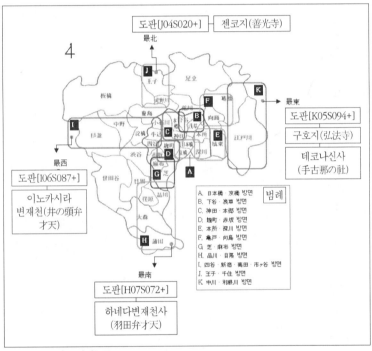

[그림 V-1] 에도 지역분류

[표V-1]『명소에도백경』11개 지역에 속한 도판
〈범례〉봄: S001-S042, 여름: S043-S072, 가을: S073-S098, 겨울: S099-S118
주인선 안: −, 주인선 밖: +, 주인선 근접 내측: =, 주인선 근접 외측: ^

지역구분	그림수	고유번호	표제명	주인선 (朱引線)
A : 니혼바시 · 교바시 (日本橋 · 京橋) 방면	20	A01S001	日本橋雪晴	−
		A02S004	永代橋佃しま	−
		A03S006	馬喰町初音の馬場	−
		A04S007	大てんま町木綿店	−
		A05S008	する賀てふ	−
		A06S043	日本橋江戸ばし	−
		A07S044	日本橋通一丁目略図	−
		A08S045	八つ見のはし	−
		A09S046	鎧の渡し小網町	−
		A10S055	佃しま住吉の祭	−
		A11S057	みつまたわかれの渕	−
		A12S058	大はしあたけの夕立	−
		A13S059	両国橋大川ばた	−
		A14S073	市中繁栄七夕祭,	−
		A15S074	大傳馬町こふく店	−
		A16S076	京橋竹がし	−
		A17S077	鉄砲洲稲荷橋湊神社	−
		A18S078	鉄砲洲築地門跡	−
		A19S098	両国花火	−
		A20S114	びくにはし雪中	−
B : 시타야 · 아사쿠사 (下谷 · 浅草) 방면	19	B01S011	上野清水堂不忍ノ池	−
		B02S012	上野山した	−
		B03S013	下谷廣小路	−
		B04S014	日暮里寺院の林泉	−
		B05S015	日暮里諏訪の台	−
		B06S034	真乳山山谷堀夜景	−
		B07S038	廓中東雲	−

B : 시타야 · 아사쿠사 (下谷 · 浅草) 방면	19	B08S039	吾妻橋金龍山遠望	-
		B09S060	浅草川大川端宮戸川	-
		B10S061	浅草川首尾の松御厩河岸	-
		B11S062	駒形堂吾嬬橋	-
		B12S089	上野山内月のまつ	-
		B13S090	猿わか町よるの景	-
		B14S099	浅草金龍山	-
		B15S100	よし原日本堤	-
		B16S101	浅草田圃酉の町詣	-
		B17S102	蓑輪金杉三河しま	-
		B18S103	千住の大はし	-
		B19S105	御厩河岸	-
C : 간다 · 혼고 (神田 · 本郷) 방면	7	C01S009	筋違内八つ小路	-
		C02S010	神田明神曙之景	-
		C03S016	千駄木團子坂花屋敷	-
		C04S047	昌平橋聖堂神田川	-
		C05S048	水道橋駿河台	-
		C06S075	神田紺屋町	-
		C07S117	湯しま天神坂上眺望	-
D : 고지마치 · 아카사카 (麹町 · 赤坂) 방면	6	D01S002	霞がせき	-
		D02S003	山下町日比谷さくら田	-
		D03S051	糀町一丁目山王祭ねり込	-
		D04S052	赤坂桐畑	-
		D05S054	外桜田弁慶堀糀町	-
		D06S085	紀の国坂赤坂溜池遠景	-
E : 혼죠 · 후카가와 (本所 · 深川) 방면	9	E01S005	両ごく回向院元柳橋	-
		E02S029	砂村元八まん	-
		E03S056	深川萬年橋	-
		E04S066	五百羅漢さざい堂	-
		E05S068	深川八まん山ひらき	-
		E06S069	深川三十三間堂	-

		E07S097	小奈木川五本まつ	-
E : 혼죠 · 후카가와 (本所 · 深川) 방면	9	E08S106	深川木場	-
		E09S107	深川洲崎十万坪	-
F : 가메이도 · 무코지마 (亀戸 · 向島) 방면	13	F01S030	亀戸梅屋舗	-
		F02S031	吾嬬の森連理の梓	-
		F03S032	柳しま	-
		F04S033=	四つ木通用水引ふね	=(근접내)
		F05S035	隅田川水神の森眞崎	-
		F06S036	真崎辺より水神の森内川関屋の里を見る	-
		F07S037	墨田河橋場の渡かわら亀	-
		F08S063	綾瀬川鐘が渕	-
		F09S064+	堀切の花菖蒲	+(밖)
		F10S065	亀戸天神境内	-
		F11S091	請地秋葉の境内	-
		F12S092	木母寺内川御前栽畑	-
		F13S104	小梅堤	-
G: 시바 · 아자부 (芝 · 麻布) 방면	9	G01S021	芝愛宕山	-
		G02S022	廣尾ふる川	-
		G03S053	増上寺塔赤羽根	-
		G04S079	芝神明増上寺	-
		G05S080	金杉橋芝浦	-
		G06S081	高輪うしまち	-
		G07S108	芝うらの風景	-
		G08S112	愛宕下薮小路	-
		G09S113	虎の門外あふひ坂	-
H : 시나가와 · 메구로 (品川 · 目黒) 방면	13	H01S023=	目黒千代が池	=(근접내)
		H02S024=	目黒新冨士	=(근접내)
		H03S025=	目黒元不二	=(근접내)
		H04S026+	鎧掛松(고목: 八番太郎源義家), 神明社	+(밖)

		H05S027+	蒲田の梅園	+(밖)
		H06S028	品川御殿やま	-
		H07S072+	はねたのわたし弁天の社	+(밖)
H：시나가와・		H08S082	月の岬	-
메구로	13	H09S083	品川すさき	-
(品川・目黒)		H10S084=	目黒爺々が茶屋	=(근접내)
방면		H11S109+	南品川鮫洲海岸	+(밖)
		H12S110+	千束の池袈裟懸松	+(밖)
		H13S111=	目黒太鼓橋夕日の岡	=(근접내)
		I01S040	せき口上水端はせを庵椿やま	-
I：요쓰야・		I02S041	市ヶ谷八幡	-
신쥬쿠		I03S042	玉川堤の花	-
(四谷・新宿)・		I04S050	角筈熊野十二社俗称十二そう	-
다카다・	8	I05S086	四ッ谷内藤新宿	-
이치가야		I06S087+	井の頭の池弁天の社	+(밖)
(高田・市ヶ谷)		I07S115	高田の馬場	-
방면		I08S116	高田姿見のはし俤の橋砂利場	-
		J01S017	飛鳥山北の眺望	-
		J02S018^	王子稲荷の社	^(근접외)
J：오지・센쥬		J03S019^	王子音無川堰堤世俗大瀧ト唱	^(근접외)
(王子・千住)	7	J04S020+	川口のわたし善光寺	+(밖)
방면		J05S049^	王子不動之瀧	^(근접외)
		J06S088^	王子瀧の川	^(근접외)
		J07S118^	王子装束えの木大晦日の狐火	^(근접외)
		K01S067=	逆井のわたし	-(근접내)
		K02S070=	中川口	-(근접내)
K：나카가와・		K03S071+	利根川ばらばらまつ	+(밖)
도네가와	7	K04S093+	にい宿のわたし	+(밖)
(中川・利根川)		K05S094+	真間の紅葉手古那の社継はし	+(밖)
방면		K06S095+	鴻の台とね川風景	+(밖)
		K07S096+	堀江ねこざね	+(밖)

　[그림V-2]는『명소에도백경』을 11개 지역으로 변별한 [표V-1]의 지역별 분포도이다. A지역에는 20점, B지역에는 19점, C지역에는 7점, D지역에는 6점, E지역에는 9점, F지역에는 13점, G지역에는 9점, H지역에는 13점, I지역에는 8점, J지역에는 7점, K지역에는 7점이 분포되어 있다.

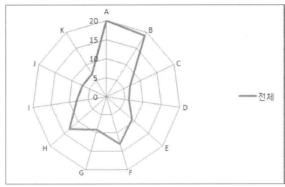

[그림V-2] 도판 118점 지역별 분포도

　[그림V-3]는『명소에도백경』의 시계(視界)를 나타낸 것이다. 니혼바시를 중심으로 북쪽으로는 닛코산(日光山)까지, 동북으로는 쓰쿠바산(筑波山)까지, 서쪽으로는 단자와산(丹澤山), 남서로는 후지산(富士山)까지를 시계에 두고 있다. 후지산 표상은 19장, 단자와산은 17장, 쓰쿠바산은 11장, 닛코산 표상은 8장 정도 있다.

[그림Ⅴ-3] 『명소에도백경』의 시계(視界)

　　[그림Ⅴ-4]는 『명소에도백경』의 범위를 나타낸 것이다. 에도의 최
동(最東)풍경을 그린 도판[K05S094+]는 구호지(弘法寺) 경내에서
진망한 데코나(手古那)신사를 소재로 하고 있고, 최서(最西)풍경을
그린 도판 [I06S087+]는 이노카시라(井の頭)변천사(弁天社)와 성천
(聖天)을 소재로 하고 있다. 최남(最南)풍경을 그린 도판[H07S072+]
는 하네다(羽田)의 변천사 주변을 묘사하였고, 최북(最北)풍경을 그
린 도판[J04S020+]는 스미다강 북쪽 상류의 젠코지(善光寺)를 소재
로 하고 있다. 총 118장이 에도성에서 반경 15km 전후의 범위 내에
있다.

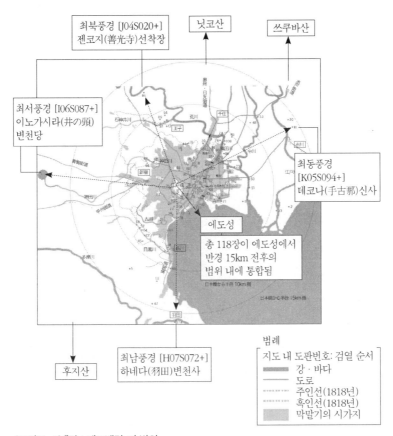

최북풍경 [J04S020+]
젠코지(善光寺)선착장

닛코산

쓰쿠바산

최서풍경 [I06S087+]
이노가시라(井の頭)
변천당

최동풍경
[K05S094+]
데코나(手古那)신사

에도성

총 118장이 에도성에서
반경 15km 전후의
범위 내에 통합됨

범례
지도 내 도판번호: 검열 순서
▓▓▓▓ 강 · 바다
───── 도로
········· 주인선(1818년)
·-·-·-·- 흑인선(1818년)
▒▒▒▒ 막말기의 시가지

후지산

최남풍경 [H07S072+]
하네다(羽田)변천사

[그림 V -4]『명소에도백경』의 범위

참고자료: Henry Smith(1986) HIROSHIGE *One Hundred Famous Views of Edo*, 8쪽.
週間朝日百科『日本の歴史』72 近世, 1-7「江戸の都市計画」, 183쪽. 吉原健一郎監修 · 俵元昭
監修(2004)『江戸東京重ね地図-明治東京検索データ · ブック』
堀じゅん子(2009)「歌川広重『名所江戸百景』における 遍在する視點」자료 1.

[그림 V -5]는 히로시게의 행동구도의 특징을 표시한 것이다. 안세3
년 2월에 검열받은 도판[I03S042]를 시작으로 안세5년 10월에 검열받
은 도판[A20S114]번까지를 연결한 그림이다. 에도성을 중심으로 주변
5km 반경 내에서 취재한 그림이 전체의 약 50% 이상을 차지한다.

〈안세3년(1856) 2월-안세5년(1858) 10월〉　　　　　　범례: 검열인순서

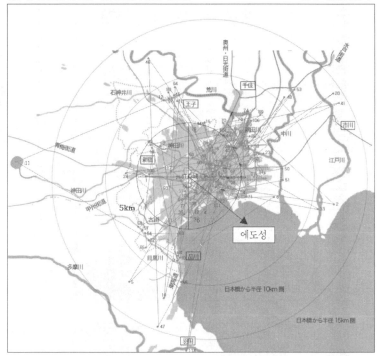

[그림 V-5] 히로시게 행동구도의 특징

1-2. 지리 생태적 분석

초대 히로시게의 작품 118점의 목차에는 봄의 부에 42점(S001 -
S042), 여름 부에 30점(S043-S072), 가을 부에 26점(S073-S098), 겨
울 부에 20점(S099-S118)이 실려 있다. 다음은 이 작품집을 8가지 측
면, 즉 (1) 지형 (2) 계절적 시간적 특징 (3) 구도적 특징 (4) 산악과
습지 (5) 기후 (6) 식물 (7) 동물 (8) 인공적인 면으로 나누어 분석한

결과를 정리한 것이다.

(1) 지형

그림 속에 담긴 에도의 지형적 특징은 당시 세계 제일의 인구 밀도[5]의 도시였음에도 불구하고 도심은 자연적인 풍경을 표출하는 경향을 보였다. 도심 속 '사사(寺社)'의 역할을 상징하는 부분이라고 볼 수 있다. 또한 에도는 지형적으로 기복이 심하였음이 그림에 반영되어 기복이 심하게 표출된 그림이 약 50%에 달했으며 이러한 지형에서는 신앙의 대상이 되는 고목이나 신목이 지형의 특징을 강조하는 모티브로 차용되었다. 나머지 50%는 지형적 기복이 표현되지 않은 그림으로 주로 도시 생활인 모습이 묘사되었다.

(2) 계절적, 시간적 특징

봄의 부에는 대부분 아침의 풍경묘사가 있었고, 밤의 풍경은 가을과 겨울에 관련되어 있었다.

(3) 구도적 특징

수평구도가 20%, 부감 구도가 전체의 80%를 차지하고 있었으며 부감구도를 세부적으로 나누었을 때 조감(鳥瞰)에 해당하는 작품이 43%, 부감(俯瞰)을 배경으로 근상형 구도를 적용한 작품이 37%였다. 이와 같은 편중 된 구도의 의미에 대하여는 김애경(2009), 「에도후기

---

5) 18세기 후반 약 100만, 당시 런던 약 80만, 파리 약 50만 추정.

우키요에에 담긴 시각이데올로기」[6]에서 그 의미가 고찰되었다.

(4) 산악과 습지

『명소백경』에서 유추되는 에도의 지형은 원경에 산이 보이는 장소가 많았다. 산이 묘사된 그림은 전체의 약 40%였다. 묘사된 산은 후지산 19장, 단자와산 17장, 쓰쿠바산 11장, 닛코산 8장 등으로 대표되고 그 밖의 특징을 알 수 없는 산도 있었다. 그러나 흥미로운 점은 방위로 보아 실제로 산이 전망되지 않는 방향임에도 불구하고 배경에 특정산을 그려 넣은 그림이 있었다. 이 점은 시각상의 필연에 의해서 묘사된 것이 아니라 사람들 사이에서 공유하는 이미지에 기본하여 사실과 다른 경관을 상징적으로 그려 넣은 것이다. 이 부분에 대해서는 김애경 (2010), 「히로시게 『명소에도백경』에 담긴 신불표현의 특징과 의미고찰」에서 모티브의 상징적 표현법이 고찰되었다.[7] 습지대를 묘사한 표현은 약 30%로 습지가 많아 숲이 울창할 수 있는 조건을 가진 도시였음을 알 수 있었다.

(5) 기후

해양성 기후변화가 잘 나타나 있다. 해양성 기후에서는 봄과 가을에 빈번하게 안개가 깊게 끼는 날이 많다. 이슬, 안개와 구름을 묘사한 그림은 약 30%였다. 바람의 묘사는 약34점에 있었고 그 중 65%인 22

---

6) 김애경(2009)「江戸後期の浮世絵に見る視覚イデオロギー」『일본문화학보』제42집, 한국일본문화학회, 193-194쪽.
7) 김애경(2010)「히로시게 『명소에도백경』에 담긴 신불표현의 특징과 의미고찰」『일본사상』제19호, 한국일본사상사학회.

점이 에도만(江戶灣)과 스미다강의 바람에 돛(帆)을 단 범선을 묘사했고 나머지는 바람에 나부끼는 깃발이나 숲을 묘사했다. 설경은 8장이고 일본의 상징인 정상에 눈이 덮인 관설후지(冠雪富士) 및 산 전체가 백색인 일명 '백봉'이 계절에 관계없이 사계를 통하여 19장 표상되었다. 당시 후지산 신앙이 유행하였던 시대상황이 반영된 것이다.

비(雨)의 묘사는 4장에 불과했지만 일교차가 심한 해양성 기후의 특징이 잘 나타나 있었다. 즉 변덕스런 기후를 묘사한 그림이 주로 많은 것에서 자연재해로 인한 도시민의 불안한 심성이 반영된 것으로 볼 수도 있고 또 여름의 눈, 맑은 하늘의 비바람과 같은 표현이 심상치 않은 상황을 예시한다는 점에서 막말의 사회적 상황을 반영한 상징적 표현법으로 볼 수도 있다.

(6) 식물

에도의 식물을 분석해 본 결과로는 수목(樹木)이 74%, 산림(森林)이 86%로 가장 많고 도시에서 전원지역에 걸쳐 균등하게 등장하며 다양하게 묘사되었지만 대부분 신목이나 고목, 진수의 모리(鎭守の森) 등이 '종교적 기제'로 형상화되어 있었다.

「진수의 모리」는 김애경(2011), 「우키요에 풍경화 속에 숨겨진 「mori(森, 社, 杜) 사상」[8]에서 봉긋한 모양의 추상적인 형상이 고찰되었다. 식물은 갈대와 같은 수생식물이 60%로 가장 빈번히 묘사되었다. 그 밖에도 다양한 식물이 묘사되었는데 식물의 종류는 시간의 변

---

8) 김애경(2011) 「우키요에 풍경화 속에 숨겨진 「mori(森, 社, 杜)사상」 『일어일문학』 제52집, 대한일어일문학회.

화를 반영하는 모티브로 차용되어, 봄은 매화와 벚나무, 여름은 갈대
등 수생식물, 가을은 단풍나무로 표상되었고 또 소나무, 삼나무, 녹나
무, 수양버들은 연중 묘사되어 특별한 메타포로 차용되고 있음을 알
수 있었다.

(7) 동물

동물은 겨울에 많이 등장하고, 야생 동물은 새가 30장(26%)으로 가
장 많았으며 겨울 부에 10장, 가을 부에 8장, 봄과 여름 부에 각각 6장
이었다. 가축은 개, 말과 고양이 순으로 가장 많이 출현하였으며 그 중
70%가 겨울 부에 있었다. 동물은 주로 점경묘사가 많았고 대부분 상
징성을 내포한 모티브로 차용되었다.

(8) 인공적인 면

17세기 초에 에도 방위를 위하여 에도성을 둘러싼 내수로와 외수로
가 건설되었다. 그 수로를 따라 많은 인공수로가 도시에 급수, 전송(轉
送), 방위, 관계(灌漑)를 위하여 순차적으로 스미다강에서 에도만으로
확장되었다. 대표적인 것으로 에도의 인공수계가 강조되어 묘사되었
다. 수로를 묘사한 31장 중 17장은 에도의 중심 시가지를 표현하였고,
자연하천을 묘사한 37장 중 16장이 에도 근교 밖에 있는 것에서 도심
과 전원 수계의 성격을 파악할 수 있다.

중심 시가지의 자연하천 묘사는 12장으로 모두 스미다강으로 주변
의 사사(社寺)와 관련되어 종교적 의례를 상징하거나 사사나 유곽으
로의 교통로를 지표하였다. 또 강이나 바다의 제방묘사는 약 70%에
달했다. 자연제방은 도심보다 전원지역이 많았으며 도심지역의 제방

은 흙, 돌과 나무 등으로 견고한 인공제방이 묘사되었다. 연못은 16장, 에도만은 15장이 묘사되었다.

교통과 물류를 상징하는 잘 정비된 인공수계나 제방, 특히 교각이 강조되어 다량 묘사된 점은 막말 내우외환의 혼란한 시기에 「장군 슬하(將軍のお膝元)」인 에도의 도시발전을 찬미하는 이데올로기적 모티브로 차용되었다고 볼 수 있겠다. 또 사상적 관점에서는 에도시대도 종말이 가까워질수록 서구사상의 영향 아래에서도 광적일 정도로 이어지던 자연숭배사상의 일면과는 역 방향으로 서서히 자연을 「타자」로 인식하기 시작했음을 반영하는 것이다.

1-3. 검열인 별 분석

『명소에도백경』은 안세 3년 2월에 간행을 시작하여 히로시게 사망 직전인 안세 5년 10월까지 총 2년 6개월에 걸쳐 간행되었다. [표 V-2]는 검열인 년, 월별 그림수를 계절과 대응시켜 파악하여 본 결과이다.

전체 기간으로 보았을 때 안세 4년 2월 봄에 14점으로 가장 많은 수의 판화 밑그림을 검열 받았고, 3월과 6월에는 검열을 받지 않았다. 계절과의 대응에 있어서 우선 검열인이 동일한 그림들의 계절을 파악하여 본 결과 각 그림이 상징하는 계절은 제각기 달랐다. 예를 들어 안세 3년 4월에는 8장의 그림을 검열 받았는데 그림이 표상하고 있는 계절은 봄, 여름, 가을, 겨울로 사계절이 모두 나타나있었다. 또 안세 4년에는 한 장의 그림을 음력 10월 달인 초겨울에 검열 받았는데 그림이 표상하고 있는 계절은 여름이다. 이것으로 검열인의 날짜와 그림들이 표상하고 있는 계절과의 대응은 그다지 고려되지 않은 것을 알 수 있다. 이러한 사항들이 의미하고 있는 것은 그림의 계절은 기본적으로 작품의 내용을 상징하는 구성요소로서의 역할로 표상되었다고 볼 수 있다. 예를 들어 맑은 하늘에 비바람이 세차게 몰아치고 있거나 한 여름의 우박이나 눈은 상서롭지 못한 사항 등과 같이 특별한 상징의 의미를 담고 있는 것이다.

[표Ⅴ-2] 동일 검열인 그림의 계절

검열인		그림 수	계절 대응
년	월		
안세 3	2	5	봄, 가을 ,겨울
	4	8	봄, 여름, 가을, 겨울
	5	7	봄, 여름, 가을
	7	8	봄, 여름, 가을, 겨울
	8	6	봄, 여름, 겨울
	9	3	봄, 가을
안세4	1	5	봄, 여름, 가을, 겨울
	2	14	봄, 여름, 가을, 겨울
	4	10	봄, 가을, 겨울
	윤5	5	봄, 여름, 겨울
	7	5	여름, 가을
	8	10	봄, 여름, 가을
	9	8	봄, 여름, 가을, 겨울
	10	1	여름
	11	7	봄, 여름, 가을, 겨울
	12	6	봄, 여름, 가을, 겨울
안세5	4	1	봄

안세5	7	3	가을
	8	3	여름, 가을
	10	3	여름, 겨울
	총	118	

[표V-3]은 전체 작품집을 검열 월별 그림수로 나타낸 것이다. 2월, 4월, 8월에 각각 19점씩이고, 3월과 6월에는 3년 연속 검열 받은 그림이 없다. 이것은 그 달에 간행한 그림이 없다는 것을 의미하는 것이 아니다. 검열은 판의 밑그림의 내용에 대한 검열이므로 미리 검열을 받아놓은 그림을 원하는 시기에 간행하였을 수도 있다는 것을 의미하는 것이다.

[표V-3] 검열월별 그림수

월	그림 수
1	5
2	19
3	없다
4	19
5	7
윤5	5
6	없다
7	16
8	19
9	11
10	4
11	7
12	6
총	118

[그림V-6] 검열월별 분포도

1-4. 원 목차의 계절대응 분석

『명소에도백경』의 원 목차는 [표V-4] 과 같이 히로시게 사후 총 118점이 계절별로 분류되었다.

[표V-4] 계절별 분류

계절	그림 수	검열인 분포
봄	42	1월, 2월, 4월, 5월, 윤5월, 9월, 10월, 11월, 12월
여름	30	1월. 2월, 4월, 윤5월, 5월, 7월, 8월, 9월, 10월, 11월, 12월
가을	26	2월, 4월, 5월, 7월, 8월, 9월, 11월, 12월
겨울	20	1월, 2월, 4월, 윤5월, 7월, 8월, 9월, 10월, 11월, 12월
총	118	

각 계절에 속한 도판을 검열인과 대응하여 파악하여 본 결과,

봄으로 분류된 42점의 검열인은,

　　　1월, 2월, 4월, 5월, 윤5월, 9월, 10월, 11월, 12월,

여름으로 분류된 30점의 검열인은

　　　1월. 2월, 4월, 윤5월, 5월, 7월, 8월, 9월, 10월, 11월, 12월,

가을로 분류된 26점의 검열인은

　　　2월, 4월, 5월, 7월, 8월, 9월, 11월, 12월,

겨울로 분류된 그림의 검열인은

　　　1월, 2월, 4월, 윤5월, 7월, 8월, 9월, 10월, 11월, 12월

이다. 계절별로 보아도 검열을 받은 달이 다양하다는 것을 알 수 있다.

1-5. 대형 사건사고 대응분석

『명소에도백경』의 보도적 역할에 중점을 두고 당시 사회적으로 큰 이슈가 되었던 사건사고와 대응분석을 해보았다. [표V-5]는『명소에도백경』 간행 전후의 대형 사건사고와 검열인을 대응시킨 표이다.

[표V-5] 검열인과 사건사고 대응

기간: 가에6년(嘉永: 1853) 6월-안세4년(安政: 1858년) 10월

사건사고	검열인	도판수
가에(嘉永)6년 6월 3일: 미국 국사 페리(Perry), 우라가(浦賀)도착, 통상 요구		
7년 3월 3일:일미화친조약조인(日米和親条約調印)		
7년 4월 6일: 교토에서 대화재(황거소실)		
7년 8월23일: 일영화친가조약조인(日英和親仮条約調印)		
안세(安政)1년11월27일: 안세(安政)으로 개원(改元)		
2년10월 2일:안세에도지진(安政江戸地震)		
『명소에도백경』 시리즈물 간행 시작		
3년 2월13일: 양학 연구기관 겸 외교문서 번역국을 구단시타(九段下)에 설치	안세3년 2월	5
3년 3월28일:히로시게 삭발, 법체가 됨	안세3년 3월	없음
3년 4월 : 안세견문지(安政見聞誌) 발매	안세3년 4월	8
	안세3년 5월	7
3년 7월21일: 아메리카 총영사 해리스(Harris) 시모다(下田) 착임 3년 7월23일: 안세 하치노헤오키 지진(安政八戸沖地震)	안세3년 7월	8
3년 8월25일: 관동 대풍수해	안세3년 8월	6
3년 9월 9일: 해리스와 막부 측의 통화 교환율 교섭	안세3년 9월	3
3년10월 7일: 에도에서 지진	안세3년10월	없음

	안세4년 1월	5
4년 2월 4일: 네덜란드 영사 쿠르티우스(Curtius), 일본 대외국 방침	안세4년 2월	14
4년 4월11일: 막부, 지쿠치(築地)의 강무소 내에 군함 조련소를 설립. 나가사키(長崎)해군전습소 1기생이 교수	안세4년 4월	10
4년閏5月23日: 스루가(駿河)에서 지진	안세4년 윤5월	5
4년 7월22일:히도쓰바시요시노부(一橋慶喜)를 장군가의 후계로 추대	안세4년 7월	5
4년 8월25일: 이요(伊予)·아키(安芸)에서 지진	안세4년 8월	10
	안세4년 9월	8
4년10월14일: 해리스 장군과의 회견차 에도입성	안세4년10월	1
4년11월28일: 모리요시쓰카(毛利慶親), 외교의견을 냄	안세4년11월	7
4년12월11일: 일미수호통상조약교섭개시	안세4년12월	6
5년 2월10일: 에도 대화재(약 12만호 소실) 5년 2월17일: 승겟쇼(月照), 칙명으로 국가안태기원(고야산) 5년 2월26일: 히에쓰(飛越) 지진	안세5년 2월	없음
	안세5년 4월	1
5년 5월28일: 하치노헤오키(八戶沖)에서 지진	안세5년 5월	없음
5년 6월19일: 일미 수호 통상조약 체결	안세5년 6월	없음
5년 7월10일: 에도에도 콜레라 대유행(사상자 681명)	안세5년 7월	3
5년 4월24일: 로쥬(老中) 홋다 마사요시(堀田正睦), 해리스를 사저로 초대, 일미조약조인의 연기를 간원	안세5년 8월	3
5년 9월 5일: 안세의 대옥(安政の大獄) 시작 5년 9월 6일: 히로시게 사망 달	안세5년 9월	없음
5년10월25일: 도쿠가와 이에모치(德川家茂), 14대 장군이 됨	안세5년10월	3
	총	118장

안세3년(1856) 7월 21일에는 해리스(Harris)가 총영사로서 착임하였고, 7년 23일은 안세 하치노헤오키 대지진(安政八戶沖地震)이 있었다. 이 시기에 검열받은 그림 수는 8장으로, 그림의 표제나 핵심주제는 각각 센소지(淺草寺), 아즈마관현사(吾妻權現社), 오나기가와(小奈木川)의 소나무, 가메이도텐만구(龜戶天滿宮), 산노마쓰리(山王祭), 구마노관현사(熊野權現社), 다릿목 요릿집, 치요가이케(千代が池)이다.

안세3년 9월 9일은 시모다(下田)에서 해리스와 막부 측과의 통화교환율 교섭이 있었다. 이 시기에 검열받은 그림은 총 3장으로, 표제나 화면 구성요소 중 핵심내용은 각각 사루와카쵸(猿若町), 히로코지(廣小路), 스루가쵸(する賀てふ)이다.

안세3년 10월 7일에는 에도에서 지진이 발생했다. 10월에 검열 받은 그림은 없다.

안세4년 2월 4일: 네덜란드 영사 쿠르티우스(Curtius)가 일본 대외국 방침개정을 나가사키(長崎) 관공서에 설득하였다. 이 시기에 검열받은 그림은 총 14장으로 가장 많은 수를 차지한다. 내용은 스미요시신사(住吉神社)와 어로풍경, 오지신사불각(王子神社仏閣)지역, 가마타(蒲田)의 매화정원, 가와구치젠코지(川口善光寺), 매화 언덕의 교각, 사카사이(逆井) 선착장, 다카다(高田)의 무예 연습장, 뎃포즈이나리신사(鐵砲洲稻荷神社), 나카가와 관문(中川關所)입구, 니쥬쿠 선착장(にい宿のわたし), 닛포리(日暮里)의 사원과 신사, 세 갈래 수로, 사메즈(鮫洲)해안 전망, 요쓰기도리(四ツ木通) 용수로이다.

안세4년 윤5월 23일 스루가(駿河)에서 지진이 발생했다. 윤5월에 검열받은 그림은 총 5장으로 표제나 그림의 핵심 구성요소는 고이노

보리(鯉のぼり), 매, 창포, 학, 권진 스모(勸進相撲)이다.

안세4년 8월 25일 게이요(芸予)지진이 있었다. 이 시기에 검열 받은 밑그림은 총 10장으로 표제나 화면을 구성하고 있는 핵심내용은 각각 스미다강의 뱃놀이, 시노바즈이케(忍ばず池)의 변재천사, 아키하관현사(秋葉權現社), 오백나한사(五百羅漢寺), 아타고관현사(愛宕權現社), 유녀, 에도 33간당, 후카가와하치만(深川八まん), 수신의 모리(水神の森), 마쓰치야마성천궁(待乳山聖天宮)이다.

안세5년 2월 26일 히에쓰(飛越) 지진이 있었다. 2월에 검열 받은 그림은 없다.

안세5년 5월 28일에 하치노헤오키에서 지진이 있었다. 5월에 검열 받은 그림은 없다.

안세5년 6월 19일에 일미 수호통상조약이 체결되었다. 이어서 네덜란드, 러시아, 영국, 불란서와 5개국 조약이 있었다. 6월에 검열받은 그림은 없다.

히로시게 사망 1개월 전인 안세5년 9월 5일에 안세노다이고쿠((安政の大獄)가 시작되었다. 9월에 검열받은 그림은 없다.

히로시게 사망 달인 안세5년 10월에는 총 3장의 밑그림을 검열받았다. 그림의 표제나 중심 구성요소는 이치가야하치만(市ヶ谷八幡), 우에노(上野)유녀행렬, 비구니다리(比丘尼橋)이다.

이상, 대형 정치 사회적 사건과 표제 및 화면 핵심 구성요소와의 대응을 파악하여 본 결과 직접적인 상호대응이나 특별한 갈등상황은 보이지 않았다. 그러므로 작품집은 대형 사회적 이슈와는 일정한 거리를 두고 있는 그림인 것으로 판단된다.

1-6. 소결 및 해석

『명소에도백경』을 지리적 조건, 생태적 환경, 계절대응, 검열인 대응, 사건사고 대응 등 각 요인별로 분석해 본 결과 작품집 전체의 특징은 다음과 같이 요약된다.

작품집 총 118점에서 대략 100점 정도가 에도시대에 그어진 주인선 안에 분포하여 있었고([표Ⅴ-1]참조), 전체 시계는 니혼바시를 중심으로 북쪽으로는 닛코산, 동북으로는 쓰쿠바산, 서쪽으로는 단자와산, 남서로는 후지산까지를 시계에 두고 있다([그림Ⅴ-4]참조).

『명소에도백경』의 범위는 에도성을 중심으로 반경 15km 전후의 범위 내에 있다([그림Ⅴ-4]). 에도의 최동쪽의 도판[K05S094+](현 치바현 이치가와(市川市))는 구호지 경내에서 전망한 데코나신사를 소재로 하고 있고, 최서쪽의 도판[I06S087+](현 동경도의 다마(多摩) 미타카시(三鷹市)는 이노카시라(井の頭) 변천사(弁天社)와 성천(聖天)을 소재로 하고 있다. 최남(最南)풍경을 그린 도판[H07S072+](현 동경도 오타구(大田區))는 하네다(羽田)의 변천사 주변을 묘사하였고, 최북쪽의 도판[J04S020+](현 사이타마현(埼玉縣)는 스미다강 북쪽 상류의 젠코지(善光寺)를 소재로 하고 있다.

[그림Ⅴ-5]에서 히로시게 행동구도의 특징을 보면 주로 에도성을 중심으로 주변

[자료Ⅴ-1] 朱引図과墨引線 (Kawasaki City Museum 발행 『히로시게 『명소에도백경』의 세계』내 지도 인용)

약5km 반경에 밀집한 분포를 보이고, 이 지역에서 총 118장 중 50% 이상을 취재하였다. 에도시대 에도의 범위는 [자료Ⅴ-1]과 같이 주인선 내로 제시되었고 흑인선은 마치부교쇼(町奉行所) 지배의 범위를 나타내었는데 흑인선은 에도성을 중심으로 약 5km 반경 전후의 범위였다. 에도의 범위를 나타낸 지도나 그림은 이외에도 다음과 같은 자료에서 당시의 명소감각을 파악하여 볼 수 있다.[9]

- 장연에도지전도(長緣江戶之全図, 1847): 동경도 공문서관 소장, 간에이에도에즈(寬永江戶繪図)를 복원한 상상도
- 에도부내주인도곤(江戶府內朱引図坤, 1818): 동경도 공문서관 소장, 에도시대 후기의 범위를 그린 그림
- 에도즈뵤후(江戶図屏風, 1835-41): 아쓰키(厚木市) 향토자료관 소장, 에도의 조감도, 동은 스미다강, 서는 고코쿠지(護國寺) 부근, 남은 시나가와(品川), 북은 우에노(上野)까지 상세히 묘사.
- 동도조감도(東都鳥瞰図, 1803경): 기타오마사요시(北尾政美), 시나가와(品川) 구립 시나가와 역사관 소장. 에도를 동에서 전망한 구도로 막말기까지 동일한 조감도가 제작.
- 동도근교도(東都近郊図, 1825): 나카다이부키(仲田惟喜) 작, 동경도 공문서관 소장, 에도 근교의 유람을 위해 작성됨, 그려진 범위가 넓어 동은 후나바시(船橋), 서는 부추(府中), 남은 가나가와(神奈川), 북은 이와쓰키(岩槻)까지 근교로 보고 있음.
- 에도메이쇼이치란스고로쿠(江戶名所一覽双六, 1859): 2대 히로시게, 시나가와(品川) 구립 시나가와 역사관 소장, 에도 조감도를

---

9) 가와사키시(川崎市) 시민박물관(2008)『히로시게『명소에도백경』의 세계-에도사람들의 명소 감각-』, 艸芸社.

그린 명소 스고로쿠(双六), 니혼바시를 기점으로 동은 후카가와
(深川), 서는 다카다바바(高田馬場), 남은 시나가와, 북은 이타바
시(板橋)까지 묘사. 도심 밀집지와 그 외의 교외 지역을 명확하게
알 수 있음

　일반적으로『명소에도백경』은 에도명소의 집대성 대작이라고 하지
만 그려진 장소를 현재의 행정구역으로 분류한 자료를 참고하여 보아
도 에도성을 중심으로 동측의 다이토(台東)·구로다(黑田)·고토(江
東) 각 구에 전체의 3할 이상이 집중하여 있다.[10]

　반면 주인선 밖으로 보이는 18점은 에도의 행정구역은 아니더라도
에도인의 생활과 밀접하게 관련된 장소로 파악되었다. 예를 들어 최
동쪽의 도판[K05S094+]과 최북쪽의 도판[J04S020+]는 당시 에도인
의 종교 참배 붐이나 개장과 밀접하게 관련되어 있는 장소이다. 최서
쪽의 도판[I06S087+]와 최남쪽의 도판 [H07S072+]는 에도 입구의
해난을 막아주는 수호신으로서의 의미가 있었고 특히 최서쪽의 이노
카시라 연못(井の頭池)에 해당하는 지역은 에도의 상수도원(上水道
源)지역이다([그림Ⅴ-4], [그림Ⅴ-5] 참조). 이 그림들은 6장에서 해
석된다.

　지리 생태적 분석에서 특징적인 것은 해양성 기후의 특징을 살린
그림, 도심 속의 모리(森, 杜, 社)에 대한 상징성의 공유, 자연물과 인
공물의 적절한 혼합 등이 눈에 띄었고, 목록상의 계절과 표상물과의
대응은 그다지 직접적으로 의식되지 않았다.

---

10) 가와사키시(川崎市) 시민박물관(2008) 위의 책, 11쪽.

다음으로 검열인과 그림의 계절을 대응시켜 본 결과, [표Ⅴ-2]에서 안세 4년 2월에 14점으로 가장 많은 수의 판화 밑그림을 검열받았으며, 3월과 6월에는 검열을 받은 그림이 없다는 것을 알 수 있다. 이 그림들은 검열인이 동일하므로 그림이 표상하고 있는 계절도 같을 것이라고 생각할 수 있는 부분이지만, 계절이 모두 일정하지 않고, 봄, 여름, 가을, 겨울을 나타냈다. 이러한 사항들이 의미하고 있는 것은 그림에서 계절은 기본적으로 작품의 내용을 상징하는 구성요소로서의 역할로 표상되었다고 볼 수 있다. 위의 결과에서 검열받아 놓은 밑그림을 필요한 시기에 꺼내서 간행하였던 것으로 유추하여 볼 수 있겠다. 이것은 히로시게 시대의 명소(名所)의 의미는 종래의 상투적인 우타마쿠라(歌枕)적 의미를 벗어나 정보전달에 치중하는 한편 의미전달의 효율성을 위하여 상징성을 공유한 모티브를 다용하였던 매체이었기 때문이다. 시기나 계절의 대응이 필요한 작품은 계절을 상징하는 꽃이나 새, 세시풍속 등 서민의 풍속으로 상징하였고, 그 대부분이 그 지역의 「신불」과 연관된 행사나 종교적 이벤트와 밀접한 관련성을 가지고 있었다.

[표Ⅴ-5]에서 『명소에도백경』의 표제, 화면 핵심 구성요소가 간행 전후 기간 동안의 대형 정치 사회적 이슈와 대응하고 있는가를 파악하여 본 결과, 그림이 사건사고와 직접적인 관련성이 없는 것으로 파악되었다. 작품들은 가와라반(瓦版)과 달리 대형 사회적 사건사고와는 일정한 거리감을 유지하고 있는 판화물인 것으로 판단된다.

215

2. 『명소에도백경』의 종교사상 분석

2-1. 성(聖)요소 분석

본 장에서는 『명소에도백경』에 내재된 사상을 표면적으로 파악해 보기위하여 먼저 총 118점의 작품집을 성(聖)을 축으로 분석하였다. [표Ⅴ-6]은 『명소에도백경』 118점에서 성 요소의 유무를 나타낸 것이다.

[표Ⅴ-6] 성(聖)요소의 유무(단위:장)

| (1) | 성(聖)요소가 있는 그림 | 98/118 |
| (2) | 성(聖)요소가 없는 그림 | 20/118 |

성 요소가 있는 그림은 98장으로 전체의 83%에 달했고 성 요소가 없는 그림은 20장으로 17%에 불과하였다.

[표Ⅴ-7]은 성 요소가 표상된 그림에서 각 요소를 판별하여 목록화한 것이다.

단, 「메이쇼에」는 인간풍속을 주로 그린 것으로 그림은 다양한 상
징기법을 다용하고 있어서, 그 내용을 성 요소로 분류하는 것은 간단
하지 않았다. 그러므로 이하의 분석은 에도초기부터 이어져 내려오던
스야리가스미와 우키요에에서 주로 통용하는 상징적인 표현방법인
미타테 기법를 고려하여 분석하였다.

[표V-8]은 성 요소의 특징에 의한 집계표이다. 성 요소의 범주는
신불, 후지신앙, 산악신앙, 기타로 하였다. 세부요소로 신불은 신사와
불각, 후지신앙은 후지산, 단자와산(丹澤山), 후지총과 후지총의 미타
테로 분류하였으며, 산악신앙은 쓰쿠바산, 닛코산과 기타산으로 분류
하였고, 기타 항목으로는 제(祭)와 기(忌), 연중행사, 통과의례와 속신
으로 분류하였다. 또한 도리이(鳥居)는 별도의 항목으로 살펴보았다.
다음은 각 항에 해당하는 단어의 정의이다.[11]

- 신불(神仏): 「신불습합(신불혼효)」 시대 사상의 일종[12]
- 후지신앙(富士信仰) : 후지산을 신체(神体)로 하는 신앙
- 산악신앙: 산악에 종교적인 의미를 부여하여 숭배하는 사상
- 연중행사: 해마다 일정한 시기를 정하여 놓고 하는 행사
- 속신(俗信): 민간신앙의 일부로 주술적 함축성이 짙은 신앙체계
- 통과의례: 개인이 새로운 지위 신분 상태를 통과할 때 행하는 상징
  적인 의식이나 의례

---

11) 존 히넬스(John R. Hinnels)편(1999) 앞의 책.
12) 신불(神仏)이라는 용어는 신도의 신(神, 가미)과 불교의 불(仏, 호토케)을 합성시
   킨 단순한 합성어가 아닌 일상용어로 일본인에게 신과 불의 구분은 사실상 무의
   미하다(박규태(2003) 「신불분리의 종교사적 일고찰」, 『아세아연구』제46권 4호,
   93쪽.

- 제와 기(祭와 忌): 마쓰리나 기피하는 사항
- 도리이(鳥居): 신사입구에 설치된 결계를 상징하는 구조물

[표V-7] 성(聖)요소 목록

〈범례〉
- 도판은 미국 브루클린 박물관 소장 초판을 사용한 헨리 스미스(Henry Smith)판 히로시게 『명소에도백경』 사용.
- 표시는 고유번호, 和曆, 계절, 표제명 순
- ○백봉 ●관설 후지 □흰색 단자와 ■회색 단자와 ┯┯도리이
- S1-S42: 봄, S43-S72: 여름, S75-S98: 가을, S99-S118: 겨울
- 주인선 안: -, 주인선 밖: + 주인선 근접 내측: =, 주인선 근접 외측: ^

고유번호	검열일	계절	제목	신불		후지신앙			산악신앙			기타				도리이	비고
				사원	신사	후지산	단자와산	후지총/미타테/후지강	쓰쿠바산	닛코산	기타산	제와기	연중행사	통과의례	속신	도리이	
	安政			53	69	19	17	38	11	8	10	6	6	1	9	17	
A01S001	3年5月	봄	日本橋雪晴		○	□											
A02S004	4年2月	〃	永代橋佃しま	o		o											住吉神社
A03S006	4年9月	〃	馬喰町初音の馬場														
A04S007	5年4月	〃	大てんま町木綿店														
A05S008	3年9月	〃	する賀てふ		○	■											
A06S043	4年12月	여름	日本橋江戸ばし	o													난간법수
A07S044	5年8月	〃	日本橋通一丁目略図	o													범천
A08S045	3年8月	〃	八つ見のはし		○	■											
A09S046	4年10月	〃	鎧の渡し小網町														
A10S055	4年7月	〃	佃しま住吉の祭	o									o	o			住吉明神社
A11S057	4年2月	〃	みつまたわかれの淵		○	■											
A12S058	4年9月	〃	大はしあたけの夕立														
A13S059	3年8月	〃	両国橋大川ばた														
A14S073	4年7月	가을	市中繁栄七夕祭		○	■						o	o	o	o		칠월칠석
A15S074	5年7月	〃	大傳馬町こふく店	o											o		상량식, 범천

코드	연월	계절	제목	1	2	3	4	5	6	7	8	9	10	11	비고
A16S076	4年12月	〃	京橋竹がし	o	o										대산예, 난간법수
A17S077	4年2月	〃	鉄砲洲稲荷橋湊神社		o	○	■								湊稲荷
A18S078	5年7月	〃	鉄砲洲築地門跡	o											西本願寺(가상)
A19S098	5年8月	〃	両国花火												
A20S114	5年10月	겨울	びくにはし雪中	o				o							比丘尼橋
B01S011	3年4月	봄	上野清水堂不忍ノ池	o	o			o						TT	寛永寺 清水堂,不忍ノ池 弁才天
B02S012	5年10月	〃	上野山した	o	o									TT	寛永寺, 五条天神宮
B03S013	3年9月	〃	下谷廣小路	o	o										寛永寺, 돌담(천태종)
B04S014	4年2月	〃	日暮里寺院の林泉		o										修性院, 三十番神堂
B05S015	3年5月	〃	日暮里諏訪の台		o			o	o	o				TT	諏訪神社
B06S034	4年8月	〃	真乳山山谷堀夜景		o										聖天宮
B07S038	4年4月	〃	廓中東雲												
B08S039	4年8月	〃	吾妻橋金龍山遠望	o	o	◒									浅草寺, 三囲稲荷社
B09S060	4年7月	여름	浅草川大川端宮戸川	o	o			o							大山石尊大権現廠
B10S061	3年8月	〃	浅草川首尾の松御厩河岸												
B11S062	4年5月	〃	駒形堂吾嬬橋	o											駒形堂
B12S089	4年8月	〃	上野山内月のまつ	o	o										寛永寺, 不忍池中島弁財天社
B13S090	3年9月	〃	猿わか町よるの景												
B14S099	3年7月	겨울	浅草金龍山	o											浅草観音, 浅草観音雷門
B15S100	4年4月	〃	よし原日本堤												
B16S101	4年11月	〃	浅草田圃酉の町詣		o	○	■	o			o				鷲大明神, 酉の町の祭
B17S102	4年閏5月	〃	蓑輪金杉三河しま	o				o							観音寺.法界寺(御膳所)
B18S103	3年2月	〃	千住の大はし		o				o						素盞雄神社:飛鳥の森, 橋戸稲荷

코드	시기	계절	명칭													비고
B19S105	4年12月	〃	御厩河岸													
C01S009	4年11月	봄	筋違内八つ小路	o												神田明神社
C02S010	4年9月	〃	神田明神曙之景	o												神田明神社
C03S016	3年5月	〃	千駄木團子坂花屋敷	o	o											석등(石燈), 根津神社
C04S047	4年9月	여름	昌平橋聖堂神田川,	o												湯島聖堂(공자)
C05S048	4年閏5月		水道橋駿河台	◐	■							o	o		o		단고노셋쿠(端午の節句)
C06S075	4年11月	가을	神田紺屋町	◐	■											神田明神社
C07S117	3年4月	겨울	湯しま天神坂上眺望	o	o			o						π		湯島天神, 上野寛永寺, 不忍池 中島弁財天社
D01S002	4年1月	봄	霞かせき	o	o							o		o			西本願寺, 범천, 門松
D02S003	4年12月	〃	山下町日比谷さくら田		◯							o		o			門松
D03S051	3年7月	여름	糀町一丁目山王祭ねり込	o	o							o		o			日吉山王大権現社(大祭)
D04S052	3年4月	〃	赤坂桐畑	o	o												山王権現의 僧坊
D05S054	3年5月	〃	外桜田弁慶堀糀町														
D06S085	4年9月	가을	紀の国坂赤坂溜池遠景	o	o												山王権現의 杜
E01S005	4年閏5月	봄	両ごく回向院元柳橋	o	o	◯	■									回向院 범천, 相撲
E02S029	3年4月		砂むら元八まん	o	o						o			π		砂村 元八幡宮
E03S056	4年11月	여름	深川萬年橋	o	o	◐	■						o			深川八幡宮(富岡八幡宮)
E04S066	4年8月	〃	五百羅漢さざい堂	o				o								羅漢寺의 栄螺堂
E05S068	4年8月	〃	深川八まん山ひらき	o	o			o								永代寺, 深川八幡官(富岡八幡宮), 후지쓰카
E06S069	4年8月	〃	深川三十三間堂	o												三十三間堂
E07S097	3年7月	가을	小奈木川五本まつ													
E08S106	3年8月	겨울	深川木場													
E09S107	4年閏5月		深川洲崎十万坪	o					o	o	o					洲崎弁天社 鷲大明神
F01S030	4年11月	봄	亀戸梅屋舗	o												臥龍梅(성현)

번호	연월	계절	제목	1	2	3	4	5	6	7	8	9	10	11	비고
F02S031	3年7月	〃	吾嬬の森連理の梓	o										π	吾妻権現神社
F03S032	4年4月	〃	柳しま	o			o	o							法性寺의 妙見堂
F04S033=	4年2月	〃	四つ木通用水引ふね				o		o						
F05S035	3年8月	〃	隅田川水神の森眞崎	o			o	o						π	隅田川水神의 森 真崎稲荷社
F06S036	4年8月	〃	真崎辺より水神の森内川関屋の里を見る	o			o	o						π	真崎稲荷社, 隅田川水神의 森
F07S037	4年4月	〃	墨田河橋場の渡かわら亀	o			o	o							隅田川水神의 森
F08S063	4年7月	여름	綾瀬川鐘が淵												
F09S064+	4年閏5月		堀切の花菖蒲	o											신사 지붕
F10S065	3年7月	〃	亀戸天神境内	o	o										亀戸天神社
F11S091	4年8月	가을	請地秋葉の境内	o	o										秋葉大権現 満願寺(별당사)
F12S092	4年12月	〃	木母寺内川御前栽畑	o			o								木母寺
F13S104	4年2月	겨울	小梅堤	o	o										秋葉大権現
G01S021	4年8月	봄	芝愛宕山	o	o										愛宕山権現社, 円福寺, 西本願寺
G02S022	3年7月	〃	廣尾ふる川	o	o		o								신사 불각 집중지역
G03S053	4年1月	여름	増上寺塔赤羽根	o	o										増上寺, 久留米水天宮
G04S079	5年7月	가을	芝神明増上寺	o	o										増上寺(浄土宗), 二代将軍秀忠의 霊廟 芝神明宮(飯倉神明宮)
G05S080	5年7月	〃	金杉橋芝浦	o	o		o				o		o		西本願寺, 久遠寺, 후지강
G06S081	4年4月	〃	高輪うしまち												
G07S108	3年2月	겨울	芝うらの風景							o					
G08S112	4年12月	〃	愛宕下薮小路	o	o		o								愛宕山権現社
G09S113	4年11月	〃	虎の門外あふひ坂	o	o		o					o	o		金毘羅大権現, 山王権現社
H01S023=	3年7月	봄	目黒千代が池	o											千代が池(그리스도관련 전승터), 석탑

ID	年月	季	名称												π	비고
H02S024=	4年4月	〃	目黒新冨士	o		○	■	o								冨士塚, 目黒不動尊
H03S025=	4年4月	〃	目黒元不二			○	■	o								冨士塚, 浅間神社
H04S026+	3年5月	〃	八景坂鎧掛松		o			o		o						鎧掛松(고목: 八番太郎源義家), 神明社
H05S027+	4年2月	〃	蒲田の梅園		o											蒲田八幡神社, 석비
H06S028	3年4月	〃	品川御殿やま	o				o								善福寺(시종)養願寺(천태종)
H07S072+	5年8月	여름	はねたのわたし弁天の社	o						o				π	羽田弁天社
H08S082	4年8月	가을	月の岬													
H09S083	3年4月	〃	品川すさき	o										π	州崎의 弁天
H10S084=	4年4月	〃	目黒爺々が茶屋	o		○	■									目黒不動
H11S109+	4年2月	겨울	南品川鮫洲海岸	o	o			o	o						海晏寺(조동종) 鮫洲明神
H12S110+	4年2月	〃	千束の池袈裟懸松	o	o			o		o				π	千束八幡神社 妙福寺(御松庵)
H13S111=	4年4月	〃	目黒太鼓橋夕日の岡	o											大円寺
I01S040	4年4月	봄	せき口上水端はせを庵椿やま	o	o										関口水神社 竜隠庵社(禅宗)
I02S041	5年10月	〃	市ヶ谷八幡	o	o									π	市ヶ谷八幡宮
I03S042	3年2月	〃	玉川堤の花												
I04S050	4年7月	여름	角筈熊野十二社俗称十二そう	o	o					o					熊野権現社
I05S086	4年11月	가을	四ッ谷内藤新宿												
I06S087+	3年4月	〃	井の頭の池弁天の社	o					o	o					井の頭弁財天
I07S115	4年2月	겨울	高田の馬場			○	■	o							
I08S116	4年1月	〃	高田姿見のはし俤の橋砂利場	o	o		o			o					氷川神社 南蔵院
J01S017	3年5月	봄	飛鳥山北の眺望	o	o			o	o						金輪寺, 王子権現
J02S018^	4年9月	〃	王子稲荷の社		o			o	o					π	王子稲荷
J03S019^	4年2月	〃	王子音無川堤世俗大瀧ト唱	o	o			o							金輪寺 王子権現社

번호	연월	계절	제목									π	비고
J04S020+	4年2月	〃	川口のわたし善光寺	o									善光寺
J05S049^	4年9月	여름	王子不動之瀧	o	o								正修院 王子不動の滝
J06S088^	3年4月	가을	王子瀧の川	o	o							π	王子権現社 金輪社 (弁財天)
J07S118^	4年9月	겨울	王子装束えの木大晦日の狐火	o						o	o		王子稲荷
K01S067=	4年2月	여름	逆井のわたし				o		o				中川の森(杜)
K02S070=	4年2月	〃	中川口	o								π	中川の森(杜)
K03S071+	3年8月	〃	利根川ばらばらまつ										
K04S093+	4年2月	가을	にい宿のわたし				o		o				
K05S094+	4年5月	〃	真間の紅葉手古那の社繼はし	o	o		o	o	o			π	日蓮宗弘法寺, 手児奈明神社
K06S095+	3年5月	〃	鴻の台とね川風景	○	■	o							
K07S096+	3年2月	〃	堀江ねこざね	o	○	■	o					π	豊受神社

[표 Ⅴ-8] 성(聖) 요소의 특징에 의한 집계

대분류	그림수	상세 분류		요소수	계
신불	83	신사		68	122
		사원		54	
후지신앙	51	후지산	백색	15	73
			관설	4	
		후지총, 후지총 미타테. 후지강		37	
		단자와산		17	102
산악신앙	24	쓰쿠바산		11	29
		닛코산		8	
		기타산		10	
기타	13	제와기		6	26
		연중행사		9	
		통과의례		1	
		속신		10	
도리이				17	17
		계		267	

[표V-9]는 각 도판에서 성 요소가 중첩된 그림 수를 나타낸 것이다.

[표V-9] 성(聖) 요소 중첩 수

1요소	2요소	3요소	4요소	5요소	6요소	
16	33	25	12	9	3	98 장

2-2. 지역별 「신불」 표상

『명소에도백경』 시리즈물 간행 기간은 아직 「신불습합」의 사상 하에 있었던 시대이었으므로 성 요소의 중첩요소 중 「신불」 표상을 주목하여 살펴보았다. 「신불습합」을 표상하는 구성요소는 사사(寺社), 도리이, 사원지붕의 특징, 신사지붕의 특징, 신사불각 집중지역, 범천, 석탑, 석비, 고목(성현), 성당(聖堂), 승방, 별당사, 미소기(禊), 범종, 신불관련 전승터, 종교의식, 교각의 기보시(擬宝珠, 이하 난간법수)로 판별하였다. 판별 모티브는 그림의 표제와 그림 중의 제반 모티브에서 명확하게 구별되는 것과 간접적으로 상징된 것도 포함하고 있다. [그림V-7]은 신불표상의 지역별 분포도이다.

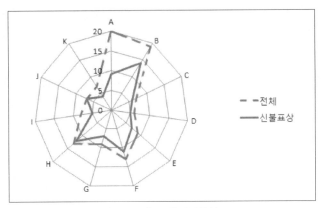

[그림Ⅴ-7] 신불표상 지역별 분포도

　이어지는 [표Ⅴ-10]은 「신불」 요소가 포함된 그림을 지역별로 분류하여 그 구성요소를 제시한 것이다.

[표Ⅴ-10] 11개 지역별 신불 표상 구성요소

지역구분	수/전체	도판	구성요소
A	9/20	A02S004	住吉神社
		A06S043	난간법수
		A07S044	범천
		A10S055	住吉神社
		A14S073	다나바타(七夕)
		A15S074	범천, 상량 의식
		A16S076	대산예, 난간법수
		A17S077	湊稲荷
		A18S078	西本願寺

B	14/19	B01S011	寛永寺의 清水堂, 不忍ノ池의 弁才天
		B02S012	寛永寺, 五条天神宮
		B03S013	寛永寺 돌담
		B04S014	修性院, 三十番神堂
		B05S015	諏訪神社
		B06S034	三囲神社, 聖天宮
		B08S039	浅草寺, 三囲稲荷社
		B09S060	大山石尊大権現, みそぎ
		B11S062	駒形堂
		B12S089	弁財天, 寛永寺清水堂
		B14S099	浅草観音, 浅草観音雷門
		B16S101	鷲大明神, 酉の町の祭
		B17S102	観音寺, 法界寺
		B18S103	飛鳥の森 : 素盞雄(스사노)神社
C	6/7	C01S009	神田明神社
		C02S010	神田明神社
		C03S016	석등(石燈), 根津神社
		C04S047	湯島聖堂(공자)
		C05S048	端午의 節句(고이노보리)
		C07S117	湯島天神, 上野寛永寺, 不忍池 中島弁財天社
D	5/6	D01S002	西本願寺, 범천, 門松
		D02S003	門松
		D03S051	日吉山王大権現社(大祭)
		D04S052	山王権現의 僧坊
		D06S085	山王権現의 杜

		E01S005	回向院 범천. 相撲
E	7/9	E02S029	砂村 元八幡宮
		E03S056	深川八幡宮(富岡八幡宮)
		E04S066	羅漢寺의 栄螺堂
		E05S068	永代寺, 深川八幡宮(富岡八幡宮)
		E06S069	三十三間堂
		E09S107	洲崎弁天社, 鷲大明神
F	11/13	F01S030	臥龍梅(고목:성현)
		F02S031	吾妻権現神社
		F03S032	法性寺의 妙見堂(일연종)
		F05S035	水神の森, 真崎稲荷社
		F06S036	真崎稲荷社, 水神の森
		F07S037	水神の森
		F09S064+	신사 지붕
		F10S065	亀戸天神社
		F11S091	秋葉大権現 満願寺
		F12S092	木母寺
		F13S104	秋葉大権現
G.	7/9	G01S021	愛宕山権現社, 西本願寺, 円福寺
		G02S022	사원 신사 집중 지역
		G03S053	増上寺, 久留米水天宮
		G04S079	増上寺(淨土宗), 二代将軍秀忠의 霊廟, 芝神明宮(飯倉神明宮)
		G05S080	西本願寺, 久遠寺
		G08S112	愛宕山権現社
		G09S113	金毘羅大権現, 山王権現社

		H01S023=	千代が池(그리스도 전승터), 공양탑
H	12/13	H02S024=	目黒新冨士冢, 目黒不動尊
		H03S025=	目黒元不二冢, 浅間神社
		H04S026+	鎧掛松(고목: 八番太郎源義家), 神明社
		H05S027+	蒲田八幡神社, 石碑
		H06S028	善福寺(시종) 養願寺(천태종)
		H07S072+	羽田弁天社
		H09S083	州崎의 弁才天
		H10S084=	目黒不動
		H11S109+	海晏寺(조동종), 鮫洲明神
		H12S110+	千束八幡神社, 妙福寺(御松庵)
		H13S111=	大円寺
I	5/8	I01S040	関口水神社, 竜隠庵社(선종)
		I02S041	市ヶ谷八幡宮
		I04S050	熊野権現社
		I06S087+	井の頭弁財天
		I08S116	氷川神社 南蔵院
J	7/7	J01S017	金輪寺, 王子権現
		J02S018^	王子稲荷
		J03S019^	王子権現社 金輪寺
		J04S020+	善光寺
		J05S049^	正修院 不動明王
		J06S088^	岩屋弁天, 金剛社
		J07S118^	王子稲荷
K	4/7	K01S067=	中川の森(杜)
		K02S070=	中川の森(杜)
		K05S094+	日蓮宗弘法寺, 手児奈明神社
		K05S096+	豊受神社

2-3. 후지신앙의 표상

『명소에도백경』에서「신불사상」다음으로 큰 비중을 차지하는 후지
신앙적 요소를 파악하여 보았다.「후지신앙」의 표상은 후지산, 단자
와산, 후지총, 후지총 미타테, 후지강 모티브로 판별하였다. 상세분류
의 후지총에서는 우키요에의 상징기법으로 다용되고 있는「후지총의
미타테」를 포함하고 있다.「단자와산」은 독립된 산악신앙으로 취급하
지 않고 히로시게가 후지산을 표현할 때 거의 모든 그림에서 산기슭
에 동반 표현되어 나타나므로 후지신앙의 일환으로 간주하였다. [표
V-11]은 후지신앙을 표상한 그림을 지역별로 분류한 것이다. [표V
-12] 는 계절별로 나타난 후지산 표상의 특징을 나타낸 것이다. [그림
V-8] 은 후지산을 포함한 후지신앙 표상의 지역별 분포도이다.

[표V-11] 후지신앙 표상의 지역별 분류

지역	A	B	C	D	E	F	G	H	I	J	K	합계
후지산	6	2	2	1	2	0	0	3	1	0	2	19
후지신앙	8	6	3	1	5	7	4	8	2	2	5	51

[표V-12] 후지산 표상의 특징

계절	그림 수	표상의 특징
봄	7	백봉6, 관설1
여름	4	백봉2, 관설2
가을	6	백봉5, 관설1
겨울	2	백봉2

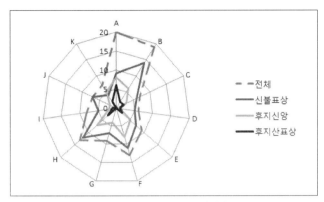

[그림Ⅴ-8] 후지신앙 표상의 지역별 분포

2-4. 소결 및 해석

이상의 결과로 [표Ⅴ-6]에서 『명소에도백경』 118점 중 성(聖)요소
가 포함된 그림이 전체의 약 8할 이상이라는 것이 파악되었고, [표Ⅴ
-7]의 목록을 통하여 각 도판마다 신앙관련 표상을 포함하고 있는 작
품집이라는 것을 알 수 있다. [표Ⅴ-7]은 각 도판에서 신앙적 요소를
판별하여 목록화한 표이다. 신앙적요소의 판별에 있어서 「우키요에」
라는 그림의 특징상 에도초기부터 이어져오던 상징기법인 스야리가
스미와 미타테를 고려하였다. 그 결과 목록에서 「후지총의 미타테」 기
법이 다수 사용된 것을 알 수 있었다. 그러나 당시의 중심사상인 「신
불습합」을 표상하는 구성요소가 가장 많았고, 대표적인 것으로는 사
사(寺社)가 가장 높은 비중을 차지하였다. 신불표상의 지역별 분포는
A와 B지역에 치중한 분포를 나타냈다([그림Ⅴ-7]).

「후지신앙」의 표상은 후지산, 단자와산, 후지총, 후지총 미타테, 후

지강 모티브로 판별하였고, [그림Ⅴ-8]에서 후지신앙 표상의 지역별 분포의 특징을 볼 수 있다. 후지산 표상은 A지역에 치우쳐 있었고, 후지산 표상이 없는 F, G 지역에서는 상대적으로 후지산의 미타테가 많이 나타났다. 더불어 후지산을 신앙의 산으로 상징할 때는 단자와산을 동반하고 있는 것을 알 수 있다.

[표Ⅴ-9]에서 성 요소가 중첩되어 표상된 그림 수는 82장으로 중첩이 4개 이상인 그림도 24장이나 있었다. 중첩의 의미에 대해서는 김애경(2010)의 「우타가와 히로시게의 『명소에도백경』에 담긴 종교관의 회화적 표현」[13]에서 고찰되었다.

[표Ⅴ-10]에서 A지역은 전체 그림 수(20장)에 비하여 신불을 표상한 그림 수(9장)가 상대적으로 적게 나타났다. 이것은 A지역은 에도성을 중심으로 하는 도심지역으로 정치와 경제를 상징하는 요소를 소재로 한 그림이 많았기 때문이라고 할 수 있다. 그러므로 정치의 수도에도를 상징하는 요소로 도판의 배경에 후지산을 사용한 그림이 이 지역에서만 전체 후지산 그림의 약 3할을 차지하였던 것이다.

반면 후지신앙 표상은 A, F, H지역에 많이 나타났다. 『명소에도백경』은 원 목록에서 봄의 부에 42점, 여름 부에 30점, 가을 부에 26점, 겨울 부에 20점으로 분류되었지만 후지산 표상은 계절에 관계없이 100% 눈 덮인 「백봉」으로 표상되었다([표Ⅴ-12] 참조). 이것은 후지강 수행신자의 백색일색의 복장과 일맥상통하는 부분으로 6장 5절, 『명소에도백경』과 후지신앙에서 그 상징적 의미를 다룬다.

---

13) 김애경(2010) 「歌川廣重の 『名所江戸百景』にみる宗教觀の図的表現」 『比較日本學』제23집.

주지하고 있는 바와 같이 『명소에도백경』에 담긴 각 작품의 구성내용은 문맹자를 포함한 다양하고 넓은 구매층을 대상으로 소비되던 당시대의 대중매체이다. 그러므로 대중매체의 특징상 각 그림들은 민감하게 변화하는 사상의 흐름을 어느 정도 반영하고 있다고 볼 수 있다.[14] 이러한 변화는 작품집에서 「신불습합」 사상을 중심으로 한 신앙적 요소가 가장 많았지만 예상외로 사원 대비 신사를 표상한 숫자가 많았다는 것에서도 예측된다. 또 신흥종교인 산악신앙요소가 신불요소 수와 별 차이가 없이 많이 나타났다는 것에서 이미 산악신앙의 유행이 반영되어있고, 산악신앙 중 후지신앙이 차지하는 비율이 전체의 약 7할 이상을 차지하고 있다는 것에서도 검증되는 사항이다.[15]

『명소에도백경』의 작품집에 표상된 대표적인 신사와 사원표상을 열거하면, 스미요시명신사(住吉明神社), 미나토이나리(湊稲荷), 니시혼간지(西本願寺, 池上本願寺, 築地本願寺), 간에지(寛永寺) 기요미즈도(清水堂), 시노바즈이케(不忍池) 나카지마 변재천사(中島弁財天社), 고죠텐신궁(五條天神宮), 슈쇼인(修性院), 산쥬반신당(三十番神堂), 스와신사(諏訪神社), 미메구리신사(三囲神社), 성천궁(聖天宮), 센소지(淺草寺), 미메구리이나리사(三囲稲荷社), 오야마세키존대관

---

14) 『명소에도백경』이 출판된 시기는 아직 신불습합의 사회로 그 속에 담긴 신불 표현은 불교를 중심으로 특별히 사상적 구분 없이 표현 되었다고 보는 관점이 당연한 것이다. 그러나 각각의 작품에는 변화하는 시대의 흐름이 반영되어(메이지 신불분리로의 이행기), '신불 비교 우위의 변동성' 이라는 무언의 메시지를 전하고 있는 듯하다(김애경(2010) 「히로시게 『명소에도백경』 속에 담긴 「신불(神仏)」표현의 특징과 의미 고찰」 『일본사상』, Vol.1, 9쪽.

15) 에도시대 후기에 대표적인 서민신앙으로 후지강이 대유행하였고 후지신앙은 에도와 관동지역의 대표적인 서민신앙이었다고 볼 수 있다(澤登寛聰(2002) 「후지신앙과 에도막부의 후지강 단속령」 『法政大學文學部記要』제47호, 1쪽).

현(大山石尊大權現), 고마가타도(駒形堂), 아사쿠사관음(淺草觀音), 아사쿠사관음낙문(淺草觀音雷門), 와시다이묘진(鷲大明神, 북극성신 앙), 간온지(觀音寺), 호카이지(法界寺), 아스카노모리(飛鳥の森), 스 사노오신사(素盞雄神社), 간다묘진(神田明神), 네즈신사(根津神社), 유시마성당(湯島聖堂), 유시마텐진(湯島天神), 우에노칸에지(上野寬 永寺), 히에산노관현사(日吉山王權現社), 에코인(回向院), 스나무라 모토하치만구(砂村元八幡宮), 라간지사자에도(羅漢寺榮螺堂), 에타 이지(永代寺), 후카가와하치만구(深川八幡宮), 후쿠오카하치만구(富 岡八幡宮), 산쥬산겐도(三十三間堂), 스사키벤텐샤(洲崎弁天社), 아 즈마관현사(吾妻權現社), 홋쇼지 묘겐도(法性寺妙見堂), 스미다강 수 신의 모리(隅田川水神の森), 마쓰사키이나리사(眞崎稲荷社), 가메이 도텐만구(龜戶天滿宮), 아키하대관현(秋葉大權現), 만간지(滿願寺), 목모사(木母寺), 아타고산관현사(愛宕山權現社), 엔후쿠지(円福寺), 조죠지(增上寺), 구루메스이텐구(久留米水天宮), 2대장군 히데타다 의 영묘(二代將軍秀忠の靈廟), 시바신메구(芝神明宮), 이구라신메구 (飯倉神明宮), 구온지(久遠寺), 곤피라대관현(金毘羅大權現), 치요가 이케(千代が池: 그리스도 전승터), 메구로신후지쓰카(目黑新富士塚), 메구로후도손(目黑不動尊), 메구로모토후지쓰카(目黑元不二塚), 센 겐신사(淺間神社), 요로이가케마쓰(鎧掛松), 하치만다로미나모토노 요시이에(八番太郎源義家), 신메이샤(神明社), 가마타하치만신사(蒲 田八幡神社), 센후쿠지(善福寺), 요간지(養願寺), 하네다벤텐사(羽田 弁天社), 스사키벤자이텐(州崎弁才天), 조동종 가이안지(曹洞宗海晏 寺), 사메즈메이진(鮫洲明神), 센조쿠하치만신사(千束八幡神社), 다 이엔지(大円寺), 묘후쿠지(妙福寺), 고쇼안(御松庵), 세키구치수신사

(關口水神社), 류인안사(龍隱庵社), 이치가야하치만구(市ヶ谷八幡宮), 구마노관현사(熊野權現社), 이노카시라벤자이텐(井の頭弁財天), 히가와신사(氷川神社), 난조인(南藏院), 긴린지(金輪寺), 오지관현사(王子權現社), 오지이나리(王子稲荷), 젠코지(善光寺), 세슈인(正修院), 오지후도폭포(王子不動の瀧), 이와야벤텐(岩屋弁天), 곤고샤(金剛社), 나카가와의 모리(中川の森(杜)), 일연종 구호지(日蓮宗弘法寺), 데코나의 모리(手古那の社), 도요우케신사(豊受神社) 등이다.

　이상과 같은 결과에서 『명소에도백경』 작품집은 사사가 있는 곳이 단순히 경치가 좋은 장소라서, 또 사람들이 모이는 장소라서 명소의 주제로 삼았다기보다는, 성(聖) 요소의 내용적인 면을 상징으로 사용하여 가치체계를 공유한 당대의 인기 흥행작[16]이었다고 판단된다. 신앙적 의미가 내포된 명소는 상품테마로서 가치가 있었고 이 테마는 꾸준히 팔리는 단골테마였을 것으로 생각된다.

　당시 인쇄업은 에도의 2대 악소를 비롯하여 단기간에 돈을 벌 수 있는 것은 인쇄업이라는 말이 있을 정도로 흥하였다. 경쟁도 치열하여 흥행작을 제작하는 것은 쉽지 않은 상황이었을 것으로 예측하여 볼 수 있다.

　「우키요에」가 흥행하기 위해서는 내적인 요건으로 우키요에시(浮

---

16) 흥행작이었다는 판단은 연구자들 사이에서 다음 세 가지로 판단한다. 첫째, 100경이라는 표제가 붙어있지만 항간의 호평이 좋아서 100경을 넘어도 추가로 계속 출판이 이어져 118매를 넘었다(히로시게가 사망하지 않았더라면 시리즈는 계속 이어졌을 지도 모른다). 둘째, 항간의 호평이 좋아 많이 판쇄를 찍어 내었기 때문에 판목의 마모의 정도가 심하고 같은 표제의 그림에서도 채색의 조악의 정도가 심하게 차이가 난다. 셋째, 동시기의 다른 에도 「메이쇼에」와 비교하면, 잔존 매수도 많아 상당한 매수가 유통되었다고 판단한다.

世繪師, 이하 화가)의 표현능력, 호리시(彫師: 조각가, 각사, 이하 조각가)와 스리시(摺師: 채색가, 접사, 이하 채색가)의 공통 커뮤니케이션이 필요하였다. 특히 전체 총괄 역할인 판원의 재정능력, 홍보능력, 유통능력 등은 가장 중요한 요건이었다. 또 외적인 상황도 중요한 변수였다. 판원은 시대적 정서의 반영과 경쟁 흥행작의 결여 등, 작품출판의 시기가 작품의 흥행성적에 영향을 끼치는 중요한 변수로 작용한다는 것을 통찰하여어야했다.

물론 이 중 어느 한 부분을 배제하고도 흥행이 가능하기도 하였다. 그러나 흥행성적에 있어서 배제될 수 없었던 일 요인은 시대의식을 반영할 수 있는 주제이어야만 했다고 생각된다. 즉 「우키요에」는 순수 예술품이 아닌 대중매체이었으므로 무엇보다도 소비자에게 각인되는 강력한 무언가의 충족이 흥행을 좌우한다고 보아야한다. 그 강력한 무언가는 향락적 인생관을 모태로 자생한 「우키요에」의 역사를 테마와 관련시켜 보았을 때 인간의 보편적 욕구는 예나 지금이나 별다름이 없을 것이라고 전제하면, 우선적으로 춘화(春畵)나, 미인화(美人畵)테마를 꼽을 수 있다.

그러나 보편적 욕구 중 종교적 욕구도 배제할 수 없다. 사상가 프롬(Erich Fromm)은 『Man for Himself』라는 저서에서 인간의 종교적 욕구는 보편적이라고 주장하였다[17]. 그리고 종교적 상징과 비유는 「내면의 심리적 현실」이 투영된 것으로 보았다. 종교의 사회적 기능을 강조한 뒤르껨(Durkheim)은 종교를 「사회통합 기제」로 정의하면서 종

---

17) Fromm Erich 저, 박갑성, 최현철역(1985) 『Man for himself(자기를 찾는 인간)』, 종로서적.

교란 인간에게 본질적이고 영속적인 측면이며, 인간사유의 일반적인 범주는 종교적인 것이다 라고 주장하였다[18]. 전술한 비교 종교학의 대가 엘리아데도 같은 의미를 지닌 말을 하였다. 즉 인간은 상징적 인간(homo symbolicus)으로 인간의 모든 행위가 상징체계와 관련되어 있고, 모든 종교적 요소는 상징적 특징을 지닌다고 하였다.[19] 결국 이들 사상가들의 주장은 신앙은 인간의 보편적 욕구라는 것이다.

「메이쇼에」의 소재 즉 사사(寺社)는 물론이거니와 산이나 숲, 고목, 바위, 폭포와 같은 자연 풍광이 신이 강림하는 빙대(憑代)로서 인식되어졌고, 이러한 요소들이 종교의 보편적인 욕구를 만족시켜 주는 종교적 기제로 작용하였던 시대에서는 '신앙적 의미가 내포된 명소'는 상품테마로서 가치가 크다고 볼 수 있다. 왜냐하면 유행에 민감한 춘화나 미인화, 야쿠샤에(役者繪)와 달리 인기 변수에 그다지 상관을 받지 않아도 되는 테마가 아니었을까? 「메이쇼에」는 막말 서민층을 중심으로 획기적인 붐을 보였던 종교참배와 개장, 쇼진아케의 풍습, 강(講)의 유행 등 한 시대의 문화를 주도한 사회현상들과 맥을 같이 하지만 신앙적 테마는 꾸준히 팔리는 테마였을 것으로 생각된다. 그러므로 수요의 바탕을 이루는 기층을 꾸준히 유지하면서 화폐경제의 발달과 더불어 에도시대 초기부터 그려지기 시작해, 덴포기(天保期, 1830-1844)에 「메이쇼에」란 명칭의 장르로서 확립되고, 그 후 서양의 원근법을 사용한 「우키에(浮繪)」 및 음영법을 도입하여 그 풍광표

18) Durkheim Emile저, 노치준, 민혜숙 역(1992) 『formes el elmentaires de la vie religieuse. 2nd ed.(종교생활의 원초적 형태)』, 민영사, 1-2쪽.
19) Mircea Eliade(1959) "Methodological Remarks on the Study of Religious Symbolism"in Mircea Eliade and Joseph M.Kitagawa, eds., *The History of Religious: Essays in Methodology*(Chicago of Chicago Press, p.95.

현의 완성도를 높이며 발전을 거듭할 수 있었던 것으로 위치지어 볼 수 있다.

3. 『명소에도백경』의 속(俗)요소 분석

3-1. 속(俗)요소 분석

3절에서는 2절의 성(聖)을 축으로 분석한 결과에 이어 우키요에의 중요한 또 하나의 주제인 속(俗)을 축으로 118점의 작품집을 분석한다. 속 요소의 범주는 그 범위가 광범위 하여 사회 문화적 요소와 정치 경제적 요소 두 항목으로 구분하였다. 사회 문화는 유곽, 유녀, 요리집 · 찻집(料理茶屋, 茶屋), 행락과 군상 · 행렬로 상세 분류하였고, 정치 경제적 요소로는 에도성, 무가 저택, 교각, 창고, 수로(인공수로, 자연하천, 연못, 바다), 배와 소방망루로 분류하였다. 또한 인간묘사의 유무는 별도의 항목으로 살펴보았고, 경제의 상징인 교각은 비고란에 교각 명을 표시하였다.

이어지는 [표V-14]는 [표V-13]의 목록을 항목 별로 정리한 결과 이다.

[표Ⅴ-13] 속(俗)요소 목록

〈범례〉
- 도판은 미국 브루클린 박물관 소장 초판을 사용한 헨리 스미스(Henry Smith)판 히로시게 『명소에도백경』 사용.
- 표시는 고유번호, 계절, 표제명 순
- S1-S42: 봄, S43-S72: 여름, S75-S98: 가을, S99-S118: 겨울
- 주인선 안: -, 주인선 밖: + 주인선 근접 내측: =, 주인선 근접 외측: ^

고유번호	계절	제목	인간묘사	사회·문화					정치·경제							비고
				유곽	유녀	요정·찻집	행락	군상·행렬	에도성	무가	교각	창고	수로	배	소방망루	
			112	3	43	46	28	20	8	18	44	5	85	50	15	
A01S001	봄	日本橋雪晴	○				○	○			○	○	○	○		日本橋, 八見橋
A02S004	〃	永代橋佃しま	x								○		○	○		
A03S006	〃	馬喰町初音の馬場	○												○	
A04S007	〃	大てんま町木綿店	○		○											
A05S008	〃	する賀てふ	○		○		○									
A06S043	여름	日本橋江戸ばし	○								○	○	○	○		日本橋, 江戸橋
A07S044	〃	日本橋通一丁目略図	○		○		○	○								
A08S045	〃	八つ見のはし	○						○	○	○		○	○		八見橋, 錢龜橋, 道三橋
A09S046	〃	鎧の渡し小網町	○		○						○		○	○		
A10S055	〃	佃しま住吉の祭	○					○					○	○		
A11S057	〃	みつまたわかれの渕	○							○	○		○	○		永久橋, 川口橋
A12S058	〃	大はしあたけの夕立	○								○		○		○	大橋(新大橋)
A13S059	〃	両国橋大川ばた	○		○	○	○				○		○	○		両国橋, 御藏橋
A14S073	가을	市中繁栄七夕祭	x						○						○	
A15S074	〃	大傳馬町こふく店	○				○									

ID	계절	명소	1	2	3	4	5	6	7	8	9	10	11	12	橋
A16S076	〃	京橋竹がし	○							○		○	○		京橋、炭屋橋、白魚橋
A17S077	〃	鉄砲洲稲荷橋湊神社	○							○	○	○	○	○	稲荷橋
A18S078	〃	鉄砲洲築地門跡	○								○	○			
A19S098	〃	両国花火	○			○	○			○		○	○		両国橋
A20S114	겨울	びくにはし雪中	○							○				○	比丘尼橋
B01S011	봄	上野清水堂不忍ノ池	○	○	○	○				○					
B02S012	〃	上野山した	○	○	○	○	○								
B03S013	〃	下谷廣小路	○	○	○	○									
B04S014	〃	日暮里寺院の林泉	○		○										
B05S015	〃	日暮里諏訪の台	○	○	○	○									
B06S034	〃	真乳山山谷堀夜景	○	○	○					○		○	○		今戸橋
B07S038	〃	廓中東雲	○	○	○										
B08S039	〃	吾妻橋金龍山遠望	○	○		○				○		○	○		吾妻橋
B09S060	여름	浅草川大川端宮戸川	○	○		○				○		○	○		両国橋、吾妻橋
B10S061	〃	浅草川首尾の松御厩河岸	○	○					○	○		○	○		吾妻橋
B11S062	〃	駒形堂吾嬬橋	○	○					○	○		○	○		吾嬬橋
B12S089	가을	上野山内月のまつ	X		○			○		○		○		○	
B13S090	〃	猿わか町よるの景	○	○	○		○								
B14S099	겨울	浅草金龍山	○												
B15S100	〃	よし原日本堤	○	○	○	○									
B16S101	〃	浅草田圃酉の町詣	○	○	○			○							
B17S102	〃	蓑輪金杉三河しま	○												
B18S103	〃	千住の大はし	○							○		○	○		千住大橋
B19S105	〃	御厩河岸	○	○					○	○					厩橋
C01S009	봄	筋違内八つ小路	○	○	○		○		○						
C02S010	〃	神田明神曙之景	○										○		
C03S016	〃	千駄木團子坂花屋敷	○	○	○	○				○					
C04S047	여름	昌平橋聖堂神田川	○							○		○	○		昌平橋
C05S048	〃	水道橋駿河台	○					○		○		○		○	水道橋

C06S075	가을	神田紺屋町	X					o		o					
C07S117	겨울	湯しま天神坂上眺望	○			o						o			
D01S002	봄	霞かせき	○				o		o			o	o	o	
D02S003	〃	山下町日比谷さくら田	○		o			o	o			o		o	
D03S051	여름	糀町一丁目山王祭ねり込	○					o	o			o			
D04S052	〃	赤坂桐畑	○			o						o			
D05S054	〃	外桜田弁慶堀糀町	○					o	o	o		o			
D06S085	가을	紀の国坂赤坂溜池遠景	○					o	o			o		o	
E01S005	봄	両ごく回向院元柳橋	○							o	o		o	o	元柳橋
E02S029	〃	砂むら元八まん	○					o				o	o		
E03S056	여름	深川萬年橋	○							o		o	o		萬年橋
E04S066	〃	五百羅漢さざい堂	○	o	o										
E05S068	〃	深川八まん山ひらき	○	o	o	o				o		o			경내교각
E06S069	〃	深川三十三間堂	○									o			
E07S097	가을	小奈木川五本まつ	○							o	o		o	o	大島橋
E08S106	겨울	深川木場	○							o		o			要橋
E09S107	〃	深川洲崎十万坪	X									o			
F01S030	봄	亀戸梅屋舗	○					o							
F02S031	〃	吾嬬の森連理の梓	○					o			o		o	o	경내 교각
F03S032	〃	柳しま	○			o					o		o	o	柳島橋
F04S033=	〃	四つ木通用水引ふね	○								o		o	o	연결다리
F05S035	〃	隅田川水神の森眞崎	○					o				o	o		
F06S036	〃	真崎辺より水神の森内川関屋の里を見る	○	o	o							o	o		
F07S037	〃	墨田河橋場の渡かわら亀	○									o	o		
F08S063	여름	綾瀬川鐘が渕	○	o							o	o	o		
F09S064+	〃	堀切の花菖蒲	○			o						o			
F10S065	〃	亀戸天神境内	○	o	o						o	o	o		경내 교각
F11S091	가을	請地秋葉の境内	○	o	o	o						o			

F12S092	〃	木母寺内川御前栽畑	○	o	o				o		o	o	
F13S104	겨울	小梅堤	○	o	o				o		o		八段橋
G01S021	봄	芝愛宕山	○								o	o	o
G02S022	〃	廣尾ふる川	○		o				o		o		相模殿橋
G03S053	여름	増上寺塔赤羽根	○		o			o	o		o	o	o 赤羽根橋
G04S079	가을	芝神明増上寺	○			o	o						
G05S080	〃	金杉橋芝浦	○				o				o	o	
G06S081	〃	高輪うしまち	○								o	o	
G07S108	겨울	芝うらの風景	○						o		o	o	
G08S112	〃	愛宕下薮小路	○						o		o		
G09S113	〃	虎の門外あふひ坂	○						o		o		
H01S023=	봄	目黒千代が池	○			o					o		
H02S024=	〃	目黒新冨士	○	o	o	o					o		
H03S025=	〃	目黒元不二	○	o	o	o							
H04S026+	〃	八景坂鎧掛松	○			o					o	o	
H05S027+	〃	蒲田の梅園	○	o	o	o							
H06S028	〃	品川御殿やま	○	o?		o				o			연결다리
H07S072+	여름	はねたのわたし弁天の社	○								o	o	
H08S082	가을	月の岬	○	o	o						o	o	
H09S083	〃	品川すさき	○	o	o				o		o	o	鳥見橋
H10S084=	〃	目黒爺々が茶屋	○		o								
H11S109+	겨울	南品川鮫洲海岸	○								o	o	
H12S110+	〃	千束の池袈裟懸松	○	o	o						o		
H13S111=	〃	目黒太鼓橋夕日の岡	○						o		o		太鼓橋
I01S040	봄	せき口上水端はせを庵椿やま	○								o		
I02S041	〃	市ヶ谷八幡	○		o			o	o		o		o 연결다리
I03S042	〃	玉川堤の花	○	o	o	o	o			o		o	연결다리
I04S050	여름	角筈熊野十二社俗称十二そう	○	o	o	o					o		
I05S086	가을	四ツ谷内藤新宿	○	o	o								

번호	계절	제목												비고
I06S087+	〃	井の頭の池弁天の社	○							o		o		연결다리
I07S115	겨울	高田の馬場	○											
I08S116	〃	高田姿見のはし俤の橋砂利場	○		o	o				o		o		俤橋,姿見橋,
J01S017	봄	飛鳥山北の眺望	○				o							
J02S018^	〃	王子稲荷の社	○		o									
J03S019^	〃	王子音無川堤世俗大瀧ト唱	○		o	o					o			
J04S020+	〃	川口のわたし善光寺	○		o						o	o		
J05S049^	여름	王子不動之瀧	○	o	o	o								
J06S088^	가을	王子瀧の川	○		o					o		o		松橋
J07S118^	겨울	王子装束えの木大晦日の狐火	x											
K01S067=	여름	逆井のわたし	○								o	o		
K02S070=	〃	中川口	○		o						o	o		
K03S071+	〃	利根川ばらばらまつ	○								o	o		
K04S093+	가을	にい宿のわたし	○		o	o					o	o		
K05S094+	〃	真間の紅葉手古那の社継はし	○						o		o			継橋
K06S095+	〃	鴻の台とね川風景	○			o					o	o		
K07S096+	〃	堀江ねこざね	○						o		o	o		境橋

[표Ⅴ-14] 속(俗)적 요소의 특징에 의한 집계(단위: 장)

대분류		상세 분류	그림 수	계
(1)	사회 · 문화	유곽	3	140
		유녀	43	
		요리집/ 찻집	46	
		행락	28	
		군상/ 행렬	20	

(2)	정치 · 경제	에도성	8	225
		무가 저택	18	
		교각	44	
		회벽 창고	5	
		수로	85	
		배	50	
		소방 망루	15	
(3)	인간묘사의 유무	인간묘사가 있는 그림	112	112
		인간묘사가 없는 그림	6	6

[표V-15] 속 요소 교차표(단위: 장)

구분	속성	그림수/전체	백분율
(1)	속 요소를 표상한 그림 수	114/118	96.6%
(2)	사회 · 문화적 요소를 표상한 그림 수	77/118	65.2%
(3)	정치 · 경제적 요소를 표상한 그림 수	92/118	78.0%
(4)	(2)과 (3)를 모두 표상한 그림 수	55/118	46.6%
(5)	(2)과 (3) 모두에 속하지 않은 그림 수	4/118	3.3%

　[표V-15]는 [표V-13]과 [표V-14]를 종합한 결과이다. 즉 [표V-15]는 속 요소를 표상한 그림 수 114점(약 97%)을 사회 문화적 요소의 항과 정치 경제적 요소의 항으로 세부 분류하여 상호 연관성을 파악한 것이다.

　[표V-15]에서 속 요소를 표상한 그림 수는 전체의 96.6%에 달하고 그 중 (2)항 사회 문화적 항목을 표상한 그림 수는 77장으로 전체의 약 65.2%로 요정(찻집)이 가장 높은 비율을 차지한다. (3)항 정치 · 경제적 항목을 표상한 92장에서는 수로가 전체의 78%로 가장 높

은 비중을 차지한다. (4)항 즉 사회, 문화 항목과 정치, 경제적 항목이 동시에 교차된 그림 수는 55장으로 전체의 약 46.6%에 달했으며 주로 요정(찻집)이 수로나 교각주변에 묘사되었다. 이어서 (5)항, 정치 경제 사회 문화 어느 항목에도 속하지 않는 그림은 4장이다.

3-2. 소결 및 해석

작품집 전체 118점 중 112점에 인간이 묘사되어 있고 인간이 묘사되지 않은 그림은 6점에 불과하였다([표Ⅴ-14]). 그 6점은 [A02S004(어로생활)], [A14S073(칠석)], [B12S089(변천당)], [C06S075(염색집)], [E09S107(변천당)], [J07S118(오지이나리 신사, 여우불 전승설화)]로 직접적으로 인간을 첨경(添景)하고 있지 않으나 결국 주제는 인간의 생업 및 신앙생활을 묘사한 그림이다.

[표Ⅴ-15]에서 총 118장 중 정치 경제 사회 문화 어느 항목에도 속하지 않는 그림 4장은 [B14S099(센소지 낙문)], [B17S102(장군의 학 사냥지)], [I07S115(후지산, 단자와산, 무사의 무예 연습장)], [J07S118(오지이나리 신사, 전승설화)]이지만, 이 그림들은 성 요소를 상징하고 있거나 장군이나 무사와 관련하여 있으므로 순수하게 산수 경치를 그린 그림은 찾아보기 어렵다고 볼 수 있다.

[표Ⅴ-13], [표Ⅴ-14], [표Ⅴ-15]의 종합 결과에서 주목되는 점은 유곽이나 유녀, 요정과 찻집의 묘사는 대부분 수로의 다릿목이나 사사(寺社)로 향하는 교통의 요지에 하나마치(花街)의 특징이 상징된 점이다. 「가가이(花街)」라고도 읽히는 「하나마치」는 의미하는 내용이

역사적으로 변화하고 있는데다 지역에 따라서도 사용법이 상이하므로 일반화하거나 정의하는 것은 어렵다. 에도의 「하나마치」에 관한 다음의 인용문에서 그 입지적 특징을 파악할 수 있다.

에도시대의 하나마치[20]는 특히 중심부에 위치하는 니혼바시, '에도 제일의 예기'라 불리는 야나기 바시(柳橋), 요시와라 유곽이전 후에 발생한 요시쵸(葭町), 에도의 대표적인 '유리(遊里)의 항구' 후카가와(深川)의 나카쵸(仲町: 덴포기에 폐지되고 막말에 재허가), 에도 초기에 레간지(靈巖寺)가 건립되어 몬젠마치로서 발전한 속칭 레간지마(靈岸島), 남창(男娼)에서 발생되었다고 여겨지는 시바진메(芝神明) 와 유시마텐진(湯島天神) 등이 있다.[21] (중략)

원래 에도의 하나마치의 성립은 신사, 불각 또는 번화가, 풍광이 좋은 곳 등에 숨겨진 요새와 같은 형태를 취한 것으로서 자연적으로 발생하여 집단화된 것을 관례로 칭한다. 예를 들어 강무소(講武所)[22]는 간다묘진(神田明神), 유시마(湯島)는 유시마텐진(湯島天神), 후카가와(深川)는 하치만(八幡), 시바(芝)는 진메이(神明), 시타야(下谷)는 이케노벤텐(池の弁天), 우시고메(牛込) 가구라자카(神樂坂)의 비샤몬(毘沙門), 요시쵸(葭町)와 닌교쵸(人形町)·가키가라쵸(蠣殻町), 신바시(新橋)의 번화가, 니혼바시(日本橋)의 덴마(伝馬)와 어시장(魚市

---

20) 역사적으로 에도에서는 유곽을 지칭하는 「하나마치」와 게이샤 마을을 지칭하는 「류코(柳巷)」가 구별되었지만(나중에 양자가 합해져서 「화류계(花柳界)」라는 합성어가 생성되었다), 「하나마치」란 찻집(茶屋), 요리집(料理屋), 오키야(置屋)가 조합된 삼업지(三業地)를 가르킨다. 加藤政洋(2002)「都市空間の史層, 花街の近代」『10 + 1』 No.29, 138-152쪽.

21) 加藤政洋(2002) 위의 글.

22) 1854년 에도막부가 하타모토(旗本)나 무사에게 검술, 창술 등을 강습시키던 무도장. 초기에는 지쿠치뎃포즈(築地鐵砲洲)에 설치되었으나 이후 간다(神田)로 옮김.

場), 신바시(新橋) 남부는 가모모리(烏森)신사, 신토미쵸(新富町)는 모리타자(守田座)와 신시마바라(新島原) 유곽 등 모두 신사, 불각, 번화가를 중심으로 발달한 것이다.[23]

위의 예문 외에도 메구로 부동존(目黑不動尊)의 몬젠마치에 형성된 메구로 하나마치, 가메이도텐만구(龜戶天滿宮)에 인접한 가메이도(龜戶)하나마치, 그리고 아나모리 이나리(穴守稻荷)의 도리이(鳥居) 앞의 아나모리(穴守)하나마치 등을 첨가할 수 있다.[24]

---

23) 浪江洋二(1961)『白山三業沿革史』, 雄山閣.
24) 加藤政洋(2002) 앞의 글. 138-152쪽.

4. 『명소에도백경』에 담긴 성과 속 분석

4-1. 『명소에도백경』 성과 속의 연관성

V장 『명소에도백경』의 다차원 분석의 마지막인 본 절에서는 이상의 분석결과를 종합하여 [표V-16]과 [그림V-9]로 나타냈다. 이 표와 그림은 총 118점을 성과 속 두 축으로 나누어 분석한 목록인 [표V-7]과 [표V-13]을 하나로 결합하여 각각 나타낸 것으로 성속의 불가분한 연관성을 나타내기 위한 것이다. [표V-16]은 각 범주별로 그림 속에 혼합되어있는 성과 속의 추상적인 모티브를 각각 성 요소 12개, 속 요소 12개로 정리한 표이고, [그림V-9]는 각 구성요소의 출현빈도를 그래프로 나타낸 것이다.

[표Ⅴ-16] 『명소에도백경』 성속의 구성요소

신불	후지신앙	산악신앙	기타	사회 · 문화	정치 · 경제
A1: 신사	B1: 후지산	C1: 쓰쿠바	D1: 제와 기	E1: 유곽	F1: 에도성
A2: 사원	B2: 후지총	C2: 닛코	D2: 연중행사	E2: 유녀	F2: 무가저택
	B3: 단자와	C3: 기타산	D3: 통과의례	E3: 요정·찻집	F3: 교각
			D4: 속신	E4: 행락	F4: 창고
				E5: 군상·행렬	F5: 수로
					F6: 배
					F7: 소방망루

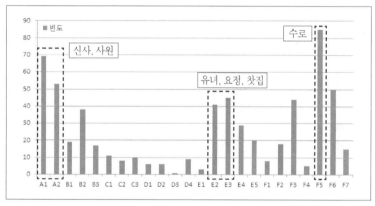

[그림Ⅴ-9] 『명소에도백경』 성속의 구성요소 출현빈도

이어지는 [그림Ⅴ-10]은 118점 각 개별 도판별로 그림에 녹아있는 성과 속의 연관성을 표면적으로 파악해 볼 수 있는 그래프이다. 이 그래프는 중앙의 작품 고유번호를 중심으로 좌측은 성 요소의 개수, 우측은 속 요소의 개수를 눈금으로 표시한 것이다. 해독하는 방법의 예를 4-2절에서 설명하였다.

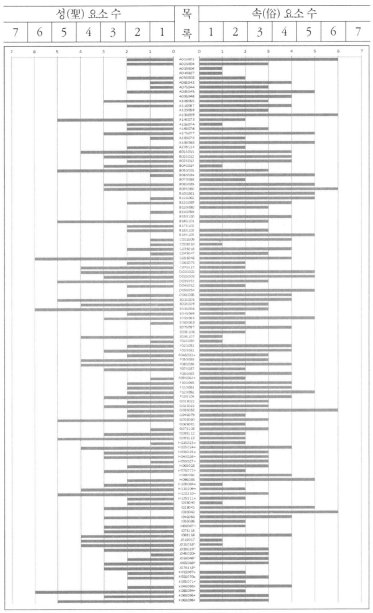

[그림Ⅴ-10]『명소에도백경』성과 속

[표Ⅴ-17]은 성 범주와 속 범주의 상호 연관성의 정도에 대하여 교차분석을 한 결과이다. 교차분석이란 범주형 자료들 사이에 어떤 연관이 있는지 없는지를 알아보는 방법으로,『명소에도백경』에 있어 성과 속 구성요소의 출현빈도 및 구성요소들 사이의 연관성을 숫자로 파악한 것이다.

[표Ⅴ-17]의 (5)항 즉, 성 범주와 속(사회·문화) 범주가 겹치는 그림 63장 중 괄호안의 46장은 유곽, 유녀, 요정, 찻집이 표상된 그림 수를 나타낸 것으로 성 범주와 사회·문화항목이 교차하는 그림 수의 70% 이상을 차지한다. (6)항의 성 범주와 속(정치·경제) 항목이 함께 표상된 그림 수는 77장으로 전체 그림수의 약 65%에 해당한다. 전체적으로 성 도상 안의 속 상징이 표현된 그림 수는 약 96%, 속 도상 안의 성 상징이 표현된 그림 수는 약 82%로 나타났다. (9)항에 해당하는 그림 즉 순수하게 산수 경치를 그린 그림은 찾아보기 어려웠다.

[표Ⅴ-17] 성 범주와 속 범주의 교차표 (단위: 장)

구분	속성	그림수/전체	백분율
(1)	성(聖)을 표상하고 있는 그림 수	98/118	83.0%
(2)	속(俗)을 표상하고 있는 그림 수	114/118	96.6%
(3)	속(俗)요소 중 사회·문화적 속성을 표상하고 있는 그림 수	77/118	65.2%
(4)	속(俗)요소 중 정치·경제적 속성을 표상하고 있는 그림 수	92/118	78.0%
(5)	(1) (3)을 표상 한 그림 수	63(46)/118	53.3%
(6)	(1) (4)를 표상 한 그림 수	77/118	65.2%
(7)	성과 속의 두 항을 모두 표상한 그림 수 ((1), (3) (4))	46/118	38.9%

(8)	(1)과 (3) (4)중 어느 한쪽을 포함하고 있는 그림 수	48/118	40.6%
(9)	순수한 산수 풍광을 표상 한 그림 수	0	0%

4-2. 소결 및 해석

『명소에도백경』 118장을 지지하는 견고한 두 축인 성과 속을 구성하는 24 요소는 신사, 사원, 후지산, 후지총, 후지강, 단자와산, 쓰쿠바산, 닛코산, 기타산, 축제, 연중행사, 통과의례, 속신, 유곽, 유녀, 요정, 찻집, 행락, 군상, 행렬, 에도성, 무가저택, 교각, 창고, 수로, 배, 소방망루이다. 이 구성요소들은 일상생활에서 찾아볼 수 있는 생활 속의 상징으로서 에도사람들의 공유된 가치체계와 행동양식을 보여주는 것이다. 성(聖)을 상징하는 정형화 요소는 「신불습합」 사상 아래 「신불」 구분이 없이 표상되었고, 그 표현의 특징은 범속한 영역 속에서 성 요소가 상징되었다. 예를 들면 신성하게 여겼던 장소 자체나 전승되는 설화, 또 신성한 속성을 내포하고 있는 자연물이나 건축물, 구조물, 축조물 양식의 특징을 범속한 범주 안에서 묘사하였다. 그리고 서민들의 범속한 생활 속(요리집, 유곽, 찻집 등)에서 종교적 행위와 관련된 신앙의식이나 신앙행위가 묘사되었다. 그러므로 관점에 따라서는 완벽하게 성(聖)을 상징하지 못했다고 할 수 있지만 이것은 성이 속을 통해 나타나는 성속의 변증법으로 설명가능한 부분이다. 이와 같은 상징기호들은 주로 수로를 중심에 두고 나타났다.

V장의 분석 결과를 종합하여 나타낸 [표V-16], [표V-17], [그림

V-9]와 [그림 V-10]을 통하여 이상에서 거론한 추상적 관계를 표면적으로 이해해 보도록 한다.

이들 표와 그림은 각 개별 도판별로 그림에 혼합되어있는 성과 속의 연관성을 명료하게 보여주고 있다. 해독하는 방법의 예를 들어 보도록 한다.

첫 번째 도판인 고유번호 [A01S001]은 A라는 기호에서 니혼바시 주변의 그림이라는 것을 알 수 있고, 더하여 주인선 안쪽에 표상된 그림(고유번호에 +, =, ^와 같은 기호가 붙지 않았음)이라는 것도 파악된다. 또 S001이라는 기호는 원 목차에서 그림이 봄의 파트에 있다는 것을 지표하고, 001은 일련번호의 첫 번째 도판이라는 것을 나타낸다. 나아가 이 도판 고유번호의 좌우에 위치한 막대그래프의 눈금을 보면 좌측 성요소 수는 2개의 눈금으로 표시되었고, 우측 속 요소 수는 6개의 눈금으로 표시된 그림인 것을 알 수 있다. 어떠한 요소로 구성되어 있는지에 대한 구체적인 정보는 성 목록 [표V-7]과 속 목록[표V-13]에서 각각 상세히 파악하여 볼 수 있다.

이어서 B지역의 도판[B16S101]에서 B16은 시타야(下谷)·아사쿠사(淺草)방면의 16번째 그림이라는 의미이고, 이 그림도 주인선 안쪽에 위치하고 있으며, S101이라는 번호는 원 목차에서 계절이 겨울 부에 대응하고, 일련번호 101번째 그림인 것을 지표한다. 나아가 [그림V-10]에 표기된 성과 속 좌우 막대그래프에서 성 요소의 갯수는 5개의 눈금, 속 요소 수는 3개의 눈금으로 구성된 그림인 것을 알 수 있다.

같은 방법으로 K지역의 도판을 해석하여본다. 목록의 마지막 번호인 [K07S096+]의 기본정보는 K07라는 기호에서 나카가와(中川)·도네가와(利根川)방면의 일곱 번 째 그림이라는 것을 알 수 있고, +라는 기호에서 주인선 밖의 공간에 위치한 그림인 것이 추가적으로 파악된다. 이어지는 S096이라는 번호에서 계절의 대응은 가을을 표상하고, 096이라는 숫자는 원 목차 일련번호 96번째 도판인 것을 지표한다. 나아가 [그림 V-9] 그래프에서 성 요소는 5개, 속 요소는 3개로 구성된 그림이라는 것을 알 수 있고, 구성요소의 내용은 [표 V-7]과 [표 V-13]의 목록에서 각각 파악해 볼 수 있다.

이상과 같은 방법으로 총 118개 작품의 성격을 모두 표면화하여 명확하게 볼 수 있을 것이고 이는 작품집 전체의 특성을 파악하는 기본이 된다. 전체적인 그래프의 모양에서는 A, B, F지역의 성 요소 수가 평균 성 요소 수에 비하여 적은편이고, 속 요소 수는 평균 속 요소 수보다 많은 것을 알 수 있다. 기타지역의 성과 속 요소 수는 전체 평균 정도를 나타내고 있다.

[표 V-17]은 성과 속을 교차분석하여 그 결과를 나타낸 표로서 화면 구성요소들 사이의 상호 연관성의 정도를 나타낸 것이다. 전체적으로 성 도상 안의 속 상징이 표현된 그림 수는 약 96%, 속 도상 안의 성 상징이 표현된 그림 수는 약 82%로 나타났고, 순수하게 산수 풍광을 그린 그림은 찾아보기 어려웠다.

[그림 V-9]에서 『명소에도백경』에서 가장 출현 빈도가 높은 구성요소는 첫째가 수로이고 둘째가 신사, 사원, 셋째가 유녀와 요정·찻집이 비슷한 빈도로 나타난 것을 알 수 있다. 세 요소에 대한 상호 연관성의 의미를 살펴보기로 한다.

가장 출현 빈도가 높은 구성요소인 수로는 에도서민 생활의 동맥으로서 에도 도심과 외곽을 연결해주는 역할을 하였다. 따라서 교통의 중심지는 수로변을 따라 위치하였던 선착장이었다. 그러므로 유곽이나 유녀, 요정과 찻집이 사람이 많이 왕래하는 수로변을 따라 번창했던 것은 당연한 것이고, 사사 또한 교통의 요지와 불가분의 관계에 있었던 입지적 요건이 반영된 것이다. 특히 도판에서 사사의 대부분이 선착장을 끼고 있었던 것은 일본에서 사사가 속적인 것과 불가분의 관계에 있었던 상황을 설명해 주는 예가 된다. 결국 성 요소와 속 요소는 수로를 매개로 상호 연결되어 있었다는 것을 알 수 있다.

[표Ⅴ-16]에서 수로는 정치 경제 항목으로 구분되었지만 이 수로를 따라서 성립된 교통의 요지에 신사와 불각이 상징되는 특징을 보인다(수로가 사회 문화로 구분되었다고 해도 같은 특징을 보일 것이다). 이 점으로 미루어 사사가 있는 곳이 교통의 요지 곧 번화가라는 의식이 성립되어 있었음을 알 수 있고, 번화가를 상징하는 요소로 유곽이나 유녀, 요리집과 찻집이 차용되었다. 또한 사사뿐만 아니라 수로를 따라 묘사된 창고, 배 그리고 교각의 표상도 교통, 물류의 요지를 상징한 것으로서 결국 유곽이나 유녀, 요정과 찻집이 교통, 물류의 요지를 따라 번창했던 것이고 당시 교통의 중심지는 사사와 연관되어 있었던 당시의 시대 상황, 즉 정치 경제 종교의 상호연관성을 확연히 보여 준다. 그 이유는 여러 가지 정치 경제적 설명이 따른다. 그러나 서민생활의 활력소가 되었던 사사와 관련된 문화의 관점에서 보면, 에도시대에 에도민의 옥외오락이나 여가를 위한 레크리에이션 시설은 종교시설의 이용이 가장 높고, 스미다강 등과 같은 하천이나 교각의 다릿목 이용이 성황하였다.[25]

이것은 당시의 지지인 『에도명소도회』에서도 확인된다. 지지의 삽

---

25) 正井泰夫(2000) 『江戸·東京の地図と景觀』, 古今書院, 10-11쪽.

화에는 많은 서민이 유흥장으로서 사사나 수변을 이용하는 모습이 묘사되었다.[26] 그러므로 이와 같은 시대의 가치관이 종합적으로 반영되어 화면 구성요소의 출현빈도 집계에서 가장 높은 빈도를 차지하는 수로 주변에 유곽, 유녀, 요리집, 찻집 등, 소위「하나마치(花街)」와 사사(寺社)가 자연스럽게 표상되어 있었던 것이다.

속을 상징하는 정형화 요소는 수로를 따라 번성한 하나마치에 더하여 요시와라 유곽 주변의 니혼바시 닌교쵸(日本橋人形町)[27]로 대표되었고, 정치 경제적 항목에서는 역시 수로를 중심으로 니혼바시, 에도성(江戶城), 후지산이 장군이 거주하는 정치 수도인 에도의 상징이 되었다.

이와 같은 표현의 특징은 당시 사람들 사이에서 일반적으로 공유되어 오던 가치체계이므로 정형화된 구성요소는 무엇보다 화면구성의 이해를 쉽게하였을 것이고, 나아가 서민층에서 우키요에가 활성화될 수 있었던 일 요인이 되었을 것이다. 이는 흥행한 시리즈물일수록 서민들 사이에서 공유되었던 가치체계의 집합체(기호의 집합체)라는 것을 미루어 짐작하게 한다.

특히 히로시게는 정형기법을 다용한 화가 중 한 사람으로 그의「메이쇼에」의 견고한 구조에 대해서는 히로시게의 동해도물에서 이미 거론하였다. 그러나 그가 사용한 성속(聖俗) 표상의 특징은 그 시대 사람이라면 바로 알 수 있는 내용이었겠지만 현 시대를 사는 사람은「신

---

26) 堀越哲美 外(2004)「江戶における遊興地としての寺社・水邊分布に關する硏究」『東海支部硏究報告集』42, 689-692쪽.
27) 에도시대, 시바이(芝居) 거리인 사카이쵸(堺町), 가부키(歌舞伎) 건축물인 나카무라자(中村座)와 이치무라자(市村座)가 있었다.

불(神仏)」, 「사사(寺社)」, 「모리(森, 杜, 社)」 등에 대한 인지를 필요로 하는 것으로서, 당시의 사상적 개념을 밑바탕에 두고 보아야 그 의미를 알 수 있고 상징된 내용을 볼 수 있는 것들이다.

또한 현재 「메이쇼에」는 화가의 이름으로 거론되고 있는 것이 보통이지만 화가의 의지가 관통되었던 순수 미술품이 아닌, 총괄하는 판원의 의지, 조각가, 채색가의 기술에도 좌우되는 공동제작에 의한 인쇄물이었다.[28] 화가의 의지는 판원에게 제약받지만 나아가 판원의 의지는 검열제도에 의해서 막부의 영향력 아래에 있었던 시대였음을 간과해서는 안될 것이다.

그러므로 [표V-16]에서 축출된 24개의 화면 구성요소들은 당시 사람들에게 공유되었던 가치체계가 축약된 기호의 집합체로서 단순하게 현대적인 관점에서 「상업적」인, 또는 「일본적」「전통적」「유서의식」이라고 말하여지는 문화적 영위이기 이전에 그것보다 높은 질서에 속하는 당시의 이데올로기의 상징물이라고 말할 수 있을 것이다. 이어지는 VI장에서는 V장의 양적인 분석에 이어서, II장에서 제시한 그림의 「기호행동론」에 입각하여 각 그림이 의미하고 있는 내용을 기호-인지-행동의 단계로 질적인 해석을 한다.

---

28) 화가(町繪師)의 대부분은 자본을 가지고 있는 소메모노야(染物屋: 염색집)·오리모토(織元: 직물 제조원), 출판업자에게 종족되어 자수, 직물 등의 밑그림이나 목판 인쇄를 위한 밑그림을 그리지만, 토속적인 민화나 에마(繪馬: 사사에 봉납하는 그림)의 수요에 따른 작화로 근근히 살아갔을 것이다(武者小路穰(1990) 앞의 책, 214쪽).

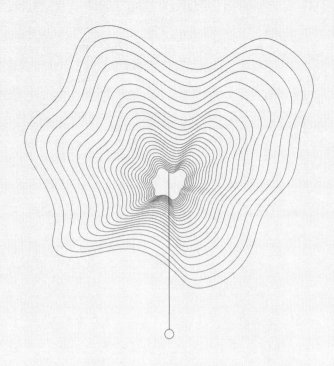

VI
『명소에도백경』의
사상적 해석

Ⅵ장에서는 작품집 전체에 대한 이해를 돕기위해 작품집에 표상된 풍경의 범위를 다시 살펴본 후, Ⅱ장에서 거론한 그림의 「기호행동론」에 입각하여 작품집에 대한 질적인 해석을 한다.

해석대상 도판은 종교를 축으로 6개의 범주 즉 (1) 신불사상 (2) 모리사상 (3) 그리스도교 신앙 (4) 대산신앙 (5)수신신앙 (6) 후지신앙으로 나누어 해석하였다.

1.『명소에도백경』의 범위

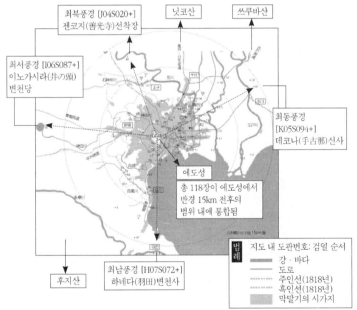

최북풍경 [J04S020+]
젠코지(善光寺)선착장

닛코산

쓰쿠바산

최서풍경 [I06S087+]
이노가시라(井の頭)
변천당

최동풍경
[K05S094+]
데코나(手古那)신사

에도성

총 118장이 에도성에서
반경 15km 전후의
범위 내에 통합됨

후지산

최남풍경 [H07S072+]
하네다(羽田)변천사

범례 지도 내 도판번호: 검열 순서
강 · 바다
도로
주인선(1818년)
흑인선(1818년)
막말기의 시가지

참고자료: Henry Smith(1986) HIROSHIGE *One Hundred Famous Views of Edo*, 8쪽.
週間朝日百科『日本の歴史』72 近世, 1-7「江戸の都市計画」, 183쪽. 吉原健一郎監修 · 俵元昭
監修(2004)『江戸東京重ね地図-明治東京検索データ·ブック』
掘じゅん子(2009)「歌川広重『名所江戸百景』における `遍在する視点」자료 1.

[그림 V-4]『명소에도백경』의 범위

[그림Ⅴ-4]는『명소에도백경』의 범위를 나타낸 것이다. 총 118장이 에도성에서 반경 15km 전후의 범위 내에 있다. 에도의 최동(最東), 최서(最西), 최남(最南), 최북(最北)풍경은 종교사상을 주 소재로 하고 있다.

1-1. 최동단(最東端): 신불(神仏)사상

「마마노모미지 데코나노쓰기하시(眞間の紅葉手兒奈の社継はし)」

도판[K05S094+]관련 문헌자료

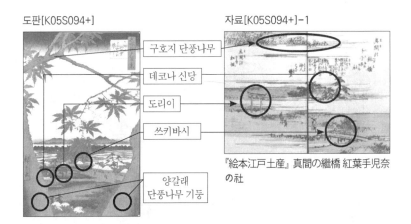

도판[K05S094+]

자료[K05S094+]-1

구호지 단풍나무

데코나 신당

도리이

쓰키바시

양갈래 단풍나무 기둥

『絵本江戸土産』真間の繼橋 紅葉手児奈の社

기호	인지	행동
단풍나무, 양 갈래 나무 기둥, 데코나 신사, 연못, 쓰키바시, 닛코산, 쓰쿠바산, 후지총 미타테	구호지와 데코나신사	신불기원 단풍놀이

도판[K05S094+]의 표제는「마마노모미지 데코나노 쓰키바시(眞間
の紅葉手兒奈の社継はし)」이고 판화 밑그림 검열일은 안세4(1857)
년 정월이다. 이 그림을 해석하기 위해서는 구호지(弘法寺)와 데코나
(手兒奈)신사와의 관계에 대한 인지가 필요하다.

먼저 구호지에 관한 사항이다. 에도 최 동북의 마마(眞間) 지역은
에도강 건너편 고지대로 치바현 이치가와(市川市)에 해당한다. 마마
하면 구호지를 연상했을 정도로 유서 깊었던 이곳은 일연종 본산으로
산호(山号)는 마마산(眞間山)이다.

자료[K05S094+]-1은 『에혼에도미야게』의 데코나신사이다. 도
리이를 중심으로 구호지의 단풍과 쓰키바시가 묘사되었다. 신당 위
에 위치한 단풍의 명소 마마산구호지에서 데코나신당과 쓰키바시
를 전망한 지정된 배치는 당시 문인이나 화가가 소속된 사회에서 작
품제작의 약속 사항이었고, 이 규칙을 지킨다는 조건 하에 작품이
표출하는 메시지는 사회 성원에게 이해 가능한 것이 되었다. 자료
[K05S094+]-2는 구호지 경내에서 전망되는 풍경을 설명한 『에도명
소도회』의 삽화이다. 구호지에서 쓰키바시와 데코나 신당 그리고 마
마의 우물이 전망되었다.

구호지는 737년 나라시대 행기(行基)보살이 마마의 데코나(手兒
奈)라는 여인의 영(靈)을 공양하기 위하여 건립한 영당(靈堂)을 시초
로 발전하였다고 한다.[1] 구호지 연기(緣起)에 의하면 행기보살 이후
헤이안(平安)시대 홍법대사(弘法大師) 구카이(空海)가 가람을 조영
하여 마마산구호지(眞間山弘法寺)로 개칭하고, 이후 천태종으로 개

---

1) 『에도명소도회』 7권 20책, 眞間 弘法寺. 153-157쪽.

종하였으나 가마쿠라(鎌倉)시대, 일연(日蓮)의 포교를 받고 일연종으로 개종한 복잡한 역사를 가지고 있는 사원이다.[2]

자료[K05S094+]-2 구호지, 데코나신사, 쓰키바시, 마마의 우물의 관계

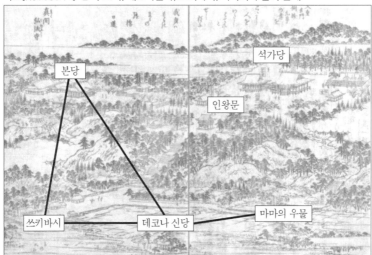

『에도명소도회』7. 真間 弘法寺 출처: 일본국립국회도서관 화상DB참조

다음으로 데코나신사에 대한 사항이다. 행기보살이 공양한 데코나(手兒奈)라는 여인에 대해서는 다양한 형태의 전설이 전해오는데 시대에 따라 전승되는 양상이 다르다. 전승에 의하면 마마의 우물에서 물을 긷던 하녀였다고도 하고, 무녀였다고도 하고, 구니노 미야쓰코(國造)의 딸이었다고도 한다. 히로시게 시대의 데코나는 마의(麻衣)를 입은 가난한 여성이었지만 미모가 뛰어나 쓰키바시(継橋)를 건너 방문하는 남자들이 끊이질 않아 이에 고민하여 입수(入水)하였다고

---

2) 『에도명소도회』7권, 같은 책.

변형되었다.[3] 다음에 인용된 만엽집(万葉集)시대의 우타(歌)에서 데코나와 관련된 전승이 유서 깊게 이어져 왔음을 알 수 있다.

(歌) 勝鹿の 眞間の井(ゐ)を見れば 立ち平し 水汲ましけむ 手兒
奈し思ほゆ。「眞間の井」[4]

(해석) 가쓰시카 군(葛飾郡)에 있는 마마의 우물을 보면 빈번하게
물을 깃던 데코나가 생각난다.

자료[K05S094+]-3은『에도명소도회』에서 데코나신당에 대한 설
명부분이다. 에도시대 서민의 의식이 반영되어 있다.

자료[K05S094+]-3

『에도명소도회』7. 眞間 弘法寺. (출처: 와세다대학도서관 古典籍總合DB)

(해석) 마마산 데코나 구적, 쓰키바시에서 동쪽으로 100보 가면 데코나
묘의 흔적이 있다. 후세에 신당을 세워 데코나명신이라 칭했다. 부인의 안
산(安産)이나 소아의 포창(疱瘡)에 효험이 있었고 제일(祭日)은 9월9일에
있었다.

위 문헌자료의 인지 하에 도판[K05S094+]를 해석하면 다음과 같다.

---

3) 같은 책.
4) 『万葉集(二)』中西進, 講談社文庫 卷9-1808(高橋虫麻呂歌集).

그림은 일견 석양을 배경으로 고즈넉한 가을 풍경을 담고 있지만
에도 동북의 한계에 있는 마마의 구호지 경내 본당에서 데코나신사
를 전망한 것으로 신앙적 상징관계로 연결되어있다. 화면에서 구호지
는 보이지 않지만 당시 구호지는 단풍나무로 상징되었다. 구호지의
단풍나무는 각종 문학작품의 상투적인 소재로 다용되었을 뿐 만 아니
라 이곳 본당에서 전망한 지정된 배치 즉, 구호지-데코나신사-쓰키바
시-마마의 우물의 관계는 사람들 사이에서 공유되어 전승되는 이미
지였다.

태내(胎內)를 상징하는 두 갈래의 단풍나무 기둥사이에 위치한 데
코나 신사는 안산이나 포창에 효험이 있는 신으로 당시 출산이나 포
창에 대한 두려움이 상징되었다(자료[K05S094+]-3). 이 그림의 신
앙적 지지는 근경, 중경, 원경에 담긴 가상의 요소에서도 확인된다. 즉
근경과 중경에는 연못과 신당을 중심으로 후지총의 미타테가 흩어져
있고, 원경으로는 실제로 구호지 본당의 방향으로 보아서는 화면에
포함되지 않을 닛코산(日光山)과 쓰쿠바산(筑波山)을 병렬로 위치시
켰다. 이 상징적 그림은 당시 사람이라면 바로 그림의 의미를 이해하
고 소비하였을 것이다. 중층적인 의미를 내포하고 있는 단풍나무, 양
갈래 나무기둥, 데코나신사, 연못, 쓰키바시, 닛코산, 쓰쿠바산, 후지총
미타테 등은 일차적으로 구호지 본당에서 전망한 풍경을 공시하지만
그 의미를 넘어 신불에의 기원이 담겨져 있다.

1-2. 최서단(最西端): 수신(水神)신앙
「이노가시라노이케 벤텐노야시로(井の頭の池弁天の社)

도판[I06S087+]관련 문헌자료

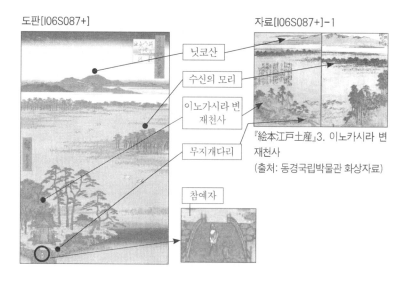

도판[I06S087+]

닛코산

수신의 모리

이노가시라 변재천사

무지개다리

참예자

자료[I06S087+]-1

『絵本江戸土産』3. 이노카시라 변재천사
(출처: 동경국립박물관 화상자료)

기호	인지	행동
변천당, 성천(聖天), 석등, 무지개다리, 소나무의 모리 (森), 닛코산, 참예자	최서쪽 수신의 모리	신불기원 행락

도판[I06S087+]의 표제는 「이노가시라노이케 벤텐노야시로(井の
頭の池弁天の社)」이고 판화 밑그림 검열일은 안세3(1856)년 4월이
다. 이 그림은『명소에도백경』에 표상된 명소 중 최서단에 해당하는
지역이다. 표제의 '이노카시라(井の頭)'라는 명칭은 상수의 근원을 나
타낸 상징적인 단어이다. 이 그림을 해석하기 위해서는 두 가지 사실

에 대한 인지가 필요하다. 하나는 에도의 상수원과 그 루트에 대한 인
지이고, 또 하나는 그 상수도원을 지켜준다고 믿었던 변재천 여신과
성천과의 관계에 대한 인지이다.

먼저 에도의 상수도원과 그 루트에 대한 것이다. 이노카시라 연못
은 에도 이전에는 고마에(狛江) 또는 용수구(湧水口)가 7개소 있었던
것에서 「7개 우물 연못(七井の池)」이라고도 불렸으나 이노카시라라
고 명명된 것은 2대장군 도쿠가와 히데타다(德川秀忠) 또는 3대장군
도쿠가와 이에미쓰(德川家光)때부터 라고 말하여진다.[5]

이곳은 가물어도 물이 마르는 일이 없어서 에도의 상수원으로 개발
되었고 3대장군 이에미쓰(家光) 때 간다(神田)상수로 칭해졌다.[6]

간다상수는 게이쵸년간(慶長: 1596-1615)에 거의 완성되었다 고
하며 고이시카와(小石川) 세키쿠치바시(關口橋), 스이도바시(水道
橋)를 통해 간다 · 니혼바시 · 교바시방면으로 공급되어 에도 서민의
음용수로 이용되었다. 또 이노가시라 연못의 용수는 도쿠가와이에야
스가 찻물로 사용한 명수로서도 알려져 있다.[7]

[I06S087+]-1은 『에혼에도미야게』에 소개된 삽화이고 자료
[I06S087+]-2는 『에도명소도회』의 삽화로 이노카시라 연못의 변재
천사 주변이다. 삽화의 중앙에는 ‘간다상수의 수원’이라고 표기되어
있고 수신이 진좌하는 모리도 봉긋하게 나타냈다.

5) 東京市役所(1919)『東京市史稿 水道篇第一』, 59-61쪽.
6) 堀晃明(1996)『広重の大江戸名所百景散歩-江戸切絵図で歩く-』, 人文社, 115쪽.
7) 新倉善之(1998) 앞의 책, 244쪽.

자료[I06S087+]-2 이노가시라 연못 주변   '간다상수의 수원'

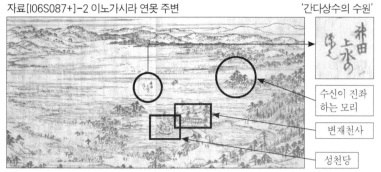

'간다상수의 수원'

수신이 진좌
하는 모리

변재천사

성천당

『에도명소도회』11. 이노카시라 연못, 변재천사
(출처: 와세다대학도서관 古典籍總合DB 참조)

　다음으로 상수도원을 지켜준다고 믿었던 변재천 여신과 성천(聖
天)과의 관계에 대한 인지이다. 일반적으로 신사는 본사와 섭사(攝社:
본사에 모신 신과 인연이 깊은 신을 모신 신사)로 이루어져있고, 각각
본전 폐전(幣殿) 배전(拜殿) 불전이 중심이 되는데 이곳은 변재천과
성천으로 구성되었다. 자료[I06S087+]-3은 변재천사 부분을 확대한
것이다.

자료[I06S087+]-3 (부분도)

변재천사(弁財天社)

도리이

성천당(聖天堂)

우선 중앙 부분의 배전과 본전으로 구성된 변재천사는 텐교(天慶: 938-947) 경에 미나모토씨의 태조인 쓰네모토(経基)왕이 무사시노 국 주재시 변천의 영몽을 꾸고 이곳에 사당을 세워 존상을 안치한 것 이 시초라고 한다.[8]

변재천의 근원은 인도 힌두교의 사라스바티-Sarasvati, 즉 sara = 물, sarasvati = 물을 가진 사람, 아름다운 사람으로 하천(河)을 의미하였 으나 여신으로 변했고[9], 에도시대에는 불교 및 신도와 습합하여 변설 (弁舌) 및 음악을 담당하는 예능의 신으로 신앙되며 다양한 형태로 표 상되었다.

그 표상 중 하나는 뱀과 사람을 포합시키는 특징이 있는데 변천당 정면의 석단 위에는 에도 근교에서도 보기드믄 변재천의 이신(異神) 인 인두사신(人頭蛇身: 사람의 머리에 뱀의 몸)의 석상이 있었다. 이 석상은 우가신(宇賀神)[10] 석상으로 1767년 요쓰야(四谷) 부근의 강중 (講中)이 헌납한 것으로서 『짓포안유래키잣키(十方庵遊歴雑紀)』의 저자 게쥰(敬順)은 이 석상이 상당히 기이하게 보였던 듯, 삽화로 소 개하고 있다.[11] 우가신은 원래 국신(國神)으로서 오곡의 신·음식물 의 신이었지만 무로마치(室町)시대 경에는 변재천과 습합되어 변재

---

8) 新倉善之(1998) 위의 책, 243쪽.
9) 山田雄司(1994) 「弁財天の性格とその変容: 宿神の観点から」 『日本史學集錄17』, 18쪽.
10) 우가신(宇賀神)은 고래, 인간에게 복덕을 가져다 주는 것으로 생각되어졌던 복신 들의 총칭으로 행복, 이익, 지혜, 재력의 신으로 여겨지며 변재천과 동일시되는 경 우가 많다. 그 모습은 인두사신(人頭蛇身)으로 똬리를 틀고 있는 형태로 표상되 고, 두상도 노인이나 여성으로 그 형상이 일관되지 않는다.
11) 新倉善之(1998) 앞의 책, 245쪽.

천의 이신(異神)으로서 재물 축척의 신(富財神)이 되었다.[12]

마지막으로 수신사상이 유행할 수 있었던 또 다른 사회현상으로 칠
복신 신앙의 유행을 살펴보도록 하겠다. 에도 후기 대부분의 변재천
상은 주로 여인이 비파(琵琶)를 연주하고 있는 모습이나 아름다운 천
녀의 모습으로 표상되었다.

자료[I06S087+]-4 변재천과 칠복신의 형상

豊国『七福神壽柱建之図』三枚続 1853年 (출처: 일본국립국회도서관 디지털화자료)

자료[I06S087+]-4는 에도말기 칠복신 숭배의 유행을 타고 도요쿠
니가 그린 우키요에로서 「수(壽)」라는 글자를 조립하고 있는 칠복신
의 모습니다. 칠복신은 모두 외래의 종교인 힌두교, 불교, 도교, 신도,
선종 등이 습합하여 생성된 신으로 각각 인간의 형상으로 상징되었
다. 좌측의 아이를 업고 있는 한 주(柱)의 여신이 바로 에도시대의 대
표적인 변재천의 표상이고 나머지 여섯 주(柱)는 남신인 다이코쿠덴
(大黑天)·에비스(惠比須)·비샤몬텐(毘沙門天)·후쿠로쿠쥬(福祿

---

12) 新倉善之(1998) 같은 책.

壽)·쥬로진(壽老人)·호테이(布袋)로 명칭되는 신들이다. 칠복신 중 유일한 여신의 역할은 등에 업을 간난아이가 상징하듯이 새로운 생명력과 풍요를 의미한다.

그런데 분카 분세연간(文化 文政: 1804-1830)에는 정해진 코스에 따라 칠복신을 참예하는 '칠복신 모데(七福神詣)'가 유행을 보이자 변재천(弁才天)의 역할에 변화가 생겼다. 그것은 길일인 뱀의 날에 변재천에 참배하고 오레이(御礼: 답례)를 받으면 재산을 얻을 수 있다고 선전되어 재보이득(財宝利得)을 가지고 오는 신으로 상징되면서 '변재천(弁才天)'이라는 단어의 재능을 의미하는 '재(才)'라는 한자가 재산을 의미하는 '재(財)'로 바뀌어 '변재천(弁財天)'으로도 표기 되었다.

위 문헌 자료의 인지 하에 제시된 도판[I06S087+]을 해석하면 다음과 같다.

도판[I06S087+]는 에도의 상수원을 지키는 이노카시라 변천당의 모습을 형상화한 것이다. 우측 소나무의 모리(mori, 森)는 수신이 진좌하는 장소를 상징한다. 에도에서 상수도라면 다마가와(玉川) 상수와 간다 상수를 지칭하는데 도판[I06S087+]는 간다 상수의 수원지를 지표한 것이다. 에도는 바다를 메꾸어 전개한 도시였으므로 양질의 우물을 파기가 어려웠고 무가도 서민도 오직 상수도에 의존하였던 것인 만큼 상수도에는 특별한 의미가 부여되었다.

소위 에돗고라는 의미는 3대에 걸쳐서 에도에 주거하고 이에 더하여 수돗물로 갓난아이를 목욕시킨다는 것이 추가된다. 일명 가세기(化政期: 1804-1829)를 정점으로 대유행하였던 「에도 무라사키(江戶紫)」로 칭해지는 남색(藍色)이 도는 보랏빛 염색은 간다 상수의 물

을 사용하여 염색한다는 의미를 내포한다.[13] 그러므로 「에도 무라사
키」는 이노카시라의 물로 염색 한 것을 의미하는 내용이 함축된 말로
이노카시라 변천당은 이노카시라의 물 즉 간다 상수에 의지하고 있는
니혼바시, 료코쿠 주변 강중(講中)들과 특히 염색업 관계자들의 신앙
이 두터웠다.

그러나 에도 최서단의 원격지였으므로 수시로 참예를 할 수 없었을
것이다. 이 그림의 구성요소인 변천당, 성천(聖天), 석등, 둥근 다리,
소나무의 모리 (森), 닛코산, 다리를 건너고 있는 사람 등은 실제로 참
예에 나선 동선의 느낌을 부여한다. 이러한 시각적 장치들은 히로시
게의 「메이쇼에」가 수용자에게 친근하게 수용될 수 있었던 요소 중 하
나였다. 자료[I06S087+]-5는 이노카시라 연못의 설경을 그린 것으로
이 그림도 동선의 느낌을 부여하는 히로시게의 그림 중 하나이다.

자료[I06S087+]-5

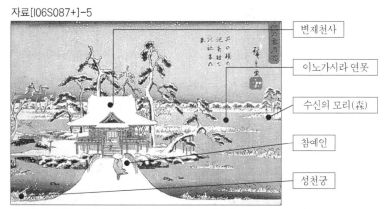

변재천사

이노가시라 연못

수신의 모리(森)

참예인

성천궁

이노가사라 연못 변재천사 설경(雪景) 大判 1844년경
(출처: *HIROSHIGE James A. Michener Collection*)

---

13) 新倉善之(1998) 위의 책. 245쪽.

1-3. 최남단(最南端): 수신(水神)신앙
「하네다노와다시 벤텐노야시로(はねたのわたし弁天の社)」

도판[H07S072+] 관련 문헌자료

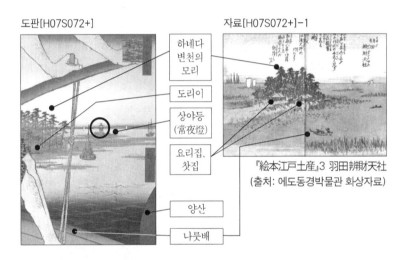

도판[H07S072+]　　　　　　　　　자료[H07S072+]-1

- 하네다 변천의 모리
- 도리이
- 상야등 (常夜燈)
- 요리집, 찻집
- 양산
- 나룻배

『絵本江戸土産』3 羽田辨財天社
(출처: 에도동경박물관 화상자료)

기호	인지	행동
보소반도, 변천의 모리(森, 杜), 도리이, 상야등, 나룻배, 어로선. 양산	남단 수신의 모리	신불기원 행락

　도판[H07S072+]의 표제는 「하네다노 와타시 벤텐노 야시로(はねたのわたし弁天の社)」이고 판 밑그림 검열일은 안세5(1858)년 8월이다. 그림은 『명소에도백경』에서 에도의 최남단을 표상한 그림으로 에도에서 수신의 의미와 역할이 무엇인지 알 수있다. 제시된 도판을 해석하기 위해서는 하네다 변재천의 유래와 주변 환경에 대한 인지가 필요하다.

　먼저 하네다 변재천의 유래에 대한 사항이다. 에도시대 후기, 다마

가와(多摩川) 하구에는 오랜 세월에 걸쳐서 토사가 쌓여 광대한 주
(洲)가 형성되었다. 이 주(洲)의 남측 선단, 다마가와(多摩川)와 에도
주(江戸湊)가 접속하는 지점에 다마가와(玉川) 변재천 또는 하네다
(羽田) 변천으로 칭하여지던 변천당이 있었다.

자료[H07S072+]-2는 『에도명소도회』의 삽화이다. 삽화에는 변천
당 주변을 주야로 밝혀주던 상야등(常夜灯)과 도리이 앞의 요리집이
묘사되어있다. 상야등이란 신불을 공양하기 위하여 24시간 켜놓는 등
을 말하며 그 유래가 된 히에잔(比叡山)이나 고야산(高野山)에서는
불멸의 법등(法灯)을 개창 이래 신불에게 바치고 있다.

이곳 변천당의 상야등은 뱃길을 안내하는 등대의 역할도 하였으
며 19세기 전반의 에도를 묘사한 『에도근교 이정표(江戸近郊道しる
べ)』[14]에는 하네다 변천의 상야등이 배들의 이정표가 된 것, 도리이
근방 찻집의 조개 요리에 대하여 기록하고 있다.

자료[H07S072+]-2 하네다 변재천 주변　　　　　　자료[H07S072+]-3

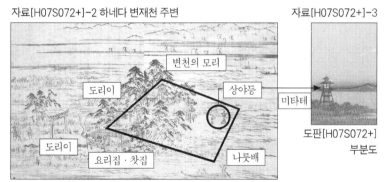

변천의 모리
도리이
상야등
미타테
도리이
요리집 · 찻집
나룻배

도판[H07S072+]
부분도

『에도명소도회』4. 羽田 弁財天社
(출처: 와세다대학도서관 古典籍總合DB 참조)

---

14) 村尾嘉陵, 朝倉治彦(1985) 『江戸近郊道しるべ』, 平凡社.

위 문헌 자료의 인지 하에 제시된 도판[H07S072+]를 해석하면 다음과 같다.

그림은 에도의 최 남쪽에 위치한 수신의 모리(森, 杜, 社) 주변을 형상화한 것으로 자료[H07S072+]-2에서 좌측의 사각형으로 강조된 부분을 표상한 것이다. 수평선 위에 떠있는 보소(房總)반도가 그림의 방향을 지표하고 봉긋한 현상이 모리를 상징한다. 중경 좌측 모리의 도리이는 하네다 변천당의 도리이이다.

도판[H07S072+]의 부분도인 자료[H07S072+]-3은 등대의 크기로 데포르메된 상야등으로 이곳 변재천이 등대의 역할로 미타테된 것이다. 사당 앞 늪 지역에 놓여 있는 어로선은 사당의 제신이 해상안전의 수호신임을 상징한다.

이외에도 히로시게 그림의 특징을 생각하여 상징적인 요소를 자세히 살펴보면 전방의 잘린 모티브에서 발견할 수 있다. 배를 탄 주인공은 직접 표현되지 않았고 좌측 구석으로 일부만을 잘라서 묘사한 양산 속에 숨어 있다. 여성을 연상시키는 모티브는 변재천의 여신을 상징한다.

화면 구성요소인 보소반도, 변천의 모리, 도리이, 상야등, 나룻배, 어로선 등은 하네다 변재천 주변을 일차적으로 지표하지만, 이 그림의 수용자는 여신의 지지를 받아 수난으로부터 안전하고 풍어로 번창하기를 기원할 것이다.

1-4. 최북단(最北端): 신불(神佛)사상
「가와구치노와타시 젠코지(川口のわたし善光寺)」

도판[J04S020+] 관련 문헌자료

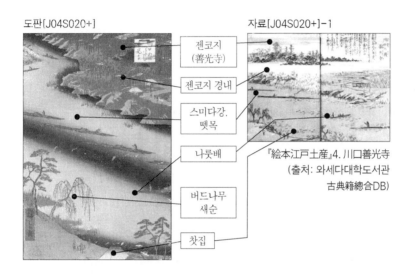

도판[J04S020+]

자료[J04S020+]-1

젠코지
(善光寺)

젠코지 경내

스미다강.
뗏목

나룻배

버드나무
새순

찻집

『絵本江戸土産』4. 川口善光寺
(출처: 와세다대학도서관
古典籍總合DB)

기호	인지	행동
스미다강, 뗏목, 나룻배, 모리(森, 杜, 社), 붉은 벽 건축물, 찻집, 버드나무 새순	스미다강 상류 정경	신불기원 개장, 행락

『명소에도백경』에서 주인선 밖에 있는 그림 중 최북단에 해당하는 그림이다. 에도의 최북단을 대표한 표상은 스미다강 상류, 가와구치마치(川口町: 현 사이타마현)의 젠코지(善光寺)이다.

그림의 표제는 「가와구치노와타시 젠코지(川口のわたし善光寺)」이고 판화 밑그림 검열일은 안세4(1857)년 2월이다. 이 그림을 해석

하려면 다음 세 가지 사항을 인지해야한다. 첫째, 가와구치 젠코지 일
광삼존(一光三尊) 불상의 유래와 대중화 정도에 대한 인지, 둘째, 장군
의 닛코 어성가도(日光御成街道)와 관련된 가와구치몬젠마치의 번성
조건, 셋째, 에도의 목재상으로 운반되던 뗏목 루트에 관한 내용이다.

　첫 번째로 가와쿠치 젠코지 일광삼존에 관한 것이다. 자료
[J04S020+]-2 는『에도명소도회』에 묘사된 젠코지의 삽화이다. 전술
했듯이『에도명소도회』는 에도 지지의 결정판이라고 할 만큼 총서적
인 성격을 가지고 있고, 그 의미에서도 충분히 비교의 기준이 되는 책
이다.『에도명소도회』의 설명문(자료 [J04S020+]-3)에는 가와구치
젠코지에 대하여 다음과 같이 기술되어 있다.

자료 [J04S020+]-2『에도명소도회』15. 川口善光寺

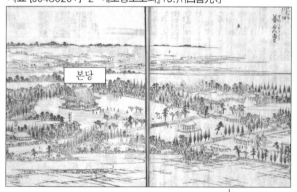

자료[J04S020+]-3『에도명소도회』15. 川口善光寺 (출처: 와세다대학도서관 古典籍總合DB)

(주석부분) 川口善光寺 川口村渡し場の北にあり。天台宗にして平
等山阿弥陀院と号す。本堂には阿弥陀如來・觀音・勢至一光三尊を安
ず。寺伝に曰く、往古定尊といへる沙門あり。法華経を誦するの外他
なし。建久五年の夏、一時(あるとき)睡眠のうちに信州善光寺如來の
靈告を得ることあって、ただちにかしこにまうで、正しく如來の聖容
を拜す。

(해석) 가와구치 젠코지는 가와구치 무라 선착장 북쪽에 있다. 천태
종 뵤도산(平等山) 아미타원(阿弥陀院)이라고 칭한다. 본당에는 아미
타여래(阿弥陀如來)・관음(觀音)・세지(勢至)로 구성된 일광삼존을
안치하고 있다. 사전에 의하면 가마쿠라 초기의 승 왕고정존(往古定
尊)이라고 불리는 사문(沙門)이 있었는데 오직 법화종만 염불했다. 겐
큐5(建久5: 1194)년 여름, 어느 날 수면 중에 시나노 젠코지여래의 계
시를 받고 즉시 여래의 성용(聖容)을 배례했다.

일광삼존상은 소가씨(蘇我氏)와 모노노베씨
(物部氏)에 의한 숭유배불 논쟁의 대상이 된 불
상이다. 이 불상은 백제에서 전래된 일본 최초의
불상으로 시나노(信濃(信州): 현 나가노현) 젠코
지의 본존을 말한다.[15] 원조인 시나노 젠코지 연
기에 의하면 시나노의 비불본존(秘仏本尊)・아
미타삼존상(阿弥陀三尊像)은 킨메이(欽明) 천
황시대인 6세기에 백제의 성명왕(聖明王)이 전

자료[J04S020+]-4.
일광삼존상

---

15) 松本眞輔(2011)「『扶桑略記』에서 본 불상 도래에 관한 인식」『日本文化學報』Vol.
  51. 한국일본문화학회, 141쪽.

한 불상이라고 한다.[16] 아미타여래 · 관음 · 세지로 구성된 일광삼존상은 가마쿠라시대(鎌倉時代:1185-1333)이래 왕성하게 모방 제작되어 왔다.

자료[J04S020+]-4는 일광삼존상의 모방된 모습이다.[17] 당시 가와구치 젠코지는에서도 시나노에서 아미타삼존상을 권청(勸請)[18]하였는데(자료 [J04S020+]-3 참조) 이곳의 아미타여래를 참예하면 시나노의 젠코지를 참예한 것과 동일한 공덕을 쌓을 수 있다는 사상에서 가와구치 젠코지는 종교참배 붐의 중심에 있었다. 다음의 인용문은 젠코지의 개장에 대한 『후지오카야 일기(藤岡屋日記)』[19]의 기록이다.

(일기)　当三月三日より六十日之間、川口善光寺開帳有之、参詣群集致し候處、右開帳中、川口宿百姓家の庭ニ鳳凰竹と言、ほうおふの形の竹、自然と生たり、是の一枚繪、及板行ニ致賣歩行也。[20]

(해석) 안세5(1858)년 3월 3일부터 60일간 가와구치 젠코지의 개장이다. 참예군중이 모였고, 개장 중 가와구치 백성가의 정원에 봉황 다케로 불리는 봉황 형태의 대나무가 자생, 급기야 한 장 인쇄인 우키요에(一枚繪)로 간행되어 사람들이 팔러 다녔다.

---

16) 松本眞輔(2011) 같은 책.

17) 가나가와현(神奈川縣) 가마쿠라시(鎌倉市) 산노우치(山ノ內)에 있는 임제종(臨濟宗) 원각사(円覺寺)파의 본산인 엔가쿠지(円覺寺)의 아미타삼존상.

18) 불교용어. 신불의 분신(分身) · 분령(分靈)을 다른 지역으로 옮겨서 신앙하는 것.

19) 후지오카야요시조(藤岡屋由藏:1793 ?)가 분카원년(文化元年: 1804)부터 메이지 원년(明治元年: 1868)까지 65년 동안 막말 에도를 중심으로 한 기록의 집대성. 막부의 제반기록을 비롯하여 시중의 재해나 홍행(興行), 평판 등을 기록. 원본은 소실되었고 동경도 공문서관(東京都公文書館)에 사본 152책이 현존.

20) 藤岡屋由藏 著, 鈴木棠三 編集, 小池章太郎 編集 (1991)『藤岡屋日記』第二卷, 501쪽.

위의 기록은 당시 60일 동안 지속되었던 젠코지 개장의 분위기를 전한다. 또 당대인이 환호할만한 정보를 소재로 채용하였던 우키요에의 소재 채택상황과 가두에서 우키요에를 팔았던 판매상의 모습도 엿볼 수 있다.

자료[J04S020+]-5는 가와라반(瓦版) 판매상의 모습이고, 자료 [J04S020+]-6은 젠코지의 일광삼존상의 대중화 정도를 짐작할 수 있는 1855년의 가와라반이다.[21] 동년 10월 지진에 의해 소실된 요시와라의 가택개업을 알린 것으로, 유녀(다유(太夫)·신조(新造)·가무로(禿)를 젠코지의 삼존상으로 미타테하고 있다.

자료[J04S020+]-5 가와라반 판매

かわら版売り(2장) 28×20
(출처: 동경대학교대학원 情報学環所蔵DB)

자료[J04S020+]-6 가와라반(1855)

일광삼존 미타테: 다유(太夫)·신조(新造)·가무로(禿)(출처: 吉田豊(2003)『江戸のマスコミ「かわら版」』)

다음은 두 번째로 장군의 어성도와 가와구치몬젠마치의 번성조건에 관한 인지이다. 그림의 소재가 된 스미다강 상류의 가와구치선착장은 장군의 닛코참예 시 이와쓰키도(岩槻道: 어성도)[22]의 일부로도

21) 吉田豊(2003) 앞의 책.
22) 도쿠가와 장군이 닛코 도쇼구(日光東照宮) 참예에 사용한 길.

이용되었던 만큼 이름이 알려져 있었다. 서민들은 보통 그림에 표상된 것과 같은 나룻배를 이용하였지만 장군은 나룻배 대신 후나바시(船橋)를 가교하였다. 장군의 닛코행렬은 니혼바시를 기점으로 혼고(本郷) 오이와케(追分)에서 나카센도(中山道)와 갈라져 이와부치 역참(岩淵宿), 가와구치 역참(川口宿), 하토가야 역참(鳩ヶ谷宿), 다이몬 역참(大門宿), 이와쓰키 역참(岩槻宿)을 거쳐서 삿테 역참(幸手宿)의 남방에서 5행도의 하나인 닛코도로와 합류하였다.

가와구치 선착장이 있는 가와구치 역참(川口宿)은 젠코지로 인하여 어성도의 최초의 마을인 이와부치(岩淵)보다 번창하여 지지(地誌)뿐만 아니라 당시의 여행안내서 역할을 하였던 『에혼에도미야게』에도 묘사되었다.

자료[J04S020+]-1은 『에혼에도미야게』의 가와구치젠코지이다. Ⅴ장의 [그림Ⅴ-5]에서 히로시게의 행동구도를 참고하여 보면 최북쪽의 변방에 위치하였던 사원으로서 히로시게는 스케치를 직접하지 못하고 이 책을 대본으로 참고한 것 같다.

마지막으로 뗏목 루트에 관한 내용이다. 당시 스미다강의 상류는 아라카와(荒川)로 불리웠다. 스미다강의 지류인 도심의 중앙을 가로지르는 가와고에(川越)와 하류의 아즈마바시(吾妻橋) 사이의 수로를 이용하여 지치부(秩父)의 목재가 뗏목 형태로 에도 센쥬(千住)의 목재상까지 운반되었는데 이 루트는 에도시내의 목재수요를 조달하는 중요한 루트이기도 했다.[23]

---

23) かのう書房(1989) 「隅田川の船」 『隅田川の歴史: 東京』, かのう書房.

위 문헌 자료의 인지 하에 제시된 도판[J04S020+]를 해석하면 다음과 같다.

히로시게의 그림에는 뗏목이 자주 묘사된다. 강위의 모티브를 살펴보면 우측 나룻배 한 척을 제외하고 모두 뗏목이다. 뗏목 일색의 그림이 의미하는 것은 에도의 화재나 지진과 같은 재난발생으로 에도시내에 목재의 수요가 많아졌다는 것이다. 희생자도 많았을 것이다. 일본에서 불교 사원은 사후의 세계와 관련이 깊다.

화면 우측 젠코지 사원은 모리의 붉은 벽으로 지표되었다. 이 사원은 에도의 최 북방을 상징하는 요소로 에도인 종교 참예의 붐의 중심에 있었던 사원이다. 이곳의 비불인 일광삼존을 공개하는 개장은 지샤부교(寺社奉行)[24]의 허가가 필요한 사항으로 33년마다 열렸으나 히로시게가 이 그림을 그린 시기에는 12년 만에 개장(開帳)이 행하여졌다.[25]

강 뚝에 철 이른 버드나무의 새순이 계절을 지표한다. 이것은 곧 돌아오는 3월부터 지속될 젠코지의 개장을 상징한다. 표제의 선착장 근처 찻집들과 몬젠마치는 개장기간 동안 경기가 좋을 것을 기대할 것이다. 화면 구성요소인 뗏목, 나룻배, 선착장, 젠코지, 스야리가스미, 찻집, 버드나무 새순과 같은 기호 모티브는 일차적으로 스미다강 상류 정경을 지표하지만 일차적인 의미를 넘어 개장과 신불기원을 담은 그림으로 지표되었다.

---

24) 가마쿠라 막부(鎌倉幕府: 1185-1333), 이래 사사(寺社)의 영지 · 건물 · 승려 · 신관에 관한 업무를 담당하던 무가의 직명으로, 에도막부에서는 장군 직속인 산부교(三奉行: 寺社奉行 · 勘定奉行 · 町奉行)의 최상위에 위치하였다.

25) 齋藤月岑 著, 金子光晴校訂(1804-1878) 『增訂武江年表』2, 平凡社, 165쪽.

2. 『명소에도백경』의 사상적해석

2-1. 『명소에도백경』의 신불(神仏)사상

A. 니혼바시(日本橋) · 교바시(京橋) 방면: 에도 중심부

도판[A10S055] 관련 문헌자료

도판[A10S055]

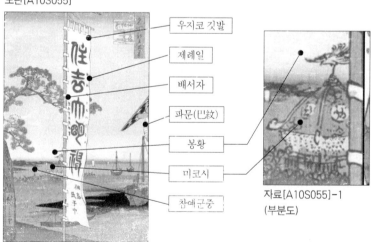

우지코 깃발

제례일

배서자

파문(巴紋)

봉황

미코시

참예군중

자료[A10S055]-1
(부분도)

기호	인지	행동
쓰쿠다, 우지코 깃발, 스미요시다이묘진, 미코시, 봉황, 해중 행차, 군중, 소나무, 제등, 파문(巴紋), 보소반도	쓰쿠다섬의 스미요시마쓰리	신불기원

　도판[A10S055] 의 표제와 검열인은 「쓰쿠다시마 스미요시노 마쓰리(佃しま住吉の祭)」 안세4(1857)년 7월이다. 이 그림을 해석하려면 다음 세 가지 사항에 대한 인지가 필요하다. 첫째, 쓰쿠다섬의 거주자와 관련된 섬 이름의 유래, 둘째, 스미요시마쓰리(住吉祭)에 관한 인지, 셋째, 섬 주변의 어로풍경에 대한 인지이다.

　첫째 쓰쿠다섬에 대한 유래이다. 쓰쿠다섬(佃島)이라는 명칭은 이 섬의 개간 과정과 섬에 거주하는 주민의 출신이 관련되어있다. 1644년 도쿠가와 이에야스가 간에년간(寬永: 1624-1644)에 스미다강 하구의 삼각주를 매립하여 세쓰국(攝津國, 현 오사카) 쓰쿠다무라(佃村) 주민을 이주시켜 거주하게 한 섬으로 쓰쿠다섬의 명칭도 오사카의 쓰쿠다에서 유래하고 신공황후(神功皇后)와도 관계되어있다(자료[A10S055]-2참조).

자료[A10S055]-2『에도명소도회』1.

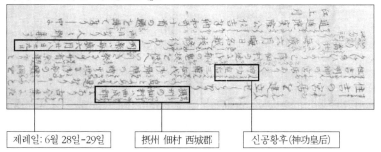

제례일: 6월 28일-29일　　摂州 佃村 西城郡　　신공황후(神功皇后)

둘째, 스미요시마쓰리에 대한 사항이다. 스미요시마쓰리는 쓰쿠다섬마쓰리 라고도 일컬어졌는데 이렇게 칭하게 된 유래는 쓰쿠다섬에 거주하는 주민이 주체가 되기 때문이다. 쓰쿠다섬에 이주한 오사카의 주민은 이후 본지의 우지가미(氏神)인 스미요시신사의 분령(分靈)을 권청(勸請)하여 섬에 작은 당을 세운 것이 스미요시마쓰리의 시작이라고 전해진다.[26]

셋째, 섬 주변의 어로풍경에 대한 사항이다. 도쿠가와 이에야스는 이주 주민에게 어로 특권을 주었고, 오사카의 어부들이 잡은 뱅어는 장군가의 밥상에 진상되었다.

우키요에에서 자료[A10S055]-3이나 자료[A10S055]-4와 같이 쓰쿠다섬을 배경으로 어선이 왕래하거나, 하구에 범선이 병렬한 그림들은 쓰쿠다섬의 역사와 오사카 주민과 장군가와의 인연을 상징하는 요소가 된다.

자료[A10S055]-3

葛飾北斎 冨嶽三十六景 武陽佃島
(출처: 에도동경박물관 화상자)

자료[A10S055]-4

歌川広重 不二三十六景 東都永代橋佃島
(출처: 山梨県立박물관 화상자)

위의 문헌자료의 인지하에 제시된 도판[A10S055]를 해석하면 다음

---

26) 『에도명소도회』1권 2책, 186쪽.

과 같다.

도판[A10S055]는 쓰쿠다섬의 스미요시신사마쓰리의 절정인 미코시(御輿)의 해중 행차 모습을 형상화한 것이다. 화면 중앙의 우지코 깃발의 우측 '안세4년 6월의 제례' 라는 글자의 의미는 본제가 초여름에 행해지고 있음을 지표하였고, 또 이 장면은 축제시작 둘째 날임을 지표한다. 축제는 신체가 천좌(遷座)한 날인 6월 28일과 29일 양일에 걸쳐 거행되었는데, 해중행차는 두 번째 날에 이루어졌기 때문이다(자료[A10S055]-2참조). 축제의 진행상황에 대한 시간적 지표는 미코시 꼭대기의 봉황의 방향이다. 봉황이 육지 쪽을 향하고 있는 것은 해중행차가 끝나가고 있는 상황을 상징한다.

원경 수평선 위의 보소(房總: 현 치바현) 반도는 관동지방의 남동부에 크게 돌출하여 있는 반도로 해중행차가 행하여지는 쓰쿠다섬의 방위를 지표한다. 깃발의 전서체는 「스미요시다이묘진(住吉大明神)」이라는 글자이고, 깃발 좌측의 작은 글자는 이 전서체를 배서한 사람인 바이소테겐교(梅素亭玄魚: 整軒宮)라는 인물로 히로시게와의 사적인 관계를 상징적으로 지표한다. 그는 히로시게 사후 『명소에도백경』이 전집 형태로 간행될 때 목록을 디자인한 사람이다. 이 그림의 기호인 깃발과 미코시, 쓰쿠다 섬, 제등, 파문, 봉황 등은 쓰쿠다섬의 스미요시신사의 종교제례를 직접적으로 공시한다.

도판[A02S004]관련 문헌자료

도판[A02S004]

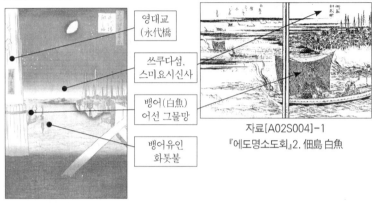

영대교
(永代橋

쓰쿠다섬,
스미요시신사

뱅어(白魚)
어선 그물망

뱅어유인
화톳불

자료[A02S004]-1
『에도명소도회』2. 佃島 白魚

기호	인지	행동
선박, 쓰쿠다 섬, 지붕, 달, 별, 영대교 다리, 배, 뱅어잡이 , 화톳불, 푸른 강물	영대교 주변 풍경	신불기원 어로

　도판[A02S004]의 표제는 「에타이바시 쓰쿠다시마(永代橋佃しま)」
이고 판 밑그림 검열일은 안세4(1857)년 2월이다. 이 그림은 앞 그림
의 연속으로 앞 그림은 여름파트의 그림이고 이 그림은 봄 파트의 그
림이다. 그림은 쓰쿠다섬을 배경으로 스미다강의 최 하류에 걸려있는
영대교(永代橋) 아래에서의 뱅어조업 풍경을 형상화한 것이다. 이 그
림을 해석하려면 뱅어(백어)잡이 풍경에 대한인지가 필요하다.
　장군의 밥상에 올려 졌다는 뱅어는 쓰쿠다의 이주민이 상납하였
다.[27] 그 진수신(鎭守)인 스미요시묘진(住吉明神)이 원경의 쓰쿠다섬
위에 지붕으로 표상되었다. 뱅어 조업자들은 오사카 쓰쿠다섬 출신으

---

27) 新倉善之(1998) 위의 책, 25쪽.

로 오사카에서 에도로 이주하였고, 스미요시신사도 이들을 따라 오사
카에서 분령한 신사이다. 이 신사는 오사카 출신 뿐 아니라 해상수호
신으로 신앙되어 에도에서 어업관계자를 비롯하여 해상 운송선그룹
등 수운관계자들의 지지를 받았다.

반달이 시간의 흐름과 시기를 상징하고 타오르는 화톳불이 뱅어잡
이 광경을 지표한다. 자료[A02S004]-1은『에도명소도회』의 삽화로
뱅어잡이 그물과 화톳불이 표상되었고 그물 너머로 스미요시신사의
모리가 상징되었다. 화면의 구성요소인 선박, 쓰쿠다 섬, 지붕, 달, 별,
교각, 배, 화톳불, 강물 등은 영대교 아래에서의 뱅어잡이 광경을 지표
하지만 일차적인 의미를 넘어 스미요시신사의 해상 수호신을 상징하
는 요소이다.

도판[A06S043]관련 문헌자료

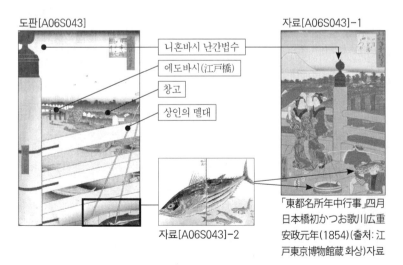

도판[A06S043]

니혼바시 난간법수
에도바시(江戸橋)
창고
상인의 멜대

자료[A06S043]-2

자료[A06S043]-1

「東都名所年中行事」四月
日本橋初かつお歌川広重
安政元年(1854)(출처: 江
戸東京博物館蔵 화상)자료

기호	인지	행동
동트는 새벽, 니혼바시, 에도바시, 난간법수, 상인의 멜대, 그릇 속의 다랑어, 창고	니혼바시 햇다랑어	어시장 왕래 신불기원

도판[A06S043]의 표제는 「니혼바시에도바시(日本橋江戶橋)」이고
판 밑그림 검열일은 안세4(1858)년 12월이다. 이 그림을 해석하기 위
해서는 두 가지 사항에 대한 인지가 필요하다. 첫째 교각의 난간법수
(欄干法首)가 상징하는 의미, 둘째, 에돗코와 하쓰가쓰오(初鰹)에 대
한 인지이다.

먼저 교각의 난간법수가 상징하는 의미에 대한
것이다. 일본에서 기보시(擬宝珠)라고 일컬어지
는 난간법수는 전통적인 건축물에서 교각이나 신
사, 사원의 계단, 난간 양쪽 기둥의 머리를 장식하
는 것으로 파꽃을 닮은 것에서 네기보즈(葱坊主)
또는 나리과의 다년초인 비비추의 꽃 봉우리를 닮
은 것에서 기보시(擬珠: ギボウシ) 라고도하며 기

자료[A06S043]-3

京都五条大橋 擬宝珠

원은 불교의 여의보주(如意宝株)에서 유래한다.[28] 여의보주는 탑이나
석등롱 같은 것의 맨 꼭대기에 장식된 둥근 구슬 모양의 부분으로 위
가 뾰족하고 좌우 양쪽과 위에서 불길이 타오르고 있는 모양이다. 보
통 여의주라고도 일컬어지며 불교에서는 이것을 가지면 뜻하는 바가
모두 이루어진다는 영묘한 구슬이다.

일본의 신사에서는 이세신궁 정면 난간의 오색 보주형(宝珠型) 장
식이 원형으로 여겨지고, 난간법수는 조정과 관계가 있는 축조물에만

---

28) 久保常晴(1953)「擬宝珠名称考-1-」『立正史學』16, 立正大學史學會, 20-28쪽.

장식되었다. 기보시의 크기는 시대에 따라 높이나 구슬모양의 직경에 변화를 보이고 있는데 일례로서 높이에 비하여 구슬 부분이 작은 것을 「가마쿠라형(鎌倉型)」이라고 하며, 에도시대에는 구슬 부분의 직경이 컸다.[29]

자료[A06S043]-4 사시미(刺身)   자료[A06S043]-7

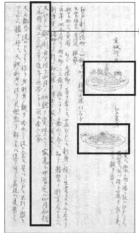

江戸ハ、鰹ノ刺身ヲ用フ。四月ノ初鰹ヲ
賞味スルコト、最甚 シ。中昔迄ハ、四月初
鰹、一尾価金二三両に至ル。近年、甚劣レリ
ト雖ドモ、金二三分 ナリ

(해석) 에도는 다랑어회가 필수이다. 4월의
햇 다랑어를 맛보는 것은 이만저만한 일이 아
니다. 한 옛날에는 4월 햇 다랑어 한 마리 가격
이 2, 3량에 달했다. 근년 매우 그 값이 떨어졌
다고 해도 2, 3분이나 한다.

『守貞謾稿』後卷之一
(출처: 일본국립국회도서관
디지털화자료)

자료[A06S043]-5
교토의 사시미

자료[A06S043]-6
에도의 사시미

다음으로 두 번째인 에돗코와 하쓰가쓰오에 대한 인지이다.

자료[A06S043]-4는 에도시대의 백과사전으로 일컬어지는『모리사다만코(守貞謾稿)』의 「식류(食類): 사시미(刺身)」 파트를 인용한 것으로 새벽 어시장에서 막 출하된 니혼바시 위의 하쓰가쓰오를 연상시키는 기술이 적혀있다.[30]

---

29) 久保常晴(1953) 같은 책.

위 문헌 자료의 인지 하에 도판[A06S043]를 해석하면 다음과 같다. 그림은 니혼바시 위의 풍경을 형상화한 것이다. 전경의 시야를 압도하고 있는 다리 기둥과 난간법수는 이곳이 조정과 관계되는 장소임을 상징한다. 우측 아래로 새벽 어시장과 연관하여 생각할 수 있는 다랑어가 지표되었다. 다랑어는 원경으로 동트는 새벽과 의미작용한다. 좌측의 창고들은 경제의 번영을 상징하는 요소로 지표되었다.

화면 구성요소인 동트는 새벽, 니혼바시, 에도바시, 난간법수, 상인의 멜대, 가쓰오, 창고 등은 일차적으로 니혼바시의 새벽시간을 지표하지만 이차적으로 난간법수 아래의 풍요로운 에도의 번영을 공시한다.

도판[[A08S045]관련 문헌자료

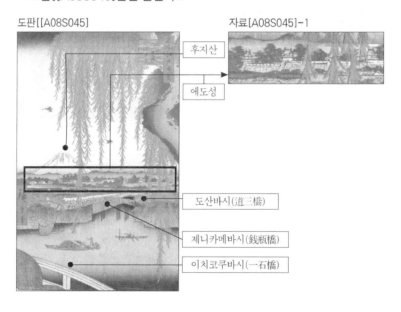

도판[[A08S045]   자료[A08S045]-1

후지산

에도성

도산바시(道三橋)

제니카메바시(銭瓶橋)

이치코쿠바시(一石橋)

---

30) 喜田川守貞(1837-1853)「食類」『守貞謾稿』後卷之一.

도판[A08S045]의 표제와 검열인은 「야쓰미노하시(八つ見の橋)」, 안세3(1856)년 8월이다. 이 그림을 해석하려면 두 가지 사항에 대한 인지가 필요하다. 첫째, 우키요에에서 에도성을 표현하는 방법과 특징, 둘째, 에도의 번영을 상징하는 8개의 교각에 대한 인지이다.

먼저 우키요에에서 에도성을 표현하는 방법과 특징에 대한 것이다.

자료[A08S045]-1은 도판 우측 배경 숲 부분을 확대한 것으로 숲 속에 에도성이 보인다. Ⅳ장의 출판물 규제와 검열제도에서 살펴보았듯이 당시는 우키요에의 소재로 장군과 관련된 사항을 표현하는 것이 필화의 이유가 되었듯이. 에도성의 표현에 있어서도 직접적으로 묘사하는 것은 암묵적인 금기사항이었다. 그러므로 숲 속에 성 모양을 그려 넣어 '장군의 슬하'라는 상징의 의미만을 공유하고자하였다.

다음으로 에도의 번영을 상징하는 8개의 교각에 대한 인지이다. 자료[A08S045]-2는 『에도명소도회』의 삽화로 이치코쿠바시에서 전망되는 8개의 다리가 묘사되었다. 우측의 주석에는 다음과 같이 표기되어 있다.

이치코쿠바시의 별칭이 야쓰미바시(八見橋: 8개를 전망 할 수 있는 다리)이고 이는 이치코쿠바시를 합하여 8개의 다리를 일람할 수 있다는 의미에서 붙여진 명칭이다.

위 문헌자료의 인지하에 도판[[A08S045]를 해석하면 다음과 같다. 그림은 야츠미바시 위에서 전망한 풍경을 형상화한 것이다. 이곳의 별칭은 이치코쿠바시이고 니혼바시와 에도성 외 수로가 합류하는 지점이다. 중경의 검은 숲은 에도성 지역으로 숲속에 성을 상징하는 지붕들과 성곽이 보인다. 전방의 우산이 보이는 다리가 야쓰미바시이고 건너편이 제니가메바시, 그 뒤가 도잔바시이다. 오른편 시계 밖에는 도키와바시가, 왼편에는 고후쿠바시와 가지바시가 있을 것이다. 하

쓰가쓰오로 상징된 도판[A06S043]의 니혼바시는 바로 뒤에 위치하고
있다. 이곳은 장군 슬하의 번영을 상징하는 지역이다.

자료[A08S045]-2 『에도명소도회』2. 八見橋

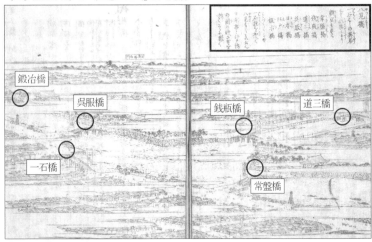

(출처: 와세다대학도서관 古典籍總合DB)

　八見橋: 一石ばしの異名なり。この橋上より願望すれば、常盤橋、銭瓶
橋、道三橋、呉服橋、日本橋、江戸橋、鍛冶橋、ことごとく見ゆ。一石橋を
加へて八見橋といふなり。日本橋と江戸橋の図は次に出づるをもってここに
省く。

　(해석) 야쓰미바시: 이치코쿠의 이명이다. 이 다리위에서 전망하면 도키와
바시(常盤橋), 제니가메바시(錢瓶橋), 도잔바시(道三橋), 고후쿠바시(吳服
橋), 니혼바시(日本橋), 에도바시(江戸橋), 가지바시(鍛冶橋)를 모두 볼 수 있
다. 이치코쿠바시를 첨가시켜 야쓰미바시가 된다. 니혼바시와 에도바시 그림
은 다음에 나오므로 이곳에서는 생략한다.

도판[A14S073]관련 문헌자료

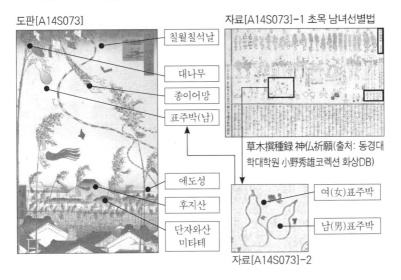

도판[A14S073]

칠월칠석날

대나무

종이어망

표주박(남)

에도성

후지산

단자와산
미타테

자료[A14S073]-1 초목 남녀선별법

草木撰種録 神仏祈願(출처: 동경대
학대학원 小野秀雄코렉션 화상DB)

여(女)표주박

남(男)표주박

자료[A14S073]-2

기호	인지	행동
후지산, 시가지, 푸른 대나무, 칠석 장식물(표주박, 주판, 장부, 도미(鯛), 수박, 꽈리, 소원 색지, 종이 어망, 천량 상자 등) 에도성, 소방 망루, 서민 주택	서민의 칠석 풍경	신불기원

　도판[A14S073]의 표제는「시츄한에 다나바타마쓰리(市中繁榮七夕
祭)」이고 판 밑그림 검열일은 안세4(1857)년 7월이다. 이 그림을 사
상적 관점에서 해석하기위해서는 두 가지 사항에 대한 인지가 필요하
다. 하나는 5절구(5節句)와 다나바타마쓰리(七夕祭り: 칠월칠석)에
대한 인지이고 또 하나는 음양의 조화를 통하여 풍요로운 생산을 증
식하고자하였던 당시 사람들의 사상을 인지할 필요가 있다.
　먼저 5절구(節句)에 대한 것이다. 5절구의 「절(節)」이란 글자는 중
국 당나라 역법에서 계절의 전환기을 의미한다. 이것이 일본에 전승

되어 중국의 역법과 일본의 농경 풍습이 습합하여 「절구(節句)」로 명칭 되었다. 5절구의 행사는 특히 3월 3일, 5월 5일과 같이 기수(奇數: 홀수)가 겹치는 날을 선택하고 있는데 그 이유는 역력에서 기수(양)가 중첩되면 음(陰)의 기운이 된다고 생각하여 그것을 피하기 위한 액막이 행사가 행하여졌던 것에서 유래한다.[31]

칠월칠석(음력 7월 7일)도 기수가 겹치는 5절구 중 하나이다. 칠월칠석의 유래에 대해서는 여러 설이 있다. 있다. 원래 음력 7월 15일 밤 '오본마쓰리(お盆まつり)'가 되기 전에 이승으로 다시 돌아오는 선조의 혼에게 입힐 옷을 베틀로 짜서 시렁위에 얹어놓는 습관에서 비롯되었다고도 하고, 불교가 전해지면서 이날에 불교행사가 있었기 때문에 7월 7일로 바뀌었다고도 하며, 또 어떤 학자에 의하면 고대 강가의 작은 집에서 신에게 올릴 천을 짜면서 신을 맞아들이는 '다나바타즈메(棚端女)'라는 여성이 있었다고도 하고, 또 이런 설화에 중국에서 전해진 견우 직녀 이야기가 합해져서, 사람들은 특별한 이 날에 견우와 직녀가 건넜다는 은하수에게 자신의 소망을 비는 습관을 가지게 되었다고도 한다.[32]

이상에서 거론한 전승의 공통적인 사항은 음양의 이치를 따져 신에게 기원하였다는 것과 여성이 풍요를 상징으로 등장한다는 것이다. 자료[A14S073]-1은『초목찬종록(草木撰種錄)-신불기원』으로 초목의 남녀(암수: 음양)를 선별하여 이익을 얻을 수 있는 기준을 적어놓

31) 川口謙二, 池田政弘, 池田孝(1997)『年中行事·儀礼事典 (東京美術選書)』, 東京美術.
32) 고려대학교 일본연구센터편(2010)「다나바타(김홍길)」『일본문화사전』, 도서출판 문.146쪽.

자료[A14S073]-3

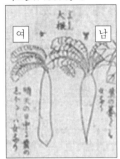

무(大根) 성별 구별법

은 그림책이다. 자료[A14S073]-2는 표주박을 남녀로 선별하여 그린 부분이다. 이외에도 자료[A14S073]-3과 같이 무(大根: 다이콘) 등 다양한 초목의 성별 선별 기준을 제시하고 있다.

다음의 자료[A14S073]-4는 자료[A14S073]-1의 주석 부분의 글자를 해석한 것이다. 천지간의 모든 만물에 성별이 있다고 생각하였으며 여종(女種)을 풍요의 상징으로 여겼던 당시의 사상을 엿볼 수 있는 부분이다.

(1)　　(2)

자료[A14S073]-4

(1) 草木撰種録 男女之図
(2) 天地の間にあらゆる万物に普く
　　男女の差別ありて、五穀竹木にいたるまで
　　女種を植れバ、莫太の益あり。

(해석)
(1) 초목종자 선별, 남녀(암수) 그림
(2) 천지간의 모든 만물에 보편적으로 남녀의 구별이 있다.
　　오곡에서 대나무에 이르기까지 여종(女種)을 심으면 막대한 이익이 있다.

위 문헌자료의 인지 하에 제시한 도판[A14S073]를 해석하면 다음과 같다. 이 그림은 번화한 시가지안의 칠월칠석 풍경을 형상화한 것이다. 에도의 하늘에 칠월칠석날을 상징하는 장식물이 바람에 날리고 있다. 서민의 염원이 담긴 장식물은 표주박, 주판, 장부, 술잔, 천량상자 등 잡다한 생활 속의 물건들 외에도 도미(鯛), 수박, 꽈리도 있고 소원이나 시구를 적은 색지 및 풍어(豊漁)를 기원하는 종이어망 등 다양하다.

그림의 중앙에 자리 잡고 있는 후지산은 에도인의 신앙, 번영, 장군의 위용을 상징하는 요소이다. 이와 같은 화면 구성요소들은 일차적으로 에도 시가지 안의 칠석풍경을 공시하고 있다. 그러나 사물 초목의 의미에 의탁하여 생활의 풍요와 안위를 기원하였던 에도 서민의 내면의식을 이차적으로 공시한다.

도판[A17S077] 관련 문헌자료

도판[A17S077]

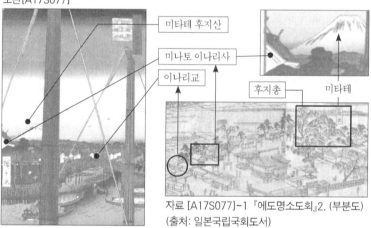

자료 [A17S077]-1 『에도명소도회』2. (부분도)
(출처: 일본국립국회도서)

기호	인지	행동
빨간 담벽, 치기(千木) · 가쓰오기(鰹木), 회벽 창고, 뱃머리, 후지 백봉, 범주, 푸른 강물	이나리교 주변 풍경	신불기원

도판[A17S077]의 표제와 검열인은 「뎃포즈 이나리바시 미나토신
사(鐵砲州稻荷橋湊神社)」 안세4(1858)년 1월이다. 이 그림을 해석하
려면 뎃포즈의 미타토신사의 지리적 위치와 경내의 후지총에 대한 인
지가 필요하다.

먼저 미나토신사의 지리적 위치에 대한 사항이다. 뎃포즈(鐵砲洲)
이나리교(稻荷橋)근처의 미나토이나리(湊稻荷)는 수운의 합류지점
인 교통의 요지에 위치하였던 신사로 교바시(京橋)일대의 이나리대
신(生成太神)으로 칭하여졌고 경내에 하치만궁이 있다. 이 신사는 헤
이안시대 가뭄으로 고민하던 에바라군(荏原郡) 사쿠라다(櫻田鄕)의
주민이 우부카미(産土神)를 이나리대신(生成太神)으로 신앙한 것을
시초로, 이후 교바시에 천좌, 또 무로마치시대 말기에는 신바시(新京
橋)에 천좌하여 핫초보리(八丁堀) 이나리로 칭해졌다.[33]

에도시대 초기 간에원년(1624)에는 사쿠라카와(櫻川)와 가메지마
카와(龜島川)와 합류하는 지점인 이나리교(稻荷橋) 남동 다릿목에 천
좌하여 이전부터 있었던 하치만신사를 섭사로 했다.[34] 에도후기에 이
르러서는 요시다케(吉田家)에 의해 속칭 미나토신사(湊神社)라는 이
름이 명명된 유서 있는 신사이다. 자료[A17S077]-1는 『에도명소도
회』의 삽화이다. 경내에는 섭사인 하치만궁(八幡宮) 등을 비롯하여
후지산의 용암으로 축조한 후지총이 보인다.

위 문헌자료의 인지하에 제시된 도판 [A17S077]를 해석하면 다음
과 같다.

---

33) 『에도명소도회』1권 2책 36, 186쪽.
34) 『에도명소도회』1권, 같은 책.

치기(千木)·가쓰오기(鰹木)

자료[A17S077]-2(부분도). 1850-1867
広重『絵本江戸土産』7. 芝神明の社
(출처: 에도동경박물관 화상자)

그림은 뎃포즈이나리사와 이나리교를 부감으로 전망한 것이다. 이곳의 이나리사는 역사도 깊지만 무엇보다도 사방으로 교통이 원활하여 번창하였다. 수운 위에는 뱃머리가 제각기 다른 방향을 지표하는 배들이 이 장소가 사방으로 통하는 수운의 합류점이 되는 교통이 요지임을 상징한다. 수운을 따라 늘어선 창고는 교통과 물류의 요충지를 상징한다. 전경의 확대된 범주(帆柱)는 작은 배 뿐만 아니라 큰 선박도 왕래하고 있다는 것을 지표한다.

경내의 후지총(자료[A17S077]-1 참조)은 도판에서 실물인 후지산으로 미타테되었다. 즉 도판[A17S077]의 후지 '백봉'은 당시 경내에 있었던 후지총을 상징하는 미타테 기법을 사용한 것이다. 이나리사는 좌측의 붉은 담벽과 담벽 안쪽의 신사지붕의 특징인 치기(千木)·가쓰오기(鰹木)로 상징되었다.

자료 [A17S077]-2는 치기와 가쓰오기의 특징을 그린 히로시게의 그림이다. 치기와 가쓰오기는 신사건축물을 상징하는 대표적인 구성요소로 핫쵸보리(八丁堀) 방면의 하안을 따라 늘어선 다른 창고건물과 신사건물을 구별하게 하는 상징이다.

화면 구성요소인 붉은 담벽, 치기와 가쓰오기, 늘어선 창고, 배들이 뱃머리, 후지산, 대형 범주, 푸른 강물 등은 미나토 이나리교 주변 풍경을 지표하고 있지만 신불기원이라는 2차적인 의미를 담고 있다.

도판[A20S114] 관련 문헌자료

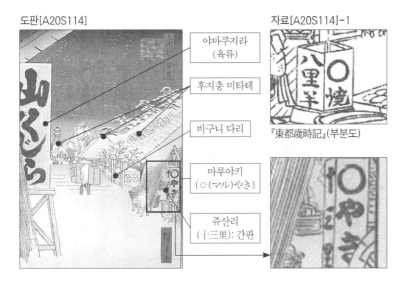

도판[A20S114]

- 야마쿠지라 (육류)
- 후지총 미타테
- 비구니 다리
- 마루야키 (○(マル)やき)
- 쥬산리 (十三里): 간판

자료[A20S114]-1

『東都歲時記』(부분도)

기호	인지	행동
비구니 다리, 후지총 미타테, 야마쿠지라, 마루야키, 쥬산리	비구니 다리 주변	신불기원 쇼진아케

도판[A20S114]의 표제는「비구니하시 셋츄(びくにはし雪中)」이고 판 밑그림 검열일은 안세5(1858)년이다. 이 그림을 해석하기 위해서는 세 가지 사항에 대한 인지가 필요하다. 첫째, 표제의 비구니(比丘尼) 다리가 상징하고 있는 의미, 둘째, 화면의 간판이 상징하는 기호에 대한 인지, 셋째 이 지역의 입지에 대한 사항이다.

먼저 비구니 다리가 상징하고 있는 의미에 대한 것이다.

'비구니'에 대한 상징적 의미는 켐펠이 겐로쿠 4 (元祿4: 1691)년 3월 3일 동해도 여행을 기록한『에도참부여행일기』에서 참조할 수 있다.

我 が今日道中で出會った巡礼者のうち、絹の着物を着飾り美しく
化粧した女性を見た。珍しくまた不思議な氣がした。彼女は盲目の老
人を連れていて、その老人のために物乞いをしていた。何人かのうら
若い比丘尼も旅行者に物乞いし、幾つかの歌を唄って聞かせ、彼らを
樂しませようと努めていた。また望まれれば、その旅人の慰みの相手
もする」「彼女は山伏の娘である。上品で小奇麗な身形をして歩き、
仏門の生活に身を捧げていることを示す剃った頭を、黒い絹の布で覆
い、輕い旅行笠をかぶって太陽の暑さを避けている。彼女からは貧乏
とか厚顔とか、輕薄さを思わせるものを、何一つ認めることはできな
かった。むしろ礼儀正しく、のびのびした女性で、容姿そのものから
も、この地方で出合った中で、もっとも美しい女性であった。しかし
頭を丸めていても輕薄で淫らな女性の仲間から彼女達を除外するわけ
にはいかないのである」熊野信仰を全國に廣めたのは、山伏と剃髮し
た比丘尼(びくに)達であった。ゆえに熊野比丘尼という。諸國を巡り
歩いては、熊野緣起や地獄極樂の繪解きをして、歌をうたって解說し
た。さらに酒席にはべって、身体をも賣った。彼女たちは、お齒黑し
ない。化粧して眉を綠で細く描く。[35)]

(해석) 우리들이 오늘 길에서 만난 순례자 중, 비단 천으로 몸을 장
식하고 화장을 한 여성을 보았다. 신기하고 또 이상한 기분이 들었다.
그녀는 맹인 노인을 데리고 다니며 구걸을 하고 있다. 몇 명인가 앳된
비구니도 여행자에게 구걸을 하고, 노래 몇 가락을 들려주고, 그들을
즐겁게 해주려고 노력했다. 또 원한다면 그 여행자의 상대도 한다. 그
녀는 야마부시의 딸이다. 귀품이 있고 아담한 몸매이고, 불문생활에 몸

---

35) ケンペル저, 齋藤信역(1977)『江戶參府旅行日記』(초판 1779), 東洋文庫, 平凡社,
  207쪽.

을 담고 있는 것을 상징하는 삭발한 머리를, 검은 비단 천으로 덮고, 가
벼운 여행 삿갓으로 뜨거운 태양을 가리고 있다.

그녀에게서 가난이라든지, 뻔뻔함이라든지, 경박함을 생각나게 하
는 것은 없었다. 오히려 예의 바르고, 구김살이 없는 여성으로, 용모에
서도 그 지방에서 만났던 사람들 중 가장 아름다운 여성이었다. 그러나
삭발했다고 해도 경박하고 음란한 여성그룹에서 그녀들을 제외할 수
는 없는 것이다. 구마노 신앙을 전국에 퍼트린 것은 야마부시와 삭발
한 비구니들이었다. 그러므로 구마노 비구니라고한다. 그녀들은 전국
을 도보 순례하면서 구마노 연기나 지옥 극락의 그림을 해독하여 노래
를 부르며 해설했다. 나아가 술자리에서 몸을 팔았다. 그녀들은 하구로
(齒黑)하지 않는다. 화장하고 눈썹을 푸른색으로 가늘게 그린다.

다음으로 간판의 기호에 대한 인지이다. 화면에는 눈에 띄는 간판
이 두 개있다. 하나는 좌측 전면의 「야마쿠지라(山くじら)」이고 또 다
른 하나는 우측의 「마루야키 쥬산리((マル)やき 十三里)」라는 간판이
다. 「야마쿠지라」는 일차적으로 멧돼지를 지칭하지만 육식이라는 의
미를 내포하고 있는 단어이다. 이 간판은 멧돼지 요리를 팔고 있는 상
점을 의미한다.

「마루야키 쥬산리」는 통째로 구운 군고구마를 팔고 있는 상점을 의
미한다. 군고구마의 맛이 '야키구리요리 우마이(燒き九里(栗)四里(よ
り)旨い)'라고 선전하면서 그 숫자의 합(9+4)인 쥬산(13)으로 어필하
고 있는 간판이다.

셋째, 이 지역의 입지에 대한 인지이다. 자료[A20S114]-2의 지도

를 보면 비구니 다리는 교통의 중심지에 위치하였던 것을 알 수 있다. 교바시에서 서측으로 두 번째 있었던 다리로 외수로와 합류하는 바로 앞에 있었고 또 바로 북쪽으로는 가지바시몬(鍛冶橋門: 에도성 외곽 문의 하나)으로 통하는 가지바시(鍛冶橋)가 있었다.

자료[A20S114]-2

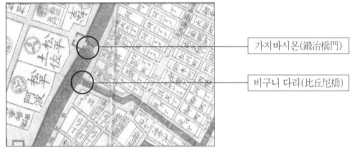

가지바시몬(鍛冶橋門)

비구니 다리(比丘尼橋)

江戸切絵図. 築地八町堀 日本橋南絵図
안세5(1858)년

　위 문헌자료의 인지 하에 제시된 도판[A20S114]을 해석하면 다음 과 같다. 이 그림은 비구니 다리 지역의 통속성을 형상화한 것이다. 비 구니란 명칭은 원래 출가(出家)하여 불문(仏門)에 들어 구족계를 받 은 여승을 지칭하는 불교용어이다. 그러나 에도시대 비구니란 사창을 상징하는 단어로 변모하였다. 그러므로 표제에 사용된 다리의 명칭은 이지역의 특징을 함축적으로 상징한다고 볼 수 있다.
　좌측의 간판은 육식요리를 먹을 수 있는 장소를 상징하고 있다. 에 도시대는 육식이 법적으로 금지되었던 시기이지만 이 그림은 막말이 되면 대중들이 암암리에 육식을 즐겼다는 것을 의미한다. 간판의 글 씨는 멧돼지 고기를 우회적으로 바다에 사는 구지라(고래)고기에 비 유하여 야마 구지라 즉 산에 사는 고래로 칭하면서 법망을 피해 고기를 즐겼던 골계성이 보인다. 비구니 다리, 후지총 미타테, 야마쿠지라, 마루야키, 쥬산리 등은 일차적으로 비구니 다리 주변풍경을 공시하지만, 일차적 의미를 넘어 명칭과 이미지를 통하여 성과 속의 혼재를 읽을 수 있다.

B. 시타야(下谷) · 아사쿠사(淺草)방면: 중심부

도판[B04S014]관련 문헌자료

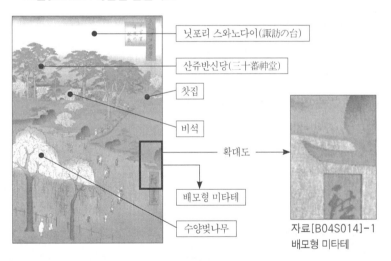

닛포리 스와노다이(諏訪の台)

산쥬반신당(三十蕃神堂)

찻집

비석

확대도

배모형 미타테

수양벚나무

자료[B04S014]-1
배모형 미타테

기호	인지	행동
하나미, 배 형상의 나무, 비석, 산쥬반신당, 수양 벚나무의 형상	히구라시노 사토(日暮里)의 하나미테라 주변	신불기원 행락

도판[B04S014]의 표제와 검열인은 「히구라시노사토 지인노린센(日暮里寺院の林泉)」안세4(1857)년 2월이다. 이 그림을 해석하려면

자료[B04S014]-2 사원 밀집지역
江戸切絵図.根岸谷中辺絵図

두 가지 사항을 인지해야한다. 하나는 히구라시노사토(日暮里: 현 닛포리)지역에 대한 인지, 또 하나는 일본 불교의 가장 큰 특징으로 여겨지는 본지수적(本地垂跡)사상과 산쥬반신당의 개념에 대한 인지이다.

먼저 히구라시노사토(현 닛포리)에 대한 것이다.

자료[B04S014]-2는 「에도기리에즈」[36] 히구라시노사토지역이다. 이 명칭은 고원을 지칭한 것으로 이 지대에 신사 불각이 밀집하여 있었던 것을 알 수 있다. 특히 이곳의 묘류지(妙隆寺), 슈쇼인(修性院), 세운지(靑雲寺)는 하나미테라(花見寺: 꽃놀이 절)로 불릴 정도로 경관이 좋아서 주변에 참배객이나 행락객을 상대로 한 찻집과 요정이 번성하였다.

자료[B04S014]-3은 이 세 사원의 중심에 위치한 산쥬반신당(三十蕃神堂)을 기준으로 주변의 사사(寺社)와 찻집의 분포 상황을 표시한 것이다. 종교적인 공간 속에 범속적인 공간이 혼재되어있고 결계를 상징하는 도리이가 상징적 의미로 위치하였다.

---

36) 에도시대의 기리에즈(切繪図)란 에도의 사사지(寺社地), 무가저택, 초닌주택, 농지지역 등을 색으로 구분하여 표시한 구분지도로서 지역의 크기, 축척이 별도로 되어 있다.

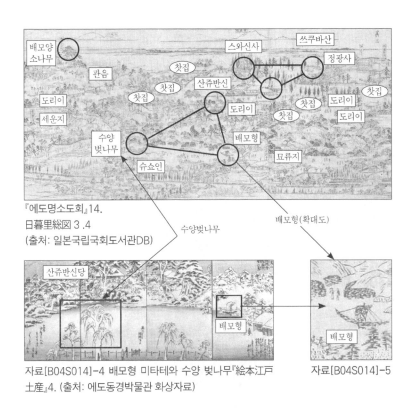

『에도명소도회』14.
日暮里総図 3 .4
(출처: 일본국립국회도서관DB)

수양벚나무

배모형(확대도)

자료[B04S014]-4 배모형 미타테와 수양 벚나무『絵本江戸
土産』4. (출처: 에도동경박물관 화상자료)

자료[B04S014]-5

다음으로 본지수적사상과 산쥬반신에 대한 개념이해이다.

본지수적사상은 신불습합의 한 형태로 일본 불교의 가장 큰 특징으로 여겨진다. 일본에서 신의 수효가 많음을 의미하는 '야오요로즈의 가미(八百万の神)'는 실제는 일본 땅에 나타난 다양한 불(仏)의 화신, 즉 '관현'이라고 생각하는 사상이다. 그러므로 관현사는 모두 신불이 습합(혼효, 혼교)한 형태의 종교단체를 의미한다. 신도의 사상적 체계화는 본지수적설로 대표되는 신불습합의 형태가 등장하면서 이루어지기 시작하였다고 한다.[37]

산쥬반신은 '불교우위' 사상의 대표적인 상징이다. 산쥬반신이란 한

달(30일)간 매일 교대로 국가와 국민 등을 재난으로부터 지켜준다는 30주(柱)의 수호신을 의미하는 것으로, 여기서 30주의 신은 본지수적을 상징하는 신이다.

자료[B04S014]-3 산쥬반신 주변의 사사와 찻집을 표시한 것이다. 이 지역은 [B04S014]-2가 지표하듯이 신사 불각이 밀집한 지역이었으므로 반신당 주변이라는 판별요소는, 배 모형의 나무 또는 수양버들처럼 늘어진다는 수양벗나무 또는 산쥬반신당으로 향하는 길목에 늘어선 비석들이 장소를 판별 하는 요소가 되었다.

위 문헌자료의 인지 하에 제시한 도판[B04S014]를 해석하면 다음과 같다. 도판[B04S014]는 『에도명소도회』의 삽화인 자료[B04S014] -3에서 중앙의 삼각형으로 강조된 아래 지역을 그린 그림이다. 그림은 일견 화사한 봄날의 벗꽃놀이 정경을 연상시킨다. 화면 구성 요소는 신사 불각 밀집지역에서 특정한 사원을 구체적으로 지표하는 역할을 하고 있다. 즉 도판 우측 중경에 반쪽만 표상된 배 모양의 나무가 법화종, 슈쇼인과 묘류지의 위치를 지표한다(자료[B04S014]-1). 중경의 늘어선 비석이 산쥬반신당으로 향하는 길목을 상징한다.

수양 벗나무를 기준으로 화면을 벗어난 전방에는 슈쇼인이 있고 좌측에는 세운지가 있을 것이다. 수양벗나무의 상방만 만개한 특이한 구조는 그림이 단순히 벗꽃놀이 이상의 보다 상징적인 의미를 내포하고 있음을 시사한다. 당시의 수용자는 그림의 의미를 바로 알고 구매하

---

37) 박규태(2005)『상대와 절대로서의 일본-종교와 사상의 깊이에서 본 일본 문화론-』, 제이엔씨, 153쪽.

였을 것이다. 화면구성 요소인 벚꽃놀이, 배 형상의 나무, 비석, 산쥬반 신당, 수양벚나무 등은 일차적으로 히구라시노사토에 위치한 하나미 테라 주변 의 행락풍경을 공시하지만 2차적으로는 국가와 국민 등을 재난으로부터 지켜준다는 30주의 수호신 대한 기원을 담고 있다.

도판[B05S015]관련 문헌자료

도판[B05S015]

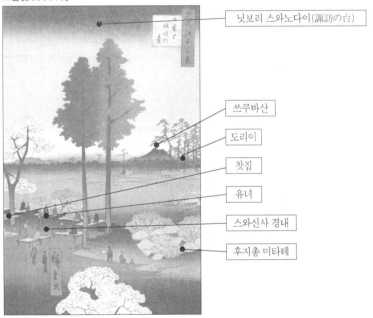

닛보리 스와노다이(諏訪の台)

쓰쿠바산

도리이

찻집

유녀

스와신사 경내

후지총 미타테

기호	인지	행동
벚꽃, 쓰쿠바산, 도리이, 찻집, 유녀, 스와신사, 후지총 미타테 지붕	히구라시노 사토(日暮里) 주변 풍경	신불기원 행락

이어지는 도판[B05S015]를 해석하면 다음과 같다.

도판[B14S099]관련 문헌자료

도판[B14S099]

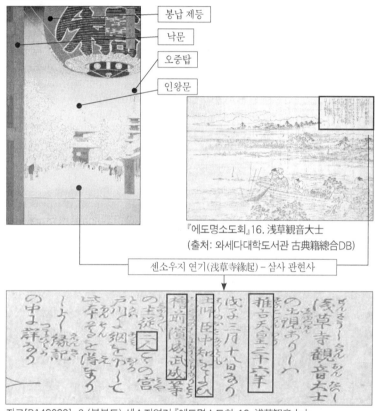

봉납 제등

낙문

오중탑

인왕문

『에도명소도회』16. 浅草観音大士
(출처: 와세다대학도서관 古典籍總合DB)

센소우지 연기(浅草寺緣起) – 삼사 관현사

자료[B14S099]-2 (부분도) 센소지연기『에도명소도회』16. 浅草観音大士
(출처: 와세다대학도서관 古典籍總合DB)

기호	인지	행동
긴류잔, 낙문, 거대한 쵸칭, 오중탑, 인왕문	센소지 낙문입구	신불기원 행락

도판[B05S015]의 표제와 검열인은 「히구라시노사토 스와노다이

(日暮里諏訪の台)」안세3(1856)년 5월이다. 그림은 바로 앞 그림의 해석에서 제시한 『에도명소도회』의 삽화 자료[B04S014]-3에서 중앙의 삼각형으로 강조 된 윗 부분 지역을 형상화한 것으로 스와신사의 경내이다. 화면 구성요소인 벚꽃, 쓰쿠바산, 도리이, 찻집, 유녀, 스와신사, 지붕 등은 일차적으로 닛포리 스와노다이 주변 풍경을 공시하지만 성스러운 공간 내의 범속함을 상징하는 요소가 내포되어있다.

도판[B14S099]의 표제와 검열일은 「아사쿠사 긴류잔(淺草金龍山)」안세 3 (1856)년 7월)이다. 에도 33관음영장(江戶三十三觀音靈場) 순례의 첫 번째인 긴류잔 센소지(金龍山 淺草寺)는 『에도명소도회』삽화 중, 아사쿠사긴류잔(淺草 金龍山) 관련 삽화가 가장 많이 실려 있는 것에서도 사원의 규모와 인기 등을 짐작할 수 있다.

이 그림을 해석하려면 네 가지 사항에 대한 인지가 필요하다. 첫째, 센소지 경내 배치도에 대한 인지, 둘째, 낙문과 인왕문 사이의 찻집 밀집지역과 요시와라와의 연계, 셋째, 본당 우측의 삼사관현사에 대한 인지, 넷째, 센소지의 발전을 주변 환경과의 관계로 이해할 필요가 있다.

첫째, 센소지 경내 배치도에 대한 인지이다. 자료 [B14S099]-3는 『에도명소도회』의 삽화이다. 삽화를 참고하여 보면 센소지낙문(雷門)은 센소지의 총문인 것을 알 수 있다. 낙문을 통과하여 인왕문에 이르면 우측에 5중탑이 있고 더 나아가 본당에 이른다. 본당의 우측에는 센소지 연기와 관련된 삼사관현사(三社權現社)가 자리 잡고 있는 구조이다.

자료[B14S099]-3 『에도명소도회』16. 金龍山浅草寺

본당 | 삼사관현사 · 도리이 | 인왕문 | 오중탑 | 찻집 밀집지역 (二十軒茶屋) | 낙문: 총문

부분 확대도

자료 [B14S099]-4 삼사관현사(부분도)

자료 [B14S099]-5 江戸切 絵図. 今戸箕輪浅草絵図

둘째, 낙문과 인왕문 사이의 찻집들과 요시와라와의 연계에 대한 것이다. 이 지역은 제시한 도판의 소재가 된 지역으로, 자료 [B14S099]-3에서 낙문과 인왕문사이의 거리는 꽤 멀고 그 사이에 니짓켄차야(二十軒茶屋)로 불리던 찻집 밀집 지역이 있었던 것을 알 수 있다. 자료[B14S099]-6은 자료[B14S099]-3의 윗부분에 설명되어 있는 삽화글로 니짓켄차야에 대한 것이다.

자료[B14S099]-6

『에도명소도회』16. 金龍山浅草寺 2 (자료[B14S099]-3 삽화글)

二十軒茶屋は歌仙茶屋ともいへり。昔はこのところの茶店にて、「御福
の茶きゐれ」とて御詣の人を呼びけるとぞ。いまはその家の員(かず)二十
余軒あるゆゑに、俗これをよんで、二十軒茶屋といひならはせり。

주석: 御福の茶屋=二十軒茶屋

(해석) 20채의 찻집은 가센차야(歌仙茶屋)로 불렸다. 옛날에는 이곳 찻
집에서「고후쿠노차로 오세요」라고 참예인을 호객했다. 지금은 그 찻집수
가 20채 정도 있는 것에서 속칭 니짓켄차야(20채 찻집)로 불린다.

* 주석: 고후쿠노차 = 御福茶屋 = 二十軒茶屋

자료[B14S099]-7에서 센소지가 신요시와라 유곽과 근접한 거리에
서 상호 연관을 가지며 발전했던 것을 참고할 수 있다. 이 삽화는『에
도명소도회』의 신요시와라라는 제목으로 묘사된 것이다.

자료[B14S099]-7

오중탑 / 센소지(= 아사쿠사관음)

오토리신사(鷲神社)

신요시와라

신요시와라

『에도명소도회』17. 新吉原町(부분도)
(출처: 와세다대학도서관 古典籍總合DB 참조)

상부 좌측으로 봉긋하게 표상된 모리를 뚫고나온 센소지의 오중탑
이 보이고, 우측의 북서쪽 모리에는 이어서 해석될 도판[B16S101]의
오토리신사의 지붕이 표상되었다. 사사와 유곽이 지리적으로 근접하
여 상호 서민의 생활을 지지하였음을 알 수 있는 부분이다.

둘째, 삼사관현사에 대한 인지이다. 자료 [B14S099]-4와 자료
[B14S099]-5에서 진좌한 위치를 참조할 수 있는 삼사관현사는 센소
지연기와 관련된 세 사람, 즉 하지노오미 나카토모(土師臣中知)와 히
노쿠마노 하마나리(檜前浜成)와 다케나리(竹成) 어부 형제의 영(靈)
을 받든 신사이다. 도판 옆의 자료[B14S099]-1은『에도명소도회』의
삽화로 센소지연기에 근거한 내용을 회화화한 것이다. 이 그림은 어
부형제가 조업 중 관음상을 건져 올리는 광경을 그린 것인데 우측의
주석에는 다음과 같이 적혀있다(자료[B14S099]-2 (부분도) 참고).

(설명문) 淺草寺觀音大士の出現ありしハ推古天皇三十六年戊子三
月十八日なり土師臣中知をよひ檜前浜成武成等の主從三人こ の宮戸
川に網を下して此本尊を得奉りしよし緣記の中に詳なり

(해석) 센소지 관음대사 출현, 스이코천왕 36년(628) 3월 18일 아침,
하지노오미 나카토모 및 하노쿠마노 하마나리와 다케나리 두 형제가
미야토가와(=스미다강)에서 그물로 고기를 잡던 중 이 본존을 건져 올
려 연기에 전해진다.

연기에 등장하는 세 명의 이름과 관련해서는 한반도와 관련하여 여
러가지 설이 전해진다. 자료[B14S099]-8은 연기와 관련된 에마키(繪
卷) 중 하나이다. 에마키의 내용은 다음과 같다.

자료[B14S099]-8

「浅草寺寛文縁起絵巻」(출처: 浅草寺화상자료)

「황금빛 관음상을 고마가타도(駒形堂) 근처에 안치하여 대어를 기
원하였더니 기원할 때마다 거듭 성취되었다. 먼 곳에서도 사람들이 소
문을 듣고 모여 들었으므로 하지노마나카토모가 사택을 절로 개조하였
다. 그것이 지금의 센소지로 발전한것이고 센소지에 대한 신앙이 높아
짐에 따라 세 사람에 대한 숭경에서 제례가 행하여졌다」는 것이다.[38]

이 제례는 삼사관현사의 마쓰리로 칭해졌으며 에도시대가 되면 에
도 3대 마쓰리의 하나가 되었다. 세 번째로 센소지의 발전을 주변 환
경과 관련하여 이해할 필요가 있다. 다음의 인용문을 통하여 종교적
집락의 발전 양상을 엿볼 수 있다.

당시 센소지는 어촌과 농촌을 겸한 2중 구조 지역으로 개발이 진전
되고 있었고, 그것에 질서를 부여했다고 생각되는 것은 관음신앙을 향
토 전반에서 공유의 형태로 수용하게 하는 것이었다. 스이코 천왕, 628

38)『에도명소도회』6권 16책, 68쪽.

년, 스미다강(宮戶川)에서 조업 중에 센소지 본존의 성관음상을 끌어
올렸다는 어부 형제와 자택을 절로 고쳐 공양했다는 하지노마나카토모
세 명을 기린 것이 삼사관현사이고 지금의 아사쿠사신사이다. 이러한
사정으로 인하여 에도에서 일개의 한촌(寒村)이었던 아사쿠사는 종교
적 집락으로 발전하였다.[39]

위의 문헌자료의 인지 하에 제시한 도판[B14S099]를 해석하면 다
음과 같다.

도판[B14S099]는 센소지낙문 입구를 형상화한 것이다. 표제의 「긴
류잔(金龍山)」은 센소지(淺草寺)의 산호(山号)이다. 산호는 옛날 금
비늘의 용이 내려왔다는 설에서 유래하고 용이 내려온 곳은 스마다강
동안(東岸)의 마쓰치야마(待乳山)이다. 그곳에는 센소지의 자원(子
院)의 하나인 혼류인(本龍院) 성천궁이 있고 도판[B06S034]에서 해
독된다.

화면 중경에 반쪽만 보이는 인왕문은 경내의 배치를 암묵적으로 지
표한다. 즉 그림의 전반을 차지하는 거대한 쵸칭(提灯)이 걸려있는 총
문인 낙문을 통과하면 찻집지역과 상점가에 이른다. 상점가를 지나
인왕문에 도달하면 우측으로 오중탑이 보이고 뒤로는 본당이 있다.
인왕문을 돌아 본당에 도착하여 아사쿠사관음에 참예하고 본당 우측
으로 간다. 우측의 도리이를 통과하면 아사쿠사관음 출현과 관련된
삼사관현사에 도달하는 동선의 느낌이 상징되었다.

화면 구성요소 중 오중탑과 거대한 쵸칭(提灯)은 센소지를 상징
하는 대표적인 표상이다. 전면의 쵸칭에 써 있는 「신바시(志ん橋: 新

39) 金龍山淺草寺編(1996) 『図説 淺草寺—今むかし』, 金龍山淺草寺.

橋)」라는 글자는 일차적으로 신바시의 장인이 봉납한 선전매체로서 기호 작용한다. 화면구성요소인 긴류잔, 낙문, 거대한 쵸칭, 오중탑, 인왕문 등의 일차적 의미는 센소지 총문 입구를 지표하지만 일차적 의미를 넘어 서민들이 사사에서 생활의 안위를 기원하는 동시에 종교 집락인 번화가에서의 시간을 향수하였던 것을 공시한다.

도판[B16S101]관련 문헌자료

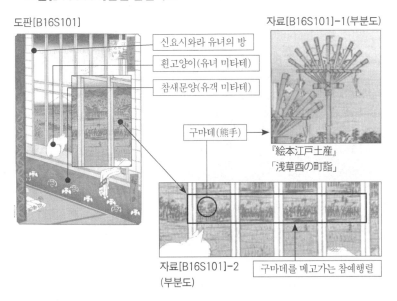

도판[B16S101]

신요시와라 유녀의 방
흰고양이(유녀 미타테)
참새문양(유객 미타테)

구마데(熊手)

자료[B16S101]-1(부분도)

『絵本江戸土産』
「浅草酉の町詣」

자료[B16S101]-2
(부분도)

구마데를 메고가는 참예행렬

기호	인지	행동
도리노 마치 모우데(酉の町詣), 후지산, 흰 고양이, 창살, 구마데, 구마데 모양 비녀, 송이, 참새문양, 참예 행렬, 기러기, 석양	요사와라 유녀의 방	신불기원 행락 요시와라 왕래

도판[B16S101]의 표제와 검열인은 「아사쿠사탄보 토리노마치모우

데(淺草田圃酉の町詣)」, 안세4(1957)년 11월이다. 자료[B16S101]-3
의 기리에즈를 참고하여 보면 아사쿠사의 북측에 위치한 신요시와라
의 북서측은 논두렁이 이어지던 지역으로 이곳에 쵸코쿠사(長國寺)
와 앞 그림의 자료[B14S099]-6에서 우측에 표기되었던 오토리신사
가 있었던 것을 알 수 있다. 이 신사의 개장일은 몬비(紋日)[40]로 칭하
여지는 요시와라의 특별한 날로 모든 유곽의 문이 개방되었다. 이미
자료[B16S101]-3에서 상호 밀접한 지리적 입지를 참고한 바 있다.

자료[B16S101]-3

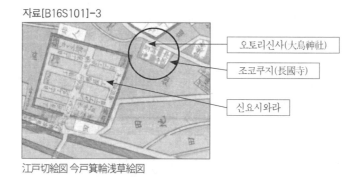

江戸切絵図 今戸箕輪浅草絵図

　이곳 신사의 개장은 특별한 이벤트로서 개장일에는 문전시(門前
市)가 성시하였다. 특히 조코쿠지(長國寺)에 진좌한 와시묘겐(鷲妙
見) 대보살의 개장일에 섰던 문전시는 도리노이치(酉の市)로 칭하여
졌다. 이 문전시에서는 여러가지 행운의 물건을 팔았는데 복(福)과 부
(富)를 긁어모은다는 갈퀴모양의 '구마데(熊手)'가 대표적인 행운의
상징물로 애호되었다. '구마데'를 메고 가는 모습은 우키요에 및 문예

---

40) 유곽에서 정한 명절 등의 특별한 날. 이날 유녀는 반드시 손을 받아야 하며, 유객
　　은 유녀에게 두둑이 팁을 주는 관례가 있었음.

의 주제로 다용되었다. 먼저 우키요에이다. 다음의 자료는 구마데를
메고 가는 인물들이 유녀나 배우로 미타테되어 특정한 의미를 전하고
있는 그림들이다.

자료[B16S101]-4

『十二ヶ月の内:十一月』 酉
の市渓斎英泉, 25.4×18,
江戸後期 (출처: 에도동경박
물관 화상자료)

자료[B16S101]-5

『江戸自慢三十六興』「酉
の丁名物くまで」, 二代歌
川広重, 大判 (출처: 국립
국회도서관 화상자료)

자료[B16S101]-6

『艶姿花乃十二支』大判,
1864.「酉のまち」, 豊国,
彫大(조각) (출처: 국립국
회도서관 화상자료)

자료[B16S101]-7

一陽来復酉の市 歌川国貞(初代), 36.9×25.2 3장, 1860
(출처: 에도동경박물관 화상자료)

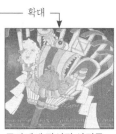

구마데에 장식된 상징물

위와 같은 화상자료가 유통되는 것은 당시 서민의 의식체계를 반영한 것으로 그림 속의 인물들이 메고가는 구마데의 장식물을 살펴보면 폐속, 오카메, 복주머니, 송이 등 당시 엔기모노(緣起物)로 여겨지는 행운의 상징물들이다. 에도후기의 '신노토리(新の酉)'로 불리던 이곳 아사쿠사의 오토리다이묘진(鷲大明神)을 비롯하여 하나마타무라(花又村)의 '혼노토리(本の酉)'와 센슈(千住) 쇼센지(勝專寺)의 '나카노토리(中の酉)'의 개장은 에도인에게 설레임과 즐거움을 주는 이벤트였던 것을 알 수 있다.

다음은 바쇼(芭蕉)의 제자인 기카쿠(其角)가 도리노이찌(酉の市)의 설레임을 표현한 일구(一句)이다.

「春を待つ 事のはじめや 酉の市」

(해석) 봄 오기에 앞서 도리노이치

위의 구는 시모쓰키(霜月: 음력 11월)에 접어들어 시작되는 도리노이치를 기대하면서 그 만큼 정월이 가까워지고 있다는 감지한다는 고양된 기분을 표현한 것이다.

위의 문헌 자료의 인지 하에 도판[B16S101]을 해석하면 다음과 같다.

구마데(熊手)상징물
폐속(幣束), 오카메(お亀),
송이 등

구마데

도판[B16S101]

자료[B16S101]-8
구마데 모양 비녀의 장식물

자료[B16S101]-9 부분도
(출처:국립국회도서관 DB)

도판[B16S101]은 신 요시와라(新吉原)의 유녀의 방 창문으로 아사쿠사 오토리신사의 참예자 군중을 전망한 내용을 형상화한 것이다. 창가의 흰 고양이는 유녀를 상징하는 메타포로 그 고양의 시선을 따라가면 화면 중앙의 검은 띠가 보인다. 이 검은 띠는 표제의 도리노마치 모우데의 참예 행렬을 표상한 것으로 군중이 메고 가는 구마데는 행사를 마치고 돌아가는 상황을 지표한다.

원경으로 '백봉'이 표상되었고 한 무리의 기러기 떼가 시간을 지표하는 요소이다. 이날은 몬비(紋日)이므로 유녀는 반드시 유객을 받는 날이다. 화면 좌측 병풍 아래로 구마데 모양의 간자시(簪)를 상징적으로 배치하였다. 그 부분만 확대하여 보면 행운을 긁어모은다는 갈퀴 모양의 구마데에 장식된 특별한 상징물인 오카메와 송이를 확인할 수 있다(자료[B16S101]-8와 자료[B16S101]-9).

자료[B16S101]-6에 표상된 인물처럼 요시와라의 유녀도 이 날만은 낮 시간을 이용하여 유곽을 나와 오토리다이묘진에 참예하고 문전시에 들렀던 상황을 유추할 수 있다.

이상을 종합하면 화면구성 요소인 도리노마치 모우데, 후지산, 흰

고양이, 창살, 구마데 간자시, 오카메, 송이, 참새문양, 검은 띠, 참예행
렬, 기러기, 석양 등의 기호는 일차적으로 유녀의 방에서 전망한 농가
의 목가적 풍경을 공시하지만 이차적으로 유일(酉日)에 거행되는 오
토리다이묘진과 신요시와라와의 상호관계를 공시한다.

C. 간다(神田) · 혼고(本鄕) 방면

도판[C01S009], 도판[C02S010] 관련 문헌자료

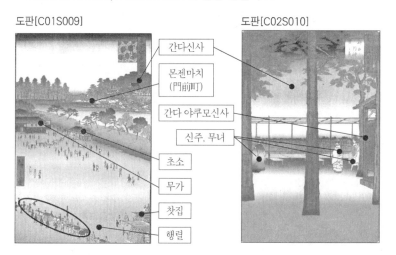

도판[C01S009]   도판[C02S010]

기호	인지	행동
광장, 봉긋한 숲, 간다신사, 스야리가스미, 몬젠마치, 행렬, 초소, 행상인, 가마꾼, 찻집	야쓰코지 광장 주변	신불기원

기호	인지	행동
동트는 새벽, 마을, 시가지, 간다신사의 경내, 삼나무 기둥, 간다 야쿠모신사, 신주, 무녀	간다묘진의 새벽	신불기원

도판[C01S009]의 표제와 검열인은 「스지카이우치 야쓰코지(筋違內ヤツ小路)」, 안세4(1857)년 11월이다. 도판[C02S010]의 표제는 「간다묘진 아케보노노케이 (神田明神曙之景)」이고, 검열일은 안세 4(1857)년 9월이다.

이 두 그림을 해석하기 위해서는 두 가지 사항에 관한 인지가 필요하다. 첫째, 간다묘진(神田明神)의 제신과 마쓰리에 관한 내용이고, 둘째는 야쓰코지(八ツ小路)광장에 대한 인지이다.

먼저 간다묘진의 제신과 마쓰리에 관한 사항이다.

자료[C01S009]-1

『에도명소도회』5-14.
(출처: 와세다대학도서관)

제신: 오아나무치노미코토

에도총진수

간다묘진은 에도마을의 총 진수사(總鎭守社: 총 수호신)로서 덴표2년(天平: 730)에 창건되었고, 제신은 오아나무치노미코토(大己貴命)이다(자료[C01S009]-1). 초창기에는 무사시 도요시마군(豊島郡: 현지 요다구)에 있었으며 스사키묘진(須崎明神)으로도 칭하여졌고 이후 1309년에 간다묘진으로 칭하여지면서, 도쿠가와 정권하에서 1616년 에도성 귀문(鬼門)의 수호신이 되어 호화로운 모모야마풍(桃山風)의 사원이 건축되었다.[41] 이후 1657년 에도에서 일어난 메레키(明曆: 일명 후리소데(振袖)화재)의 대화재로 사원이 소실되었으나 1661년에

---

41) 『에도명소도회』5권-14책, 神田明神社.

재건되었다.

에도시대 간다묘진은 간다마쓰리(神田祭)를 행하는 신사로서 알려져 있었다. 당사의 마쓰리는 에도를 대표하는 마쓰리로서 히에신사(日枝神社)의 산노마쓰리(山王祭)와 격년으로 개최되었으며 양 제례 모두 마쓰리의 다시(山車)나 미코시(神輿)가 에도성 진입이 허가되어 장군이 상람하는 천하마쓰리(天下祭)였다.[42] 에도시대 당사의 제신인 오아나무치노미코토는 칠복신 중 하나인 다이코쿠텐(大黑天)으로 상업번창의 이익이 있다고 여겨져 상인들에게 두터운 신앙을 받았다.[43] 또 당사에는 도쿠가와 이에야스가 세키가하라(關が原)전투에 출전하기에 앞서 이곳의 가치마모리(勝守)를 받고 전투에서 승리하였다는 고사가 전해진다.[44]

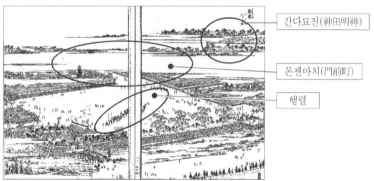

간다묘진(神田明神)

몬젠마치(門前町)

행렬

자료[C01S009]-1『에도명소도회』1. 스지가이(筋違) 야쓰코지(八ツ小路)
출처: 일본근대디지털도서관 DB참조

---

42)『에도명소도회』5권-14책, 神田明神祭礼.
43) 山路興造(2008) 위의 책, 14쪽.
44) 山路興造(2008) 같은 책.

두 번째, 야쓰코지(八ツ小路)라는 넓은 광장에 대한 이해이다. 자료 [C01S009]-2는 『에도명소도회』에 수록된 간다묘진에서 전망된 얏쓰코지이다. 얏쓰코지는 장군이 우에노 간에지(上野寛永寺)에 참배하고 닛코 도쇼구(日光東照宮)로 향하는 어성도(御成道)이다. 이곳은 니혼바시를 기점으로 혼고(本鄕)방면으로 이어지는 나카산도(中山道)가 바로 교차하는 지점으로 행렬 등 교통량이 많았다. 간다가와(神田川)를 건너 똑바로 이어지던 길이 어성도였고 우에노 야마(上野の山)로 통하였다.

이 광장의 중요한 역할은 화재가 빈번했던 에도에서 화재 시 연소를 막기 위한 공터였다. 이 공터는 무가지(武家地)와 초닌지(町人地)의 경계지역에 위치하였고 사람의 왕래가 많았던 관계로 자연히 주변에 찻집과 오락적 요소가 흥행하였다. 제시된 도판 [C01S009]는 자료 [C01S009]-1 『에도명소도회』의 삽화그림에서 행렬을 중심으로 부분 차용한 것으로 여겨진다.

위 문헌 자료의 인지 하에 제시된 도판[C01S009]와 도판[C02S010]을 해석하면 다음과 같다. 도판 [C01S009]는 에도 총 진수사인 간다묘진의 경내에서 광장 쪽을 부감으로 전망한 풍경을 형상화 한 것이다. 우측 위쪽에 봉긋한 모리(森)가 보인다. 모리 속에 신사의 본전이 상징적으로 표상되었다. 표제의 '야쓰(ヤツ: 8)'는 많다는 의미를 가진 숫자로 광장의 넓이, 광장을 가로지르고 있는 행렬, 어성도, 사람의 왕래 등 교통량이 많다는 것을 상징적으로 의미한다. 특히 이 시대는 산킨코타이(參勤交代)제도로 인하여 일상 속에 행렬을 묘사한 그림이 많았고 「메이쇼에」의 배경에도 행렬을 따라가는 사람들의 모습이 종

종 묘사되었다. 자료 [C01S009]-2는 니혼바시를 기점으로 출발하는
『동해도53역참』의 첫 번째 그림으로 대명행렬이 표상되었다. 지리상
의 특정지역을 교통을 첨부하여 묘사한 지지에서도 행렬 풍경을 묘사
하고 있지만 「메이쇼에」는 용도에 있어서 지지와 달리 서민의 현실적
욕구에 부합하는 새로운 정보를 담아 전하던 매체이었다. 그러므로
지지를 대본으로 참고해서 그렸다고 보여지는 도판[C01S009]의 행
렬 풍경에는 필시 서민의 욕구를 반영한 어떠한 정보가 담겨 있을 것
이다.

자료 [C01S009]-2

『동해도53역참』広重 日本橋
(출처: 慶應大学図書館 DB)

이 그림의 구성요소인
광장을 가로지르는 행렬
이나, 초소, 찻집, 간다묘
진, 스야리 가스미로 가려
진 몬젠마치 지역, 무가저
택 등의 기호 모티브는 일
차적으로 야쓰코지 광장
주변정경을 나타내고 있

지만, 히로시게 그림의 특징으로 보아 해석하면 우측 귀퉁이의 간다
묘진을 강조하고 있는 그림으로 해석되고 강조된 모티브인 간다묘진
의 경내는 다음 그림으로 이어졌다.

도판[C02S010]은 간다묘진의 경내를 형상화한 것이다. 신주(神
主), 무녀(巫女)로 여겨지는 모습의 인물들이 동측을 주시하고 있다.
표제는 「간다묘진의 새벽」이라는 뜻으로 지평선의 붉은 기운이 동이
트는 시간을 지표한다. 화면을 압도하는 중앙의 삼나무 두 그루가 특

별한 의미작용을 도출하고 있다. 우측 붉은 건축물은 경내사(境內社)인 간다야쿠모(神田八雲)신사의 벽이다. 이 신사의 명칭인 '야쿠모(八雲)'에 주목하면, 도판[C01S009]의 표제와 동일한 '야쓰(8:八)'라는 글자가 공통분모로 사용되어 두 그림이 상호 의미작용하고 있음을 발견할 수 있다.

동트는 새벽, 마을, 시가지, 간다신사의 경내, 삼나무 기둥, 간다 야쿠모신사, 신주, 무녀 등과 같은 기호의 집합체인 텍스트는 일차적으로 간다 경내의 새벽을 지표한다. 그러나 일차적인 의미를 넘어 에도시대 간다묘진은 마을의 총 수호신인 진수사로서의 의미나, 간다마쓰리를 행하는 신사로서의 이미지가 강하였으므로 이 그림은 천하제의 의미를 포함한 종교제례 및 신불기원이라는 2차적인 의미를 공시하고 있다고 볼 수 있다.

D. 고지마치(麴町)·아카사카(赤坂) 방면

도판[D03S051], 도판[D04S052]관련 문헌자료

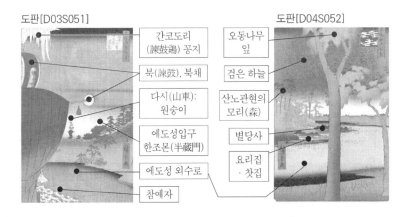

기호	인지	행동
안세3년의 진년(辰年), 고지마치(糀町) 잇쵸메(一丁目), 간코도리 꽁지, 북, 북채, 원숭이 산차, 반세문, 행렬, 꽃장식 삿갓, 에도성 외수로	산왕 관현예대제 (山王権現祭礼)	신불기원 제례참여

기호	인지	행동
에도성 외수로, 모리(森, 杜, 社), 별당사, 흰 문풍지, 요리집 · 찻집, 하늘의 먹구름, 오동나무 잎	아카사마 오동나무밭 수변 풍경	신불기원 요리집왕래

도판[D03S051]의 표제와 검열인은 「고지마치잇쵸메 산노마쓰리 네리코미(糀町一丁目山王祭ねり込)」, 안세3(1856)년 7월이고, 도판 [D04S052]는 「아카사카 키리바다케(赤坂桐畑)」, 안세3(1856)년 4월 이다.

두 그림의 의미를 연결하는 공통분모는 산노관현이다. 산노(山王) 란 히에신사(日枝神社)를 칭하는 것으로 전술한 간다신사가 마을과 주민을 포함한 에도의 총 수호신인데 대하여 산노신사는 장군가나 에 도성의 수호신이었다. 산노신사의 제례도 '천하제'로 칭했고, 천하제 로 칭하여지는 제례는 간다묘진의 간다제, 히에신사(日枝神社)의 산 노제(山王祭)에 더하여 네즈신사(根津神社)의 예제(例祭)가 있다.

산노제(山王祭)는 1681년 이래 자(子), 인(寅), 진(辰), 우(午), 신 (申), 술(戌)의 해에 간다제(神田祭)와 격년으로 6월 15일에 집행되었 다. 에도시대에는 간다묘진과 산노대관현(山王大權現), 양제의 다시 행렬은 에도 시중을 돈 후 에도성 입구인 한조몬을 통해 성내로 진입 하였다. 자료[D03S051]-1은 간다제의 상징이라고 할 수 있는 다시를 반쓰케(番付) 형식으로 그린 것이다. 다시의 아이콘은 장소를 함축하

는 기호로서 자료[D03S051]-2는 행렬의 순서에 따른 아이콘을 나타
낸 것이다.

자료[D03S051]-1

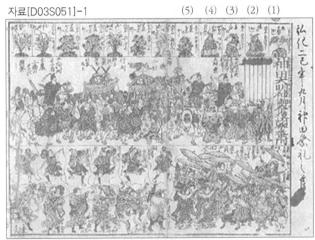

神田大明神御祭礼付祭番付 弘化2年(1845) 23.5×30.5
(출처: 동경대학교대학원 情報学環소장DB)

자료[D03S051]-2

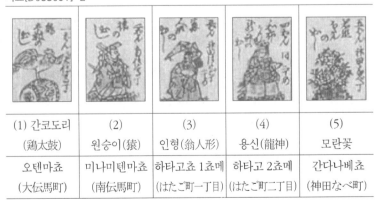

(1) 간코도리	(2)	(3)	(4)	(5)
(鷄太鼓)	원숭이(猿)	인형(翁人形)	용신(龍神)	모란꽃
오텐마쵸	미나미텐마쵸	하타고쵸 1쵸메	하타고 2쵸메	간다나베쵸
(大伝馬町)	(南伝馬町)	(はたご町一丁目)	(はたご町二丁目)	(神田なべ町)

자료[D03S051]-3

『絵本江戸土産』10. 嘉永3～慶応3年 歌川広重(初代・二代)
(출처: 에도동경박물관 화상자료)

고지마치는 행렬의 기점이 되는 마을로서 성의 서측 한조몬에서 첫
번째에 위치한 마을이었다. 고지마치는 도쿠가와 이에야스의 에도성
입성 후, 성의 서측 한조몬에서 연결되는 고슈(甲州) 도로를 따라 형
성되었으며, 한조몬에서 부터 순번으로 잇쵸메(1丁目)에서 쥬산쵸메
(13丁目)까지 있었다.

자료[D03S051]-2와 자료[D03S051]-3 에서 알 수 있듯이 행렬의
선두는 관례상 오텐마쵸의 다시인 간코도리(諫鼓鷄)[45]였고 원숭이 다
시는 그 뒤를 따랐다.

위의 문헌자료의 인지 하에 제시된 도판[D03S051]과 도판
[D04S052]를 해석하면 다음과 같다. 도판[D03S051]은 산노제(山王
祭)의 행렬이 에도시중을 돈 후, 한조몬을 통해 막 성내로 진입하려는
장면을 형상화한 것이다. 행렬의 순서는 선두가 오텐마쵸의 간코도리

---

45) 옛날, 중국에서 궁궐 문에 걸어 놓아 천자에게 간언하고자 하는 사람이 북을 치도
록 마련했던 신문고. 치세가 옳으면 북(諫鼓)도 울리지 않고 태평 성대하여 북 위
에 새가 집을 짓는다는 의미의 중국의 전승을 인용한 것.

이고 다음은 산노관현의 사자인 고헤이(御幣)를 쓴 원숭이가 뒤를 따르다는 정례화 된 관습이 역으로 표상되었다.

원숭이 아이콘은 산노신사(山王神社)를 상징하는 것으로 산노신사가 장군가나 에도성의 수호신적 역할을 하였고, 간코도리 아이콘은 간다신사를 상징하는 것으로 간다신사가 마을과 주민의 수호신적 역할을 하였다는 차이점에서 풍자의 의미가 내포된 것으로 해석할 수도 있을 것이다. 도판에 찍힌 검열인은 안세3년의 진년(辰年)으로 예대제(例大祭)의 해에 행하여진 제례를 지표한다. 그림의 기호인 다시, 원숭이, 간코도리의 꽁지, 북, 북채, 꽃장식 모자, 한조몬, 외수로 등은 산노제 막바지의 모습을 상징한다.

또 하나의 도판[D04S052]를 해석하면 다음과 같다.

도판[D04S052]는 에도성의 외수로를 따라 표상된 산노관현사의 별당사와 오동나루 숲을 형상화한 것이다. 우선적으로 표제에서 지표한 전경의 오동나무 밭의 상징성에 주목하여 해석할 수 있다.

오동나무 잎은 가마쿠라 시대 후기부터 황실의 문양으로 상징되었다. 자료[D04S052]-1은 오동나무 잎을 형상화한 문양이다. 이 형상은 황실에서 공이 있는 신하에게 사용을 허가한다는 의미로 하사되었고 나아가 가신에게 하사됨에 따라 널리 퍼져나갔다. 유명한 것으로는 고다이고(後醍醐) 천황이 아시카가 타카우지(足利尊氏)에게, 아시카가 요시테루(足利義輝)가 오다 노부나가(織田信長)에게, 오기마치(正親町) 천황이 도요토미 히데요시에게 하사한 경우이다.

자료[D04S052]-1
기리 몬(桐紋)

자료[D04S052]-2
아오이 몬(葵紋)

자료[D04S052]-3
広重田中家의 紋

자료[D04S052]-4
歌川広重의 紋

　이어지는 문양 자료[D04S052]-2는 도쿠가와 집안의 가문(家紋)으로 에도 시대에는 이 가문의 형상을 제외하고 특정가문에 대한 사용규제가 특별히 없었으므로 서민층에서도 다양한 가문이 널리 유행처럼 사용되었다. 히로시게도 가문을 사용하였다.

　자료[D04S052]-3과 자료[D04S052]-4는 히로시게가 우키요에에서 자신의 정체성을 상징하는 문(紋)으로 사용한 것이다. 이와 같은 사항을 인지하고 히로시게의 그림을 보면 화면 곳곳에 숨겨진 히로시게의 문장이 눈에 들어온다. 그림이 내포하고 있는 의미도 새롭게 해석할 수 있을 것이다.

　제시된 도판[D04S052]에서도 전경에 배치된 두 그루의 오동나무가 색 다르게 보일 것이다. 현대인의 시선으로는 다양한 해석이 가능할 것이지만, 그림이 그려진 시대는 막말이고, 에도라는 시대의 이데올로기 하에서 절대적인 군주였던 장군이 문양으로 사용하던 오동나무 잎은 특히 그림 속에서 특별한 의미를 지닌 상징 그 자체였다. 오동나무 잎이 가마쿠라 시대 이래 황실의 문양으로 상징되었고 장군에게 하사되기도 하였다는 점과 관련지어 그림을 보면, 오동나무 잎의 크기에 비하여 그것을 지지하고 있는 줄기와 나무로 비유된 막부의 체제는 빈약하기만하다. 외수로의 선명한 청색과 대조를 이루는 하늘의 먹구름도 다양한 의미작용을 배출하고 있다.

중앙 좌측의 봉긋한 모리(mori, 森, 社, 杜)는 장군가와 에도성을 수호하는 산노대관현사의 위치를 지표하는 모리이다.

외수로를 따라 표상된 건축물은 관현사의 별당사를 상징한다. 수변에는 별당사 이외에도 하얀 문풍지로 상징된 요리집도 묘사되어 성속의 혼재를 지표한다.

다의적인 의미를 내포하고 있는 진년(辰年), 고지마치(糀町) 잇쵸메(一丁目), 간코도리 꽁지, 북, 북채, 원숭이 산차, 반세문, 행렬, 꽃 장식 삿갓, 에도성 외수로 오동나무 등의 기호들은 일차적으로 아카사카 수변 풍경을 공시하지만 두 그루의 오동나무와 산노관현의 모리가 상호 의미작용 한다.

도판[D06S085]관련 문헌자료

도판[D06S085]

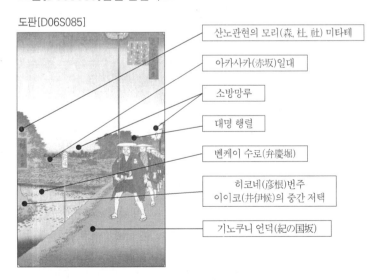

- 산노관현의 모리(森, 杜, 社) 미타테
- 아카사카(赤坂)일대
- 소방망루
- 대명 행렬
- 벤케이 수로(弁慶堀)
- 히코네(彦根)번주 이이코(井伊候)의 중간 저택
- 기노쿠니 언덕(紀の国坂)

기호	인지	행동
봉긋한 숲(mori), 아카사카 일대, 기노쿠니사카, 소방 망루, 벤케이 수로, 무가 행렬, 무가 저택	아카사카 언덕	신불기원 행렬

도판[D06S085]의 표제와 검열인은 「기노쿠니 아카사카타메이께 엔케(記の國赤坂溜池遠景)」, 안세4(1857)년 9월이다. 표제의 의미는 「기노쿠니 언덕에서 전망한 아카사카(赤坂) 저수지(溜池) 풍경」이지만, 저수지 풍경이라기 보다는 무가(武家)의 행렬 모습이 강조되었다.

우키요에는 수요자가 선호할만한 정보를 구성요소로 하였던 정보 매체라는 관점에서는 이 그림의 구성요소인 위의 모티브에서 대명의 행렬에 관한 정보, 소방서 망루와 관련된 정보, 아카사카 저수지에 관련된 정보, 히코네번주에 관련한 정보, 등 당시의 사회나 시대 맥락을 반영한 다양한 해석이 가능할 것이다. 그러나 사상적인 관점에서 이 작품을 공유하고자 한다면 몇 가지 사항에 대한 인지가 필요하다.

우선 이 그림에서 사상과 관련된 사항을 보려면 좌측에 반쪽만 잘려서 표상된 「봉긋한 형상」에 대한 이해가 필요하다. 그리고 그 「봉긋한 형상」의 표현기법에 대한 인지를 위하여 전술한 우키요에의 표현기법의 하나인 미타테를 이해하고, 나아가 추상화된 모티브인 「봉긋한 형상」이 의미하는 「진수(鎭守)의 모리(森, 杜, 社)」에 대한 개념을 인지하여야한다. 우키요에의 미타테 기법에 대한 개념은 이미 예문이나 그림을 통하여 인지하였고, 「진수의 모리」에 대한 개념은 다음 2절 모리사상에서 논한다.

위의 문헌 자료의 인지 하에 도판[D06S085]를 해석하면 다음과 같다.

도판[D06S085]에서 그림의 중심은 일정 부분만 추상적으로 표상되어 있는 중경 좌측 지붕 군집위에 표상된 봉긋한 「모리(森, 杜, 社)」장치이다. 잘려나간 봉긋한 숲(히로시게 낙관 뒤)은 바로 앞 그림에서 해석한 에도성 진수신이 진좌한 산노관현의 모리를 지표하는 것으로 보통 산노사마(山王樣)로 불렸다. 봉긋한 형상의 「모리(森, 杜, 社)」아래로 마을 지붕과 무가 저택의 지붕들이 질서정연하게 표상되어 그림에 질서의식이 부여되었다. 당시 사람이라면 그 의미를 바로 감지하고 구매하였을 것이다. 그림의 의미를 전달하는 구성요소인 모리, 아카사카 일대, 기노쿠니사카, 소방망루, 벤케이수로, 무가행렬, 무가저택 등은 일차적으로 아카사카 언덕의 전망을 공시하지만 일차적인 의미를 넘어 봉긋한 모리의 추상적 형상의 의미를 상징한다.

E. 혼죠(本所) · 후카가와(深川) 방면

도판[E01S005]관련 문헌자료

도판[E01S005]

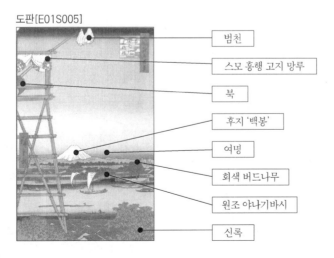

- 범천
- 스모 흥행 고지 망루
- 북
- 후지 '백봉'
- 여명
- 회색 버드나무
- 원조 야나기바시
- 신록

기호	인지	행동
료코쿠, 에코인, 스모 흥행 고지 망루, 범천, 북, 후지산, 스미다강, 약연수로, 모토 야나기 다리, 회색 버드나무, 여명, 배, 뗏목	료코쿠에코인 주변	신불기원 스모 개장

도판[E01S005]의 표제와 검열인은 「료고쿠에코인 모토야나기바시(兩國回向院元柳橋)」, 안세4(1857)년 5월이다. 제시된 그림을 해석하려면 료코쿠바시(兩國橋) 동측의 정토종 사원인 에코인의 역할에 대한 인지, 그리고 스모(相撲)와 출개장의 명소로서 이 사원의 특수성을 인지할 필요가 있다.

먼저 료고쿠에코인에 대한 인지이다. 료고쿠에코인의 사호(寺号)는 무엔데라(無緣寺)이다. 이 사호의 유래는 1657년, 메레키(明曆) 3년 정월의 대화재에 의하여 사상한 십만 팔천 여명의 사체를 혼죠(本所) 우시지마(牛島)에 새로 개간한 지역 50간4방(五十間四方: 사방 91m)의 토지에 매장하고 그 령(靈)을 위로하기 위하여 그곳에 사원을 세운 것이 기원이다.[46]

에도시대에 무연고자의 장례는 모두 이곳에서 치루어졌고, 에코인은 고부나이 총 단가(御府內總檀家)로 칭하여지며 막부로부터 세제면에서 특권(奉加御免)을 부여받았다.[47] 에도시대 에코인의 이름이 유명하게 된 것은 위와 같은 사실에 연유한 것도 있지만 개장과 스모의 사원으로 인식되었다. 개장에 대해서는 4장에서 다루었으므로, 자료[E01S005]-1의 삽화를 통하여 개장제 흥행시 설치되었던 봉

---

46) 新倉善之(1998) 앞의 책, 116쪽.
47) 新倉善之(1998) 위의 책, 117쪽.

납처와 봉납자의 이름이 게시된 개장제 분위기를 참고하면서 도판 [E01S005]의 소재가 된 에코인의 권진스모(勸進相撲)[48] 흥행 상황을 살펴보고자 한다.

자료[E01S005]-1 『에도명소도회』18. 回向院 開帳祭(부분도)
(출처: 일본근대디지털도서관DB)

봉납처

봉납자 게시

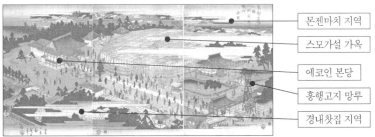

몬젠마치 지역

스모가설 가옥

에코인 본당

흥행고지 망루

경내찻집 지역

자료[E01S005]-2 「東都名所 両国回向院境内全図」歌川広重 1842년
(출처: 江戸東京博物館 화상자료)

자료[E01S005]-2는 료코쿠에코인 경내도이다. 에코인에서 권진스모를 경내에서 흥행한 것은 1781년 이후이다. 본당 우측에 보이는 노란색 갈대발로 둘러친 둥그런 가옥이 스모가옥으로 이곳에서 스모가 개최되었고, 에돗코는 우측 아래 정문 밖에 설립된 스모고지 망루에서 울려 퍼지는 망루의 북소리로 권진스모의 개최를 인지했다. 스모

---

48) 불상의 건립 보수를 하기위하여 사람들에게 금품 모금을 위해 흥행하는 것.

흥행 시에는 많은 사람들이 모여들었으므로 자연히 주변에 찻집(茶店)과 몬젠마치가 번성하였다. 또 이곳 경내에서는 출개장이 빈번하게 개최됨에 따라 에코인이 위치한 료코쿠히로코지(兩國廣小路)에는 수시로 가설 흥행장(見世物小屋)이 서는 에도 제일의 번화한 장소였다.[49]

위의 관련 문헌 자료의 인지 하에 제시된 도판[E01S005]를 해석하면 다음과 같다. 도판[E01S005]는 에코인의 권진 스모 흥행 고지 모습을 형상화한 것이다. 근경의 망루는 정문 밖에 설립된 스모 고지망루로 자료[E01S005]-2에서 참조할 수 있다. 망루에 걸린 범천과 빨간 북은 에코인 권진스모의 개막을 알리는 북소리를 지표한다. 원경으로 동이 트는 새벽 시간이 시작이라는 공유된 의미를 전달한다.

배들이 부산하게 움직이는 스미다강 대안의 수로변에는 표제에 명명된 원조 버드나무교(元柳橋)가 표상되었다. 원조(元)라는 명칭은 또 다른 새로운 버드나무 다리가 생겼음을 상징하는 것이다. 에도에서 스모 흥행의 원조는 '후카가와(深川) 하치만사마'로 친숙했던 후쿠오카하치만구(富岡八幡宮)였다. 1833년부터 료코쿠에코인에서 흥행되기 시작하여 에코인에서 권진스모가 춘추 2회 지속되었다.

화면 구성요소인 료코쿠, 에코인, 스모 흥행 고지망루, 범천, 북, 후지산, 스미다강, 약연수로, 모토 야나기 다리, 회색 버드나무, 여명, 배, 뗏목 등은 료코쿠에코인 주변을 일차적으로 상징하지만 그 의미를 넘어 신불기원과 관련된 흥행물을 상징한다.

---

49) 山路興造(2008) 앞의 책, 73쪽.

도판[E03S056], 도판[E05S068]관련 문헌자료

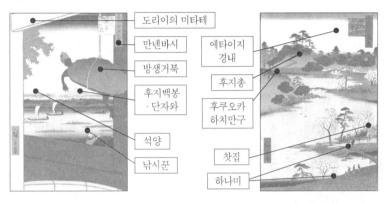

도판[E03S056]

도리이의 미타테
만넨바시
방생거북
후지백봉·단자와
석양
낚시꾼

도판[E05S068]

에타이지 경내
후지총
후쿠오카 하치만구
찻집
하나미

기호	인지	행동
도리이 미타테, 만넨바시, 방생거북, 후지백봉, 단자와, 석양, 낚시꾼	만넨바시 주변풍경	신불기원 방생회

기호	인지	행동
에이타이지, 후카가와 하치만, 야마비라키, 지그재그, 후지총 벚꽃, 찻집	에타이지 경내 개방	신불기원 행락

　도판[E03S056]의 표제는 「후카가와 만넨바시(深川万年橋)」이고 판 밑그림 검열일은 안세4(1857)년 11월이다. 도판[E05S068]의 표제와 검열인은 「후카가와 하치만 야마히라키(深川八まん山ひらき)」, 안세4(1857)년 8월이다. 두 그림을 해석하기 위해서는 두 가지 관련 지식이 필요하다. 첫째, 후카가와(深川)의 도미오카 하치만구(富岡八幡宮)의 방생회(放生會)에 대한인지, 둘째, 후카가와 하치만이 에도 최대의 하치만사마(八幡樣)가 될 수 있었던 이유에 대한 것이다.

　먼저 도미오카 하치만구의 방생회에 대한 인지이다. 방생회는 살생

을 경계하는 불교의 종교의식이지만 일본에서는 신불습합에 의하여
수호제, 감사제의 의미를 포함하여 봄 또는 가을에 신사에서 개최되
었다.

　자료[E03S056]-1 은 다릿목 근처에서 방생거북을 팔고 있는 풍경
이다.

자료[E03S056]-1

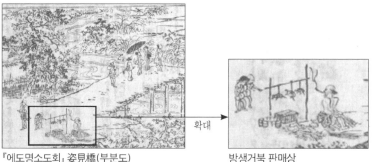

『에도명소도회』姿見橋(부분도)　　　　　방생거북 판매상
(출처: 와세다대학도서관 古典籍總合DB)

　방생회는 주로 신사 중에서도 하치만(八幡)신사에서 행하여 졌는
데 하치만신의 본래 성격에 대해서는 확실하지 않지만 기타큐슈(北九
州)를 중심으로 세력을 가지고 있던 신으로 여겨지기도 하고 오진(応
神)천왕의 영(靈)이라고도 한다. 단 아마테라스 오미카미(天照大神)
와 대조적으로 불교사와의 관계가 두드러진 신으로서 소교하치만(僧
形八幡)신앙처럼 불교식의 모습을 한 도상이나 조각으로 남아있고 또
한 조정으로부터 대보살(大菩薩)이라는 호칭을 받기도 했으며 후대
에는 겐지의 수호신으로서 무사에게도 존경받았다.[50]

---

50) 末木文美士(1996) 백승연 역(2009) 『일본종교사』, 논형, 52쪽.

에도에서는 후카가와(深川)의 도미오카하치만구(富岡八幡宮)의 방생회가 유명하였다. 1807년에는 20년 만에 행해진 제례에 모인 참배객이 스미다강에 걸려있는 에타이바시(永代橋)에 쇄도하여 그 무게로 다리가 붕괴하여 대참사로 이어졌다는 사고기록이 있다.[51] 당시 사상자 천오백 명이라고도 하고 일설로는 3천 이상[52]이라고도 하는 것에서 그만큼 많은 사람이 모여 들었던 것을 알 수 있다.

두 번째로 후카가와의 도미오카하치만구에 대한 인지이다. 하치만 신사의 마쓰리 중 도미오카하치만구의 마쓰리는 전술한 산노마쓰리, 간다마쓰리와 더불어 에도 3대 마쓰리였다. 이 마쓰리의 특색은 산노마쓰리와 간다마쓰리가 장군이 상람하던 천하제인 반면 도미오카하치만마쓰리는 시타마치(下町: 상인, 장인이 살던 지역)를 중심으로 행하여졌다. 「후카가와하치만마쓰리(深川八幡祭り)」로 칭하여지기도 하는 이 마쓰리를 지지한 것은 신사의 발전과 축을 같이 하는 몬젠마치의 융성, 다쓰미 이로마치((辰己花街)의 번영, 목재상의 발달 등이다.[53]

특히 찻집이 모여 있는 유곽은 덴포년간(天保年間: 1840년경)에 후카가와나나바소(深川七場所)라고 칭하여지던 사창이 번영하여, 그 모습은 일찍이 1683년의『무라사키노 히토모토(紫の一本)』[54]에 기술되었고, 이후『에도명소도회』등의 지지에도 소개되었다.[55]

---

51) 明田鐵男(2003)『江戸十万日 全記録』, 雄山閣, 198쪽.
52) 新倉善之(1998) 앞의 책, 133쪽.
53) 新倉善之(1998) 같은 책.
54) 戸田茂睡(1683)『紫の一本』: 에도의 명소 구적을 산, 언덕, 강, 호수 등과 같이 분류하여 출가자(遁世: 돈세이)와 사무라이(侍) 두 사람의 도보 방문 형식으로 기술한 것.

위의 문헌자료의 인지 하에 제시된 도판[E03S056]과 도판[E05
S068]를 해석하면 다음과 같다. 도판[E03S056]은 방생회 장면을 형
상화 한 그림이다. 방생거북이 매달린 도리이의 미타테로 사용된 틀
은 다리 위에 놓인 물통의 손잡이와 교각의 난간이다. 미타테 도리이
는 신사적 요소, 방생거북은 불교적 요소, 후지산은 후지신앙을 상징
하는 요소로 파악하면, 화면의 구성 요소인 도리이 미타테, 만넨바시,
방생거북, 후지백봉, 단자와, 석양, 낚시꾼 등은 일차적으로 만넨바시
에서의 방생회라는 의미를 공시하지만 그 의미를 넘어 막말의 복잡한
종교 환경이라는 이차적 의미를 내포하고 있다.

이어지는 도판[E05S068]를 해석하면 다음과 같다. 표제는「후카가
와 하치만 야마비라키(深川八まん山ひらき)」이다. 여기서 후카가와
하치만은 도미오카 하치만구를 의미하는 것이다. 그런데 도판은 표제
와 달리 후카가와의 에타이지(永代寺) 경내를 형상화하고 있다. 그 이
유는 에타이지 경내 부지에 후카가와하치만이 진수신(鎭守神)으로
진좌하여 있기 때문이다. 화면의 화사하게 표상된 에타이지의 정원은
보통 때는 비공개였지만 매년 구카이(空海: 弘法大師)의 명일인 음력
3월 21부터 수일간 경내 정원이 개방되었다.

표제에 사용된 단어는 이외에도 다양한 상징성을 내포하고 있다.
단어「야마(山)」는 봉긋이 솟아오른「산」즉「모리(森, 杜, 社)」라는 개
념으로 사용되었다. 그러므로 표제의「야마(山)」는「모리」즉, 신사를
의미하는 것으로 해석되고「야마히라키(山ひらき)」는 하치만 시사의
개방을 알리고 있는 것이다. 그림에 표상된 두 개의 봉긋한 봉우리 중

---

55) 新倉善之(1998) 앞의 책, 132쪽.

후방의 것은 등반로의 지그재그 기호로 보아 경내에 축조되었던 인공의 후지산, 즉 후지총을 상징한다. 후지총을 판별하는 기호에 대해서는 5절에서 상세하게 보게된다. 전방의 봉긋한 모리는 후쿠오카 하치만궁을 상징한다.

　다의적인 의미를 내포하고 있는 그림의 기호인 에타이지, 후카가와하치만, 야마히라키, 지그재그, 후지총 벚꽃놀이, 찻집 등은 일차적으로 에타이지 경내개방을 공시하고 있지만 이차적으로 후카가와하치만과 후지총을 상징한다.

F. 가메이도(龜戸)·무코지마(向島) 방면

도판[F03S032]관련 문헌자료

도판[F03S032]

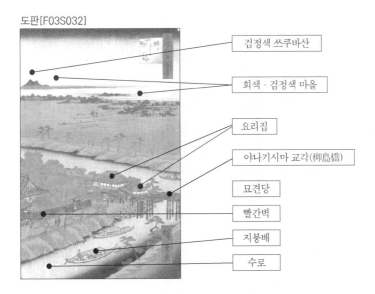

검정색 쓰쿠바산

회색·검정색 마을

요리집

야나기시마 교각(柳島橋)

묘견당

빨간벽

지붕배

수로

기호	인지	행동
야나기 시마, 야나기시마 다리, 야나기시마 묘견당, 쓰쿠바산, 스야리가스미, 빨간 담벽, 요리집, 하얀 문풍지, 봉긋한 숲, 지붕배, 수로 (橫十間川)	야나기시마 묘견당 주변	신불기원 행락 요리집내왕

    도판[F03S032]의 표제는 「야나기시마(柳しま)」이고 판 밑그림 검열인은 안세4(1857)년 4월이다. 이 그림을 사상적 관점에서 해석하기 위해서는 그림에 사용된 전반적인 회색과 검정색 톤에 대한 상징을 인지하고 나아가 묘견신앙에 대한 인지가 필요하다.

    먼저 회색과 검정색 톤의 상징에 대한 것이다. 자료[F03S032]-1은 호쿠사이(北齋)의 작품 「야나기시마 묘견당(柳嶋妙見堂)」이다. 이 작품의 검은색(玄, 黑) 일색은 북극성과 관련하여 북방을 상징하는 색이다.

자료[F03S032]-1

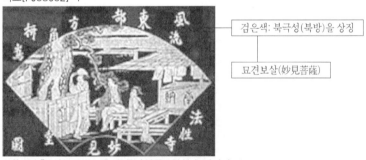

검은색: 북극성(북방)을 상징

묘견보살(妙見菩薩)

葛飾北斎「柳嶋妙見堂」 (출처: 柳嶋妙見山法性寺 화상자료)

    법성사 경내의 묘견당(妙見堂)은 북진(北辰) 묘견 대보살(妙見大菩薩)을 숭배하는 신앙으로 여기서 북진(北辰)이란 북두성을 지칭하고, 묘견 대보살(妙見大菩薩)은 북극성 또는 북두칠성을 신격화한 보살을 의미한다.

히로시게 시대에 묘견사마 신앙은 특히 예능인(芸能人)들에게 넓게 신앙되었다. 당시 신자로서 유명한 사람은 화가인 호쿠사이가 있었으며 '북의 화가'라는 의미인 제호 '호쿠사이(北齋)'도 그것에서 따온 것이라고 말하여지고 있다.[56]

자료[F03S032]-1에서 묘견보살의 형상은 단아한 천녀형(天女形)으로 인식되고 있었음을 알 수 있다. 자료[F03S032]-2는『에도명소도회』의 삽화로 야나기시마 묘견당 주변을 묘사하였다. 법성사 경내로는 묘견당 좌측에 당시 유명한 소나무가 묘사되었다. 사원 밖으로는 원경으로 북쪽을 상징하는 쓰쿠바산을 검은색으로 상징하였으며 스야리가스미를 사용하여 마을지역을 회색으로 상징하였고, 우측으로 요리집과 야나기바시를 묘사하였다.

자료[F03S032]-2 묘견당(妙見堂)과 요리집(橋本)

『에도명소도회』18. 야나기시마 묘견당 출처: 일본국립국회도서관디지털자료 참조)

56) ヘンリ・スミス(1992) 앞의 책, 32쪽.

자료[F03S032]-3은 『에혼에도미야게』의 야나기시마 묘견당에 대한 안내이고 자료[F03S032]-4는 『동도명소(東都名所)』「야나기시마 묘견당(柳嶋妙見堂)」이다. 묘견당 묘사의 공유 모티브는 검은색이 공통분모로 사용되고 교각과 요리집이 공유되고 있는 것을 알 수 있다.

자료[F03S032]-3(부분도)

『絵本江戸土産』1. 야나기시마 묘견사
(출처: 에도동경박물관 화상자료)

자료[F03S032]-4   검은색

歌川広重「東都名所柳嶋妙見堂」
(출처:柳嶋妙見山法性寺 화상자료)

위의 문헌 자료의 인지 하에 제시된 도판[F03S032]를 해석하면 다음과 같다.

그림은 일연종 법성사 묘견당 주변을 형상화 한 것이다. 그림 중앙의 수로는 횡십간천(橫十間川)으로 수로의 폭과 최북단의 위치를 지표한다. 북측을 상징하는 요소로 원경에 쓰쿠바산이 배치되었다. 좌측 잘려진 건축물이 묘견당이다. 건축물은 다릿목의 요리집과 구분되어 붉은색 담벽으로 상징되었고 요리집은 흰색 문풍지로 상징되었다.

수로위에는 지붕배가 표상되었다. 지붕 배의 뱃머리 방향은 묘견당 선착장의 위치를 지표하고 참예자들의 교통 수단을 상징한다.

화면구성요소인 야나기시마, 야나기시마교각, 묘견당, 검은 쓰쿠바산, 스야리가스미, 붉은 담벽, 요리집, 하얀 문풍지, 봉긋한 숲, 지붕배, 횡십간천 수로, 검은 색조 등은 묘견당 주변 정경을 일차적으로 지표하지만 그 의미를 넘어 북극성 또는 북두칠성을 신격화한 보살에 대한 기원이 담겨있다.

도판[F12S092]관련 문헌자료

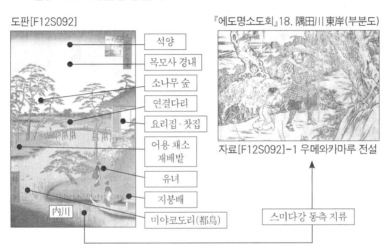

도판[F12S092]

- 석양
- 목모사 경내
- 소나무 숲
- 연결다리
- 요리집·찻집
- 어용 채소 재배밭
- 유녀
- 지붕배
- 미야코도리(都鳥)

內川

『에도명소도회』18. 隅田川 東岸(부분도)

자료[F12S092]-1 우메와카마루 전설

스미다강 동측 지류

기호	인지	행동
목모사, 우치가와(內川). 어용 채소재배 밭, 석양, 소나무 숲, 연결다리, 요리집, 찻집, 벚꽃, 미야코 도리, 지붕배, 유녀,	목모사 경내	신불기원 요리집왕래 행락

도판[F12S092]의 표제는 「모쿠보지 우치가와 고센사이하타케(木母寺內川御前栽畑)」이고 판 밑그림 검열일은 안세4(1858)년 12월이다. 표제의 의미는 목모사(木母寺) 경내 와 연결된 장군에게 상납되던 야채밭이라는 의미이다. 이 그림을 해석하려면 목모사의 역사와 관련되어 전승되고 있는 전설에 대한 인지가 필요하다.

목모사는 976년 주엔(忠円)이라고 하는 승이 가련한 어린 죽음을

애도하여 스미다인 우메와카마루지(墨田院梅若寺)라는 절을 세웠다
는 전승에서 기원한다.[57] 전승의 요지는 교토에서 인신 매매범에 의해
서 끌려와 스미다강에서 죽은 우메와카마루(梅若丸: 이름과 관련된
다양한 전승이 있음)의 이야기다.

자료[F12S092]-1은 『에도명소도회』의 삽화로 전승을 형상화한 것
이다. 억울한 령을 위로하기위한 우메와카마루지(梅若寺)는 1607년,
고노에노부타다(近衛信尹)에 의해서 우메(梅)라는 자의 방(旁)을 나
누어 목모(木母)라는 사호(寺号)로 개정되고, 에도 막부로부터 주인
장(朱印狀)을 부여받았다. 특히 이 주변에는 사사와 관련된 유흥의 장
소로서 요정과 찻집이 많았다.

자료[F12S092]-2는 목모사 주변 사사(寺社)와 찻집을 묘사한
『에도명소도회』의 삽화이다. 삽화에서 좌측의 부분이 제시된 도판
[F12S092]에 묘사된 풍경이다.

자료[F12S092]-2 木母寺 주변의 사사(寺社)와 찻집

『에도명소도회』18. 隅田川東岸. (출처: 일본국립국회도서관 DB참조)

---

57) 新倉善之(1998) 앞의 책, 121쪽.

 위의 문헌 자료의 인지 하에 제시된 도판[F12S092]를 해석하면 다음과 같다.

 도판[F12S092]의 표제에는 목모사와 장군전용 채소밭이라는 상징적인 두 장소가 표기되었다. 자료[F12S092]-2에서 확인할 수 있듯이 그림에서 두 장소의 위치는 스미다강의 지류인 우치가와(內川)를 기준으로 화면을 벗어난 우측에 목모사가 있고 어용 채소밭도 화면을 벗어나 좌측 소나무 숲을 지나 위치하여 있다. 지붕배에서 내리는 유녀가 들어가고 있는 건축물은 목모사 주변의 요정을 상징한다. 화면의 구성요소인 목모사, 우치가와. 어용 채소재배 밭, 석양, 소나무 숲, 연결다리, 요리집, 찻집, 벚꽃, 미야코 도리, 지붕배, 유녀 등은 성스러운 영역 속의 범속한 공간을 지표하고 있다.

도판[F10S065]관련 문헌자료

도판[F10S065]

카메이텐진(龜戶天神)경내
등나무
우소(鶯)
오토코 다이코바시(男太鼓橋)
난간 법수
홍등
찻집 · 요리집
유녀

기호	인지	행동
가메이도텐진 경내, 등나무, 우소새(미타테), 무지개 다리, 난간법수, 홍등, 찻집, 요리집, 유녀	가메이도텐진 경내	신불기원 행락 요리집내왕

도판[F10S065]의 표제는 「가메이도텐진 게타이(龜戶天神境內)」이고, 안세3(1858)년 7월의 검열인이다. 제시된 그림을 해석하기 위해서는 세 가지 사항에 대한 인지가 필요하다. 첫째, 가메이도텐진의 역사, 둘째, 등나무와 다이코바시 등 경내 환경, 셋째, 가메이도텐진의 연중행사 중 '우소가에(鷽替え)' 행사에 관한 인지이다.

우선 첫 번째로 가메이도텐진(龜戶天神)의 역사이다. 가메이도텐진의 제신은 스가와라노 미치자네(菅原道眞)로 초창기 신사의 건립에 대해서는 여러가지 설이 있다. 『에도명소도회』등에 실려있는 사전(社伝)에 의하면 1646년 다자이후텐만구(太宰府天滿宮)의 신관 오토리이신유(大鳥居信祐)가 영몽을 꾸고 스가공상(菅公像)을 조각하여 가지고 다니며 사전(社殿) 건립지를 찾아다니다 간분년간(寬文年間: 1661-73)에 가메이의 작은 신당에 스가상을 진좌시킨 것이 그 시초라고도 하고, 『에도스나고(江戶砂子)』에서는 간에3(寬永3: 1626)년 진좌라고 한다.[58]

둘째, 경내환경에 관한 사항이다. 이후 에도 제일의 크기로 발전한 가메이도텐만구는 「동쪽의 다자후」로 일컬어지며 경내에 찻집·요리집이 번성하였다. 자료[F10S065]-1은 가메이도텐만구 경내 찻집분포를 나타낸 것이다. 원으로 표시한 지역이 요정이나 찻집이 모여 있

---

58) 新倉善之(1998) 위의 책, 136쪽.

는 지역이다.

자료[F10S065]-1 龜戸天神社 경내 찻집 분포

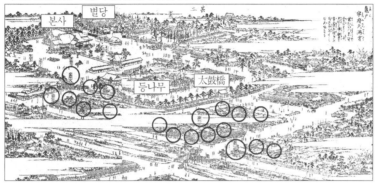

『에도명소도회』18. 龜戸 宰府天満宮 1, 2를 기본으로 작성.
(출처: 일본국립국회도서관 화상DB)

또한 이곳을 상징하는 공유 모티브로는 등나무와 무지개 다리가 있었으며 그 형상은 히로시게의 니시키에(錦繪), 『동소명소(東都名所)』 「가메이텐만구 경내 설경(龜戸天満宮 境内 雪)」 등에서 다수의 소재로 표상되었다.[59]

다음으로 연중행사에 관한 인지이다. 시타마치의 텐진사마, 하나노 텐진사마, 학문의 신 등으로 불리는 가메이도텐진의 연중행사 중 가장 특징적인 것은 「우소가에(鷽替え)」이다. 다음은 이 행사와 관련된 후지야 일기이다.

  弐月廿五日 亀戸天満宮ニて初て鷽替の神事有之、当年が始メな

---

59) 品川區立 品川歷史館(1998)『江戸近郊名所つくし-廣重 「名所江戸百景」へのみ
   ち』, 品川區 敎育委員會, 光寫眞印刷株式會社, 19쪽.

り。 [60)]

(해석) 2월 25일 가메이도텐만구에서 우소가에(鷽替) 행사를 시작
으로 당해가 시작됐다.

위 글은 우소가에 행사는 초텐진(初天神: 1월 25일) 전후에 행하여
지는 행사를 지표한다. 이 행사는 일년 중 우소(거짓말)한 것을 덴진
사마의 성심(誠心)과 바꾼다는 의미이다.

위 문헌 자료의 인지 하에 제시된 도판[F10S065]를 해석하면 다음
과 같다.

그림은 에도 제일의 크기로 발전한 「동쪽의 다자후」로 일컬어지던
가메이도텐진의 경내를 형상화한 것이다. 경내에 찻집 · 요리집이 번
성하였던 상황이 홍등, 유녀, 요리집이라는 구성요소로 지표되었다.
장소성을 상징하는 기호로는 전경의 등나무와 중경의 다이코바시(太
鼓橋: 무지개 다리)가 상징되었다. 수면과 하늘에는 우소(鷽)라는 이
름을 가진 새가 표상되었다. 이 새의 이름은 가메이도텐진의 연중행
사인 「우소가에(鷽替え)」를 상징하는 요소로 차용되어 우소라는 명칭
이 우소가에 행사를 지표하는 요소로 미타테되었다. 종교 상징의 특
징을 이해할 때 그 의미가 풍부해질 수 있는 그림이다.

---

60) 藤岡屋由藏(1819)「鷽替」『藤岡屋日記 第一卷』, 145쪽.

G. 시바(芝)·아자부(麻布) 방면

도판[G01S021], 도판[G08S112]관련 문헌자료

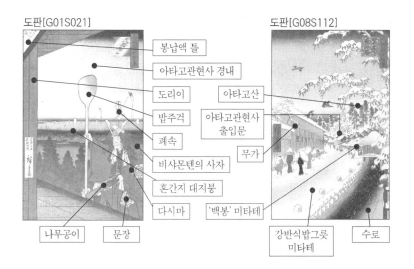

도판[G01S021]

봉납액 틀
아타고관현사 경내
도리이
밥주걱
폐속
비샤몬텐의 사자
혼간지 대지붕
다시마
나무공이
문장

도판[G08S112]

아타고산
아타고관현사 출입문
무가
'백봉' 미타테
강반식밥그릇 미타테
수로

기호	인지	행동
아타고관현 경내, 도리이, 혼간지 가람 대지붕, 봉납액 틀 비샤몬텐, 비샤몬의 사자. 밥주걱, 폐속(幣束), 다시마, 투구, 나무공이, 문장, 돌계단, 연	아타고 관현사의 강반식	종교 참예

기호	인지	행동
무가 저택, 대나무, 아타고산, 하얀 눈, 눈 쌓인 표석, 백봉 미타테, 빨간 출입문, 수로	아타고 관현사	종교 의식 참여

도판[G01S021]의 표제와 검열인은 「시바 아타고야마(芝愛宕山)」, 안세4(1857)년 8월이다. 도판[G08S112]의 표제는 「아타고 시타야부 코지(愛宕下藪小路)」이고 판 밑그림 검열일은 안세4(1858)년 12월이

다. 제시된 두 그림을 해석하기 위해서는 세 가지 사항에 대한 인지가
필요하다. 첫째, 아타고관현사(愛宕權現社)의 유래와 지리적 입지에
대한 것, 둘째, 아타고관현과 아타고강(愛宕講)조직에 대한 이해, 셋
째, 아타고 관현사의 연중행사인 강반식(强飯式)의식에 관한 것이다.

먼저 아타고관현사의 유래와 지리적 입지에 관한 것이다. 아타고관
현사는 1603년 화재 예방의 신으로 숭앙되었던 교토의 아타고관현을
에도에 권청하여 에도성 남방의 진호(鎭護)를 위하여 창건한 신사이
다. 이후 서민 간에는 아타고강(愛宕講)이 조직되어 '센니치 모우데
(千日詣)'라고도 칭하여지며 숭앙되었다. '센니치 모우데'란 아사쿠사
관음의 '사만 육천일'에서 유래한 것으로, 강중(講中)이 매년 일정한
시기(6월 23일 부터 24일 사이)에 참예하면 천일동안 참예한 것과 동
일한 공덕이 있다고 여겨지던 사상이다.

자료 [G01S021]-1 아타고 센니치모우데

아타고신사는 특히 화재
가 빈번했던 에도에서 화재
예방의 신으로 숭앙되면서,
에도시대 "이세 7번, 구마노
3번, 시바의 아타고에 매월
(御伊勢七度,熊野三度,芝の
愛宕へ月まいり)"이라는 내
용의 속요가 있을 정도로 아타고 신앙이 보편화되었다. 뿐만 아니라
이곳은 고지대에 위치한 관계로 전망이 좋아 참예와 유락을 겸할 수
있는 찻집 등도 번성하였다.

이곳의 지리적 입지는 에도를 한 눈에 내려다 볼 수 있는 곳으로 급
격한 언덕과 계단으로 인하여 '센니치 모우데'에는 가마를 이용하는

자도 있었다(자료[G01S021]-1참조).[61]

다음으로 아타고관현사의 연중행사인 강반식에 관한 인지이다. 본지인 교토와 달리 에도의 아타고관현(愛宕權現)은 아타고산(愛宕山)의 산악신앙과 슈겐도(修驗道)가 습합한 신호(神号)로서 별당은 진언종인 원복사(円福寺)였고 당사의 본지불은 도쿠가와 이에야스가 숭앙한 승군지장(勝軍地藏)이었다. 그러나 시대에 따라 이자나미(伊弉冉, 伊邪那美, 伊弉弥: 일본 신화의 여신)를 수적신(垂迹神)으로 하기도 하고 방화의 신인 호무스비노미코토(火産靈命)가 제신이 되기도 하였다. 에도후기 아타고산의 지주신은 비샤몬텐(毘沙門天)으로 여겨져 매년 1월 3일에 지주신을 기리는 행사인 강반식(强飯式)이 행하여져왔다.

자료[G01S021]-2 는 강반식의 정경을 묘사한 『에도명소도회』의 아타고산 원복사의 비샤몬텐이란 제목의 그림이다. 강반식이란 비샤몬텐의 사자라고 칭하는 자가 예복(素襖: 스오)에 다시마의 투구, 나무공이와 장칼(長太刀)에 대주걱을 든 모습을 하고 별당사 사승(寺僧)에게 수북히 담은 밥을 건네며 「먹어(食え)」라고 강요한다는 의식이다.[62] 자료[G01S021]-3과 자료[G01S021]-4는 승려들의 밥상에 놓인 수북한 밥그릇과 주걱을 든 사자의 모습을 표상한 것이다.

61) 山路興造(2008) 앞의 책, 61쪽.
62) 齋藤月岑, 朝倉治彦校注(1800년대) 앞의 책, 51쪽.

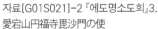
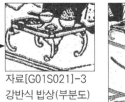

자료[G01S021]-2 『에도명소도회』3.
愛宕山円福寺毘沙門の使

자료[G01S021]-3
강반식 밥상(부분도)

자료[G01S021]-4
비샤몬의 사자(부분도)

위의 문헌 자료의 인지 하에 도판[G01S021]과 도판[G08S112]를 해석하면 다음과 같다.

도판[G01S021]은 강반식의 행사를 형상화한 것이다. 비샤몬텐의 사자가 대형 주걱을 든 채 막 들어서고 있는 빨간 색 기둥은 도리이의 일부분을 표상한 것이다. 비샤몬텐의 사자로 분장한 주인공이 아타고산의 가파른 마지막 돌계단을 오르고 있는 이 장면은 강반식 행사의 진행 순서 상 의식의 종국으로 향하고 있는 장면을 지표한다. 즉 주인공은 아타고산 관현사의 가파른 돌계단을 내려와 산록의 별당인 원복사 승려들의 좌를 향해 수북히 담은 밥을 강요하는 의식(자료[G01S021]-2)을 이미 마치고 신사로 돌아오는 중이다. 사자역을 하고 있는 주인공이 입고 있는 옷의 문장은 주인공의 직업을 지표한다.

이어지는 도판[G08S112]를 해석하면 다음과 같다. 하얀 눈은 아타고산관현사의 정월의 행사인 강반식(强飯式)을 상징하는 요소로 차용되었다. 화면 중앙의 수로를 따라서 눈 쌓인 표석이 강반식 의식에서 승려의 밥상 위에 놓인 수북한 밥그릇을 연상시킨다. 무가저택의 담을 따라 화중인물들이 향하고 있는 방향은 하얀 눈 속에서 특히 강조된 관현사의 빨간 출입문을 지표한다. 수로를 따라 즐비한 후지총의 미타테 지붕도 그림에 질서의식을 부여하는 중요한 구성요소이다. 무가 저택, 대나무, 아타고산, 햐얀 눈, 눈 쌓인 표석, 백봉 미타테, 빨간 출입문, 수로 등 다양한 기호들의 집합체인 그림은 일차적으로 눈 내리는 정월의 풍경을 지표하지만 '종교의식에 참여 한다'는 2차적 의미를 공시하고 있다.

H. 시나가와(品川)·메구로(目黑) 방면

도판[H04S026+]관련 문헌자료

도판[H04S026+]

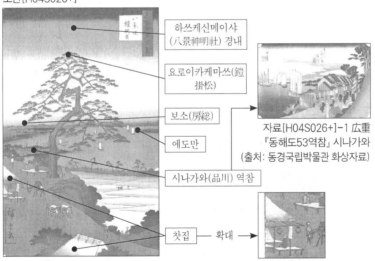

자료[H04S026+]-1 広重
『동해도53역참』 시나가와
(출처: 동경국립박물관 화상자료)

기호	인지	행동
하쓰케이 신메이샤, 요로이 가케마쓰, 보소반도, 시나가와 역참, 에도만, 찻집, 홍등, 가마, 말	동해도변 정경	신불기원 행락 찻집내왕

　도판[H04S026+]의 표제와 검열인은 「하쓰케자카 요로이가케마쓰(八景坂鎧掛松)」, 안세3(1856)년 5월이다. 이 그림을 해석하기위해서는 두 가지 사항을 인지하고 있어야한다. 첫째는 요로이가케마쓰라는 소나무 이름에 대한 전승, 둘째, 이 장소를 소재로 어떠한 의미를 전달하고자 할 때의 화면 구성요소를 인지하고 있어야한다.

　먼저 첫째, 소나무 이름에 대한 유래이다. 요로이가케마쓰란 갑옷을 걸은 소나무란 의미로 하쓰케자카(八景坂)의 언덕 위에 있었던 소나무를 일컫는 말로 소나무는 하쓰케신메이샤(八景神明社) 경내에 있었다. 이 신사의 창건에 관해서는 확실하지 않고 오타구(大田區)의 지정문화재 소개에 대한 개요를 참조하면, 에도막부 6대 장군인 도쿠가와 이에노부(德川家宣)시대 이전부터 진좌해 있었다고 하며, 또 하치만다로(八幡太郎)로 불리던 미나모토노 요시이에(源義家:1039-1106)가 오슈(甲州)정벌 시 승전을 기원하기 위하여 들렀다고도 하며, 그 때 경내에 있었던 소나무에 갑옷을 걸었다는 전승만이 전해지고 있다고 한다.

　다음으로 이 장소를 소재로 메시지를 전달하고자 할 때의 화면 구성요소에 대한 사항이다. 미나모토노 요시이에와 관련된 요로이가케마쓰는 이 그림 외에도『에도명소도회』,『에혼에도미야게』,『동도사카쓰쿠시(廣重東都坂盡)』의 소재로도 사용되었다. 이 그림들의 화면구성 요소를 살펴보면, 자료[H04S026+]-2와 자료[H04S026+]-3과 같이 찻집과 에도만으로 돌출된 집락, 그리고 원경으로 보소반도가 공통적인 요소인 것을 알 수 있다. 히로시게 그림의 특징으로 보았을 때 이 장소를 소재로 할 때의 공유사항으로 에도만에 돌출된 집락지를 주요 모티브로 삼았을 수도 있다. 이곳은 시나가와 역참으로 동해도

최초의 역참으로 자료[H04S026+]-1은『동해도53역참』에 묘사된 역
참의 모습이다. 길가에 홍등을 단 집들이 강조되었다.

자료[H04S026+]-2

자료[H04S026+]-3

江戸名所図 4. 하쓰케이자카 요로이가케마쓰   『広重東都坂尽』「品川大井八景坂鎧掛松」
(출처: 일본국립국회도서관 디지털화 자료)   (출처: 일본국립국회도서관 디지털화 자료)

　시나가와 역참은 유곽을 소재로 다룬 고전 라쿠고(落語)인 이노코
리사헤이지(居殘り佐平次), 시나가와신쥬우(品川心中) 등의 무대가
되었던 것에서 다른 숙박지가 그랬던 것처럼 오카바쇼(岡場所: 홍등
가, 유곽, 메시모리 여관) 로서도 번성하였던 것을 알 수 있다.[63] 1772
년, 막부는 역참의 메시모리온나(飯盛女)의 수를 500명으로 정했지만
실효성이 없었고 1844년 1월에 도츄부교(道中奉行: 행정 직명)가 적
발을 행했을 당시는 1,348명의 메시모리 온나(飯盛女)를 검거하였고,
이후에도 유곽으로서의 번성은 쇼와33(昭和:1958)년의 매춘금지법
이 시행될 때까지 계속되었다.[64]

　에도의 니혼바시를 기점으로 교토의 산죠(三條)까지 26리 반에 53
역참이 있었고, 시나가와 역참은 북쪽의 요시와라(吉原)에 대하여 남

---

63) 北原進(1991)『百万都市江戸の生活』, 角川選書, 42쪽.
64) 北原進(1991) 위의 책.

쪽의 유흥을 의미했다. 주변에 벚꽃으로 유명한 행락지인 고텐야마 (御殿山)가 있었던 것도 좋은 요인이었다. 자료[H04S026+]-1 은 시 나가와에서 고텐야마(御殿山) 아래를 통과하는 대명행렬의 마지막 꼬리모습이 상징적으로 지표되었다.

위 문헌자료의 인지 하에 제시된 도판[H04S026+]를 해석하면 다음 과 같다.

그림은 하쓰케 진메이샤(八景神明社) 경내를 형상화한 것이다. 화 면의 구성요소는 당시 이 장소를 묘사하고자할 때의 공유된 정형요 소로 보이는 요로이카케마쓰, 찻집, 시나가와 역참, 보소반도 등의 모 티브가 주로 사용되었다. 사원경내의 찻집에 달려있는 홍등과 자료 [H04S026+]-3 에 묘사된 시나가와 역참 마을의 홍등이 공통분모로 상호 의미작용을 창출하고 있다. 에도만으로 돌출된 소나무가 표제에 서 제시한 미나모토노 요시이에와 관련된 요로이가케마쓰라는 이름 의 소나무이고 이 소나무는 신사경내를 상징하는 대표적인 요소로 상 징되었다.

화면구성요소인 하쓰케 신메이샤, 요로이가케마쓰, 보소반도, 시나 가와 역참, 에도만, 찻집, 홍등, 가마, 말 등은 동해도변의 정경을 일차 적으로 지표하고 있지만 풍경 속에는 신불기원적 요소와 유흥적 요소 가 혼재하여 있다.

도판[H12S110]관련 문헌자료

도판[H12S110]

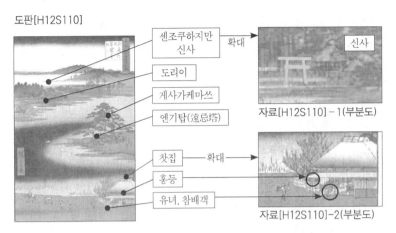

자료[H12S110]-1(부분도)

자료[H12S110]-2(부분도)

기호	인지	행동
센조쿠이케, 도리이, 센조쿠이케하치만신사, 게사가케마쓰, 일연승 엔기탑, 일연종 묘후쿠지, 찻집, 홍등, 유녀, 참배객	센조쿠이케 지역	신불기원 행락 찻집내왕

　도판[H12S110]의 표제와 검열인은 「센조쿠노이케 케사가케마쓰(千束の池袈裟懸松)」 안세3(1856)년 2월이다. 이 그림을 종교적 관점에서 해석하려면 두 가지 사항에 대한 인지가 필요하다. 첫째는 센조쿠이케라는 연못과 게사가케마쓰라는 소나무 명칭의 유래를 인지하여야한다. 둘째는 센조쿠하치만신사(千束八幡神社)를 정치 역사적 관점에서 인지하여야한다.

　먼저 연못과 소나무 명칭에 대한 유래이다. 센조쿠이케(千束の池: 연못)라는 명칭은 헤이안시대 이래 지명을 둘러 싼 다양한 설이 전승된다. 이 명칭의 유래는 연못 근처에 있는 묘후쿠지(妙福寺) 또는 쇼안(松庵)이라고도 칭하여지는 미노부산 구온지(身延山久遠寺: 山梨

縣)를 총본산으로 하는 일연종 사원과 관련되어 있다. 즉 1282년 9월 일연승이 미노부산 구온지에서 히타치노쿠니(常陸國, 茨城縣)로 향하던 도중 센조쿠이케에서 휴식을 취할 때, 입고 있던 법의를 소나무에 걸고 발을 씻었다는 것에서 유래한다. 이 유래에서 센조쿠이케(千足池)를 '발을 씻은 연못'이라는 의미를 지닌 '센조쿠이케(洗足池)'라고 표기하게 되었고 또 이 소나무를 '법의를 걸었던 소나무'라는 의미를 지닌 '게사가케마쓰(袈裟掛けの松)'로 칭하게 되었다고 전승된다.

다음으로 센조쿠하치만신사의 역사에 관한 인지이다.

자료[H12S110]-1은 신사의 모습이다. 센조쿠하치만신사는 센조쿠이케의 서쪽 기슭에 진좌한 신사이다. 오우진 천황(応神天皇)을 제신으로 하며 이 지역의 총 진수(總鎭守)로서 860년 우사하치만(宇佐八幡)에서 간청(勸請)되었다. 이 신사의 명칭은 미나모토노 요리토모(源賴朝)가 이곳에서 거병을 결심했다고 전해지는 사전(社伝)이 있어 '하타아게하치만(旗擧げ八幡)'이라고도 불린다. 또 통칭 '八幡太郎義家(하치만다로 요시이에)'[65]로도 명칭된다. 이러한 명칭 들은 하치만신사가 정치 군사상 중요한 역할을 하였음을 상징하는 대목으로 이 신사는 이후 나카하라 도로(中原街道)의 기초가 되었다. 도로 근처에는 이케가미혼간지(池上本門寺)가 있고 관군이 에도입성 직전에 본진을 친 곳도 이케가미혼간지(池上本門寺)이다.

---

65) '八幡太郎義家'라는 이름의 유래는 미나모토노 요시이에(源義家)는 성인식(元服式)을 하치만시(八幡市,京都府)의 男山八幡宮에서 거행한 것에 연유하여 '八幡太郎義家'라고 명칭되었다고 하며 또 하치만구(八幡宮)가 미나모토씨(源氏)의 우지가미(氏神, 씨족신)이기도 했다.

위의 문헌자료의 인지 하에 제시된 도판[H12S110]을 해석하면 다음과 같다.

그림은 센조쿠(千束) 지역에 전승되는 다양한 명칭의 유래를 형상화한 것이다. 화면 우측 소나무 아래의 엔기탑(遠忌塔, 1828년 경 건립 추정)은 이 지역이 일연승과의 연관성이 깊다는 것을 상징하는 구성요소이다. 엔기탑에는 일연승의 입멸일(入滅日)을 지표하는 날짜가 기록되어있다. 이 소나무의 명칭은 표제에 지표된 '법의를 걸었던 소나무'이고, 화면을 벗어난 모티브인 일연종 사원인 묘후쿠지(妙福寺)를 상징하는 요소이다.

화면 전반을 차지하는 푸른 연못은 일연 승이 '발을 씻은 연못'이라는 의미를 지닌 '센조쿠이케'이다. 이 연못의 중앙 좌측의 '봉긋한 모리(森, 杜)'를 자세히 보면 센조쿠하지만신사의 도리이가 표상되어 있다. 이 신사는 정치 군사상 중요한 역할을 하였던 신사로 상징되었다. 신성한 지역을 상징하는 구성요소와는 대조적으로 화면 전경 우측에는 홍등을 단 찻집과 유녀가 표상되었다.

화면 구성요소인 센조쿠이케, 도리이, 센조쿠이케 하치만신사, 게사 가케마쓰, 일연승 엔기탑, 일연종 묘후쿠지, 찻집, 홍등, 유녀, 참배객 등은 명칭에 유래하는 성스러운 공간의 가치를 상징으로 사용하고 있다.

I. 요쓰야(四谷)·신쥬쿠(新宿)·다카다(高田)·이치가야 (市ヶ谷) 방면

도판[I02S041]관련 문헌자료

도판[I02S041]

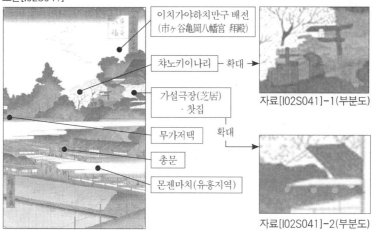

이치가야하치만구 배전
(市ヶ谷亀岡八幡宮 拜殿)

챠노키이나리 ─ 확대 →

가설극장(芝居)
·찻집

무가저택   확대

총문

몬젠마치(유흥지역)

자료[I02S041]-1(부분도)

자료[I02S041]-2(부분도)

기호	인지	행동
총문 입구, 모리, 이치가야하치만, 도리이, 챠노키이나리, 붉은 스야리가스미, 찻집, 가설극장, 기러기	이치가야 하치만 주변풍경	신불기원 영장순례 요리집, 찻집내왕

　도판[I02S041]의 표제와 검열인은 「이치가야하치만(市ヶ谷八幡)」, 안세5(1858)년 10월이다. 이 그림을 해석하기 위해서는 세 가지 사항에 대한 인지가 필요하다. 첫째, 에도시대 8대 하치만신사에 관한 사항과, 둘째, 이치가야 가메오카하치만구(市ヶ谷龜岡八幡宮)의 역사와 명칭의 유래, 셋째, 신사 총문 입구에 번창한 몬젠마치에 대한 인지가 필요하다.

먼저 하치만신사의 유래에 관한 사항이다. 이치가야 가메오카하치만구(市ヶ谷龜岡八幡宮)는 에도 8대 하치만의 하나였다.[66] 전술하였듯이 후쿠오카하치만구는 에도 3대 마쓰리 중 하나가 행하여지는 에도 최대의 하치만으로 서민층의 지지로 흥륭한 신사이다. 반면 이치가야하치만구는 에도성 축성시 서방의 진수신으로서 가마쿠라(鎌倉)에서 분령한 신사로 3대장군 도쿠가와 이에미쓰(德川家光)나 게쇼인(桂昌院)[67] 등 장군가의 신앙을 받았다.

『에도명소도회』에 의하면 초기의 명칭은 가마쿠라의 쓰루오카하치만구(鶴岡八幡宮)에서 쓰루오카(鶴岡)를 가메오카(龜岡)(가메오카)로 대치시켜 이치가야카메오카하치만구(市ヶ谷龜岡八幡宮)로 칭하여졌으나 이후 신사는 도쿠가와가(德川家)의 신앙을 받으며 재건되고 명칭도 이치가야하치만구로 변경되었다. 다음으로 신사주변에 번창한 몬젠마치에 관한 사항이다. 자료[I02S041]-3은 이치가야하치만구 경내와 주변 환경을 참조할 수 있는 『에도명소도회』의 삽화이다.

좌측의 강조선 부분은 본사와 배전이 속한 지역으로 배전 앞으로 가설극장과 찻집이 상설되어 넓은 위치를 점하고 있는 것을 확인할 수 있다. 삽화의 아래쪽에서 총문 주변 모습을 참조할 수 있는데 이 지역은 요리집과 찻집이 번성한 유흥지역이었다.

---

66) 에도의 8대 하치만은 이외에 아나 하치만신사(穴八幡神社: 高田), 오오미야하치만구(大宮八番宮: 大宮), 하토노모리하치만신사(鳩森八幡神社: 千駄ヶ谷), 곤노하치만구(金王八幡宮: 澁谷), 미타하치만신사(御田八幡神社: 三田), 니시쿠보하치만신사(西久保八幡神社: 西久保), 후쿠오카하치만구(福岡八幡宮: 深川)가 있었다.

67) (1627-1705) 에도막부 3대 장군 도쿠가와 이에미쓰(德川家光)의 측실이고 5대 장군 쓰나요시(綱吉)의 생모.

자료[I02S041]-3 이치가야하치만구(市谷八幡宮) 경내와 주변 환경

『에도명소도회』11. 이치가야하치만구(市谷八幡宮)
(출처: 와세다대학도서관 古典籍總合DB 참조)

　　위의 문헌자료의 인지 하에 제시된 도판[I02S041]을 해석하면 다음
과 같다.

　　그림은 이치가야하치만(市ヶ谷八幡) 주변 전망을 형상화한 것이
다. 중앙의 붉은문이 이치가야하치만 신사의 총문 입구를 지표한다.
총문을 통과하여 본사로 향하는 계단을 올라가면 도중에 이나리신사
가 있다. 이 신사는 눈병에 효험이 있었다는 차노키 이나리(茶ノ木稻
荷)신사로 붉은색 벽과 도리이로 상징되었다.

　　그림에서 특히 화면을 가로로 덮고 있는 붉은 스야리가스미 부분은
주변에 무수히 많은 유흥지를 상징한다. 우측 한 귀퉁이를 점하고 있
는 다리가 19번째 순례의 영장을 상징적으로 연결해 주고 있다.[68] 저

────────────────

68) 이치가야하치만의 별당사인 동원사 경내의 관음당은 에도 33관음 영장(三十三觀音

녁 시간을 하늘의 기러기가 지표하고 있다. 화면의 구성요소인 총문 입구, 모리(森), 이치가야하치만, 도리이, 차노키이나리, 붉은 스야리 가스미, 찻집, 가설극장, 기러기 등은 이치가야하치만 주변의 성속을 상징하는 요소들이다. 서민들의 익숙한 생활공간 속에 하치만신사가 이상적으로 상징되어 있다.

도판[I04S050]관련 문헌자료

도판[I04S050]

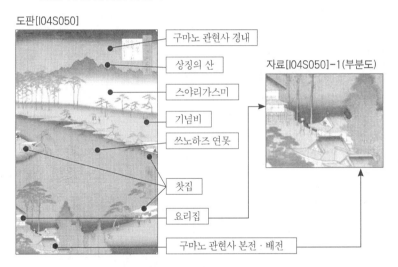

자료[I04S050]-1(부분도)

기호	인지	행동
쓰노하즈(角筈)의 연못, 구마노 12사 관현사, 찻집, 요리집, 석비, 가상의 산, 스야리가스미	쓰노하즈 구마노 12사 관현사 경내	신불기원 행락

靈場) 중 19번 째 후다쇼(札所)였다. 당시 관세음보살은 33번 모습을 바꾸어 사람들을 구제하러 온다고 믿었던 것에서 서민들 사이에 관음영장 순례가 유행하였다. 전국 각지에서 새로운 관음 영장 코스가 생겼을 때, 에도의 33관음영장도 그 일환의 하나로 생성된 코스로 1641년부터 1703년 사이에 개창되었다고 여겨진다. 최초의 1번 발원지는 센소지(淺草寺)였고 최후의 33번은 메구로부동(目黑不動)이었다.

도판[I04S050]의 표제와 검열인은 「쓰노하즈 구마노쥬니샤 조쿠쥬
니소(角筈熊野十二社俗称十二そう」, 안세4(1857)년 7월이다. 이 그
림을 종교적 관점에서 해석하기위해서는 구마노 신(熊野神, 熊野大
神)에 대한 인지와 쓰노하즈(角筈)지역의 입지성에 대한 인지가 필요
하다. 먼저 구마노 신에 대한 사항이다.

구마노신은 구마노삼산(熊野三山)의 제신으로 본지수적사상을 기
본으로 구마노 관현이라고도 불린다. 관현이라는 이름에서도 알 수
있듯이 불교적요소가 강하며, 구마노 삼산이란 기이반도(紀伊半島)
남부 구마노에 있는 (1) 본궁(本宮), (2) 신궁(新宮), (3) 나지(那智),
3개의 성지를 합한 총칭이다. (1) 본궁은 구마노 혼구타이샤(熊野本
宮大社)로 와카야마현(和歌山縣) 히가시무로군(東牟婁郡) 혼구쵸(本
宮町)에 진좌하고, 주신은 게쓰미미코노오오카미(家都美御子大神)이
다. (2) 신궁은 구마노 하야타마타이샤(熊野速玉大社)로 와카야마현
신구시(新宮市)에 진좌하고, 주신은 구마노 하야타마노 오오카미(熊
野速玉大神)이다. (3) 나지(那智)는 구마노 나지타이샤(熊野那智大
社)로 와카야마현 히가시무로군 나지가쓰우라쵸(那智勝浦町)에 진좌
하고, 주신은 구마노 후스미노 오오카미(熊野夫須美大神)이다.

각 신사의 주제신은 각각 다르나 제신을 상호 간청(勸請)하여 삼산
에서는 3주의 신을 함께 모신다. 엔기(緣起)에 의하면 특히 주제신인
게쓰미미코(家津美御子) · 하야타마(速玉) · 무스비(牟須美)(또는 結
이라고도 표기) 만을 가리켜 구마노 3사 관현이라 칭하고, 구마노 12
사 관현은 구마노 3사 관현 이외의 신들을 포함하여 칭한다.[69]

---

69) 新倉善之(1998) 앞의 책, 228쪽.

이렇게 복잡하므로 당시 에도 사람들도 혼동하였던 것 같다.

자료[I04S050]-2는 구마노관현사주변을 묘사한 『에도명소도회』의 삽화이다. 기념비를 중심으로 우측 위에 첨부된 설명문에는 다음과 같이 기술되어 있다.

자료[I04S050]-2 熊野権現社 주변

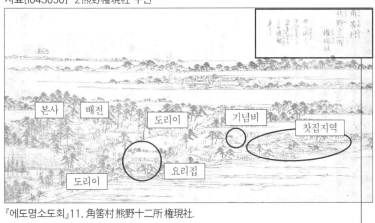

『에도명소도회』11. 角筈村 熊野十二所 権現社.
(출처: 와세다대학도서관 古典籍總合DB 참조)

설명부분

(해석) 설명부분은 「世人誤て十二そうといふ 多景にして遊觀多し」 이다. 즉 「세상 사람들이 잘못알고 '주니소'라고 한다. 경치가 좋아서 유람이 많다」는 내용이다.

다음으로 표제의 쓰노하즈(角筈)라는 명칭과 지역 입지성에 대한 사항이다. '쓰노하즈'라는 명칭은 전국시대부터 있었으며 에도시대에 는 '쓰노하즈무라(角筈村)'로 불렸다.

지도상에서 쓰노하즈무라는 에도의 기점인 니혼바시에서 약 2
리 정도 떨어진 거리에 위치하였고 에도와의 경계에 있었던 지역
이다. 또 나이토신쥬쿠(內藤新宿) 숙박 마을에 인접하였던 에도근
교의 마을로서 도시와 농촌을 절충한 특색 있는 지역이었다. 자료
[I04S050]-2는 구마노관현사 주변을 참조할 수 있는『에도명소도회』
의 삽화이다. 이 삽화를 통해 기념비를 확인할 수 있고 또 구마노관현
사 수변을 따라 요리집과 찻집이 많았던 것을 참조할 수 있다. 자료
[I04S050]-3은 관현사 뒤의 폭포이다.

위의 문헌자료의 인지 하에 제시된 도
판[I04S050]을 해석하면 다음과 같다.

그림은 쓰노하즈의 구마노 12사(12
社)의 주변 풍경을 형상화 한 것이다.
원경의 검고 험한 산은 가상의 산으로
상징으로 배치되었다. 좌측 모퉁이로
구마노 12사 관현사와 요리집이 병렬로
표상되어 '성속'의 경계가 혼재되었다.

자료[I04S050]-3

구마노 폭포(熊野滝)

『에도명소도회』11
(출처: 와세다대학도서관 화상DB)

관현사 전방에 펼쳐진 넓은 시야와
상징의 산은 생명력 넘치는 현세를 상
징한다. 우측 중간의 기념비는 1851년
에 세워진 것으로 이곳이 서측 외곽의 경승지였음을 지표한다. 이 장
소는 나이토 신쥬쿠(內藤新宿)에서 도보로 15분 정도의 거리로『에
도명소도회』의 삽화 주석에는 후일「세상 사람의 실수로 12소라고 했
다」고 전한다.

도판이 출판된 안세 4년에는 스루가(駿河) 지진과 게이요(芸予) 지

진이 있었던 시기였다. 화면 구성요소인 쓰노하즈 연못, 구마노 12사
관현사, 찻집, 요리집, 석비, 가상의 산, 스야리가스미 등은 일차적으
로 쓰노하즈 구마노 12사관현사 경내를 공시하지만 그 의미를 넘어
현실과 상반되는 이상적인 풍경을 나타낸다.

J. 오지(王子)・센쥬(千住) 방면

도판[J02S018^], 도판[J07S118^]관련 문헌자료

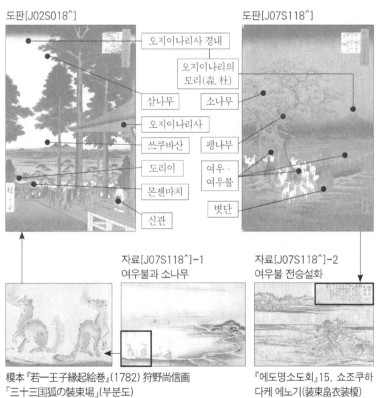

도판[J02S018^]

- 오지이나리사 경내
- 오지이나리의 모리(森, 杜)
- 삼나무
- 소나무
- 오지이나리사
- 쓰쿠바산
- 팽나무
- 도리이
- 여우・여우불
- 몬젠마치
- 벗단
- 신관

도판[J07S118^]

자료[J07S118^]-1
여우불과 소나무

자료[J07S118^]-2
여우불 전승설화

模本『若一王子縁起絵巻』(1782) 狩野尚信画
「三十三国狐の装束場」(부분도)

『에도명소도회』15. 쇼조쿠하
다케 에노기(装束畠衣装榎)

기호	인지	행동
쓰쿠바산, 도리이, 오지 이나리사, 붉은벽, 신관, 참도, 참예자, 삼나무, 몬젠마치의 지붕군, 농경지	오지 이나리사	신불기원 요리집, 찻집왕래

기호	인지	행동
밤하늘, 별, 소나무, 팽나무, 여우, 여우불, 벗단, 봉긋한 모리(森)	오지 이나리사	신불기원

도판[J02S018^]의 표제와 검열인은 「오지 이나리노야시로(王子稻荷の社)」, 안세4(1857)년 9월이고, 도판[J07S118^]의 표제와 검열인은 「오지 쇼조쿠노키 오미소카노 기쓰네히(王子裝束ゑの木大晦日の狐火)」 안세4(1857)년 9월이다.

제시된 위의 두 그림을 해석하기 위해서는 다섯가지 사항에 대한 인지가 필요하다. 첫째, 오지이나리(王子稻荷)신사에 대한 인지, 둘째, 오지이나리신사와 관련된 역사, 셋째, 오지이나리신사의 습속인 여우불 점에 대한인지, 넷째, 오지신사의 신목과 주변에 형성된 몬젠마치에 관한 인지, 다섯째, 『냐쿠이치 오지연기(若一王子緣起)』에마키(繪卷)의 원본에 대한 인지이다.

첫째, 에도시대의 이나리(稻荷)신사에 대한 사항이다. 「에도에 많은 것으로 이세야(伊勢屋), 이나리(稻荷), 견분(犬の糞)」이라는 말이 있다. 이세야(伊勢屋)가 많은 것은 도판[A04S007] 「오텐마쵸모멘다나(大てんま町木綿店)」의 표상과 같이 에도상인은 이세야나 오미 출신자가 많아 가게이름을 이세야로 다수가 명명했다고 한다. 견분(犬糞)이 많은 것은 겐로쿠(元祿)시대 '쇼루이아와래미노레(生類憐れみの

슈)'[70]의 영향으로 에도에는 개의 숫자가 많았으나 견분은 비료가 되
지 못하였으므로 방치되었다고 한다. 이와 같은 말들은 그 정도로 이
나리 신앙이 흔한 신앙이었고 곧 서민에게 가장 친근한 신앙이었던
것을 의미한다.

둘째, 오지이나리신사(王子稻荷神社)의 역사이다. 오지이나리신사
의 창건연대는 불분명하지만 초창기는 기시이나리(岸稻荷)로 칭하여
졌고, 1180년 이전인 헤이안(平安)시대에 신사가 창건되어 고래로부
터 관동총사(關東惣社)로 칭하여지며 에도 사람들에게 숭경을 받았
다.[71] 사덴(社殿: 신사의 축조물)은 1634년 오지신사와 더불어 막부에
의해 조영되어 1703년에 재 조영되었고 현재의 신전은 1822년에 건
립 된 것이다.[72]

셋째, 오지 이나리사와 관련된 여우불 점에 관한 사항이다.

자료[[J07S118^]-3은 『에도명소도회』의 삽화(자료[[J07S118^]-2)
의 우측 주석부분이다.

자료[J02S018^]-3

---

70) 제5대 장군 도쿠가와 쓰나요시(德川綱吉)가 1685년에 내린 동물 살상금지령으로
    특히 개를 소중하게 여겼음(고려대학교 일본연구센터편(2010) 앞의 책, 194쪽).
71) 新倉善之(1998) 앞의 책, 89쪽.
72) 新倉善之(1998) 위의 책.

(주석) 装束畠 衣装榎 毎歳12月晦日の夜、諸方の狐 おびただしく
ここに集まり來ること恒例にして、いまにしかり。そのともせる火影
にて、土民明くる年の豊凶をうらなうとぞ、このこと宵にあり、また
曉にありて、時刻定まることなし。

(해석) 쇼조쿠하다케 에노기, 매년 12월 그믐날 밤, 전국의 여우가
엄청나게 많이 모여 오늘에 이른다. 여우불의 불빛으로 농민은 다음해
의 풍흉(豊凶)을 점쳤다고 한다. 이 일은 초 저녁이나 또는 새벽 시각에
나타나 일정하게 정해진 시각이 없다.

다음의 인용문은 『에도스나고(江戸砂子)』[73]에 기술된 '여우불 점'과
관련된 사항이다.

(주석) 狐火おびただし、この火にしたがひて、田畑のよしあしを
所の民うらなふことありといふ。(중략)
年毎に刻限おなじからず、一時ほどのうちなり。宵にあり、あか
つきにありなどして、これを見んために遠方より來るもの空しく歸る
こと多し、一夜とどまれば必ず見るといへり。[74]

(해석) (주변에) 여우불이 엄청나게 많다. 당지의 농민은 이 불에 의
해 농작의 풍흉(豊凶)을 점쳤다고 한다. (증략) 여우불이 나타나는 시
각은 해마다 달랐지만 한 두 시간 정도의 차이였다. 밤에 나타나는 때
도 있었지만 새벽에 나타는 때도 있어서 멀리서 일부러 구경 온 사람도

---

73) 菊岡沾涼(1732) 『江戸砂子』, 万屋清兵衛刊: 에도의 지지(地誌)나 사사(社寺)·명
소(名所)의 역사를 기술한 책.
74) 菊岡沾涼(1732) 위의 책, 王子稲荷の條.

보지 못하고 끝나는 경우도 많았다. 하지만 하룻밤 대기하면 반드시 볼
수 있었다.

넷째, 오지신사의 신목과 주변에 형성된 몬젠마치에 관한 인지이다.
자료[J02S018^]-1은 『에도명소도회』의 삽화이다. 삽화는 신사의
경내를 묘사한 다른 삽화와 비슷한 구조이지만, 이 그림의 특이한 점
으로는 신목(神木)이 본궁 앞에 명시되어 있는 것이다.

이 삽화를 통하여 신사의 규모를 파악하여보면 신사의 경내에 미즈
고리바(水垢離場)가 있었던 것으로 보아 상당한 규모의 이나리사로
판단된다. 사사가 곧 번화가였던 당시의 시대 상황에서 많은 사람들
이 모였을 것이고 자연히 주변에 몬젠마치가 형성되었을 것이다. 삽
화에 표기된 찻집지역에서 이 지역의 번성 정도를 참조할 수 있다.

자료[J02S018^]-1 王子稲荷社 경내와 주변 찻집

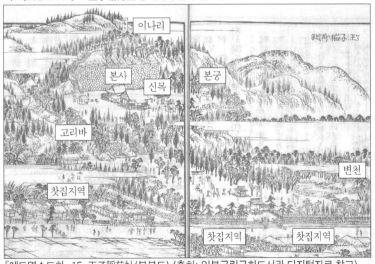

『에도명소도회』 15. 王子稲荷社(부분도) (출처: 일본국립국회도서관 디지털자료 참고)

다섯째, 『냐쿠이치 오지연기(若一王子緣起)』에마키(繪卷)의 원본과 모본에 대한 인지이다. 도판[J02S018^]의 아래 부분에 제시된 자료[J07S118^]-1 에 관한 참조사항이다. 이 자료는 여우불과 소나무의 관계를 알 수 있는 자료로, 이 그림이 들어있는 『냐쿠이치 오지연기(若一王子緣起)』에마키(繪卷)의 원본은 간에18(1641)년 막부에 의해 완성된 에마키 연기이다.

간에11(1634)년에 오지 관현사, 오지 이나리사 그리고 별당사인 긴린지(金輪寺)[75)]를 조영할 때 그 이전의 연기가 소실되었으므로 새롭게 『냐쿠이치 오지연기』에마키의 제작이 명해졌다. 찬문(撰文)은 하야시도슌(林道春), 서문은 스즈키곤베(鈴木權兵衛), 그림은 가노나오토부(狩野尙信)에 의한 것이다.

모본(模本)은 덴메2(天明2: 1782)년에 막부의 어용화가였던 이타야 케슈(板谷慶舟)의 계보를 이은 「이타야 화방(板谷繪所)」이 화작자료로서 원본을 모사한 것으로 추정된다. 상 · 중 · 하 3권에는 구마노삼소관현(熊野三所權現)을 권청한 오지 관현사의 영험, 이에미쓰(家光)에 의한 오지관현사의 조영 및 덴가쿠(田樂)에 관한 그림이 묘사되어 있다.[76)]

위 문헌자료의 인지 하에 제시된 도판[J02S018^]를 해석하면 다음과 같다. 그림은 오지이나리사 경내의 모습을 형상화한 것이다. 오지이나리는 특히 2월 오일(午日)에 「쇼이치이이나리다이묘진(正一位稻

---

75) 오지관현사(王子權現社) · 오지이나리사(王子稻荷社)를 관리하는 별당사로서 선이산 동광원 금륜사(禪夷山東光院金輪寺)라고도 칭하여졌음.
76) 東京都北區敎育委員會 編(1988)『若一王子緣起』繪卷.

荷大明神)」이라는 깃발이 참도에 병렬했을 정도로 사람들이 모였으며, 주로 이날은 붉은색의 히요케(火除け)부적이 팔렸다고 한다.[77] 화면 좌측 축조물의 붉은색은 이나리사의 특징을 상징하는 색이고, 도리이 앞의 노란 지붕군은 몬젠마치를 지표한다.

경내의 삼나무 기둥들은 신목을 상징한다. 원경의 쓰쿠바산의 쌍봉이 종교의 상징으로서 표상되었고 그 앞으로 여우불 습속과 의미작용하는 농경지가 펼쳐졌다. 화면의 구성요소인 쓰쿠바산, 돌로 된 도리이, 붉은 벽, 삼나무, 몬젠마치의 지붕군, 농경지 등은 오지 이나리사를 상징하는 정형요소들이다.

또 하나의 이어지는 도판[J07S118^]의 해석이다. 그림은 오지 이나리(王子稻荷)와 관련된 여우불 전승설화를 신비롭게 형상화한 것이다. 한 그루의 소나무와 팽나무가 신목으로 상징되었다. 신목주변에 모인 여우의 숫자는 이듬해의 풍년을 지표한다. 자료[J07S118^]-1에서 전승설화의 표현이 초기에는 소나무 아래의 여우불이었지만, 자료[J07S118^]-2의 삽화와 도판[J07S118^]에서는 팽나무가 추가되어 전승설화의 변천 사항을 보여주고 있다.

그림의 볏단 모티브는 농작의 풍흉을 여우불로 점쳤던 습속을 상징하였다. 여우불을 역으로 따라가면 어둠속에 지표된 「봉긋한 숲」의 입구, 즉 먼저 해석한 도판[J02S018^]의 돌로 된 도리이에 도달하는 구조의 그림이다. 화면 구성요소는 나무, 여우, 모리로 단순하지만 다면적인 서민의 기원을 상징적으로 내포하고 있는 그림이다.

77) 丙午(병오, 육십갑자의 43번째) 해에는 화재가 많다는 속신에서 유래함.

K. 나카가와(中川) · 도네가와(利根川) 방면

도판[K01S067=], 도판[K02S070=]관련 문헌자료

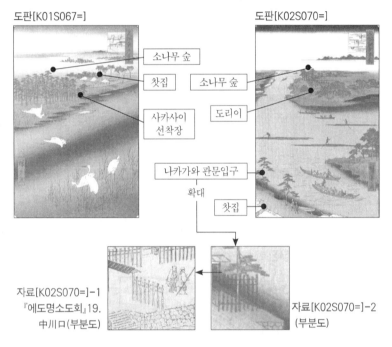

기호	인지	행동
스야리가스미, 사카사이 선착장, 산, 선착장, 배, 소나무 모리, 찻집, 수변의 백로	사카사이 선착장	신불기원 행락

도판[K01S067=]의 표제와 검열인은 「사카사이노와타시(逆井のわたし)」, 안세4(1857)년 2월이고, 도판[K02S070=]의 표제와 검열인은 「나카가와구치(中川口)」 안세4(1857)년 2월이다. 이 두 그림을 해석하기 위해서는 에도의 선착장과 관문(關所: 검문을 위한 시설)[78]의 역

할에 대한 인지가 필요하다.

수로가 많았던 에도시대에 주요한 교통의 중심지는 선착장이었고 중요한 선착장 입구에는 관문이 설치되어 있었다. 자료 [K02S070=]-3은『에도명소도회』의 나카가와 관문입구를 묘사한 삽화이다. 화면 구성요소는 나카가와 관문을 중심으로 당시 일본 각지에서 사용된 작은 선박인 다카세부네(高瀬舟)와 교토쿠(行德)를 왕래하는 나룻배 그리고 그 뱃길을 수호하는 소나무 숲 속의 도리이로 함축된다.

자료[K02S070=]-3 中川 관문

『에도명소도회』19. 中川口 출처: 일본국립국회도서관 디지털화자료

자료[K02S070=]-4는『에혼에도미야게』의 나카가와이다. 십자 수로를 중심으로 소나무 숲의 모리와 관문이 묘사되었고 교토쿠행 나룻

---

78) 도쿠가와정권은 에도를 방위하기 위하여 전국의 주요한 관문에 53개소의 관문을 설치하였다.

배와 에도행 뗏목이 묘사되었다. 이러한 모티브들은 나카가와 관문을 묘사할 때 공유되었던 기호로 여겨진다.

이곳 나카가와 관문은 바로 앞을 흘러가는 오나기가와(小名木川)와 교토쿠와 연결되는 후나보리가와(船堀川)가 교차하는 지점에 위치하여, 도네가와(利根川)·에도가와를 통해서 에도와 관동 각지를 연결하는 하천교통로 상의 단속을 행하는 중요한 관문이었다.[79]

자료[K02S070=]-4

『絵本江戸土産』1. 中川 (출처: 에도동경박물관 화상자료)

이 관문의 주요한 역할은 에도의 다른 관문의 역할이 그러했듯이 '이리뎃포니 데온나 (入り鐵砲に出女: 들어오는 대포에 나가는 여자라는 의미)'의 단속을 위한 것이었다. 이 말은 에도에 무기가 반입되지 않도록 하기 위한 것과 에도에 인질로 들어와 있었던 제 영주의 여

---

79) 이 관문은 간분원년(寛文元: 1661) 스미다강에 있었던 막부의 초소가 이전한 것으로 나카가와후네 반쇼(中川船番所), 나카가와 반쇼(中川番所), 나카가와 세키쇼(中川關所)라고도 불렸다.

자를 감시하는 역할을 의미하는 말이다.

관문을 통과하기 위해서는 데카다(手形: 통행 증명서)를 소지해야 했고, 특히 데카다를 반드시 필요로 했던 사람으로는 데온나(出女)는 물론이지만, 데오(手負: 부상자), 시닌(死人: 죽은자), 후신샤(不審者: 수상한 사람) 등이 있었다. 증명서에는 여행하는 사람의 출신, 여행의 목적, 행선의 시작지, 머리 형태, 얼굴·손발의 특징 등이 상세하게 기재되어 있었고, 이 기재 내용과 일치하지 않으면 관문을 통과할 수 없었다.

그러나 통행 증명서의 소지 없이도 관문을 통과할 수 있는 사람이 있었다. 그 경우는 종교참예를 목적으로 한 경우이다. 예를 들어 이세마이리(伊勢參り)의 남성 백성이 관문에 온 경우, 관문의 관리는 우선 증명서의 유무를 물어 증명서가 없다고 대답하면 이름과 출신지, 여행의 목적이나 행선지 등을 심문한다. 상세한 심사에서 수상한 사람이 아니라고 판단되면 참예자는 관문을 통과할 수가 있었다. 에도막부는 종교를 철저히 막부의 통제 하에 두었으나 종교 참예자에 대해서는 비교적 관대하였음을 알 수 있는 대목이다.

위의 문헌 자료의 인지 하에 제시한 도판[K01S067=]과 도판[K02S070=]을 해석하면 다음과 같다.

도판 [K01S067=]는 사카사이 선착장의 정경을 형상화한 것이다. 이곳은 나카가와와 스미다 강을 연결하는 다테카와(竪川)의 동쪽 끝으로 나카가와와 합류점에 위치한다.

에도에서 지바가도(千葉街道)를 이치카와(市川), 사쿠라(佐倉), 나리타(成田)로 향하려면 화면 중경의 사카사이 선착장에서 나룻배를 탔다. 스야리가스미로 가려진 부분은 사카사이 마을을 지표하고, 원경으로 보소(房總: 현 치바현)의 산이 지바가도의 상징으로 표상되었다.

제시한 도판 우측의 자료[K02S070=]-1과 자료[K02S070=]-2는 나카가와 선착장에 위치한 관문 담의 특징을 상징한다. 화면을 벗어난 바로 좌측에 관문이 있을 것이다. 이어지는 도판 [K01S067=]과 대응하여보면 울창한 소나무의 모리는 숲 속의 도리이와 작은 사당을 상징하는 요소인 것을 알 수 있다.

수면위의 배에 실려 있는 노란 덮개를 덮은 물건은 교토쿠 왕래를 상징하는 요소이다. 즉 교토쿠 왕래는 에도로 반출되는 소금의 유통로를 의미하였다.

화면의 구성요소는 스야리가스미로 구분된 원경의 산과 마을, 선착장, 관문의 담, 배, 소나무 숲, 도리이, 찻집, 백로 등 일반적인 선착장의 구성요소이다. 이 요소들은 일차적으로 선착장과 관문입구를 지표하고 있지만 다양한 목적을 가지고 에도를 왕래하는 서민의 분주한 삶과 기원이 상징되어 있다.

2-2. 『명소에도백경』의 모리(森, 杜, 社)사상

산악신앙	후지신앙	후지산	백색	14	75
			관설	4	
			회색	1	
		후지총		39	
		단자와산		17	104
	쓰쿠바산(筑波山)			11	29
	닛코산(日光山)			9	
	기타산(대산 포함)			9	

도판[F02S031]관련 문헌자료

도판[F02S031]

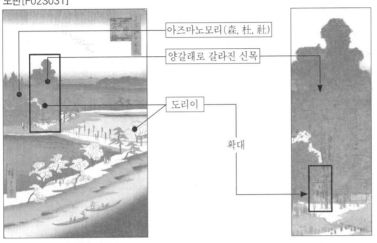

기호	인지	행동
아즈마노모리(森, 杜, 社), 양 갈래 나무, 도리이, 수로	아즈마신사 주변	신불기원 행락

　도판[F02S031]의 표제는 「아즈마노모리 렌리노아즈사(吾嬬の森連理の梓)」이고 판 밑그림 검열인은 안세3(1856)년 7월이다. 이 그림을 해석하기 위해서는 두 가지 사항에 대한 인지가 필요하다. 하나는 진수의 모리에 대한 인지이고 또 하나는 , 「봉긋한 형상 = 신사」라는 추상적 상징에 대한 인지이다. 먼저 진수의 모리에 대한 사항이다.

2-2-1. 진수의 모리(鎭守の森)

　고래로부터 일본인은 특히 사람의 힘이 미치지 않는 높은 장소나

자료[Ⅵ-2-1]

일본 最古의 도리이
헤이안(平安: 794-1185) 후기 추정
(출처: 山形県庁 화상자)

거목과 같은 것에는 신이 강림한다고 하는 사고가 잠재하여 산이나 거목 등은 그 자체가 신앙의 대상이 되어왔다. 특히 봉긋이 솟아오른 '모리'는 즉 '산'이라는 개념이 있어 일본 동북지방에는 산(山)을 모리(森)이라고 말하는 관습이 남아있는 것에서도 확인된다. 「~森」「~ノ森」「~ケ森」와 같은 이름의 산이 그것이다.

또한 일본 최고(最古)의 도리이군(鳥居群)도 교토(京都)도 나라(奈良)도 아닌 야마가타현(山形縣)이라는 동북의 산림지역에 전해진다(자료[Ⅵ-2-1])[80].

그것은 왜 일까?

이것은 산악을 단순한 자연물로서 취급한 것이 아니라 산에 종교적 의미가 부여되어 숭배되면서 종교적 의례가 성행하였음을 시사하는 대목이다. 재미있는 것은 그 산에 있는 신이 특정한 한 장소에 상주하지 않고 움직인다고 생각하였다는 점이다. 신은 때때로 산에서 마을로 내려온다고 생각되었는데 산에서 마을로 내려오는 신(가미)을 맞이하기 위하여 마을에도 산과 같이 높은 나무가 있는 장소가 필요하여, 마을사람들은 집락 안의 높은 장소에 나무를 심어 숲을 가꾸어 자신의 마을을 지켜주는 신을 위한 인공적인 '진수의 모리(鎮守の森)'을

---

80) 동일본(東日本) 산악신앙의 중심에 있었던 출우삼산(出羽三山)을 품고 있었던 야마가타현(山形縣)은 산에 대한 신앙이 번성하여 산으로 향하는 참예도로 보이는 장소에는 수많은 돌로 된 도리이가 남아있다.

만들었다[81].

'모리' 입구에는 인간이 살고 있는 속계와 신의 영역임을 구분하는 경계선인 동시에 신역(神域)으로 통하는 문을 의미하는 결계의 상징인 도리이(鳥居)를 세웠다. 도리이를 따라 참도를 닦았으며 그 막다른 곳에 경내나 본전을 건립하였다. 본전은 숲의 중앙부인 가장 깊숙한 곳 즉 산을 향하여 참예하는 형태로 세워졌다. 일견 발길 닿은 순서 일 것 같은 '모리'의 구조도 상징성을 가지고 있는 것이다.

현대인의 통념상 '진수의 모리'의 구조를 생각할 때 보통 '숲'이 신사를 에워싸듯 보이므로 신사가 먼저 세워지고 나중에 신사를 중심으로 둘레에 나무를 심었으리라 추측하기 십상이다. 그러나 '진수의 모리'으로 칭하여지는 '숲'은 종교적 표상으로 그 설계가 매우 구조적이고 인위적인 것이다.

전술하였듯이 그 입구에는 도리이가 있고 도리이를 통과하여 참도를 지나면 그 막다른 곳에 경내나 본전이 있다. 본전의 배후에는 원경이든 근경이든 십중팔구 모양 좋은 산이 보이고 그 본전은 산의 중앙부인 가장 깊숙한 부분을 향하여 참예하는 형태로 세워져 있다는 것에서도 신앙하는 숲이나 산에 사당이 나중에 세워졌다는 것이 반증된다. 다음으로 [봉긋한 형상 = 신사]라는 추상적 상징에 대한 인지이다.

2-2-2. 추상적 이미지: [봉긋한 형상 = 신사]

'진수의 모리'의 구조가 성스러운 공간을 상징하고 있듯이, '진수의

---

81) 林進(2007) 「鎭守の森 日本の原風景, 人と森の未來を探る」 『神籬』 第35号.

모리(鎭守의 森)'의 '진수(鎭守)'라는 단어도 상징적이다. 원뜻은 '병사를 주둔시켜 그 고장을 지킨다'는 의미를 담고 있다. 그러나 현대어에서는 병사를 주둔시킨다는 의미가 희미해지고 단지 '지킨다'라는 의미로 해석된다. '진수(鎭守)'는 '鎭主'라는 한자로 표기하기도 하지만, 현재는 일국(國) 왕성(城), 사원(寺院), 촌락(村) 등 일정한 지역에서 지령(地靈)을 위로하고 그 땅을 수호하는 신[82]이라고 정의되어 있다.

'진수의 신(鎭守의 神)'이라는 단어는 어떤 일정한 토지나 건물을 진안수호(鎭安守護)하는 신이라는 의미로,[83] 진수(鎭守)와 동일하게 사용된다. 구체적으로는 왕성진수(王城鎭守) 일본진수 등 국가 수호의 신, 일국 일군의 진수, 장원(莊園: 귀족 신사 절의 사유지)의 진수 촌락의 진수, 사원 진수, 성(城) 관(館) 저택의 진수 등을 들 수 있다[84]. 또 대승불교의 호법선신 사상에 의하여 사원의 수호신으로서 신도의 신을 권유(勸誘)한 것을 칭하며,[85] 고야산의 하뉴묘진(羽生明神), 히에잔(比叡山)의 산노관현(山王權現)등은 사원건립 이전부터의 지주신을 진수신으로 모셨다고 일컬어지고 있는데 이것은 즉 '진수' '진수신'은 헤이안시대 이래 생긴 단어로 신불습합(신불혼효)시대의 불교에서 유래된 단어라고 말할 수 있다.[86]

한편 '鎭守의 森'의 '모리(森)'는 고대 일본어에서 '母理', '文理', '茂理'라는 말에도 해당되어 '천연의 신의 사당'이라는 의미로 사용되었

82) 日本大辭典刊行會編(1972-1976)「鎭守」『日本國語大辭典』, 小學館.

83) 薗田稔, 橋本政宣(2002)「鎭守の神」『神道史大辭典』, 吉川弘文館, 677쪽.

84) 薗田稔, 橋本政宣(2002) 위의 책.

85) 薗田稔(1993)「鎭守」『日本史大事典 4』, 平凡社, 1050쪽.

86) 上田正昭 上田篤(2001)『鎭守の森を甦る: 社叢學事始』, 思文閣出版, 3-33쪽.

다고 여겨져서 신사 그 자체를 지칭하는 단어로도 사용되어 「森」「神社」「社」「杜」라는 한자가 부여되었다.

이상과 같이 다의적인 의미를 내포하는 '진수의 모리'는 매체 속에서 보통 봉긋하고 어둡게 형상화되는 특징이 있다. 그 이유는 수종(樹種)과도 관계가 있지만 신성시되어 채벌을 금지하고 또 인위적으로 보호 관리되어 결국 울창한 숲을 이루게 되기 때문이다. 그러므로 신사를 원경에서 바라보면 대부분 울창한 느낌의 어두운 숲으로 보인다. 그러나 「메이쇼에」라는 매체에 표현된 경관의 「모리(森, 社, 杜)」는 의도적으로 필요로 했던 일정 부분만을 잘라내어 추상화하여 의미를 부여한 성격이 강했다.

다음의 자료[Ⅵ-2-2][87]와 자료[Ⅵ-2-3][88]은 [봉긋한 형상 = 신사]라는 추상적 등식을 극명하게 보여주고 있는 「메이쇼에」이다. 그림 속 '모리(森, 社, 杜)'는 마치 커다란 고분(무덤)을 연상시키는 형태로 추상화 되어 있어서 일본인이 아니면 '신사(神社)'와 연관지어 상상하기 어렵다.

자료[Ⅵ-2-2] 자료[Ⅵ-2-3] 자료[Ⅵ-2-4]

그 내부 구조는 자료[Ⅵ-2-4]와 같을 것이다. 자료[Ⅵ-2-4]의 표

---

87) 歌川廣重 『金澤八景』 「瀨戶秋月」, 1836년경(일본 국립국회도서관 화상자료).
88) 歌川廣重 『近江八景』 「唐崎夜雨」, 1834년경(일본 국립국회도서관 화상자료).

제「아즈마노 모리노 야우(吾嬬社夜雨)」[89]는 에도시대「진수의 모리」
의 전체 구조를 시각적으로 확인할 수 있는 그림 중 하나이다. 그림 제
목의「社」라는 글자는「모리」로 읽혔다.「社」를「森」,「神社」,「杜」로
바꿔 써도 의미 변화가 없을 것이다. 그림의 우측으로 신사의 입구를
상징하는 도리이가 보인다. 도리이를 통과하면 신역으로 들어서게 되
고 신사를 둘러 싼 봉긋한 숲에 도달할 것이다.「숲」사이로 또 하나의
도리이와 표제의 아즈마(吾嬬) 신사가 보인다. 신사는「숲」의 가장 울
창한 곳 즉 경내의 동측에 있는 '나무줄기가 양 갈래로 갈라진 녹나무'
즉 신목(神木)을 향하여 묘사되어 있을 것이다.

　다음의 자료[Ⅵ-2-5]는 히로시게의 『가나자와 팔경(金澤八景)』중
「쇼묘만종(称名晩鐘)」이다. 그림 속의 포인트인「진수의 모리」를 추
상화 한 장치 즉「모리(森, 社, 杜)」의 봉긋함에 주목하면서 그림 속에
담긴 글귀를 해석해 보면 다음과 같다.

자료[Ⅵ-2-5]

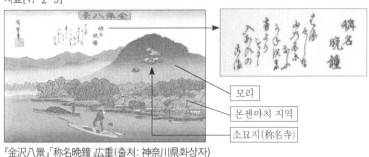

『金沢八景』「称名晩鐘」広重(출처: 神奈川県화상자)

　　はるけしな山の名におふかね澤の

89) 歌川廣重『江戸近郊八景』31.5 43cm, 덴포 9 (1838)년경(일본 국립국회도서관 화
　　상자료).

霧よりもる 入あひのこゑ (註 : 入あひ＝夕暮れにつく鐘の音)

(해석) 저녁 안개 속 쇼묘지의 봉긋한 숲속에서 종소리가 울려 퍼진다.

위의 글귀에서 표면적으로는 음풍이 농후하게 떠다니는 우키요(浮世)의 속성은 전혀 감지할 수 없다. 오히려 쇼묘지(称名寺)의 만종이「모리」속에서 은은하게 새어 나오는 듯하다.

검은색 봉긋함 속의 점경은 소묘지의 사원을 상징한다. 이러한 점경 묘사조차 없는 무덤과 같은 형상도 이미 보았다. 역시 그 배후에는 신앙하는 산이 보이고 봉긋한 형상의 기슭으로는 향락적인 우키요(浮世)의 세계를 상징하는 몬젠마치의 지붕들이 즐비하게 묘사되어 있다. 가옥 지붕들의 모형은 후지산을 형상화한 미타테로 그림이 내포한 신앙의 이중적 의미를 더해 주고 있다.

왜 풍경화를 그릴까? 왜 풍경화가 유통되는 것일까?

지금의 자연적 요소가 포함된 그림은 대부분 종교적 상징 없이 화폭을 구성하는 요소로 보아야한다. 식물이나 동물 또는 바위 같은 자연도 근대 이후 현대에 와서는 종교적 기제로서의 상징적 의미가 쇠퇴하고 화폭을 구성하는 요소로서 일반화되어있다. 「진수의 모리」가 일본적 촌락의 코스모스적 좌표로서, 배후의 주민 생활을 지탱해주는 영적인 풍토를 표상 한다고 하는, 이른바 가향(家郷)의 조형은 이미 메이지이래 도시문명화의 큰 파도에 거의 매몰해 버린 것처럼 보인다[90]. 자연이 타자로서 즉 정취적 대상으로 미적 감동을 불러일으키

90) 薗田稔(2000)「日本的集落の構成原理に關するエッセイ」『季刊 悠久』第83号, 鶴岡八番宮悠久事務局.

는 흥적 대상으로서 사유되고 향수되는 시대인 것이다. 그러나 그렇게 쉽게 단정 지을 수만은 없다.

자료[VI-2-6]

자료[VI-2-6]은 추수가 끝난 밭이나 논과 같은 평지에 봉긋이 솟아오른 산모양의 숲을 찍은 현대의 사진이다. 일본 전국 어디에서나 흔히 볼 수 있는 자연 풍광인 이 사진은 정취적인 감상을 위한 풍경 사진으로 찍었을 가능성이 크다. 즉 현대인이 이 사진에 종교적 의미를 부여하여 경외심을 느끼거나 머리를 숙이는 일은 아마 거의 없을 것이다. 또 이 사진을 보고 고래로부터 전승되어온 일본인의 종교적 사유가 담겨 있다고 생각하는 사람도 드물 것이다.

그러나 이 흔한 풍광 자체가 신대(神代)로부터 일본인들에게 [산(山)=숲(森, 社, 杜)=신(神, 가미, 천황)] 이라는 암묵적인 공유 모티브로 전승되어 왔다는 점에 주목하면 그림이나 영화 속 「숲」과 관련된 다양한 풍경 표상들이 예사롭게 보이지 않는다. 이 점은 지금까지 에도시대 「우키요에」라는 매체를 통하여 확인하여 보았다.

그로부터 약 150년 이상의 시간이 흘렀다.

다음 영화 속 한 장면을 보면 단순히 지나칠 수 없는 부분이 있다.

사실 먼저 제시한 자료[VI-2-6]은 애니메이션 영화 「이웃집 토토로」[91]에 등장하는 「토토로의 숲」의 형상과 비슷한 느낌을 부여한다고

---

91) 일본 애니메이션계를 대표하는 감독 미야자키 하야오(宮崎駿)의 작품이다. 그의 작품에는 숲이나 자연을 테마로 취급한 것이 많다. 이 영화의 원작은 〈도나리노 토토로(となりのトトロ)〉. 여기서 토토로는 나무의 정령이다. 쇼와 시대를 다룬

하여「토토로의 숲」이
라는 명칭이 붙게 된 구
마노현(熊野縣) 아마미
야(雨宮)신사의 정경을
찍은 것이고,

자료[Ⅵ-2-7]

　자료[Ⅵ-2-7]은「이웃집 토토로」영화 속 한 장면을 캡쳐한 자료이
다. 영화를 감상한 사람들은 이미 여기서 이 숲은「진수의 모리」를 상징
한다는 것을 인지했을지도 모르겠다. 그러나 대부분의 사람들은 자료
[Ⅵ-2-7], 즉 둥근 보름달이 뜬 밤하늘 아래 마을이 내려다보이는 봉긋
한 숲 꼭대기에 걸터앉아서 악기를 불고 있을 주인공의 모습을 무심히
지나쳤기 때문에 다시 그 장면을 회상 해 보려고 애쓸지도 모른다.
　이 영화 속에서「숲」이라는 자연은 단순한 정취적 대상으로만 주어
지지 않았다.여기서「숲」은 어떤 대상을 수용하고 그것을 사건들로 표
출하는 과정에서 가장 중요한 요소로 관여하는 중심기제로 사용 된
「모리(森, 社, 杜)」장치이다.
　주지의 사실로 영화 속에서도「숲」의 입구에는 결계를 상징하는 도
리이가 있고 그 도리이를 통하여 돌계단을 올라가면 작은 신사가 있
고, 그 뒤에는 거대한 수목이 서 있다. 마치 지금까지 살펴본 에도의
「우키요에」를 영화화하여 보고 있는 듯하다.
　주인공들은 거목을 향하여 고개를 숙이는데 이 장면은 고래로부터
일본인의 심상(心象)에 존재해 왔던 자연이나 수목에 대한 자연숭배
사상을 시각적으로 제시하고 있는 장면이다. 이것은「모리(森, 社, 杜)」

일본 영화들 중에 최고로 평가 받았다.

의 제신이 구석 깊은 곳에 존재하고 있음을 암시하고 있는 장면이기도
하고, 산골짜기에 숨겨진 생명적 영령성을 가리키는 의미가 있다. 이
「생명적 영령성」의 원점에는 기기(記紀)의 천손강림 신화가 있다.[92]

시대가 변하여 자연이라는 타자를 바라보는 관점이 바뀌어도 일본
인의 심상 속에서 고래로부터 내면화된 「모리(森, 社, 杜)」 사상은 각
시대가 요구하는 시각적 장치를 매개로 동 시대의 이데올로기를 수렴
하는 중심 기제(mechanism)로서 꾸준히 표상되고 있음을 알 수 있다.

위 문헌자료의 인지 하에 제시된 도판[F02S031]을 해석하면 다음
과 같다.

그림의 구조는 덴포 9년(1838)경 히로시게의 『에도근교팔경(江戸
近郊八景)』 중 하나인 자료[Ⅵ-2-4], 빗속의 아즈마노 모리 풍경을
약 20년 후 봄 풍경으로 대체하여 세로 화면으로 재구성한 것이다. 이
미 전술하였듯이 이 그림도 「진수의 모리」의 전체 구조를 보여주는 그
림으로, 표제의 모리(森)는 「모리(社)」나 「모리(杜)」로 바꾸어 써도
의미변화가 없다. 신사로 통하는 입구에 결계를 상징하는 첫 번째 도
리이를 통과하면 신역으로 들어서게 되고 신사를 둘러 싼 봉긋한 숲
의 입구에 또 하나의 도리이가 양 갈래로 갈라진 녹나무 앞에 서있다.

---

92) 고대 일본의 신화·전설 및 역사가 기술된 『고사기(古事記)』와 『니혼쇼키(日本
書紀)』의 도입부는 신대(神代)의 이야기라 하여 신화에 해당하는 부분이 있다. 그
부분에 기술된 신화는 천손강림(天孫降臨) 부분으로 마지막 신의 아들인 니니기
(瓊瓊杵)가 일본의 시조 왕으로 등장하는 내용이다. 일본의 시조 왕 니니기는 다
카미무스히노카미(高御産巣日神: 별칭 다카키노카미(高木の神, '고목의 신')의 명
령을 받아 강림한다. 여기서 강림 경로인 산봉우리의 '신림(神林)'은 영적(靈的)
인 것으로 사유되고 있다(김애경(2011) 「우키요에(浮世繪) 풍경화 속에 숨겨진
「mori(森, 社, 杜)」사상」 『일어일문학』Vol. 52).

이상과 같은 [봉긋한 형상 = 신사]라는 암묵적인 공유의식은 일본인
의 심상(心像)에 존재하여 특히 이하에서 중점적으로 거론 될 히로시
게의 「메이쇼에」에서 그 '봉긋'한 추상적 이미지는 종교 상징을 위한
필수 기제로 빈번히 차용되었다.

2-2-3. 쓰쿠바산(筑波山): 남체산(男体山)과 여체산(女体山)

도판[J01S017]관련 문헌자료

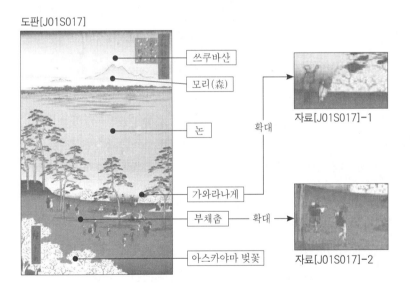

도판[J01S017]

쓰쿠바산

모리(森)

논

확대

자료[J01S017]-1

가와라나게

부채춤 ── 확대 →

아스카야마 벚꽃

자료[J01S017]-2

기호	인지	행동
아스카야마, 쓰쿠바산, 논, 지평선, 모리, 벚꽃, 가와라나게, 부채춤	아스카야마 공원	신불기원

   도판[J01S017]의 표제는 「아스카야마 기타노쵸호(飛鳥山北の眺望)」이고 판 밑그림 검열인은 안세3년(1856) 5월이다. 이 그림을 성속의 관점에서 해석하기 위해서는 두 가지 사항에 대한 인지가 필요하다. 첫째는 쓰쿠바산에 있는 사원에 대한 역사와 쓰쿠바산 표상의 특징에 대한 인지이고, 둘째는 아스카야마(飛鳥山)의 장소성에 대한 인지이다. 먼저 쓰쿠바산에 대한 사항이다.

   『명소에도백경』에서 후지산 다음으로 많은 것은 쓰쿠바산(筑波山, 紫峰, 筑波嶺)이다. 쓰쿠바산은 관동 평야에 돌출한 독립된 산세를 한 표고 877m의 산이다. 고대로부터 자연숭배나 산악신앙 등의 메카였고, 에도시대 쓰쿠바산 신앙은 그 연장선상에서 발전되었다.

   『히타치노구니 풍토기(常陸國風土記)』나 『만엽집(万葉集)』, 『고금와카집(古今和歌集)』 등 기록서나 가집 등에 종종 등장한 것으로 보아도 고래로부터 널리 인지된 장소였다는 것을 미루어 짐작할 수 있다.

   특히 에도시대의 쓰쿠바산의 사원은 에도성에서 보면 북동의 방각에 해당하므로 귀문 진호의 사원으로서 막부로부터 비호되어 도쿠가와 이에야스로부터 사령(寺領) 500석의 주인장(朱印狀)을 하사받았고, 2대 히데타다(秀忠), 3대 이에미쓰(家光)에 걸쳐 사전(社殿)의 종영이 되풀이되었다. 5대 쓰나요시(綱吉)의 대에서는 1000석(石)이 증가되어 계 1500석의 사령(社領)이 되어 닛코 동서궁(日光東照宮) 이나 이세신궁 등과 어깨를 나란히 했다.

   자료[Ⅵ-2-8]은 『명소에도백경』에 담긴 쓰쿠바산의 표상이다.

자료[VI-2-8]『명소에도백경』의 쓰쿠바산 표상

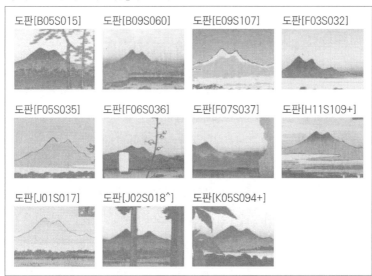

쓰쿠바산은 서측으로 남체산(男体山, 標高871m)과 동측으로 여체
산(女体山, 標高877m)의 두 봉우리가 소위 신앙의 상징인 쌍봉을 특
징으로 한다. 이 산의 신과 관련된 우타가키(歌垣) [93] 습속이『만엽집
(万葉集)』제9권에 전해진다.

　鷲の棲む 筑波の山の 裳羽服津(もはきつ)の その津の上に 率(あど
も)ひて 未通女(をとめ)壯士(をとこ)の 行き集ひ かがふかがひに 人
妻に 吾(あ)も交はらむ わが妻に 人も言問へ この山を 領(うしは)く
神の 昔より 禁(いさ)めぬわざぞ 今日のみは めぐしもな見そ 言(こ

---

93) 인근의 남녀가 산이나 장터 등에 모여서 상호 노래하고 춤추며 즐기는 행사. 일종
　　의 구혼 방식으로 성적 해방이 행해졌음(日本國語大辞典).

と)も咎むな。 94)

(해석) 맹금류가 서식하는 쓰쿠바산 모하기쓰(裳羽服津: 지명) 수
변, 남녀가 서로 모여서 유혹하고 춤추는 우타가키에서, 유부녀와 나도
놀아보자. 내 처에게, 다른 사람도 유혹하러 오라. 이 산의 신이 옛날부
터 허락하고 있는 일이다. 오늘만은 메구시(目串: 불신의 눈으로 타인
을 보는 것)를 삼가고 비난하지 말자.

쓰쿠바산은 남녀 두 봉을 표상하고 있는 산용(山容)과 위의 우타가
키(歌垣)의 연상에서 가인(歌人)들은 우타마쿠라(歌枕)로서 사용할
때 주로 사랑의 산(戀の山)으로 상징하였다. 그러나 기본적으로 산악
신앙은 산을 숭배하는 신앙이다. 주로 산 그 자체나 산에 있는 거목,
거대한 바위 등을 신앙의 모체로 하는 경우가 많다. 산에 대한 신앙의
기본은 풍요를 기원하는 경우이므로 산의 신은 실제 논의 신이었다.
산의 신은 농 작업 시기에 산에서 내려와 논의 신이 되는 경우가 많았
다.

다음으로 아스카야마(飛鳥山)에 대한 인지이다. 아스카야마는 8대
장군 도쿠가와 요시무네(德川吉宗)의 교호(享保) 개혁의 일환으로 벚
나무의 명소로 조성된 곳으로 아스카야마 언덕은 행락문화를 상징하
는 대표적인 장소였다.

특히 이곳은 벚꽃놀이 계절에 가와라나게(土器投げ)의 놀이터
로 이용되곤 하였다. 가와라나게란 고지대 절벽에서 질그릇(素燒
き, 스야키)이나 토기를 던져 한해의 액을 쫓아내는 액막이 놀이이

---

94) 『万葉集(二)』卷9-1759(高橋虫麻呂歌集), 中西進(翻譯: 1980), 講談社文庫.

다. 자료[J01S017]-3은 액막이 놀이를 표상한 우키요에이다. 자료
[J01S017]-4에서 유녀가 들고 있는 것은 토기이고, 자료[J01S017]-5
는 던지려고 쌓아놓은 토기 모양이다. 남녀노소 즐길 수 있었던 놀이
였던 듯 유녀의 뒤로는 아동의 동작이 표상되었다.

자료[J01S017]-3 飛鳥山投土器

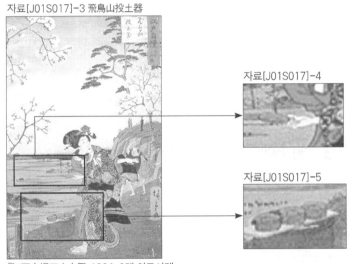

『江戸自慢三十六興』1864, 2대 히로시게
출처: 北区飛鳥山博物館 화상자료

자료[J01S017]-4

자료[J01S017]-5

위 문헌자료의 인지 하에 제시한 도판[J01S017]를 해석하면 다음과
같다. 표제 「아스카야마 키타노쵸호(飛鳥山北の眺望)」는 아스카야마
에서 북쪽을 전망한 그림이라는 의미이다. 도판 우측에 제시된 자료
[J01S017]-1은 절벽 쪽에서 가와라나게를 하는 부자로 보이는 인물
이 묘사되었다. 던져진 질그릇이 떨어질 언덕 아래로는 끝없이 넓은
평야가 펼쳐졌고 그 지평선 끝에 쓰쿠바산이 흰색으로 상징되었다.
자료[J01S017]-2는 쓰쿠바산을 배경으로 남성이 2명이 여성들 앞

에서 기모노 옷자락을 걷어 올리고 부채를 쥐고 춤을 추고 있는 표상
으로 마치 쓰쿠바산의 우타가키(歌垣) 장면을 연상시키는 표현이다.
농민은 평야에 살고 있다고 해도 아침, 덧문을 열면 우선 산이 눈에 들
어올 것이다. 사람들은 산의 제신이 모리(森, 杜, 社)로 내려와 논의 신
이 되어 다음해의 풍요를 약속한다고 믿었다.

　화면 구성요소인 아스카야마, 쓰쿠바산, 논, 지평선, 모리, 벚꽃, 가
와라나게, 부채춤 등은 일차적으로 아스카야마 공원을 공시하지만 그
의미를 넘어 신불기원, 염원, 액막이의 상징으로 표상되었다.

2-3. 『명소에도백경』의 대산신앙(大山信仰)

도판[B09S060]관련 문헌자료

도판[B09S060]

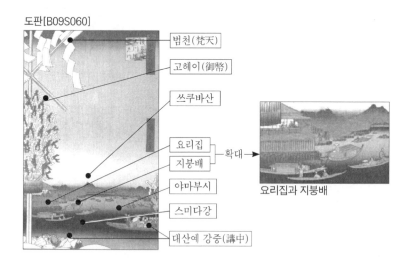

요리집과 지붕배

기호	인지	행동
스미다강, 범천, 배, 빨간 의복의 인물, 호라가이, 부채, 무코 하치마키, 쓰쿠바산, 요리집	스미다강 료코쿠바시 (両国橋) 부근	대산예 미즈고리 쇼진아케

　도판[B09S060]의 표제는 「아사쿠사가와 오가와바타 미나토가와 (淺草川大川端宮戸川)」이고 판 밑그림 검열일은 안세4년(1857) 7월 이다. 이 그림을 성속의 관점에서 해석하기 위해서는 오야마마이리(大山詣り, 이하 대산예)의 신앙열과 행동양식에 대한 인지가 필요하다.

　대산예는 교호연간(享保年間: 1716-35) 이후 막말에 걸쳐서 신앙열이 최고조에 달했던 신앙으로 일종의 오락을 겸한 신앙형태라고 할 수 있다. 대산(大山)은 사가미(相模: 현 가나가와현의 대부분에 상당) 이세하라시(伊勢原市)에 있는 표고 1253미터의 피라밋형 산이다. 산 중복에는 아후리산(雨降山) 대산사(大山寺)가 있다. 아후리산이란 비를 내리게 한다는 것에서 유래된 이름으로 농경과 관련된 신앙으로 볼 수 있다.

　이 산은 고래로부터 수험도[95]의 성지로 여겨져 왔으며, 산정에는 검(劍)모양의 돌을 신체(神体)로 하는 석존 대관현이 있다. 대산예는 에도시대 대산강을 형성하여 에돗고들은 보통 강중(講中)에서 단체로 참예에 나섰는데, 일 년에 두 번 춘산(春山: 4월 5일-4월 20일) 이나 하산(夏山: 7월 27일-8월 17일)의 시기에 등배 수행을 하였다. 대산

---

95) 수험도는 특정교조의 교설을 기본으로 하는 창창 종교와 달리, 산악수행에 의한 초자연력의 획득과 그 힘을 이용하여 주술종교적인 활동을 행하는 것을 주로 하는 실천적인 의례중심의 종교이다.

예가 흥행했던 시기에 같이 흥행했던 대표적인 산악 등배수행 신앙으로는 후지강이 있었으나 대산예는 후지산보다 가볍게 등반할 수 있었다는 점에서 시타마치의 장인들을 중심으로 인기가 있었다.

　대산예는 무엇보다 정화의식을 중요시하여 신자들은 출발에 앞서 미즈고리(水垢離)를 하였는데 료코쿠바시의 다릿목은 대표적인 미즈고리의 장소였다. 미즈고리 참석자들은 「참회참회(懺悔懺悔), 육근청정(六根淸淨)[96]...」라고 제창하면서 참예 도중의 안일과 악병 퇴치를 기원하였다. 그때 신자들 중 와라시베(藁稭: 짚)를 가지고 있는 사람이 1회 제창 시 마다 한 가락씩 강으로 흘려보냈다.

자료[B09S060]-01

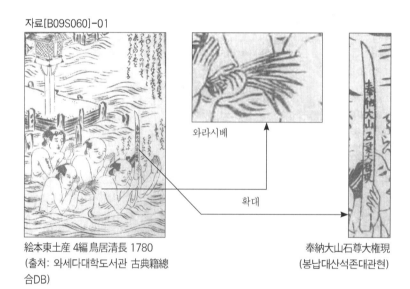

와라시베

확대

絵本東土産 4編 鳥居清長 1780
(출처: 와세다대학도서관 古典籍總
合DB)

奉納大山石尊大権現
(봉납대산석존대관현)

　자료[B09S060]-01은 미즈고리 모습을 담은 화상이다. 전경의 한

---

96) 불교용어, 눈(眼), 귀(耳), 코(鼻), 혀(舌), 몸(身), 의(意), 6개의 감관(感官)이 정화되는 것.

인물이 와라시베를 들고 있고, 다른 인물들은 「봉납대산석존대관현
(奉納大山石尊大權現)」이라고 쓴 오사메다치(納太刀: 봉납하는 목
도)를 정화하고 있다. 신자들은 미즈고리 후 목도를 들고 출발하여 정
상에 있는 아후리신사에 참예한 후 들고 간 목도를 봉납하고 대신 다
른 강중이 봉납한 것으로 바꾸어 들고 귀가하는 절차를 행하였다.

자료[B09S060]-02   자료[B09S060]-03

広重 大山道中張交図会
(出處:神奈川県立歴史
博物館)

大山参詣日本橋の図 芝居絵 二代歌川国輝
1866년 35.6×24.1 3장
(出處: 에도동경박물관 화상자료)

난간법수

자료[B09S060]-02는 하리마제에(張交図)[97]로서 대산예의 특징들
이 한 화면 속에 다양한 형태로 상징된 그림이다. 그림 우측의 「무기
유(麥湯)」라는 글자는 명물인 보리차를 팔던 니혼바시를 상징한 것이
고, 좌측의 검은 옷을 입은 한 무리의 인물들은 보리차를 한잔 마시고
야간에 출발하려는 에돗코를 상징한다.

화면 하단에는 대산 귀가길에 부속하는 오모리(大森) 명산의 '창

97) 한 장의 판화를 대소 여러 형태로 나누어 각각 다른 그림을 그려 넣어 조합배치한
    우키요에를 가르킨다. 히로시게의 작품이 압도적으로 많고 또 복수의 화가에 의
    한 합작도 있다. 예를 들어 히로시게의 「國盡張交図會」나 「東海道五十三次張交
    繪」를 들 수 있다.

(やり)'과 오미기통(御神酒枠: 대산에서 물과 술을 가지고 귀가하는 용기)이 표상되었다. 대산도 참예 코스에는 다양한 형태의 오락장이 점재하여 있었는데 이 그림의 좌측 아래에는 강중을 호객하는 숙참의 메시모리온나(飯盛り女: 매춘)가 표상되었다. 이와 같은 화면 구성요소는 대산예를 함축하여 상징하는 요소들로서 라쿠고(落語) 「대산예(大山詣)」에서도 표현되었다.

대산도(大山道)는 대산을 중심으로 방사상으로 에도로부터의 길, 오슈로 부터의 길, 무사시(武藏)로 부터의 길 등으로 크게 나눌 수 있다. 이 중에서 가장 주요한 루트는 대산예의 「이치노도이리(一の鳥居)」가 있는 다무라(田村)로 통하는 대산가도였고, 이 코스의 도중에 있는 후지사와의 요쓰야(四ツ谷)에는 대산석존(大山石尊)의 전부동(前不動)이 서있었다.[98] 이 길은 대산예를 마치고 「에노시마 변재천(江島弁財天)」으로 향하는 사람들이 이용하였다.

자료[B09S060]-03은 대산강중(大山講中)을 인기배우로 미타테한 그림이다. 더위를 피하여 야간에 출발하는 에돗코의 모습을 멋지게 표상한 것으로 봉납할 목도와 밤길을 밝혀줄 등롱이 모티브로 사용되었다. 화면 중앙의 난간법수는 에도의 기점인 니혼바시를 상징하는 요소이다. 당시 대산예 강중들의 참예양태는 신앙의 열기를 타고 우키요에의 소재로 다용되었다.

표[B09S060]-1은 당시 유행했던 다양한 형태의 대산예 소재 우키

---

98) 大山阿夫利神社(1987) 『相模大山街道』, 이 길은 구 동해도 후지사와숙참(藤澤宿)의 서, 辻堂村・四ツ谷에서 동해도와 분기하여 대산 전부동 「一の鳥居」에서 북서로, 다무라 선착장에서 사가미강(相模川)을 건너면 이세하라(伊勢原)를 경유하여 대산에 이르는 길이다.

요에를 정리한 것이다. 우키요에를 통하여 대산예 강중들의 행동양
식을 보다 수월하게 동적인 이미지로 파악할 수 있을 것이다. 또 표
[B09S060]-2에 표기된 주요 화면 구성요소를 통하여 행동양식을 함
축된 키워드로 인지할 수 있을 것이다.

표[B09S060]-1 대산예 소재 우키요에

목록	화가(絵師)	년도	표제
자료 [B09S060]-01	鳥居清長	1780	通略三極志
자료 [B09S060]-02	歌川広重	1858	大山道中張交図会
자료 [B09S060]-03	2대国輝	1866	大山参詣日本橋の図　芝居絵 1866 35.6* 24.1 3장
자료 [B09S060]-04	歌川広重	1858	山海見立相撲相模大山 広重 大判 錦絵
자료 [B09S060]-05	歌川広重	덴포말기	東海道五十三次 藤沢 広重
자료 [B09S060]-06	葛飾北斎	1833년경	諸国瀧廻り 相州 大山ろうべんの 瀧 錦絵 38.5×26.4
자료 [B09S060]-07	歌川広重	덴포후기	相撲大山良弁之滝錦絵 横大判 22 ×33.6
자료 [B09S060]-08	歌川広重	덴포중기	東海道五十三次 藤沢横大判 25.1 ×37.3 天保中期
자료 [B09S060]-09	歌川広重	덴포중기	東海道五拾三次 戸塚 元町別道 25.1×37.3
자료 [B09S060]-10	歌川豊国 (2대)	덴포초기	名勝八景 大山夜雨 錦絵
자료 [B09S060]-11	歌川広重	덴포중기	東海道五拾三次之内 平塚 縄手道

자료 [B09S060]-12	前北斎為一	에도후기	鎌倉江嶋大山新板往来双六
자료 [B09S060]-13	歌川国芳	1815-1842	高輪大木戸の大山講と富士講　大判(37.9×26.1) 錦絵
자료 [B09S060]-14	五雲亭貞秀	1858	相模国大隅郡大山寺雨降神社真景 大判(37.9×26.1) 錦絵 3장
자료 [B09S060]-15	歌川広重	1852	東海道五五十三次 保土ヶ谷 かたひらはし」
자료 [B09S060]-16	歌川国貞	1836	東海道五十三次之内 藤沢図
자료 [B09S060]-17	相模藤沢	1872	書画五拾三駅　山帰定宿芳虎 明治5年(1872)
자료 [B09S060]-18	2대広重	1865	東海道五拾三駅 藤澤 追分道 立祥
자료 [B09S060]-19	歌川国芳	1834-1835	相州大山道田村渡の景 国芳1834～5
자료 [B09S060]-20	葛飾北斎	1804년경	東海道五十三次 藤澤
자료 [B09S060]-21	歌川芳虎	1860년	「金川ヨリ横濱遠見の図」
자료 [B09S060]-22	歌川貞房	덴포말경	東都両国夕涼之図 天保末頃
자료 [B09S060]-23	歌川広重	1840년경	狂歌入東海道 藤沢 一ノ鳥居・大鋸橋付近
자료 [B09S060]-24	落合芳幾	1859년	月尽面白寿語祿 大川 水垢離風景
자료 [B09S060]-25	2대 広重	메이지초년	東京開化三十六景 八つ山下鉄道之夜景」明治初年
자료 [B09S060]-26	歌川豊国	1852년	「東海道藤沢平塚間 四ッ谷山帰り」
자료 [B09S060]-27	葛飾北斎	1804년경	東海道五十三次 保土ヶ谷

대산예 소재 우키요에

자료[B09S060]-4

「山海見立相撲」相模大山 広重 1858大判錦
絵 21.9×34.4 (출처: Chazen Museumof
Art, VanVleck Collection of Japanese
Prints, University of Wisconsin-
Maudison(TASCHEN))

자료[B09S060]-5

『東海道五十三次』藤沢 広重天保末期
(출처: 神奈川県伊勢原市 화상자료)

자료[B09S060]-4는 대산에 있는 료벤폭포(良弁瀧)를 목도모양
으로 미타테한 것으로 대산예 미즈고리의 장소를 표상하였다. 자료
[B09S060]-5는 행서동해도(行書東海道)로 불리는 것으로 우측에 에
노시마(江ノ島)의 도리이가 묘사된 것으로 미루어 에노시마 참예를 마
치고 사카이가와(境川)에 걸려있는 다리를 건너 에도방향으로 향하는
대산강 일행이다. 일행 중 한사람이 오미기통(御神酒枠)을 메고 있다.

자료[B09S060]-6은 1833년 경의 호쿠사이 그림으로 료벤폭포에
서 목도를 들고 미즈고리를 하는 소란한 모습이 묘사되었다. 이 폭포
에서 미즈고리를 하는 모습은 구니요시(國芳), 히로시게 등도 소재로
사용하였다. 자료[B09S060]-7은 히로시게의 그림으로 료벤폭포에서
미즈고리를 하는 모습이다.

자료[B09S060]-6

諸国瀧廻り 相州 大山ろうべんの瀧
葛飾北斎 1833경 錦絵 38.5×26.4
(출처: 神奈川県立歴史博物館 화상자료)

자료[B09S060]-7

相撲大山良弁之滝 広重 錦絵 横大判 天保後期
22×33.6(출처: 호노루루 미술관 James A.
Michener Collection)

　　자료[B09S060]-8은 도리이 뒤 측 교각 위에 커다란 목도를 짊어진
대산에 남성의 모습이 묘사되었다. 자료[B09S060]-9는 「고메야(こ
めや)」라는 간판을 걸은 도쓰카 숙참(戸塚宿)의 처마 밑에 「대산강중
(大山講中)」이라는 팻말이 걸려있다. 숙참 앞의 다리는 가마쿠라(鎌
倉)행을 상징한다.

자료[B09S060]-8

東海道五十三次 藤沢 広重 横大判
25.1×37.3 天保中期
(출처: 에도동경박물관 화상자료)

자료[B09S060]-9

東海道五拾三次 戸塚 元町別道 広重
25.1×37.3 天保中期
(출처: 에도동경박물관 화상자료)

자료[B09S060]-10는 대산 전체가 빗줄기에 가려진 정경이다. 대산의 제신이 물의 신으로서 비를 내리게 한다는 신앙적 산으로서의 의미를 상징하고 있다.

자료[B09S060]-11은 전경의 둥그런 고려산(高麗山)과 대조적으로 좌측에 대산이 험한 산세로 묘사되어있다. 자세히 보면 고려산 뒤로 후지의 '백봉'이 상징으로서 위치하였다.

자료[B09S060]-10

名勝八景 大山夜雨 豊国 錦絵
(출처: 일본국립국회도서관 디지털화자료)

자료[B09S060]-11

東海道五拾三次之内 平塚 縄手道 広重 天保中期 25.1×37.3
(출처: 에도동경박물관 화상자료)

자료[B09S060]-12

鎌倉江嶋大山新板往来双六 前北斎為一
(출처: 일본국립국회도서관 디지털화자료)

자료[B09S060]-13

高輪大木戸の大山講と富士講 歌川国芳
1815-1842 大判(37.9×26.1) 錦絵 3장
(출처: 에도동경박물관 화상자료)

자료[B09S060]-12는 니혼바시를 기점으로 대산(大山) 산정(山頂)
을 정복하고 시부야(澁谷)까지 되돌아오는 주사위 판(双六)이다. 자
료[B09S060]-13은 에도의 남쪽 입구인 다카나와(高輪)의 모습으로
좌측에 목도를 들고 삿갓을 쓴 대산강 단체의 모습이 묘사되었다.

자료[B09S060]-14

相模国大隅郡大山寺雨降神社真景 五雲亭貞秀 大判(37.9×26.1) 錦絵 3장
(출처: 神奈川県立歴史博物館 화상자료)

자료[B09S060]-14는 대산의 입구에서부터 산정석존사(山頂石尊
社)까지 대산 전체가 묘사되었다. 대산의 입구, 료벤폭포 등을 지나 남
자언덕(男坂) 여자언덕(女坂)의 합류부에는 인왕문(仁王門)이 있고
본당, 부동당(不動堂)이 묘사되었다. 뿐만 아니라 대산을 중심으로 하
여 대산에서 전망되는 후지산, 다카오산(高尾山), 에노시마, 이즈반도
(伊豆半島)까지 표상되었다.

자료[B09S060]-15

東海道五十三次 保土ヶ谷 かたひらはし」広重
弘化4-嘉永5
(출처: 神奈川県伊勢原市 화상자료)

자료[B09S060]-16

東海道五十三次之内 藤沢図国貞
(출처: 일본국립국회도서관 디지털화
자료)

자료[B09S060]-15는 호도가야(保土ヶ谷) 숙참의 동쪽을 흐르는 가타비라가와(帷子川)에 걸려있는 다리를 건너는 대산강(大山講) 일행의 귀가길이다. 선두는 목도를 메고 세 번째 사람은 오미기통를 메고 있다.

자료[B09S060]-16은 좌측에 미인이 목도와 오미키통을 멘 대산강 중을 바라보고 있다. 일행은 에노시마를 향하여 막 도리이를 통과하려고 한다. 에노시마의 변재천 참예를 위한 것으로 대산의 제신은 남신, 그러므로 에노시마의 여신도 참배하지 않으면 「가타마이리(片參り: 편도 참배)」라고 생각했다. 참예를 명분으로 에노시마나 가마쿠라(鎌倉) 유람을 즐겼던 코스가 표현되었다.

자료[B09S060]-17

書画五拾三駅 相模藤沢 山帰定宿
芳虎 明治5年
(출처: 神奈川県伊勢原市 화상자료)

자료[B09S060]-18

東海道五拾三駅 藤澤 追分道 立祥
2대 広重
(출처: 神奈川県伊勢原市 화상자료)

자료[B09S060]-17은 메이지이후의 판행이다. 대산 참예의 귀가길 (山歸)을 묘사한 것으로 산을 내려와 사가미강(相模川)을 넘으면 행락의 분위기가 되었던 것 같다. 상반부는 오모리 명산의 창(やり: 야리)으로 대산에 귀가 길에 부속되는 물건이다. 화면 아래 부분에는 찻집에서 차를 내오는 여성 뒤의 평상에 대산예을 상징하는 오미기통이 놓여져 있다. 자료[B09S060]-18는 2대 히로시게의 그림이다. 화면 좌측에 부동명왕이 서있는 대산도 이정표가 있다.

자료[B09S060]-19

자료[Ⅳ-18]『辰巳婦言』式亭三馬 寬政10
(출처: 일본국립국회도서관 화상DB)

자료[B09S060]-20

東海道五十三次 藤澤 北斎
(출처: 神奈川県伊勢原市 화상자료)

자료[B09S060]-19는 참예자가 다무라(田村) 선착장에서 대안의 대산을 전망한 풍경을 묘사하였다. 자료[B09S060]-20는 호쿠사이의 그림이다. 더위를 피하여 야간에 동해도로 출발하는 대산강을 묘사했다. 선두는 오른손에 큰 초롱불, 왼손에 방울을 든 남자 2명과 그 뒤는 봉납할 목도와 술통을 짊어진 남자 2명이 묘사되었다. 월참강(月參講)이라는 글씨에서 월례 참배자의 강중이라고 판단된다.

자료[B09S060]-21

金川ヨリ横濱遠見の図 芳虎 1860년 (출처: 神奈川県伊勢原市 화상자료)

자료[B09S060]-21은 동해도 3번째 숙참인 가나가와(神奈川)풍경으로 원경에 후지, 그 우측 아래에 대산이 묘사되었다. 중앙 좌측 전경에 대산강(大山講) 집단의 삿갓 군집과 「대산석존대관현(大山石尊大權現)」이라고 쓴 목도가 돌출되었다.

자료[B09S060]-22

東都両国夕涼之図 貞房 天保末頃 (출처: 神奈川県伊勢原市 화상자료)

자료[B09S060]-22는 스미다강 가와비라키(川開き)[99] 연중행사 장면이다. 화면 하단 중앙부에 상반신이 나체인 남자 5명 정도가 목도를 들고 있다. 좌측 빨간 제등에는 「대산석존(大山石尊)」이라는 글자가 보인다.

자료[B09S060]-23

東海道五壱拾三次(狂歌入東海道) 藤沢 一ノ鳥居·大鋸橋付近 広重 1840년경 (출처: 게오(慶應)대학도서관 화상DB)

자료[B09S060]-24

「月尽面白寿語祿」芳幾 大川水垢離風景 (출처: 神奈川県伊勢原市 화상자료)

자료[B09S060]-23은 광가동해도(狂歌入東海道)이다. 유교지(遊行寺) 쪽에서 다이기리바시(大鋸橋)를 전망하였고 이치노도리이(一ノ鳥居)를 그렸다. 다리 위의 인물이 지고 있는 오미기통이 대산예를 상징한다. 자료[B09S060]-24는 스미다강에서의 미즈고리 풍경이다. 에도에서 대산예의 사람들은 대부분 시타마치의 장인들이었다. 대산석존대관현(大山石尊大權現)이라는 글씨를 쓴 목도를 들고 있는 인물들의 표정에서 서민의 느낌을 감지할 수 있는 이 그림은 배우로 미타테한 그림이나 시바이에(芝居繪)와 다른 내용을 전달한다.

자료[B09S060]-25

東京開化三十六景　八ッ山下鉄道の夜景　3대 広重
明治初年 (출처: 神奈川県伊勢原市 화상자료)

자료[B09S060]-26

東海道藤沢平塚間 豊国
四ッ谷山帰り(출처: 神奈
川県伊勢原市 화상자료)

자료[B09S060]-25는 문명개화기(明治初年)에 그려진 3대 히로시게의 그림이다. 인물들이 메고 있는 창과 오미기통이 대산 강중의 귀가 길을 상징한다. 동해도에서 동경으로의 귀가길이다. 자료[B09S060]-26은 무코 하치마키를 매고, 대산 참예 후 오모리 명산의

___

99) 에도시대 스미다강에서는 음력 5월 28일부터 3개월간을 납량의 기간으로 여겨져
　　그 초일에 료코쿠에서는 불꽃놀이 등 연중행사를 하였다.

창을를 짊어지고 귀가하는 강중을 인기 배우로 미타테한 것이다. 당시 대산에 귀가는 창으로 명시하는 공유된 약속사항이었다.

자료[B09S060]-27

東海道五十三次 保土ヶ谷 北斎
(출처: 神奈川県伊勢原市 화상자료)

자료[B09S060]-27는 호쿠사이의 그림이다. 가마(駕籠)와 팽이(鍬)를 짊어진 인물 2명의 우측 위에는 「여기부터 오른쪽 대산길(是より右大山みち)」이라는 이정표가 있고 그 우측에 부동명왕(不動明王)의 석상이 있다.

이상에서 제시된 대산에 소재 우키요에의 화면 구성요소를 기호로 보고 함축적인 의미를 내포하고 있는 대표적 모티브를 정리하면 표[B09S060]-2 와 같다.

표[B09S060]-2 대산에 소재 우키요에(1815-1872)의 키워드

자료 목록	화면 구성 요소
자료[B09S060]-01	미즈고리, 와라시베(藁稭), 오사메다치(納太刀)
자료[B09S060]-02	대산강중(大山講中), 창, 오미기통(御神酒枠)
자료[B09S060]-03	대산강중, 난간법수, 오사메다치

자료[B09S060]-04	료우벤 폭포(良弁滝), 강중
자료[B09S060]-05	도리이, 대산강 일행, 오미기통
자료[B09S060]-06	료우벤폭포 오사메다치, 미즈고리
자료[B09S060]-07	료우벤폭포, 대산강 일행, 미즈고리, 오사메다치
자료[B09S060]-08	도리이, 대산강 일행, 오사메다치, 유교지(遊行寺)
자료[B09S060]-09	대산강중, 등롱
자료[B09S060]-10	대산, 본당(本堂), 후지산, 석존대관현(石尊大権現)
자료[B09S060]-11	고려산(高麗山), 대산, 후지 백봉, 승려.
자료[B09S060]-12	대산, 대산강 일행, 도리이, 후지산, 오사메다치, 석존대관현, 관음상, 사원, 신사, 오미기통
자료[B09S060]-13	대산강 일행, 오사메다치
자료[B09S060]-14	대산입구, 산정 석존사, 료벤폭포, 인왕문, 본당, 부동당, 후지산, 다카오산
자료[B09S060]-15	대산강 일행, 오사메다치, 오미기통
자료[B09S060]-16	도리이, 대산강 일행, 오사메다치, 오미기통
자료[B09S060]-17	대산강 일행, 창, 오미기통
자료[B09S060]-18	대산도 이정표, 부동명왕
자료[B09S060]-19	대산, 참예자
자료[B09S060]-20	대산강 일행, 오사메다치, 오미기통, 월참강
자료[B09S060]-21	후지산, 대산, 대산강 일행, 오사메다치
자료[B09S060]-22	미즈고리, 오사메다치, 제등(대산석존)
자료[B09S060]-23	대산강 일행, 유교사, 이치노도리이, 오미기통
자료[B09S060]-24	미즈고리, 대산강 일행, 오사메다치
자료[B09S060]-25	대산강 일행, 창, 오미기통
자료[B09S060]-26	대산강 일행, 창
자료[B09S060]-27	대산길 이정표, 대산강 일행, 부동명왕 석상

위의 문헌자료의 인지 하에 서두에 제시한 도판[B09S060]과 이어
지는 도판[A16S076]을 해석하면 다음과 같다. 먼저 도판[B09S060]
에 대한 해석이다.

그림의 표제 「아사쿠사가와 오가와바타 미나토가와(淺草川大川端
宮戶川)」라는 긴 이름은 스미다강(隅田川)를 지칭하는 별칭을 3개 이
어서 표기한 것으로, 대산예가 그림의 소재로 사용되었을 때는 특히
스미다강 하류 료코쿠바시(兩國橋)근처를 상징한다. 그림은 대산예
(大山詣) 강중(講中)의 정화의식을 형상화한 것이다.

그림의 우측 뱃머리에 호라가이(法螺貝)를 불며 선두에 서있는 붉
은 의복의 인물은 야마부시(山伏)로 대산예가 수험도(修驗道)와 연관
성이 있다는 것을 상징하는 요소이다. 정화의식 후 강중들은 대산에
도착하면 오시(御師)라고 불리는 선도사(先導師)의 숙방(宿坊)에 머
물며 다음날 등배 안내를 받았다.[100]

중경에 있는 작은 배의 뱃머리의 방향은 미즈고리가 끝나가는 시간
의 흐름을 지표하고 일행이 부치고 있는 부채는 한 여름의 더위 즉 하
산(夏山: 7월 27일-8월 17일)의 시기를 상징한다. 전경에 확대 된 기
둥은 대형 범천이다. 범천아래 인물들은 시타마치의 장인들로서 인물
들의 앞이마에 묶여있는 무코 하치마키가 기운차게 일하는 쇼쿠닌의
모습을 상징한다.

대산예는 주로 목수와 같이 높은 곳에서 일하거나 물과 관련된 농
업, 상업, 또는 석존(石尊)과 관련하여 도공과 같은 직업인들이 안전
을 기원하기위하여 참예하였다. 대형 범천 아래에 꽂힌 희고 붉은 종

---

100) 有賀密夫(1992)「大山門前町の硏究」『大山信仰』, 雄山閣出版, 47쪽.

이는 의식이 끝나면 집집마다 나누어주어 악기를 쫓아냈던 습속을 상
징하는 작은 폐속이다.[101] 원경으로 쌍봉인 쓰쿠바산이 표상되었다.
이 산은 료코쿠바시 근처의 요리집과 지붕배라는 오락적 요소와 의미
작용한다. 이곳 다릿목은 미즈고리 뿐만 아니라 쇼진아케의 유흥장으
로도 성행하였다.

지볼트의 여행기록에는 료코쿠바시 다릿목 근처의 분위기가 다음
과 같이 묘사되었다.

> 사람들은 신앙이란 명분으로 유희를 즐기는데, 신앙은 세속의 욕구
> 와 결합되어 있다. 료코쿠바시 근처에는 매일 시장이 서며, 가무음곡의
> 놀이가 끊이지 않는다. 스미다강에는 특히 더운 여름철이 되면 무수히
> 많은 유람선이 지나다니며, 배 위에서 여러 가지 유흥이 펼쳐진다. 그
> 뿐 아니다. 에도의 번영으로 전국에서 이름난 유곽거리 신요시와라에
> 는 전국적으로 이름난 유녀가 한 곳에서만 5,000명이나 등록되어 있을
> 정도이다.[102]

밑줄의 '사람들은 신앙이란 명분으로 유희를 즐기는데, 신앙은 세속
의 욕구와 결합되어있다' 라는 대목은 신불기원 후 평상의 생활로 돌
아간다는 쇼진아케를 의미하는 것이다.

이어지는 도판[A16S076]을 해석하면 다음과 같다.

---

101) 菊池貴一郎(1965)『繪本江戸風俗往來』, 平凡社.
102) ジ ボルト, 齋藤信 譯(1967)『江戸參府紀行』, 平凡社, 214-215쪽.

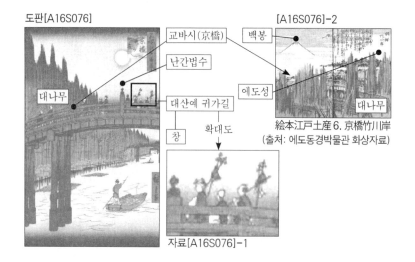

絵本江戸土産 6. 京橋竹川岸
(출처: 에도동경박물관 화상자료)

기호	인지	행동
교바시(京橋), 다케가시, 나카노바시, 시라우오바시, 난간법수, 창을 멘사람, 무코 하치마키, 등롱, 보름달	보름달이 뜬 교바시 모습	신불기원 대산예 행락

　도판[A16S076]의 표제는 「교바시 다케가시(京橋竹がし)」이고 판 밑그림 검열일은 안세4(1857)년 12월이다. 표제의 의미는 교바시를 상징하는 대나무 군집을 의미한다. 교바시는 다케가시(竹河岸)라고도 불리었는데 대산예 강중의 대산 참예 후 에도 입성을 상징한다([A16S076]-2 참조).

　자료[A16S076]-2는 『에혼에도미야게』에 표상된 교바시 풍경이다. 화상은 전경에 병렬한 대나무, 원경의 후지 백봉, 우측 숲 속의 에도성으로 구성된 전형적인 에도 도심을 상징하는 요소로 구성되었다.

　교바시 일대는 스루가쵸(駿河町)나 오텐마쵸(大伝馬町)와 더불어 에도의 인상을 좌우하는 장소였다. 이 교각은 막부의 공급으로 유지

되는 교각으로서 니혼바시나 신교(新橋)와 같이 난간법수(擬宝珠)로
장식되었다. 이 주변 일대의 교각은 이마도바시(今戸橋), 아즈마바시
(吾妻橋), 료코쿠바시, 오바시(大橋), 에타이바시(永代橋)가 있었다.

교바시의 난간법수 아래로 작은 교각이 상징적으로 병렬하였다. 차
례로 전경의 교각이 나카노하시(中ノ橋)이고 그 너머는 시라우오하
시(白魚橋)이다. 교바시 위의 인물 묘사 중 「창」을 어깨에 메고 가는
무코 하치마키의 인물들은 대산예를 마치고 에도로 귀가하는 강중이
다.

표[B09S060]-2 대산예 소재 우키요에의 키워드 중, 「창」은 대산예
귀가를 의미하는 요소이다. 즉 강중은 료코쿠다릿목에서 미즈고리를
한 후, 니혼바시의 명물인 보리차를 마시고, 더위를 피하여 야밤에 한
척 정도의 목도를 세우고 참예에 나서, 대산에 봉납하고, 대신 신불의
기원이 들어간 다른 목도를 받아가지고 오모리 명산의 창을 메고 에
도로 귀가하는 중인 것이다.

화면 구성요소인 교바시, 다케가시, 난간법수, 오모리 명산의 창, 쵸
칭을 든 사람, 보름달, 배 등은 일차적으로 보름달이 밝은 에도 교바시
의 정경을 지표하지만 2차적으로 대산예 강중의 대산 참예 후 귀가길
장면을 공시한다.

2-4.『명소에도백경』의 그리스도 신앙

도판[H01S023] 관련 문헌자료

絵本江戸土産7. 18.2×12.2
(출처: 에도동경박물관 화상자료)

기호	인지	행동
폭포, 미타테 공양탑, 나무 그림자 미타테 공양탑, 여자, 벚꽃	지요가연못	신불기원 행락

도판[H01S023]의 표제와 검열인은 「메구로 치요가이케(目黒千代
が池)」, 안세3 (1856)년 7월이다. 이 그림을 해석하기 위해서는 에도
시대 그리스도 신자에 대한 박해와 메구로를 둘러싸고 전승되는 민담
을 인지하여야한다.

기리시단(포루트칼어 : Crist o)은 일본 전국시대부터 에도시대, 메
이지초까지 사용되었던 단어이다. 메구로는 에도에서 추방된 기리시
단(切支丹)의 집합지로「메구로의 여자를 얻으면 말대까지 화근이 된
다(目黒の女を貰うと末代まで祟る)」고 하는 구전이 있을 정도로 기

리시단이 메구로의 산에 집합하여 기도를 하였다.[103]

에도시대 가쿠레 기리시단(隱れキリシタン)은 숨어서 신앙하는 신자를 지칭하는 말이다. 즉 에도시대에 에도막부의 금교령 이후 강제로 개종한 사람 중 불교를 신앙하는 것처럼 보이면서 그리스도교 신자인 사람을 의미한다.

제시한 도판 우측의 자료[H01S023]-1은 공양탑을 상징하는 요소이다. 자료[H01S023]-2는 메구로 치요가이케를 표상한 에혼에도미야게의 안내 그림으로 화상을 구성하는 요소는 폭포, 인물, 언덕의 저택이다. 자료[H01S023]-3도 동일한 구성요소로 그려진『에도명소도회』의 삽화이다. 이 모티브들은 이 장소를 상징하는 공통 구성요소로 보인다. 두 그림에는 공통적으로 메구로 지요가이케와 관련된 전승이 삽화글로 기술되어있다. 자료[H01S023]-4는 삽화글의 내용이다.

자료[H01S023]-3   자료[H01S023]-4

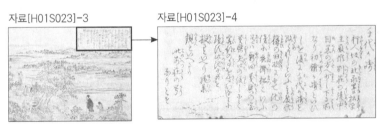

『에도명소도회』7. 千代が崎
(출처: 와세다대학도서관 화상DB)

(주석) 行人坂の北、永峰松平主殿候の別莊の後ろ。中目黑の方へ少し下るところなり。初め槍が崎といひしを、後に千代が崎と改められしといふ。主殿候構ひの旧跡にて、池の傍らに衣掛け松というふあ

---

103) 三田元鍾(1975)『切支丹伝承』宝文館出版, 47-49쪽.

るは、新田義興の室、義興矢口の渡しにて最期のことを聞きかなしみ
に絶えず、この池に身を投ぐるといへり。絶景觀といへるもこの別莊
の号なりとぞ。

(해석) 행인자카(行人坂)의 북쪽, 永峰松平主 별장 뒤.
메구로 방향으로 조금더 내려간다. 초기에는 야리가자키(槍が崎)라
고 칭했으나 이후 치요가자카(千代が崎)로 개칭되었다고 한다. 主殿候
의 구적으로 연못 주변에 기누카케마쓰(衣掛け松)라 불리는 소나무가
있다. 닛다요시오키(新田義興)의 측실(치요)이 요시오키가 야구치 선
착장에서 최후를 맞았다는 사실을 듣고 슬픔을 견디지 못하고 이 연못
에 몸을 던졌다고 한다. 절경관으로 불리는 이 별장의 호칭이 되었다.

『태평기(太平記)』에도 기술된 그리스도교 신자였던 닛다요시오키
(新田義興)는 아시카가(足利) 막부를 타파하려고 가마쿠라(鎌倉)를
공격하기위하여 가던 도중 무사시국(武藏國) 다마가와(多摩川)의 야
구치(矢口)선착장에서 가신에게 죽음을 당하였다. 요시오키의 죽음
을 안 측실인 치요(千代)는 저택 정원 연못에 몸을 던졌고 이 연못을
치요가이케(千代が池)라고 부르게 되었다고 전승된다. 이 그림은 메
구로와 치요가이케의 지명에 편승하여 그리스도 전승 메시지를 상징
적으로 표상하고 있다.

2-5.『명소에도백경』의 수신(水神)신앙

B. 시타야(下谷) · 아사쿠사(淺草) 방면: 중심부

도판[B01S011], 도판[B12S089]관련 문헌자료

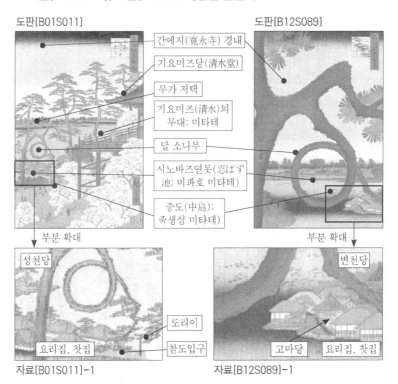

도판[B01S011]

도판[B12S089]

간에지(寬永寺) 경내

기요미즈당(淸水堂)

무가 저택

기요미즈(淸水)의 무대: 미타테

달 소나무

시노바즈연못(忍ばず 池: 비파호 미타테)

중도(中島): 죽생섬 미타테)

부분 확대

부분 확대

성천당

변천당

도리이

요리집, 찻집

참도입구

고마당

요리집, 찻집

자료[B01S011]-1

자료[B12S089]-1

기호	인지	행동
간에지, 기요미즈당, 기요미즈의 무대, 벚꽃, 달 소나무, 시노바즈 연못, 중도 (中島), 성천당, 변천당. 고마당, 요리집, 찻집, 도리이	우에노 시노바즈 연못의 변재천	신불기원 행락 요리집, 찻집왕래

도판[B01S011]의 표제는 「우에노 키요미즈도 시노바즈노이케(上野清水堂不忍ノ池)」이고 판화 밑그림 검열일은 안세3(1856)년 4월이다. 제시된 두 그림을 성속의 관점에서 해석하기 위해서는 세 가지 사항에 대한 인지가 필요하다. 첫째, 에도성 북동의 귀문을 진수하는 수호신에 대한인지, 둘째, 교토 북방 히에잔(比叡山) 엔랴쿠지(延曆寺)를 모방한 우에노간에지(上野寬永寺)기요미즈도(清水堂)에 대한 인지, 셋째, 시노바즈 연못의 주변 환경과 변재천사와 성천과의 관계에 대한 인지이다.

우선 에도성 북동의 귀문을 진수하는 수호신에 대한 사항이다. 자료[B01S011]-2에서 에도성을 중심으로 방위를 살펴보면 간에지는 정확하게 북동에 위치하여있고 그 반대편인 남서에는 조죠지(增上寺)가 위치하여 있다. 에도시대 에도성 귀문의 수호신은 각각 우에노간에지와 시바 조죠지(芝增上寺)라고 일컬어졌다.

자료[B01S011]-2

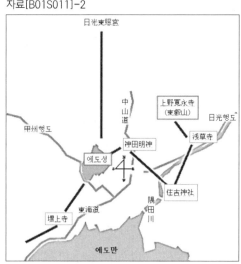

이 중 우에노 간에지는 에도의 귀문에 해당하는 북동의 방각을 진
수하는 도에잔(東叡山)이라는 호로 칭하여졌는데, 이것은 교토의 히
에잔 엔랴쿠지(比叡山延暦寺)가 교토의 귀문에 해당하는 북동의 방
각을 진수하는데 대한 대응이다. 간에지는 이후 도쿠가와 장군가의
보다이지(菩提寺)가 되었다.

두 번째로 교토의 엔랴쿠지를 모방한 간에지에 대한 사항이다. 에
도 간에지는 천태종 사원으로 간에2(寬永2: 1625)년 승려 덴카이(天
海)가 구상하였다. 구상 당시 덴카이는 교토를 미타테하여 조영하였
으므로 작은 교토라고 생각될 만큼 구조가 비슷하다. 간에지의 기요
미즈도(淸水堂)는 교토의 기요미즈데라(淸水寺)를 모방한 것으로, 본
존인 천수관음을 분사하여 소규모로 기요미즈의 무대까지 모방하였
다.

셋째, 시노바즈 연못의 주변 환경과 변재천사와 성천과의 관계에
대한 사항이다. 시노바즈 연못은 히에잔의 비파호(枇杷湖)에 비유한
것으로 연못 중앙에는 비파호 중간의 섬인 죽생도(竹生島)를 미타테
한 변천당이 있다. 자료[B01S011]-3은 『에도명소도회』의 삽화이다.
시노바즈 연못 중앙에 기요미즈사원과 참도로 이어진 중도로 불리는
작은 섬이 있고, 그 섬 안에는 변천당과 고마당이 있는 것을 알 수 있
다. 또 그 작은 섬과 무지개 다리로 연결된 더 작은 섬에는 성천당이
있다. 변천당의 수변은 요리집이 즐비한 유흥지역이었고 동시에 출입
구의 도리이가 지표하듯이 결계를 상징하는 지역이었다.

자료[B01S011]-3(부분도)

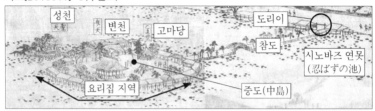

『에도명소도회』14. 시노바즈 연못 중도의 변재천사.
(출처: 와세다대학도서관 古典籍總合DB 참조)

자료[B01S011]-4는 히로시게의 『동도명소(東都名所)』 중 중도의 변재천사를 묘사한 것이다. 이 그림에서도 변재천 주변은 요정과 찻집이 많은 유흥지역이었음을 알 수 있다.

자료[B01S011]-4(부분도)

東都名所図―立斎広重『東都名所』上野山王山〔清水観音堂花見不忍之池全図中島弁財天社〕
(출처: 일본국립국회도서관 디지털화자료)

위 문헌자료의 인지 하에 제시된 도판[B01S011]과 도판[B12S089]을 해석하면 다음과 같다.

그림은 교토의 기요미즈사원을 모방한 에도의 간에지 기요미즈당에서 시노바즈 연못의 변재천을 조망한 풍경을 형상화한 것이다. 표제의 달 소나무는 나뭇가지의 둥그런 원 형태로 지표되었고 연못 위

에 떠있는 달을 상징하였다. 참도 입구의 도리이는 신성한 결계지역
을 상징한다. 화면을 구성하는 모든 모티브들은 교토의 히에잔 엔랴
쿠지, 비파호와 죽생도를 미타테한 것이다.

섬 중앙에 변재천과 성천, 고마당이 진좌하여 있고, 자료[B01S011]
-1, 자료[B01S011]-3에서 참도 입구의 모습, 즉 성속이 혼연일체가
된 양태를 확인할 수 있다. 자료[B12S089]-1에서 붉은벽의 변재천과
고마당 그리고 성천과 요리집의 배치는 상징적인 의미가 크고 상호
의미작용하는 요소이다.

화면 구성요소인 간에지, 기요미즈도, 기요미즈의 무대, 벚꽃, 달 소
나무, 시노바즈 연못, 중도, 성천당, 변천당, 고마당, 요리집, 찻집, 도
리이 등은 유흥과 신불기원이라는 상징적인 의미를 동시에 전하는 요
소들이다.

도판[B06S034]관련 문헌자료

도판[B06S034]

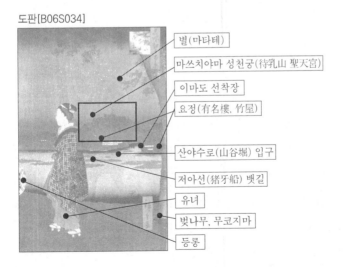

- 별(마타테)
- 마쓰치야마 성천궁(待乳山 聖天宮)
- 이마도 선착장
- 요정(有名樓. 竹屋)
- 산야수로(山谷堀) 입구
- 저아선(猪牙船) 뱃길
- 유녀
- 벚나무, 무코지마
- 등롱

기호	인지	행동
스미다강, 푸른 물결, 저아선, 마쓰치야마 성천궁, 밤하늘, 별, 벚나무, 벚꽃 잎(미타테), 기모노 여성, 초롱불, 요정, 산야수로 입구, 이마도 교각	스미다강 서안의 야경	신불기원 요시와라 내왕

도판[B06S034]의 표제는 「마쓰치야마 산야호리 야케(眞乳山山谷堀夜景)」이고 판화 밑그림 검열일은 안세4(1857)년 8월이다. 이 그림을 해석하려면 에도시대 성천신앙에 대해 인지하고 있어야 한다. 성천(聖天)은 앞서 도판[I06S087+]와 도판[B01S011]에서 살펴보았듯이 변재천신사의 구성 요소 중 하나이다.

에도시대 성천신앙은 불교 환희천(歡喜天)의 다른 이름으로 대일여래 또는 관세음보살의 화신으로 여겨졌고, 본신인 대일여래(大日如來) 또는 관자재보살(觀自在菩薩)과의 관련을 나타내기 위하여 성(聖)이라는 글자를 사용하여 성천(聖天)이라고 표기 하였다. 자료[B06S034]-1는『에도명소도회』의 삽화인 마쓰치야마 성천궁(待乳山聖天宮)의 모습이다.

마쓰치야마성천(待乳山聖天)은 금용산 센소지(金龍山淺草寺)의 지원(支院)으로 정식명칭은 마쓰치야마 본용원(待乳山本龍院) 이다. 이곳은 신불사상에서 살펴본 센소지사원의 연기와 깊게 관련되어있다. 전술하였듯이 센소지관음은 스이코 천황 9년(601) 여름, 어부형제의 그물망에 걸려서 출현하였는데, 관음상 출현에 앞서 한 밤중에 나타난 영산이 마쓰치야마이고 그때 금용(金龍)이 내려앉아 이 산을 수호하였다고 한다.

자료[B06S034]-1 마쓰치야마 성천궁(待乳山 聖天宮)

마쓰치야마 성천궁
(待乳山 聖天宮)

본사

몬젠마치

액당(額堂)

도리이

입구(裏)

도리이

도리이

도리이

별당

입구(表)

몬젠마치

스미다강 서안

『에도명소도회』17. 真土山 聖天宮
(출처: 와세다대학도서관 古典籍總合DB 참조)

  동년 여름, 이 지방에 큰 가뭄이 있었을 때 십일면관음보살(十一面
觀世音菩薩)이 환희천(歡喜天)으로 화신하여 이 산에 내려와 가뭄으
로 고통받는 주민을 구제하고 이곳에 진좌하였다고 전한다. 그러므로
본존은 환희천이라고도 칭하여졌던 성천십일면관음이고 다른 명칭으
로는 마쓰치야마성천으로도 칭하며지며 산호는 마쓰치야마본용원이
다.[104]

  자료[B06S034]-1에 묘사된 성천궁은 본사, 별당과 액당(額堂)으로
구성된 형태로 강변 고지대에 위치한 봉긋한 형상으로 인하여 산야수
로로 통하던 뱃길 입구를 지표하였다. 자료[B06S034]-2는『에혼에도
미야게』에 묘사된 성천궁의 모습이다. 신사는 봉긋한 숲속에 지붕으
로 상징되었다.

---

104)『에도명소도회』6권 17책.

자료[B06S034]-2

『絵本江戸土産』1. 隅田川 真乳山夕景(출처: 에도동경박물관 화상자료)

자료[B06S034]-3는 산야수로의 입구를 지표한 것이다. 당시 수로 하면 산야수로를 떠올렸을 정도로 에도의 대표적인 수로였고 산야마 을과 요시와라로 통하던 곳이다. 좌측으로 수로의 수호신인 변천의 여신이 진좌하여 있다.

자료[B06S034]-3 山谷, 弁天, 今戸橋

『에도명소도회』17. 山谷堀 今戸橋 慶養寺(출처: 와세다대학도서관 古典籍總合DB 참조)

위 문헌 자료의 인지 하에 제시된 도판[B06S034]를 해석하면 다음과 같다. 그림의 표제는 마쓰치야마 지역의 산야수로의 야경(眞乳山山谷堀夜景)이라는 의미로 인물이 걸어가고 있는 장소는 마쓰치야마의 대안인 벚꽃의 명소 무코지마 미메구리 이나리사 부근이다.

밤하늘의 별들이 무코지마의 벚꽃잎으로 미타테되어 이 장소를 상징하였다. 건너편 암흑속의 하얀 문풍지에서 새어 나오는 불빛이 전경 인물의 붉은 옷과 결합하여 의미작용한다. 에도의 남자라면 바로 요시와라 내왕을 연상했을 것이다. 초칭(提灯: 초롱불)의 글자는 요정을 지표하고, 유녀가 입고 있는 겉옷도 기호로 상징되었다.

수면 위를 자세히 살펴보면 좌측 원경으로 마쓰치야마를 안표로 북상해 오는 저아선들이 보인다. 자료[B06S034]-3에서 화면에 표시된 저아선의 뱃길을 따라가면 이마도교(今都橋)의 선착장에 도달할 것이다. 그림 중앙에 상징된 암흑속의 봉긋한 형상에 대한 다음 해설을 참고하면 그 의미를 이해할 수 있다.

저아선들이 가는 도중에 안표로 삼은 것은 화면 중앙의 암흑에 부상된 사창이다. 이곳은 마쓰치야마이다. 여기에는 성(性)적인 것이 듬뿍 포함되어 있다. 산상에는 인도 신으로 별명이 환희천인 부부 화합을 상징한 성천을 받드는 신사가 있다. 대근(大根)를 심벌로 하고 있는 것이 특징인데 더불어 두 갈래로 갈라진 뿌리가 「포합(抱合)」하여 있다고 하는 재미있는 상징 지표이다. 대근이 시각상으로도 어감으로도 남성의 심벌이 되기 때문이다[105].

---

105) ヘンリ・スミス(1992) 앞의 책, 34쪽.

　스미다강, 푸른 물결, 저아선, 마쓰치야마 성천궁, 밤하늘, 별, 벚나
무, 벚꽃 잎(미타테), 기모노 여성, 초롱불, 요정, 산야수로 입구, 이마
도 교각 등 기호들이 집합체인 텍스트는 일차적으로 '스미다강 서안
의 야경'을 공시하지만 일차적 의미를 넘어 신불기원이나 요시와라
왕래라는 2차적 의미를 공시하고 있다.

C. 간다(神田) · 혼고(本鄕) 방면

도판[C07S117]관련 문헌자료

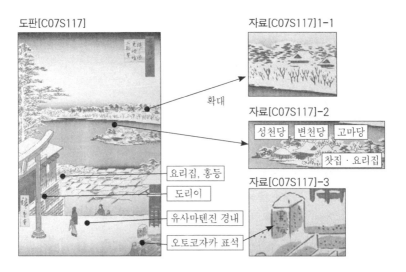

도판[C07S117]

자료[C07S117]1-1

화대

자료[C07S117]-2

| 성천당 | 변천당 | 고마당 |

찻집 · 요리집

자료[C07S117]-3

요리집, 홍등

도리이

유사마텐진 경내

오토코자카 표석

기호	인지	행동
간에지, 시노바즈 연못, 중도(中島), 성천당, 변천당. 요리집, 홍등, 도리이, 유시마텐진 경내, 오토코자카 표석	유시마텐진 언덕	신불기원행락 요리집, 찻집왕래

도판[C07S117]의 표제는 「유시마텐진 사카우에쵸호(湯しま天神
坂上眺望)」이고 판 밑그림 검열일은 안세3(1856)년 4월이다. 이 그림
을 해석하려면 2가지 사항을 인지하여야한다. 하나는 유시만텐만구
(湯島天滿宮)의 유구한 역사에 대한 것이고 다른 하나는 사사를 중심
으로 발전한 이 지역 유흥업의 특성에 대한 인지이다.

유시마텐만구는 유랴쿠(雄略)천황 2년(458)에 창건되었다고 전해
지는 유서깊은 사원으로 제신은 아메노타치카라오노미코토(天之手
力雄命)이다.[106] 이후 1355년 스가와라노 미치자네(菅原道眞)를 권청
하여 합사하였는데 이 시기를 정식적인 창건으로 보는 설도 있다.[107]

창건연대의 역사가 오래된 이 신사는 도쿠가와 이에야스가 에도성
입성 후 신앙하면서 장군들의 두터운 비호를 기반으로 융성하였다.
이후 막부의 주인지(朱印地)[108]가 되고, 하야시라잔(林羅山: 1583-
1657) 및 아라이 하쿠세키(新井白石: 1657-1725) 등의 학자들로부터
도 문신(文神)으로 숭배되면서 융성한 사원이다.[109]

다음으로 사사를 중심으로 발전한 이 지역 유흥업의 특성에 대한
이해이다.

---

106) 新倉善之(1998) 앞의 책, 83쪽.
107) 新倉善之(1998) 같은 책.
108) 도요토미나 도쿠가와 장군의 문서에 의해서 영유가 보장된 토지를 칭하지만 그
대부분은 사사(寺社)였다. 주인을 부여받은 사사의 숫자는 4대 장군 이에쓰나
(家綱)까지 증가 경향을 보였지만, 그 후는 거의 고정되어 주인지를 소유하는 것
이 사사의 격식을 지표하는 것이 된다.
109) 新倉善之(1998) 앞의 책, 84쪽.

자료[C07S117]-1 에도의 산도미(三富)와 남창(男娼)지역

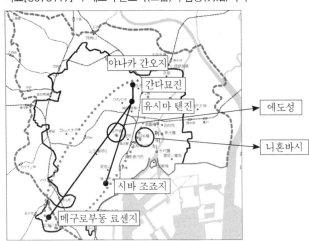

자료[C07S117]-1은 위와 같은 사원의 유서깊은 역사의 한편으로 서민들의 특별한 오락장이기도 하였던 이 지역의 특징이 나타난 삽화이다. 이곳 유시마텐진에서는 도미쿠지(富籤)라는 복권이 홍행하여 메구로부동 료센지(目黑不動 瀧泉寺), 야나카 간오지(谷中 感応寺)와 더불어 에도의 산도미(江戸の三富)로 불리던 홍행장이었다.

에도시대 복권은 사회기반 유지를 위하여 특히 사사보청(寺社普請)의 의미가 있었지만, 사사(社寺)가 곧 홍행장이 되기도 하였던 당시의 사상이 반영된 장소이다. 자료[C07S117]-1은 에도의 산도미와 남창지역의 범위를 나타낸 것이다.

산도미(三富)는 간에기(寬永期: 1624-44)경부터 에도막부의 공인 하에 도미쓰키(富突), 또는 쓰키도미(突富)로 칭하여졌고, 에도, 교토, 오사카 세 도시에서는 사사의 재건이나 수리 등의 시기에 복권이 홍

행하였다.[110]

에도시대 복권 흥행장으로 유명한 장소로는 셋쓰미노(攝津箕面)의 변재천, 오사카 다이유지(太融寺), 교토 오무로(御室)의 닌나지(仁和寺)가 있고, 에도(현 동경)에는 전술한 에도의 산도미가 있다. 또 유시마텐만구(湯島天滿宮)는 시바진메이(芝神明)와 더불어 남창(男娼)의 발생지로 여겨지는 신사이기도하다.[111] 이 관습은 「일본유수기(日本幽囚記)」에서 동성 간의 교제를 기술한 부분에서 참고할 수 있다.[112]

자료[C07S117]-2는 유시마텐진 경내 환경과 주변의 전망을 보여주는 『에도명소도회』의 삽화이다. 경내에 찻집, 약국(賣藥屋), 코구야(香具屋: 향료), 요큐바(楊弓場: 활 놀이터), 가설극장(宮芝居) 등이 있고 문전(門前)에는 요리집, 찻집 등이 밀집했던 유흥 지역이었던 것을 알 수 있다. 유시마텐진은 주로 혼고(本鄕), 시타야(下谷)에 걸쳐 서민층에서 숭앙되면서 발전하였다.

이 삽화를 좌측 시노바즈 연못의 변재천을 기점으로 보면 본사, 배전, 이나리 신사, 찻집, 별당사가 차례로 배치되어있다. 중앙의 도리이를 포함한 강조된 부분이 제시된 도판[C07S117]의 소재로 채택된 부분이다. 우측 아래 주석은 삽화에서 표현하지 못한 부분에 대한 설명문으로 보인다. 읽어보면 '정문 통로 좌우에 요리, 찻집 있음(表門の通

---

110) 日本國語大辭典(2002) 小學館.
111) 加藤政洋(2002) 앞의 글.
112) ゴロヴニン(Василий Михайлович Головнин,Vasilii Mikhailovich Golovnin)저, 井上滿역(1943) 『日本幽囚記』(초판 1816년), 岩波文庫: 신앙상 황제가 살고 있는 교토지방은 주민 간에 남성끼리의 정교가 행하여지는 점에서 유명하다. 또 이 지방에서는 이 기피해야 만하는 상매(商賣)를 위하여 주로 소년을 제공하고 있다고 한다(하권 29쪽).

り 左右に料理, 茶店あり)’ 이라고 요약되었다. 이 삽화는 후문을 중심으로 묘사된 삽화임을 알 수 있다.

자료[C07S117]-2

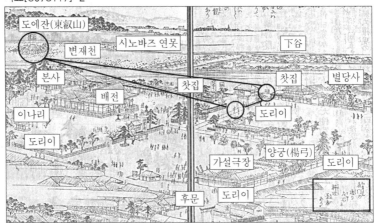

『에도명소도회』14. 湯島天満宮 (출처: 일본국립국회도서관 화상)DB

　위 문헌자료의 인지 하에 제시된 도판[C07S117]을 해석하면 다음과 같다.

　그림은 유시마텐진의 경내 언덕에서 변재천 방면의 전망을 형상화한 것으로 자료[C07S117]-2의 중앙부분에 해당한다. 이곳은 고지대로 전망이 좋았다. 북쪽으로는 눈 아래로 연못 주변의 초닌마을, 시노바즈 연못 중앙의 변재천(자료(C07S117)-2), 우노간에지의 대가람과 기요미즈당(자료[C07S117]-1), 나아가 다니나카(谷中) 주변까지 전망되었고, 동쪽으로는 시타야 히로코지의 상가, 남쪽으로는 에도만에 부상된 쓰쿠다섬의 앞 바다까지 조망되었다.

　자연적으로 사사를 중심으로 번화가를 형성하였다. 화면 좌측 요리집의 홍등과 도리이는 특별한 의미를 내포한다. 자료[C07S117]-3은

그림 우측 계단위에 돌출된 표석을 확대한 것으로 오토코자카(男坂)
라는 글씨가 보인다. 이 표석은 두 가지 사실을 상징하고 있다. 첫째는
맞은편 언덕이 온나자카(女坂)일 것 이라는 직접적인 대응, 둘째는 그
림의 온나자카를 올라오고 있는 인물 모티브와 요리집의 홍등이 상호
의미작용하여 남창(男娼)의 발생지인 신사이기도 하다는 사실에 대
한 간접적인 대응이다.

화면 구성요소인 간에지, 시노바즈 연못, 중도(中島), 성천당, 변천당.
요리집, 홍등, 도리이, 유시마텐진 경내, 오토코자카 표석 등은 일차적으
로 유시마텐진 언덕을 지표하지만 일차적인 의미를 넘어 유구한 역사
를 지닌 사원의 정체성과 대립되는 중층적인 의미가 내포되어있다.

E. 혼죠(本所) · 후카가와(深川)方面

도판[E09S107]관련 문헌자료

도판[E09S107]

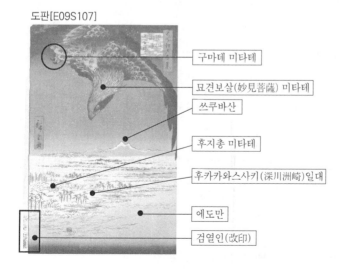

구마데 미타테

묘견보살(妙見菩薩) 미타테

쓰쿠바산

후지총 미타테

후카가와스사키(深川洲崎)일대

에도만

검열인(改印)

기호	인지	행동
독수리, 쓰쿠바산, 후지총 미타테, 목재 기둥, 수로	후카가와스사키 겨울 풍경	신불기원

도판[E09S107]의 표제는 「후카가와스사키 주만쓰보(深川洲崎十万 坪)」이고 판화 밑그림 검열일은 안세4(1857)년 5월이다. 이 그림을 해석하기 위해서는 세 가지 사항에 대한 인지가 필요하다. 첫째, 이 시 기에 검열받은 도판의 특징, 둘째, 스사키(洲崎)지역의 특징에 대한 인지와 그곳에 위치하였던 변재천사에 대한 것, 셋째, 전면의 독수리 가 상징하는 와시다이묘진(鷲大明神)을 전술한 도리노이치와 연관지 어 인지 할 수 있어야 한다.

먼저 이 시기에 출판된 밑그림의 특징에 대한 것이다. 우키요에의 필화부분에서 살펴보았듯이 우키요에는 막부의 검열을 받고 그 검열 일을 판목에 표시하는 상업 매체이다. 검열인 모양은 출판된 시기에 따라서 상이하지만 『명소에도백경』이 출판된 시점에서는 「아라타메 인(改印)」과 「년월인(年月印)」이 동시에 그림 가장자리(측면이나 상 부)에 인쇄되었다.[113] 도판[E09S107]의 좌측 하반부에 찍힌 검열인을 확대하여 보면 자료 [E09S107]-1과 같다.

도판의 검열인은 「丁巳 閏五」 즉 안세4(1857)년 윤5월이다. 이 시 점의 사회상황을 사건 사고와 대응하여 분석한 5장의 [표Ⅴ-5]를 참 조하면 이 시기는 대외적으로 개항의 압박이 지속적으로 이어졌고, 동월 23일 스루가에서 지진이 발생했다는 사실에서 전반적으로 사회

---

113) 에도기 우키요에에 찍힌 검열인의 변천 양상에 대해서는 石井研堂(1932)『錦繪 の改印の考証』芸艸堂(1995)에서 참고할 수 있다.

분위기가 불안했을 것 이라고 예측해 볼 수 있다.

자료[E09S107]-1

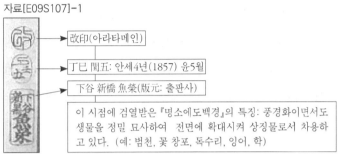

改印(아라타메인)

丁巳 閏五: 안세4년(1857) 윤5월

下谷 新橋 魚榮(版元: 출판사)

이 시점에 검열받은 『명소에도백경』의 특징: 풍경화이면서도 생물을 정밀 묘사하여 전면에 확대시켜 상징물로서 차용하고 있다. (예: 범천, 꽃 창포, 독수리, 잉어, 학)

도판[E01S005]   도판[F09S064]   도판[C05S048]   도판[B17S102]

자료[E09S107]-2 안세4년 윤5월에 판화의 밑그림을 검열받은 그림(5장)

 이 시기에 검열받은 판화의 밑그림은 총 5장(자료[E09S107]-2 참조)으로 특이한 점은 사물이나 생물이 주요 화면 핵심 구성요소로 사용되었다는 점이다.

 다음으로 스사키지역에 대한 인지와 그곳에 위치하였던 변재천사에 대한 사항이다. 『명소에도백경』에는 스사키(州崎)라는 지명이 두번 나온다. 하나는 후카가와 스사키(深川洲崎)이고 또 하나는 도판[H09S083]에서 기술될 시나가와 스사키(品川洲崎)이다. 스사키란 주(洲)가 띠처럼 넓어져서 곶(岬)을 형성한 지역으로 전자는 인공적으로 매립한 것이고 후자는 자연적으로 형성된 지형이다. 이 두 지역의 공통점은 사주의 끝에 변천이 진좌하고 있다는 점이다.

자료[E09S107]-2는 스사키지역의 특징을 나타낸 그림이다. 스사키지역은 수변에 위치하였으므로 일출도 감상할 수 있고 또 수변을 끼고 경관이 좋았던 관계로 주변에 유흥과 관련된 요리집이나 찻집이 형성되었다. 설날의 해돋이 라는 제목의 이 그림은 히로시게의 그림으로 시나가와의 스사키 위에 위치한 변재천이 보인다. 변재천과 연결되는 무지개다리도 보인다.

자료[E09S107]-2 『東都名所』広重 설날의 해돋이
(출처: 일본국립국회도서관 화상DB)

자료[[E09S107]-3은 『에도명소도회』삽화로 주(洲)에 있었던 후카가와 스사키의 변재천사 주변을 묘사한 것이다.

이 삽화에서 도리이 주변과 불상 앞으로 요리집과 찻집이 번성하였던 상황을 참조할 수 있다. 변재천사를 육지와 이어주는 특별한 상징을 내포하고 있는 무지개다리도 좌측에 표상되어있다.

자료[[E09S107]-3

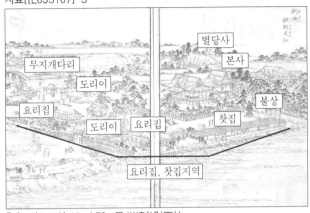

『에도명소도회』18. 本所一目 州崎弁財天社
(출처: 와세다대학도서관 古典籍總合DB)

세 번째로 전면의 독수리가 상징하는 와시다이묘진을 도리노이치
와 연관지어 인지 할 필연성에 대한 것이다. 전술한 도판[B16S101]관
련 문헌자료에서는 아사쿠사의 와시다이묘진과 조코쿠지(長國寺)는
도리노데라(酉の寺)로 칭하여졌고, 정월에 앞서 11월의 행사인 도리
노이치에서 길상물로 팔았던 구마데의 상징물을 살펴보았다. 여기서
는 구마데를 독수리의 발톱으로 미타테한 것에 대한 사항이다.

에도시대의 와시다이묘진은 묘견대보살(妙見大菩薩) 이라고도 불
리며 독수리를 탄 묘견보살의 모습으로 묘사되어 조코쿠지 경내의 반
신당(番神堂)에 안치되었다.[114] 반신당이라는 단어가 암시하듯이 전형
적인 신불습합의 일 형태로 묘견보살의 화신을 독수리로 생각한 본지
수적사상이다. 즉 와시다이묘진은 묘견보살이 독수리에 수적하여 나
타난 모습으로 생각한 것이다. 그러므로 에도시대에 조코쿠지는 도리

114) 新倉善之(1998) 앞의 책. 58쪽.

노데라(酉の寺)라고도 칭하여졌지만 메이지의 신불분리령(神仏分離令)이후 현재는 신(神: 오토리신사)과 불(仏: 조코쿠지)로 분리되었다.

구마데는 와시다이묘진의 대표적인 상징물로서 그 유래에 대해서는 다각적인 시각이 있지만 구마데를 묘견보살의 화신인 독수리와 연관지어보면 독수리가 먹이를 낚아채는 것에 비유하여 그 발톱을 구마데로 미타테한 우키요에의 상징 기법으로 생각해 볼 수 있다. 전승되는 다양한 유래는 공통적으로 행운을 '긁어 모은다' 또는 '낚아 챈다'라는 의미가 함축되어 있다.

위 문헌 자료의 인지 하에 제시된 도판[E09S107]를 해석하면 다음과 같다. 그림은 후카가와 스사키 지역의 눈 내리는 겨울 풍경을 형상화한 것이다. 이 그림은 안세4년(1857) 윤5월 여름에 검열인을 받은 한겨울 그림이다.

북쪽인 원경부터 화면구성요소를 살펴보면 쓰쿠바산을 기점으로 표제의 십만평(十万坪)이라는 단어의 의미에 상당하는 광활한 평야가 펼쳐져있다. 중경 좌측으로 후지의 '백봉'을 상징하는 미타테 지붕들과 후카가와의 목재소를 상징하는 기둥들이 병렬하였다. 화면을 벗어난 좌측으로는 변재천사가 있을 것이고, 도리이 주변과 불상 앞으로 요리집과 찻집이 있을 것이다.

화면을 압도하는 독수리가 전경에 확대되었다. 눈 내리는 하늘에 와시다이묘진의 화신으로 상징된 독수리는 날카로운 발톱을 내보이며 수면 위의 떠있는 물건을 노리고 있다. 해당시대의 사람이라면 그림이 내포하고 있는 의미를 바로 알아차리고 구매하였을 것이다. 화면의 구성요소인 독수리, 쓰쿠바산, 후지총 미타테, 목재 기둥, 수로 등은 단순하지만 다의적인 의미를 전하고 있다.

F. 가메이도(龜戶)·무코지마(向島) 방면

도판[F05S035]관련 문헌자료

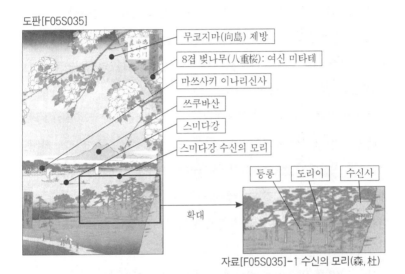

자료[F05S035]-1 수신의 모리(森, 杜)

기호	인지	행동
꽃송이, 벚나무기둥, 다양한 모습의 인물, 쓰쿠바산, 스미다강, 수신의 모리, 도리이, 등롱, 마쓰사키 이나리신사, 다양한 인물	무코지마 수신의 모리	신불기원 행락

　도판[F05S035]의 표제는 「스미다가와 스이진노모리 마쓰사키(隅田川水神の森眞崎)」이고 판 밑그림 검열일은 안세3(1856)년 8월이다. 이 그림을 해석하기 위해서는 두 가지 사항에 대한 인지가 필요하

다. 첫째는 스미다강 동안의 수신의 모리(森, 杜, 社)의 여신이 상징하는 의미에 대한 것과 둘째는 수신의 모리와 하시바 선착장과의 관계에 대한 것이다.

먼저 스미다강 동안의 수신의 모리(森, 杜, 社)가 상징하는 의미에 대한 사항이다.

에도는 간척지에 형성된 도시이고 수변을 중심으로 성장한 도시이다. 도시가 성장함에 따라 100만이 넘는 인구가 집중하였다. 도시 인구밀집 지역에서 사람들의 생활에 가장 활력을 주었던 것은 다양한 모습으로 현현한 신이었다.

그 중에서 수신은 여신으로 현현한 신으로 남성 지배적인 봉건주의 이데올로기 하에서 여신의 역할은 새로운 생명력과 풍요를 의미하였다. 특히 스미다강 동안의 수신의 모리(森, 杜, 社)는 스미다강의 혜택을 받고 사는 에도의 모든 통행인들이 가볍게 들려 여신의 힘으로 수난을 피하고 현재의 삶을 풍요롭게 영위할 수 있기를 기원하던 상징적인 존재이다.

다음으로 두 번째인 수신사와 하시바(橋場) 선착장의 관계에 대한 인지이다. 이 여신은 주로 사람들이 붐비고 왕래가 많은 선착장 주변에서 숭배되었다.

자료[F05S035]-2, 자료[F05S035]-3은 수신의 모리와 하시바 나들목의 위치를 지표한 그림이다. 수신의 모리는 강을 따라 내려오던 사람들에게는 스미다강의 입구를 지표하고, 강을 거슬러 올라가던 사람들에게는 스미다강이 크게 굽어지는 난소(難所)인 가네가부치(鐘ヶ淵)가 근접하고 있다는 안표가 되었고, 하시바(橋場)나들목을 통행하는 사람들에게는 생활의 수호신이 되었다.

자료[F05S035]-2

隅田川八景 橋場暮雪 大判 文久元年天保14年頃
(출처: *HIROSHIGE James A. Michener Collection*)

자료[F05S035]-3

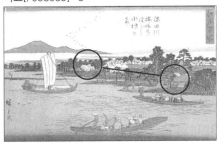

隅田川橋場の渡し 水神の森 広重 横大判 天保14年頃
(출처: *HIROSHIGE James A. Michener Collection*)

　수신의 모리(森, 杜, 社)는 가마쿠라시대 미나모토노 요리토모가 창건했다고 전해지고, 에도시대에는 우키시마신사(浮島神社), 수신사(水神社), 수신궁(水神宮), 우키시마궁(浮島宮) 등으로 칭하여졌고 메이지시대(1872년)에 스미다강 신사로 개명되었다. 이러한 명칭들은 모두 물의 여신과 관련된다. 즉 수운업자나 선숙(船宿) 등 강에서 일하는 사람들이 신앙하였고 이외에도 「수신(水神)」「우키시마(浮島)」라는 이름에서 유곽이나 물과 관련된 상업을 하는 사람들에게 신앙되었던 것을 알 수 있다.

　위 내용의 인지 하에 제시된 도판[F05S035]를 해석하면 다음과 같다.

　그림은 스미다강 동안을 따라 축조된 무코지마 제방에서 수신의 모리와 대안의 마쓰사키이나리 지역을 형상화 한 것이다. 전경의 화려한 꽃송이가 달린 굵은 기둥(柱) 한 그루는 한 주(柱)의 여신을 상징한다. 이 상징 모티브와 연결된 길을 따라 걸어가고 있는 붉은 치마의 인물들은 대안의 마쓰사키 지역과 상호 의미작용하여 특별한 의미를

생성하고 있다. 길의 구부러진 형태와 인물들의 동선은 근처의 하시
바 선착장을 지표한다.

자료[F05S035]-1은 수신의 모리(森, 杜)의 구조를 보여준다. 수신
사의 배전이 향하고 있는 원경의 쓰쿠바산은 남체산과 여체산의 두
봉우리가 특히 강조되어 묘사되었다. 이 그림의 표제는 '스미다강 동
안에서 대안인 서쪽의 마쓰사키 이나리를 바라본다'는 의미이므로 그
림의 쓰쿠바산은 시각상의 필연성으로 묘사된 것이 아니라는 의미를
상징하고 있는 그림이다.

화면의 구성요소인 벚나무 기둥, 꽃송이, 다양한 모습의 인물, 쓰쿠
바산, 스미다강, 수신의 모리, 도리이, 석등, 마쓰사키 대안 등이 지표하
는 일차적 의미는 스미다강 동안의 수신의 모리를 지표하지만 일차적
인 의미를 넘어 에도인들의 신앙적 삶에 대한 개념을 상징하고 있다.

도판[F06S036]관련 문헌자료

도판[F06S036]

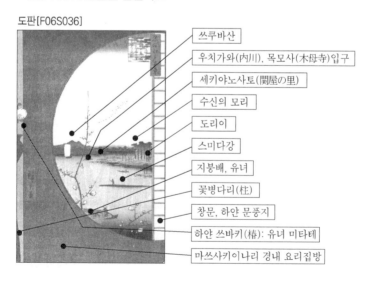

쓰쿠바산

우치가와(內川), 목모사(木母寺)입구

세키야노사토(関屋の里)

수신의 모리

도리이

스미다강

지붕배, 유녀

꽃병다리(柱)

창문, 하얀 문풍지

하얀 쓰바키(椿): 유녀 미타테

마쓰사키이나리 경내 요리집방

기호	인지	행동
쓰쿠바산, 기러기, 저녁 노을, 세키야노사토, 우치가와, 목모사 입구, 수신의 모리, 도리이, 매화꽃, 스미다강, 지붕배, 유녀, 하얀 문풍지, 하얀 쓰바키	마쓰사키 이나리사 경내 요리집	신불기원 요리집, 찻집왕래

　도판[F06S036]의 표제는「마쓰사키헨요리 스이진노모리 우치가와 세키야노사토오미루즈(眞崎辺より水神の森內川關屋の里を見る図)」이고 판 밑그림 검열일은 안세4(1857)년 8월이다. 이 그림을 해석하기 위해서는 전술한 수신의 모리에 더하여 두 가지 사항에 대한 인지가 필요하다. 하나는 마쓰사키 이나리신사에 대한 유래이다. 또 다른 하나는 수신의 모리와 마쓰사키 이나리신사와의 위치관계 및 장소성에 대한 인지이다.

　먼저 마쓰사키 이나리신사에 대한 유래이다.

　자료[F06S036]-1은 전술한 도판[F05S035]의 대안인 마쓰사키 이나리(眞崎稲荷)의 주변 환경을 알 수 있는『에도명소도회』의 삽화이다.

자료[F06S036]-1 마쓰사키이나리 주변(부분도)

『에도명소도회』17. 石浜 神明宮(출처: 와세다대학도서관 古典籍總合DB)

　삽화는 마쓰사키 이나리의 도리이 주변과 스미다강을 따라 요리집과 도리이가 병렬하여 있는 상황을 묘사하였다. 메레키 대화재(1657) 이후 아사쿠사 마쓰치야마의 성천궁 문전의 찻집(자료[B06S034]-1 마쓰찌야마성천 참조)이 나라차(奈良茶: 차항(茶飯)를 매물로 사람을 모았고, 호레키연간(宝暦: 1751-64)에는 마쓰사키 이나리사 경내의 찻집이 덴가쿠(田樂: 두부)를 매물로 사람을 모았다고 한다.

메이와(明和: 1764-72)경에는 가사모리 이나리(笠森稲荷)나 아사쿠사 관음(淺草觀音) 즈이진몬(隨身門) 옆의 찻집들은 간반무스메(看板娘)를 내세워 사람들의 주목을 끌었는데, 특히 가사모리 오센(笠森お仙), 나니와야 오키타(難波屋おきた) 등은 기타가와 우타마로(喜多川歌麿: 1753-1806)에 의하여 니시키에(錦繪)의 소재가 되기도 하였다.

'가사모리신사'의 도리이

喜多川歌麿 笠森お仙図 18c
(출처:동경국립박물관 화상자료C0001684)

喜多川歌麿 難波屋おきた 18c
(출처:동경국립박물관)

자료[F06S036]-2 와 자료[F06S036]-3은 찻잔을 나르고 있는 두 미인과 도리이, 그리고 두 자루의 칼을 차고 있는 사무라이가 우키요에의 소재로 사용된 우타마로의 그림이다. 이 이후 에도시대 전반에 걸쳐 사사나 도리이 주변의 찻집과 간반무스메의 관계는 우키요(浮世)의 독특한 관습으로 전승되었다. 다음으로 수신의 모리와 마쓰사키 이나리의 관계이다.

양사는 스미다강을 끼고 동서로 대안에 위치하여 있었다. 자료[F06S036]-4는 서로 마주하고 있는 수신의 모리와 마쓰사키 이나리사를 나타낸『에혼에도미야게』의 삽화이다. 원경의 봉긋한 숲이 마쓰사키 이나리의 모리이고 전경의 숲은 수신의 모리이다.

자료[F06S036]-4

『絵本江戸土産』1. 水神の森 松崎稲荷
(출처: 에도동경박물관 화상자료)

자료[F05S036]-5와 자료[F05S036]-6은 반대로 덴가쿠(두부)를 매물로 사람을 모았다고 하는 마쓰사키 이나리신사의 도리이에서 동쪽의 대안인 수신의 모리를 전망한 것이다. 도리이를 전경에 세워 모리를 전망하는 구도는 우키요에의 상징적인 기법으로 다용되었다.

스미다강 동 서안 묘사 시 도리이와 더불어 표상되는 벚나무는 꽃놀이나 벚꽃의 명소를 지표하는 의미도 있었지만 상징적 기법이 다용되는 우키요에에서는 주로 칠복신 신앙의 유행을 타고 칠복신 중 유일한 여신인 변재천 또는 유녀를 상징하는 메타포로 차용되었다.

　자료[F05S036]-7도 장소는 다르지만 정형화된 구도로 미메구리 (三囲) 이나리신사의 도리이를 매개로 대안의 마쓰치야마의 모리를 전망한 것으로 동일한 상징의 의미를 내포하고 있다.

자료[F06S036]-5

東都名勝図会 真崎稲荷
歌川広重

자료[F06S036]-6

江戸名所張交図会歌川広重
(1857)37.5×25.7
(출처:에도동경박물관 화상자료)

자료[F06S036]-7

東都名所 三囲堤真乳山遠望 歌川
広重天保14년-弘化４년m 25.7×
37.5
(출처: 에도동경박물관 화상자료)

　위 문헌 자료의 인지 하에 제시된 도판[F06S036]를 해석하면 다음과 같다.

　화면은 마쓰사키 이나리사 내의 요리집에서 전망한 풍경을 형상화하였다.

　표제「마쓰사키헨요리 스이진노모리 우치가와 세키야노사토오 미루즈(眞崎辺より水神の森内川關屋の里を見る図)」는 4개의 종교시설을 지표한다. 우선 '마쓰사키'는 마쓰사키 이나리사를, '수신의 모리'는 대안의 수신사를, '우치가와(內川)'는 화면 좌측의 목모사를, '세키야노사토(關屋の里)'는 지평선 쪽 노을 속에 표상된 세키야텐만구(關屋天滿宮)를 지표한다.

대안의 수신의 모리는 창문을 통하여 늘 전망되는 친근한 대상으로 표상되었고, 다리가 달린 꽃병에 꽂혀있는 하얀 쓰바키 한 송이는 유녀를 상징하는 메타포이다.

화면구성요소 중 쓰쿠바산, 우치카와, 세키야사토, 수신의 모리, 도리이는 신불기원이라는 상징을 공시하고, 반면 하얀 문풍지, 하얀 매화꽃 봉우리, 꽃병, 하얀 쓰바키는 요시와라 내왕이라는 상반된 상징을 공시한다.

도판[F07S037]관련 문헌자료

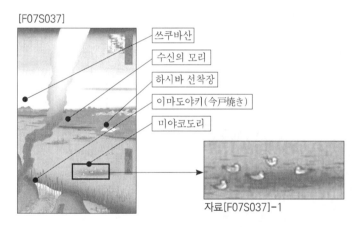

[F07S037]

쓰쿠바산
수신의 모리
하시바 선착장
이마도야키(今戸焼き)
미야코도리

자료[F07S037]-1

기호	인지	행동
도자기 가마, 연기, 미야코 도리, 감색 물결, 이세모노가타리(伊勢物語), 저아선, 수신사(水神社), 무코지마 선착장	스미다강의 이마도 주변 정경	신불기원 요시와라 왕래

도판[F07S037]의 표제는「스미다가와 하시바노와타시 가와라가마(墨田河橋場の渡かわら竈)」이고 판 밑그림 검열일은 안세4(1857)년 4월이

다. 이 그림을 해석하기 위해서는 스미다강을 상징하는 기호에 대한 인
지 그리고 스미다강의 풍물시인 이마도야키에 대한 인지가 필요하다.

먼저 스미다강을 상징하는 모티브에 대한 것이다. 스미다강에는 미
야코도리(都鳥)와 관련된 이세모노카다리(伊勢物語)[115]가 전승되고
있다. 자료[F07S037]-2는 고금집(古今集)「이세모노가타리」1절에
실려 있는 아리와라노 나리히라(在原業平: 825-880)의 단가(短歌)를
설명한『에도명소도회』(1832) 의 삽화이다. 스미다강의 선착장(角田
河渡)를 묘사한 삽화에는 나룻배로 스미다강을 건너고 있는 나리히라
일행과 날고 있는 미야코도리가 표상되어있다. 자료[F07S037]-3, 단
가의 내용은 다음과 같다.

자료[F07S037]-2 미다강과 미야코도리(都鳥)

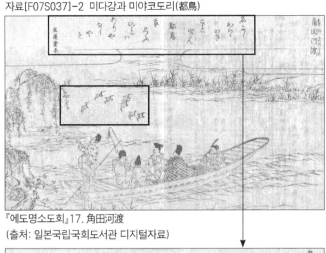

『에도명소도회』17. 角田河渡
(출처: 일본국립국회도서관 디지털자료)

자료[F07S037]-3 이세모노가타리(伊勢物語)
1편 나리히라(在原業平:)의 단가

(단가) 名にしおは いさこと問ん 都鳥
我思ふひとは ありやなしやと。 角田河渡

(해석) 미야코(都)라는 이름을 가졌다니 잘 알고 있겠지.
미야코 새야! 가르쳐다오. 미야코(都: 교토)의 나의 연인이 잘 있는지.

　다음으로 스미다강의 풍물시인 이마도야키에 대한 사항이다. 스미
다강 아사쿠사의 동북 이마도(今戸)의 하시바(橋場)에는 이마도야키
(今戸燒)를 굽는 가마가 병렬하여 있었다. 초벌 구이계의 그릇을 비롯
하여 이마도 인형 등은 소위 에도의 상징 토기로서 스미다 강변의 풍
물시(風物詩)였으며 도자기를 굽는 다루마가마(達磨窯: 오뚜기 모양)
에서 피어오르는 연기는 이마도 지역을 상징하는 요소였다.

자료[F07S037]-4

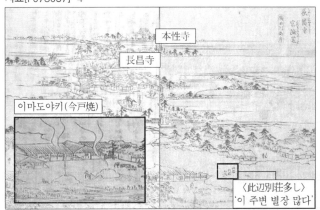

『에도명소도회』17. 長昌寺 宗論芝 (출처: 와세다대학도서관 古典籍總合DB 참조)

---

115) 헤이안(平安)시대 『고금집』 가인(歌人)중 아리와라노 나리히라(在原業平)가, 교
토(미야코, 都)에서 에도의 습지대의 변경으로 좌천되어 스미다강까지 왔을 때,
미야코 도리(都鳥: 갈매기종)를 본 나리히라(業平)는 새 이름에 가탁하여 미야
코(都: 교토)에 두고 온 아내(연인, 교토)를 그리워했다고 하는 내용.

　자료[F07S037]-4는『에도명소도회』의 삽화 조쇼지(長昌寺)이다. 그림 좌편 아래에는 도자기를 굽는 불가마의 연기가 피어오르고 있고, 우측 아래에는 '주변에 별장이 많다(此辺別莊多)'라고 기록되어 있다.

　위의 문헌자료의 인지 하에 제시된 도판[F07S037]을 해석하면 다음과 같다.

　그림은 이마도지역의 풍물시를 형상화한 것이다. 자료[F07S037]-1의 미야코 도리가 이곳이 스미다강 연안임을 지표하고, 전면의 피어오르는 불가마의 연기가 이마도 지역를 상징한다. 맞은편 노란 지붕군은 선착장을 지표하는 동시에 스미다강의 수호신인 수신의 모리의 위치를 지표한다. 방향으로 보아 연기 뒤로는 수신사의 도리이와 사당이 있을 것이다. 그 사당은 원경의 쓰쿠바산을 향하여 위치하여 있는 것을 이미 도판[F05S035]에서 살펴보았다.

　이 그림의 구성요소는 스미다강의 뱃길을 따라 올라오는 배들이 산야수로 꺽어지는 길목이 가까워지고 있다는 것을 암시하고 있다. 산야수로 입구을 목표로 출발한 저아선은 이곳 이마도에서 오른쪽으로 접근하여 산야수로에 들어가 이마도교 아래를 빠져 나가야한다. 다리 위로는 이마도의 도자기 작업장을 향하는 사람이 엇갈릴 것이다. 어스름한 석양을 배경으로 두 척의 배도 뱃머리의 방향이 엇갈려 의미 작용 하고 있다. 다양한 기호가 중층적으로 표상된 이 그림의 1차적 의미는 '스미다강 연안 이마도 정경' 이다. 그러나「기호행동론」의 틀을 적용하면 '수신을 상징한다' '요시와라에 다니다'라는 2차적 의미가 도출된다.

H. 시나가와(品川)·메구로(目黒) 방면

도판[H09S083]관련 문헌자료

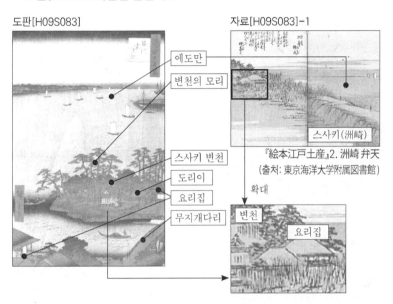

도판[H09S083]

자료[H09S083]-1

에도만
변천의 모리
스사키 변천
도리이
요리집
무지개다리

스사키(洲崎)

『絵本江戸土産』2. 洲崎 弁天
(출처: 東京海洋大学附属図書館)

확대

변천
요리집

기호	인지	행동
에도만, 시나가와 스사키, 변천의 모리 (森, 杜), 빨간 도리이, 빨간 등롱, 나룻배, 어로선, 무지개다리, 요리집. 유녀	시나가와스사키 수신의 모리	신불기원 요리집, 찻집왕래

도판[H09S083]의 표제는 「시나가와 스사키(品川すさき)」이고 판 밑그림 검열일은 안세3(1857)년 4월이다. 이 그림을 해석하기 위해서는 시나가와스사키 위에 세워진 변천당의 유래와 그 주변 환경을 인지해야 한다.

스사키 지역의 특징은 앞에서 인공적으로 형성한 후카가와스사키를 살펴보았다(도판[E09S107]). 자료[H09S083]-1은 『에혼에도미야게』에 표상된 스사키변천의 모습으로 좌측으로 변천사와 요리집이 병렬로 표상되어 있다. 이 지역의 스사키는 메구로강(目黑川)이 운반한 모래가 축척되어 형성된 자연적인 지형으로 산등성 모양의 사주의 끝에 변천이 진좌하여 있었다. 전술하였듯이 변천은 하천이나 하구, 연못 중앙에서 받들어지던 가미(神)이다.

자료[H09S083]-2   자료[H09S083]-3

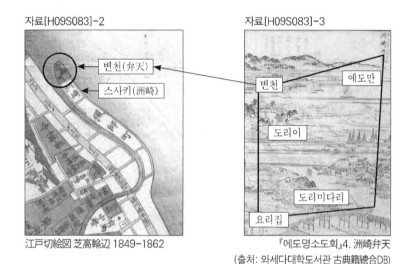

江戸切絵図 芝高輪辺 1849-1862   『에도명소도회』4. 洲崎弁天
(출처: 와세다대학도서관 古典籍總合DB)

자료[H09S083]-2는 1858년의 지도위에 표기된 스사키 변천으로 에도만으로 들어오는 하구인 메구로를 지켜주는 수호신이었다. 지도에서 꽃이 그려져 있는 곳은 벚꽃의 경승지 시나가와 고텐야마(品川御殿山)이고 붉은 색을 칠한 구역은 종교시설을 나타낸 것이다. 이곳에는 젠후쿠지(善福寺), 요간지(養願寺), 호젠지(法禪寺), 도카이지(東海寺), 덴노샤(天王社), 이나리(稻荷) 등등 많은 사사(寺社)가 밀집하여 있었다.

　자료[H09S083]-3는『에도명소도회』의 삽화 시나가와스사키 지역
으로 변천을 중심으로 주변 환경을 묘사하였다. 시나가와는 센쥬(千
住 도판[B18S103]), 나이토신주쿠(도판[I05S086]), 사카하시(坂橋)
와 더불어 에도 4숙(宿)의 하나로서 숙참마을로 번성한 지역이다.

　위 문헌자료의 인지 하에 제시된 도판[H09S083]을 해석하면 다음
과 같다.

　그림의 표제는 시나가와의 스사키를 그린 그림 즉 스사키 위에 세
워진 변천당을 의미한다. 이 그림은 자료[H09S083]-3에서 사각형으
로 강조한 부분을 형상화한 것으로『명소에도백경』에서는 변천을 중
심으로 도리이, 도리미(鳥見)다리, 요리집과 에도만 부분이 강조되었
다.

　좌측 소나무의 모리가 표제의 스사키변천으로 이곳으로의 출입은
우측의 데포르메 된 도리미다리(무지개다리)를 건너거나 나룻배 한
척으로 상징되었다. 변천사 앞에 결계를 상징하는 붉은 도리이와 사
당 앞에 걸린 선명한 붉은 등롱이 상호 의미작용한다. 도리이 앞의 건
축물의 흰 문풍지와 건너편 다릿목에 위치한 이층건물의 흰 문풍지는
요리집 찻집을 지표하는 요소이다. 다릿목에 밀집한 지붕군은 숙참마
을의 번성을 상징하고 있고 다리 밑을 통과하여 변천의 모리를 지나
고 있는 한 척의 짐배는 일상시간의 흐름을 의미한다.

I. 요쓰야(四谷)·신쥬쿠(新宿)·다카다(高田)·이치가야 (市ヶ谷) 방면

도판[I01S040]관련 문헌자료

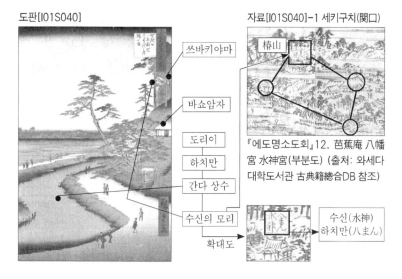

도판[I01S040]

쓰바키야마

바쇼암자

도리이

하치만

간다 상수

수신의 모리

확대도

자료[I01S040]-1 세키구치(関口)

椿山

『에도명소도회』12. 芭蕉庵 八幡宮 水神宮(부분도) (출처: 와세다 대학도서관 古典籍總合DB 참조)

수신(水神) 하치만(八まん)

기호	인지	행동
S자 수로, 쓰바키야마, 바쇼암자, 세키구치, 모리(森)	바쇼암자 부근	신불기원 행락

도판[I01S040]의 표제는 「세키구치 죠스이바타 바쇼안 쓰바키야마(せき口上水端はせを庵椿やま)」이고 판 밑그림 검열일은 안세 4(1857)년 4월이다. 이 그림을 해석하려면 에도시내로 공급되던 상수원의 루트에 대한 이해가 필요하다. 도판[I06S087+]에서 살펴보았듯이 최서단의 이노카시라 연못에서 시작된 물줄기는 고이시카와(小石川) 세키쿠치바시(關口橋), 스이도바시(水道橋)를 통해 간다·니혼

바시·교바시방면으로 공급되어 에도 서민의 음용수로 이용되었다.

구체적으로는 이노카시라 연못에서 시작되어 몇 개인가 지류를 합하여 오아라이댐(大洗堰)에서 물을 저수하여 흐름을 2등분하여 한 쪽은 에도시중에 음용수로 공급되고 다른 한 쪽은 에도가와(江戸川)라고 명칭이 변경되어 에도성 외수로용(外濠用)의 물로서 이용되었다. 자료[I01S040]-2는 물을 저수하던 오아라이댐의 모습이다. 이곳에서부터 300미터 정도 상류에 세키구치(關口: 댐의 입구) 라고 칭하여지던 지역이 있었다.

자료[I01S040]-2 오아라이 댐(大洗堰)

『에도명소도회』12. 目白下大洗堰(부분도) (출처: 와세다대학도서관 古典籍總合DB)

자료[I01S040]-3은『에도명소도회』에 묘사된 세키구치 지역을 묘사한 삽화이다. 이곳은 수원인 이노카시라 연못에서 약 16키로미터 정도 떨어진 지점으로, 이 지점에 이 물줄기를 수호하는 수신이 진좌한 수신사(水神社)가 있었다.

삽화의 중앙부분이 히로시게『명소에도백경』도판[I01S040]의 소재가 된 부분으로 화면 중앙의 봉긋한 고지대는 쓰바키야마로 칭하여지던 곳으로 이곳에 바쇼암자, 수신궁과 하치만신사가 있었다.

자료[I01S040]-3 세키구치(関口) 지역

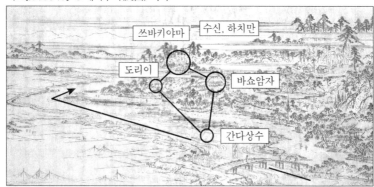

『에도명소도회』12. 芭蕉庵 八幡宮 水神宮
(출처: 와세다대학도서관 古典籍總合DB)

　위 문헌자료의 인지 하에 제시된 도판[I01S040]를 해석하면 다음과
같다.

　도판[I01S040]의 표제는 「세키구치 죠스이바타 바쇼안 쓰바키야
마(せき口上水端はせを庵椿やま」이다. 이 그림의 표제에는 다음의 4
가지 요소가 포함되어 있다. 우선 '세키구치(せき口)'는 '세키구치(關
口)' 즉 이 물줄기의 하류에 있는 세키(堰: 댐)를 상징하고, '죠스이바
타(上水端)'는 간다상수 연안을 지표한다. 또 '하세오안(はせを庵)'은
마쓰오바쇼(松尾芭蕉)와 연고가 있는 암자를 상징하고 마지막의 '쓰
바키야마(椿やま)'는 이 그림에서 우측으로 잘려나간 고지대를 지칭
하는 단어이다.

　S자로 굽어진 뱀 모양 수로와 길은 간다 상수의 흐름을 지표하는 동
시에, 우측 쓰바키야마의 소나무 숲 속에 진좌하여 이 상수도 물줄기
를 수호하고 있는 여신을 상징한다. 원래 변재천의 근원은 인도 힌두
교의 신으로 에도시대에는 불교 및 신도와 습합하여 다양한 형태로

표상되었는데, 그 표상 중 하나는 뱀과 사람을 포합시키는 특징이 있었다. 화면 구성요소는 일차적으로 바쇼암자 근처를 지표하고 있지만 상수원 물줄기에 대한 신불기원을 담고 있다.

J. 오지(王子) · 센쥬(千住) 방면

도판[J03S019^]관련 문헌자료

도판[J03S019^]

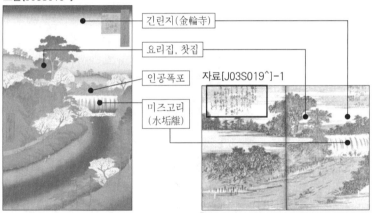

긴린지(金輪寺)

요리집, 찻집

인공폭포

미즈고리
(水垢離)

자료[J03S019^]-1

『絵本江戸土産』4. 音無川堰世俗大滝と唱
(출처: 에도동경박물관 화상자료)

기호	인지	행동
저수 댐, 벚꽃, 금륜사, 오토나시강, 요리집, 미즈고리, 모리(森, 杜)	오지 오토나시 강변	신불기원 미소기, 행락

도판[J03S019^]의 표제는 「오지 오토나시가와이세키 세조쿠 오타키토토나우(王子音無川堰埭世俗大瀧卜唱)」이고 판 밑그림 검열일은 안세4(1857)년 2월이다. 이 그림을 해석하려면 세 가지 사항에 대한

인지가 필요하다. 첫째는 수신신앙의 일종인 폭포 숭배에 대한 인지
이고, 둘째는 오토나시강(音無川)이 형성하는 오지지역의 지형적 특
징에 대한 인지이다. 세 번째는 폭포 주변의 계곡을 끼고 형성된 사사
(社寺) 주변지역의 특징에 대한 인지이다.

먼저 폭포숭배에 대한 사항이다. 에도의 1년은 정월에 근처의 우지
가미나 에호가미(惠方神)에 대한 참배를 시작으로 거의 매일 제례나
개장 등의 행사가 있었다. 또 사람들은 신사 불각뿐 만 아니라 고목이
나 폭포도 신앙의 대상으로 숭배하였다.

자료[J03S019^]-2

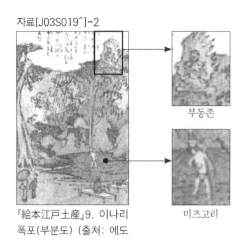

『繪本江戶土産』9. 이나리
폭포(부분도) (출처: 에도
동경박물관 화상자)

부동존

미즈고리

자료[J03S019^]-3

東海道名所 河鍋曉斎那智
ノ瀧 1863년 전후 (출처:
에도동경박물관 화상자료)

자료[J03S019^]-2는 폭포숭배 사상이 반영된 그림이다. 폭포위에
자리 잡고 있는 부동존과 비슷한 형상은 정화를 상징하기도 하였지
만 질병의 치유 등에도 이익을 주는 에도인에게 친근한 신의 형상이
다. 사람들은 보통 참예에 앞서 통칭 미소기(禊)로 칭하여지던 정화의
식을 행하였다. 오지 지역에서는 주로 폭포아래에서 행하여졌는데 이

의식은 이전의 더러움을 씻어서 소멸하고 새롭게 한다는 의미를 내포하고 있다.

자료[J03S019^]-3은 신체(神体)로서 폭포를 데포르메하여 묘사한 우키요에이다. 폭포 옆 절벽위에 선명한 붉은색의 도리이와 사사가 함께 표상되어 폭포묘사의 정형화된 형태를 보여준다.

다음으로 오토나시강(音無川)이 흐르는 오지지역의 지형적 특징에 대한 인지이다. 다양한 폭포에 대한 묘사는 오지방면에 많이 나타나고 있는데 이는 지형적 특징 때문이다. 이 지역은 오토나시강의 흐름으로 자연적으로 산수가 형성되어 양 절벽이 높고, 벚나무와 단풍나무 등의 수종이 봄 가을의 경승지를 형성하였다.

자료[J03S019^]-3에서 절벽의 특징을 참조할 수 있다. 비가 내리면 계곡에 폭포가 형성되었던 것으로 보인다. 오지지역의 유명한 폭포로는 이나리 폭포(稻荷の瀧), 관현의 폭포(權現の瀧), 부동의 폭포(不動の瀧), 변천의 폭포(弁天の瀧) 등이 있었다. 폭포의 이름에서도 짐작할 수 있듯이 이 주변의 폭포들은 신불기원을 포함한 서민들이 동경하는 행락의 장소였다.

다음으로 폭포주변의 계곡을 끼고 형성된 사사지역의 특징에 대한 이해이다.

자료[J03S019^]-1, 자료[J03S019^]-4, 자료[J03S019^]-5, 자료[J03S019^]-6, 자료[J05S049^]-1, 자료[J06S088^]-1은 『에혼에도미야게』에 묘사된 오지지역의 폭포들이다. 폭포주변과 사사(寺社)로 가는 길목에는 다수의 요리집과 찻집이 있었고 또 미즈고리나 질병치료를 목적으로 폭포 물을 맞고 있는 사람들도 보인다.

자료[J06S088^]-1은 곤고지(金剛寺)의 서쪽 계곡의 이와야(岩

屋)라는 동굴에 진좌한 마쓰바시변천(松橋弁天)으로 동굴 속에 변천이 진좌한 신사가 있었다. 이 변천은 오토나시강의 수호신으로 상징되어 종종 우키요에에서 소재로 사용되었고『명소에도백경』도판 [J06S088^]의 소재로도 사용되었다.

　폭포 주변의 계곡을 끼고 형성된 사사들은 금강사를 비롯하여 오지신사, 오지이나리, 금륜사 등이 유명하였다. 이 중 오지신사는 고헤연간(康平: 1058-65) 이전인 헤이안(平安) 시대에 간청되어 미나모토노 요시이에(源義家)가 오슈 정벌시 이곳에 기원했다고 하며, 도쿠가와 이에야스로 부터는 1591년에 사령(社領) 200石의 주인(朱印)을 받았던 곳으로 약칭 오지구(王子宮), 오지관현(王子權現)이라고도 칭하여지던 유서 깊은 곳이다.

　관현이라는 단어가 상징하듯이 신불습합의 동일선상에서 관동 이나리의 총본산인 오지이나리는 신사경내와 여우불의 전승이『명소에도백경』의 소재로 사용되었는데 이미 신불 카테고리에서 각각 도판 [J02S018^]과 도판[J07S118^]이 해석되었다.

자료[J03S019^]-4

『絵本江戸土産』4. 女滝 男滝 (출처: 에도동경박물관 화상자료)

자료[J03S019^]-5

『絵本江戸土産』4. 王子料理屋 (출처:에도동경박물관 화상자료)

자료[J03S019^]-6

『絵本江戸土産』4.王子滝の川 (출처: 에도동경박물관 화상자료)

위 문헌자료의 인지 하에 제시된 도판[J03S019^]을 해석하면 다음
과 같다.

표제의 의미는 오지에 있는 오토나시가와(소리 없는 강) 의 저수
댐이 속칭 대폭포라 불린다는 의미이다. 자료[J03S019^]-7은 자료
[J03S019^]-1의 좌측 주석으로 이 명칭의 유래에 관한 내용이다.

자료[J03S019^]-7

『絵本江戸土産』4.
音無川堰世俗大滝と唱(부분도)

音無川(おとなしがは)の堰(せき)世俗大滝と唱ふ。金輪寺(きんりん
じ)の下の堰より落つるを，大滝といふ。これより水上所々に巌あり
て，水これが為に琴々たり。しかるに井堰(ゐせき)の上は水平らかに
して，さらに声なし。よつて音無の名を負へりとぞ

(해석) 오토나시가와의 저수댐을 사람들이 대폭포라고 부른다. 긴린
지(金輪寺) 아래의 저수댐에서 떨어지는 물을 대 폭포라고 하는 것이
다. 이곳 상류에는 곳곳에 바위가 있어서 물소리가 요란하지만 저수 댐
위는 수평으로 소리가 없다. 그러므로 '소리없는 강'이라고 칭할만하다.

오토나시강(音無川)은 샤쿠지이강(石神井川)의 별칭이다. 이 지역

의 명칭에 대한 유래는『에도명소도회』의 삽화주석에도 설명되어 있
는데 그 내용은 오지관현이 기슈(紀州)의 구마노관현(熊野權現)을 권
청한 것이므로, 명칭뿐 만아니라 지형까지도 모두 구마노산을 미타테
한 것에서 유래하였다고 한다.[116]강의 이름인 오토나시강도 기슈의 오
토나시강을 미타테한 것이다.

　그림의 벚꽃은 아직 쌀쌀한 이른 봄을 상징하는 요소이므로 폭포
아래의 사람들은 행락보다는 미소기의 목적이 있다. 강둑의 요리집이
주변환경을 지표한다. 화면의 구성요소인 저수댐, 벚꽃, 금륜사, 오토
나시강, 요리집, 미즈고리, 모리 등은 일차적으로 오지 오토나시강변
을 의미하지만 일차적인 의미를 넘어 신불기원이 담긴 행락장면의 표
상으로서 지표되었다.

도판[J05S049^]관련 문헌자료

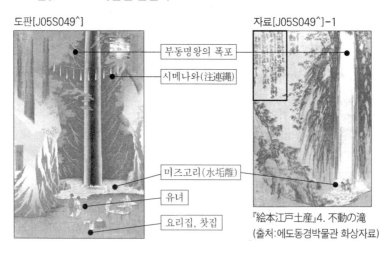

도판[J05S049^]

자료[J05S049^]-1

부동명왕의 폭포

시메나와(注連繩)

미즈고리(水垢離)

유녀

요리집, 찻집

『絵本江戸土産』4. 不動の滝
(출처:에도동경박물관 화상자료)

---

116)『에도명소도회』5권-15책-21-좌「音無川」.

기호	인지	행동
부동의 폭포, 시메나와, 미즈고리, 유녀, 찻집, 부동의 모리(森, 杜)	오지 부동의 폭포	신불기원 행락

　도판[J05S049^]의 표제는「오지 후도노타키(王子不動之瀧)」이고 판 밑그림 검열일은 안세4(1857)년 9월이다. 이 지역은 첫 번째 도판 [J03S019^]로 부터 약 200미터 상류에 위치하였던 장소로 이 폭포는 오지 7폭포 중에서도 종교, 효능, 행락이 복합된 장소로 상징되었다. 자료[J05S049^]-1의 좌측의 설명은『에도명소도회』의 삽화와 동일한 내용으로 지지의 주석에는 다음과 같이 기술되어 있다.

자료[J05S049^]-1

『에도명소도회』15. 不動の滝 不動滝(正受院)
(출처: 와세다대학도서관 화상DB)

　(주석) 泉流の瀧ともいふ。正受院の本堂の後ろ坂路(はんろ)を巡り下ること數十歩にして飛泉あり。滔滔(とうとう)として峭壁に趨(はし)る。この境(ち)はつねに蒼樹(そうじゅ)翁鬱(おううつ)として白日ささへ、靑苔(せいたい)露なめらかにして、人跡稀なり。

　(해석) 정수원(正受院) 본당 뒤 고갯길을 돌아내려와 수십보 더 가면 비선(飛泉: 폭포)이 있고 깍아지른 절벽에 이른다. 이 장소는 항상 수목이 울창하여 태양을 차단하였으므로 푸른 이끼가 잔뜩 낀 길로 인하여 인적이 드물었다.

위의 기술에서 어둡고 수목이 울창하였던 장소임을 알 수 있고 도판 좌측에는 깎아지른 절벽에 굵은 나무기둥 3주(柱)가 울창한 숲속의 부동존의 모리를 상징하고 있다. 일직선으로 데포르메 된 폭포의 물줄기는 부동명왕이 오른손에 잡고 있는 칼날을 상징한다. 불교 부동명왕의 무섭고 엄숙한 분위기는 폭포 뒤의 검은 절벽으로 상징되었다. 폭포를 가로지른 시메니와((注連繩: 금줄)는 신불습합을 상징적으로 지표한다.

도판[J06S088^]관련 문헌자료

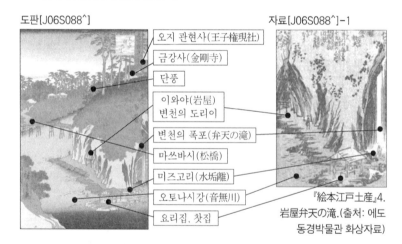

도판[J06S088^]

- 오지 관현사(王子権現社)
- 금강사(金剛寺)
- 단풍
- 이와야(岩屋) 변천의 도리이
- 변천의 폭포(弁天の滝)
- 마쓰바시(松橋)
- 미즈고리(水垢離)
- 오토나시강(音無川)
- 요리집, 찻집

자료[J06S088^]-1

『絵本江戸土産』4. 岩屋弁天の滝.(출처: 에도 동경박물관 화상자료)

기호	인지	행동
오토나시 강, 단풍나무, 마쓰바시(松橋), 도리이, 이와야(岩屋) 동굴, 절벽, 폭포, 오지관현사, 금강사, 찻집, 미즈고,	오지 이와야 변천	신불기원 행락

도판[J06S088^]의 표제는「오지 다키노 가와(王子瀧の川)」이고 판

밑그림 검열일은 안세3(1856)년 4월이다. 표제의 의미는 '오지에 있는 폭포의 강'이라는 의미이다. 그림 사방에 묘사된 단풍나무는 별칭 모미지데라(紅葉寺: 단풍나무사원)인 금강사를 상징한다. 그림 우측의 봉긋한 절벽 위의 단풍나무 숲속에 각각 오지관현사(王子權現社)와 그 별당사인 금강사가 지표되었다. 중앙의 마쓰바시(松橋) 좌측의 빨간 도리이는 동굴 안쪽에 신사가 있음을 상징한다. 이 신사는 이와야 변천(岩屋弁天) 또는 마쓰바시변천으로 불렸다.

자료[J06S088^]-1은 『에혼에도미야게』의 삽화로 히로시게가 대본으로 삼은 그림인 듯하다. 화면 우측 구석에는 폭포 아래에서 폭포를 맞고 있는 인물과 정자에서 물을 끼얹고 있는 인물은 이곳이 미소기(禊) 명소로서 병 치유의 장이 되기도 하였음을 상징한다. 미소기 후 최 북단에 위치한 도판[J04S020+]에 묘사된 젠코지까지 걸음하여 빠짐없이 참배하였을 참예인의 모습도 상상할 수도 있을 것이다.

화면구성 기호인 오토나시 강, 단풍나무, 마쓰바시, 도리이, 이와야(岩屋) 동굴, 절벽, 폭포, 오지관현사, 금강사, 찻집, 미즈고리 등은 오지 이와야 변천 주변을 일차적으로 공시하지만 「기호행동론」을 적용하면 신불기원이라는 의미를 내포하고 있다.

2-6. 『명소에도백경』과 후지신앙

2-6-1. 후지신앙

『명소에도백경』에서 후지신앙은 많은 비중을 차지한다. 후지신앙

은 에도시대 이전부터 다양한 형태로 존재하였는데 후지강이라는 말
이 사료 상 처음 나타난 것은 1795년 마을 촉서(町触)에서이다. 촉서
의 내용은 1775년에 내린 명령의 이행을 촉구한 것으로 이것은 후지
강이 막부의 주목을 받으며 대두된 것은 1775년보다 이전이었다는 의
미로 판단된다.[117]

　초기에는 관동(關東)·동해(東海) 지방을 중심으로 번성하기 시작
하였으나 차츰 정치의 중심지인 에도에 집중성을 보이기 시작하며 주
로 초닌이나 농민을 중심으로 널리 퍼져나가기 시작해 막말에 그 포
교의 절정에 이르렀다[118] 이러한 시대적 추세가 반영되어 후지강신자
의 신앙모습은 우키요에의 소재로 채택되었고 나아가 후지산 표상이
흥행하기 시작하였다. 다음은 후지산을 소재로 한 발행물을 중심으로
작성한 약연표이다.

- 1775年 : 후지강(富士講) 막부의 주목받으며 대두
- 1823年 : 호쿠사이『부악 36경(富嶽三十六景)』
- 1833年 : 히로시게『동해도53역참(東海道五十三次)』
- 1834年 : 호쿠사이『부악 100경(富嶽百景)』
- 1834年 : 사이토 겟신(齋藤月岑), 하세가와 셋단(長谷川雪旦)
　　　　　『에도명소도회』전반13권(10책)
- 1836年 :『에도명소도회』후반47권(10책)
- 1852年 : 히로시게『후지36경(不二三十六景)』

---

117) 近世史料硏究會編(1998)『江戶町触集成』, 塙書房, 9-10쪽.
118) 에도 후지강의 성립연대와 지역별 후지강의 분포상황은 이계황(2007)의 앞의
　　논문에서 파악해 볼 수 있다.

- 1856年 : 히로시게『명소에도백경』시작
- 1858年 : 히로시게 사망
- 1858年 : 히로시게『후지36경(富士三十六景)』사후 간행
- 1859年 : 히로시게『후지미백도(富士見百図)』사후 간행

초창기의 화제작으로는 1823년경에 간행이 시작된 호쿠사이의『부악 36경』으로 여기서「부악(富嶽)」은 각지에서 전망한 후지산의 경관을 의미한다.

자료[A01S001]-2는 제34경「모로비토토잔(諸人登山)」으로 후지강 신자들의 분화구 순례 모습을 담은 것이다. 화면 상부에 바위 동굴에 쪼그리고 앉아 있는 후지강 신자들의 모습에서 당시 후지강 열풍을 짐작할 수 있다.

자료[A01S001]-3은『부악36경』중「고슈미시마고에(甲州三島越)」이다. 화면을 관통하고 있는 거대한 거목 한 주(柱)가 하늘을 바치고 서 있는 뒤로는 후지산이 묘사되어 있다. 그림 속에서 손을 맞잡아서 기둥의 굵기를 확인하고 있는 사람들의 모습이 표상되었다. 일본에서 신(神)을 세는 단위가 주(柱, 기둥)[119]라는 점을 참고하여 보면 여기서 거목은 신(神)을 상징하고 있는 메타포로서의 자연물임을 상정할 수 있고 신 앞에서 한없이 작은 인간을 표상한 자연숭배 사상이 나타나 있다.

---

119) 집안에 기둥이 열립하여 있는 모습에 비유하여 신 또는 황자(皇子)들을 세는 칭호로 하였다(『神道大辭典』, 臨川書店, 1144쪽).

자료[A01S001]-2

葛飾北斎 富嶽三十六景 諸人登山
(출처: 山梨県立博物館 화상자료)

자료[A01S001]-3

葛飾北斎 富嶽三十六景 甲州三島越
(출처: 山梨県立博物館 화상자료)

이와 같이 「메이쇼에」에 묘사된 자연은 단순한 풍광 묘사가 아니다. 에도시내 도처에 축조되었던 인공 '미니 후지총'처럼 신앙생활을 간접적으로 경험할 수 있는 매체로서도 기능하였다고 볼 수 있다. 이러한 사회적 가치체계 안에서 후지산 판화그림이 간행되었고 각지에서 전망한 후지산 경관이 인기를 끌었던 것이다.

히로시게도 판원의 의뢰를 받아 「메이쇼에」의 배경으로 다양한 후지산의 모습을 담았다. 그러나 그의 「메이쇼에」는 후지강에 대한 종교적인 믿음을 상당히 구체적으로 혹은 은밀하게 표상하고 있다. 이 점은 다른 우키요에 화가들에게서 찾아보기 힘든 특징으로 사소한 것으로는 부채그림이나 한 장짜리 판화인 하리마제에(張交繪)에서부터 대형 시리즈물에 이르기까지 신앙적 심층을 엿볼 수 있는 그림들이 다수 존재한다.

아래에서는 작품의 예를 통하여 그의 후지강 그림을 구체적으로 파악해 보기로 한다. 우선 후지산 출연 연기[120]를 상징한 히로시게의 그림을 살펴보겠다.

---

120) 후지산은 후지산 출현에 관련하여 몇 가지 전설이 전해온다.

히로시게는 니혼바시를 그릴 때 에도성, 회벽창고, 어시장(魚河岸)을 첨부시키는 일반적인 화면구성의 배경에 후지산을 그려넣어 질서를 부여하는 특징이 있다.

예를 들면 후지산을 배경으로 묘사하면 그 앞으로 니혼바시, 회벽창고, 어시장 그리고 상징으로서의 에도성을 첨부시키는 정형구도를 사용한다. 난간법수와 그해 첫 출인 햇 다랑어는 니혼바시와 어시장을 상징하는 요소로서 앞에서 그 상징의 의미를 살펴보았다. 회벽창고는 말 그대로 회벽의 건축물이 수변을 따라 늘어선 모양을 직접적으로 상징하였다. 반면 에도성은 직접적인 소재로 채택하지 못했던 암묵적인 금기사항이 있었던 까닭에 숲속에 성곽의 특징을 보일 듯 말 듯 나타냈다. 그리고 배경의 후지산은 대부분 '백봉'으로 단자화산을 동반하여 묘사하는 특징을 보인다.

제시된 도판 우측의 자료[A01S001]-1은 야간에 눈 내리는 니혼바시 정경이다. 야간이므로 원경의 후지산은 시각상의 필연성에 의해서 묘사된 것이라기보다는 상징으로서 표상된 것으로 해석해야한다. 이외에도 단자와산, 에도성, 니혼바시, 창고, 어시장이 스야리가스미를 동반하여 상징되었다. 자료[A01S001]-4, 자료[A01S001]-5, 자료[A01S001]-6도 동일한 맥락에서 해석되는 그림들이다.

자료[A01S001]-4

후지 백봉
단자와산
에도성
니혼바시
창고

江戸名所橋尽(출처: 일본국립국회도서관)

자료[A01S001]-5

후지 백봉
단자와산
에도성
니혼바시
창고

新撰江戸名所(출처: 일본국립국회도서관)

자료[A01S001]-6

후지 백봉
단자와산
에도성
니혼바시
창고

江戸名所 (출처: 일본국립국회도서관)

그러나 도판[A05S008]은 예외적이다.

도판[A05S008]관련 문헌자료

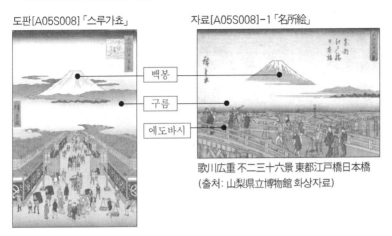

도판[A05S008] 「스루가쵸」   자료[A05S008]-1 「名所絵」

백봉
구름
에도바시

歌川広重 不二三十六景 東都江戸橋日本橋
(출처: 山梨県立博物館 화상자료)

기호	인지	행동
스루가쵸, 후지백봉, 단자와산, 스야리가스미, 군중	스루가쵸 번화가	신불기원 행락

　도판[A05S008]의 표제는 「스루가쵸(するがてふ)」이고 판 밑그림 검열일은 안세3(1856)년 9월이다. 이 그림 해석에 참고가 되는 자료 [A05S008]-2와 자료[A05S008]-3과 함께 보도록 한다. 그림들의 장소는 동일한 지명인 「스루가쵸」[121]이다.

---

121) 스루가는 에도 제일의 번화가이기도 하였지만 에도의 방위를 상징하는 곳으로 여겨졌다.

자료[A05S008]-2「地誌」

자료[A05S008]-3「歷史画」

『에도명소도회』1. 駿河町 三井吳服店
(출처: 와세다대학도서관 古典籍總合DB)

羽川藤永 朝鮮通信使来朝図 1748년 경
紙本著色 69.7×91.2cm
(출처: 神戸市立博物館 화상자료)

각 그림의 용도를 살펴보면 주지히고있는 바대로『명소에도백경』
의 도판인[A05S008]은「메이쇼에」이다. 그러나 자료[A05S008]-2의
용도는 지지(地誌)의 삽화, 이고 자료[A05S008]-3은 역사화이다.

에도후기「메이쇼에」의 주요 용도는 자연, 지형, 교통 등을 첨가하
여 지리상의 특성을 기술한 서적에서 이해를 돕는 목적으로 그려진
지지(地誌)의 삽화나 역사적인 사실을 시각화한 역사화[122]와 달리 메
시지 성을 담아 어떤 정보를 전달하거나 광고를 하던 사회 기능적 매
체였다.

요점을 정리하면 도판 [A05S008]은 다른 그림과 달리 장소성을 빌
어 당시의 서민이라면 누구나 한눈에 바로 알아차릴 수 있었던 공유
된 정보를 내포하여 그 의미를 전달하고자 했을 것이다. 그 메시지를
화면 전체를 압도하는 크기로 표현된 후지산과 연관하여 생각하면 다
음과 같다.

---

122) 1748년경에 그려진 조선통신사 행렬도로 역사성에 근거하여 상징적으로 이 장
소를 배경에 넣고 있다.

후지산은 연기(緣起)에 기원한 몇 가지 출현 전설이 전해오는데 그 중 하나가 경신 신앙과 관련된 전설이다. 이 전설은, 고안(孝安)천황 92(庚申: 경신)년에 후지산이 용출(湧出)했다고도 하고 구름에 쌓여 있던 후지산이 홀연히 그 모습을 드러냈다고도 한다. 이후 경신년을 후지산 탄생의 해로 삼는 의식이 일반인에게 널리퍼져 제사를 올렸다고 한다. 경신년은 60년에 한 번씩 오는데 경신신앙이란 이 후지산 출현전승을 기념해서 후지산에 등산참배한다는 의례이다.[123]

이러한 연유로, 근세기 후지산 오시(御師)들은 에도를 포함한 후지산 주변지역에 위의 연기를 적어 경신년의 후지산 등정을 선전하였고, 실제로 이러한 선전은 효과가 있어서 경신년이 되면 후지신앙을 배경으로 참예인을 확보하고 기도 단가 확대의 계기가 되었다고 한다.[124] 또한 이 시기가 되면 후지산은 여성금제의 산이지만 특별히 여성의 입산을 4부 능선까지 허용했을 정도로 경제적인 실리를 추구했다.[125]

위의 내용은 후지강이 전략적으로 신도를 적극적으로 확보하였다는 것을 의미하는 것이다. 이와 같은 사항의 인지 하에 제시된 도판 [A05S008]을 보면 후지산 표상이 화면의 절반 이상을 차지하고 있는

---

123) 근세 중기이후 후지산 신앙과 경신신앙에 대해서는 菊池邦彦(2008)「富士山信仰における庚申緣年の由緖について」『國立歷史民俗博物館硏究報告』, 佐倉 國立歷史民俗博物館, 97-156쪽에서 참고할 수 있다.
124) 澤登寬聰(2001)「富士信仰儀礼と江戶幕府の富士講取締令-呪医的信仰儀礼としての江戶市中への勸進をめぐる身分制的社會秩序の動搖をめぐって-」, 法政大學 文學部紀要. 法政大學文學部紀要 (47), 147-179쪽.
125) 박규태(2007)「후지신앙과 여신: 고노하나노사쿠야히메·센겐신사·후지강」『日本思想』第12号, 34쪽.

그림들은 대부분 에도를 상징하는 장소와 연관성을 보이고 있다. 도
판[A05S008]는 당시 에도의 번화가를 대표하던 스루가쵸이고 자료
[A05S008]-1도 에도의 중요한 교통로인 에도바시(江戶橋)위에서 상
징성을 공유하고 있다.

 니혼바시 위에 표상한 자료[A01S001]-4, 자료[A01S001]-5, 자료
[A01S001]-6도 동일한 맥락에서 해석가능하다. 화면 구성요소인 스
루가쵸, 후지백봉, 단자와산, 스야리가스미, 군중 등은 일차적으로 번
화가인 스루가쵸를 지표하고 있지만 일차적인 의미를 넘어 에도 사람
들에게 후지산의 중요성을 강조하여 선전하고 있는 듯하다.

 도판[A01S001]관련 문헌자료

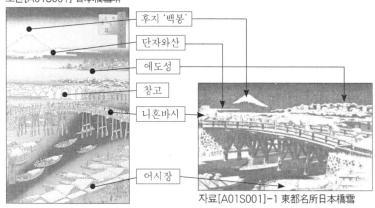

도판[A01S001] 日本橋雪晴

후지 '백봉'
단자와산
에도성
창고
니혼바시
어시장

자료[A01S001]-1 東都名所日本橋雪

기호	인지	행동
후지백봉, 단자와산, 에도성, 니혼바시, 창고, 어시장 배, 수로 숲, 스야리가스미	니혼바시 주변	신불기원 어시장 왕래

도판[A01S001]의 표제는 「니혼바시유키바레(日本橋雪晴)」이고 판
밑그림 검열일은 안세3(1856)년 5월이다. 위 문헌자료의 인지하에 그
림을 해석하면 다음과 같다. 그림은 일차적으로 니혼바시 주변의 분
주함을 배경으로 후지백봉, 단자와산, 에도성, 창고등 공식적인 키워
드롤 담고 있지만 일차적인 의미를 넘어 후지신앙, 대도시 에도의 경
제적 성장과 장군슬하의 안락함을 이차적으로 공시하고 있다.

2-6-2. 인공 후지총(富士塚)

도판[E05S068]관련 문헌자료

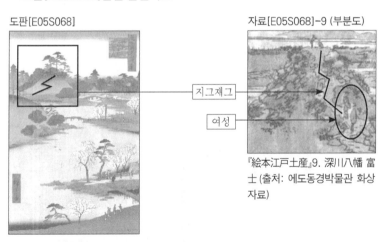

도판[E05S068]

지그재그

여성

자료[E05S068]-9 (부분도)

『絵本江戸土産』9. 深川八幡 富士 (출처: 에도동경박물관 화상 자료)

기호	인지	행동
후카가와하치만, 야마비라키, 후지총, 벚꽃, 인물	영대사 경내	신불기원 개장, 행락

도판[E05S068]의 표제는 「후카가와하치만 야마비라키(深川八まん山ひらき)」이고 판 밑그림 검열일은 안세4년(1857) 8월이다. 후지강의 유행으로 후지산 그림이 흥행하자 수용자의 요구에 부응하기 위한 판원의 발 빠른 상품 전략의 일환으로 후지총(富士塚)의 형상을 담은 우키요에도 나타났다.

후지총의 시작은 후지산 등산이 금지된 여성이나 건강면, 금전면 등에서 등반수행을 행하는 것이 수월하지 않은 사람들을 위하여 후지산 모형을 축조하여 참배를 할 수 있도록 발상한 것에서 비롯되었다고 한다. 주로 후지강의 전성시기인 19세기 전반기를 통해 다량 축조되었는데 후지총에 대한 파악은 곧 후지신앙에 대한 파악이 된다.[126]

후지총의 엄밀한 정의는 없지만 후지총을 형상화한 그림들은 대략 다음과 같은 요소를 포함한다.

① 후지산 모형으로 산의 표면에 후지산에서 운반한 검은 용암을 붙인 것.
② 총(塚) 부분에 센겐신사(淺間神社) 또는 동등한 사당(祠), 비석을 세운 것.
③ 지그재그로 등산로를 설치하여 등배할 수 있도록 한 것
④ 등산도를 따라 고미타케비(小御嶽碑), 고메이시(合目石), 에보시이와(鳥帽子岩), 오타이나이(御胎内)와 같은 부속물이 있는 것.

후지총의 최초의 축조 장소는 다카다 후지시로(高田藤四郎)가

---

126) 후지강의 성립연대와 보급의 정도는 이계황(2007)의 앞의 논문 53-80쪽에서 파악해 볼 수 있다.

1779년 자신이 살고 있는 도쓰카(戶塚)의 미즈이나리샤(水稻荷社)에 완성하였다는 점에서 감지되듯이 주로 초기에는 신사 등에 축조되었다. 그러나 에도 후기에서 막말에 걸쳐 유명사원이나 사람들이 모이는 장소, 개인의 집, 정원 등에 가리지 않고 축조되어 에도도심 도처에서 흔하게 볼 수 있는 풍경이 되었다.[127]

다음 그림들은 사사 경내나 주변 공원 등에 축조된 후지총 형상이다.

자료[E05S068]-1

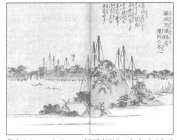

『絵本江戸土産』2. 鉄砲洲崎 이나리 경내의 후지(출처: 동경해양대학교 화상자료)

자료[E05S068]-2

『絵本江戸土産』7. 小村井 梅園(매화나무 정원)(출처: 동경해양대학교 화상자료)

자료[E05S068]-1는 뎃포스사키(鐵砲洲崎) 이나리샤의 경내에 축조된 후지총이다. 이나리신사 지붕 뒤로 솟아오른 봉우리가 인공 후지총으로 당시 후지총의 축조는 사람들을 모이게 하는 역할을 하였다. 자료[E05S068]-2는 오무라이(小村井)의 매화나무 정원에 축조된 후지총이다. 후지총과 요리집 둘레로 연못이 흐르고 후지총에는 돌출된 소나무와 지그재그 등반로가 상징되었다.

---

127) 이계황(2007) 앞의 글, 69쪽. 에도에 방대한 수의 강이 존재, 쵸(町)마다 강이 존재한다는 의미의 소위 「에도 808 코오」라 칭해졌다. 그러나 쵸마다 강이 존재했다고는 보이지 않으며, 1842년의 『百八講印曼茶羅』에 의하면, 에도에 93강, 에도 이외의 15강을 확인할 수 있다.

자료[E05S068]-3

『絵本江戸土産』8. 高田 富士山
(출처: 에도동경박물관 화상자료)

자료[E05S068]-4

『絵本江戸土産』9. 大久保 西向 天神
(출처: 에도동경박물관 화상자료)

자료[E05S068]-3은 다카다의 후지총을 표상한 것이다. 다카다 후지는 1780년 축조된 후지총으로 에도에서 최대, 최고(最古)의 후지총이었다. 식목업자인 아오야마 후지시로(靑山藤四郎)가 후지강 신자들과 스루가(駿河)의 후지산에서 암석과 흙을 운반하여 축조한 것이다.

후지총의 높이는 주변의 건축물과 비교해 보아도 크다는 것을 알 수 있다. 후지총으로 향하는 길목의 좌측으로 미즈고리 장소가 있고 요리집의 홍등도 묘사되었다. 용암으로 축조된 거칠은 표면이 사실적으로 묘사되었고 지그재그 등반로도 상징되었다. 자료[E05S068]-4는 오쿠보(大久保) 니시무키텐진사(西向天神社)경내에 있는 후지총이다. 후지총 주변으로 울창한 숲이 묘사되었고 돌출된 소나무와 지그재그 등반로 입구에 결계를 상징하는 도리이가 묘사되었다.

자료[E05S068]-5는 에도 최대의 하치만사마인 후카가와하치만(深川八幡)경내의 후지이다. 후카가와하치만은 1627년 창건되었고 경내의 후지총은 1820년 후지강 신자들이 축조하였다고 한다. 후지총은 용암과 지그재그 등반로가 사실적으로 묘사되었다. 원경으로 '백봉'과 '단자와'가 스야리가스미 속에 표상되었다. 등반로를 따라 실체인 후지산 등반이 금기시 된 여성의 등반모습이 상징적으로 표상되었다.

자료[E05S068]-6은 매화정원에 축조된 후지총이다. 매끄러운 표면에 지그재그 등반로가 상징되었고 등반자도 점경으로 묘사되었다.

자료[E05S068]-5

『絵本江戸土産』9. 深川八幡 富士
(출처: 에도동경박물관 화상자료)

자료[E05S068]-6

『絵本江戸土産』10. 梅園
(출처: 에도동경박물관 화상자료)

자료[E05S068]-7은 『에도명소도회』의 삽화로 뎃포즈사키(鐵砲洲崎) 이나리사 경내의 후지총의 위상과 위치를 알 수 있는 자료이다. 이나리사와 후지총의 크기를 비교해 볼 수 있다.

자료[E05S068]-7

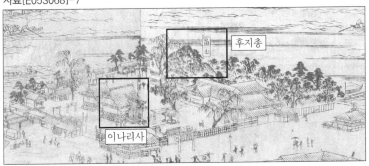

『에도명소도회』2. 佃島 湊稲荷社 (부분도)
(출처: 와세다대학도서관 화상자료 참조)

자료[E05S068]-8도 다카다후지산(高田富士山)의 위상을 미루어 짐작할 수 있는 지지의 삽화도이다. 삽화에서 다카다이나리(高田稲荷), 비사몬도(毘沙門堂), 호센지(宝泉寺)를 한 화면에서 확인하여 비교할 수 있다.

입구에서 가장 뒤쪽에 위치한 후지산 모형을 볼 수 있는데 흥미로운 것은 주변의 다른 산들보다 높이 표상되어 후지산 실체를 보고 있는 듯하다. 가장 넓은 지역을 차지하고 있는 것에서도 그 인기나 인지 정도를 유추할 수 있다.

자료[E05S068]-8 高田稲荷의 후지총

『에도명소도회』15. 高田稲荷 毘沙門堂 富士山 神泉 守宮池 宝泉寺
(출처: 와세다대학도서관 화상자료 참조)

이상과 같은 문헌 자료를 통해 후지총 관련 그림을 해석할 때 유용하게 사용될 공통되는 기호를 축출하면 다음과 같다.

　　백봉, 단자와, 후지총 미타테, 지그재그, 에보시이와, 돌출 소나무, 용암, 울퉁불퉁 표면, 여성 등으로 함축된다.

위 기호의 인지 하에『명소에도백경』에 표현된 후지총 관련도판을
해석해 보기로 한다. 먼저 앞에서 제시한 도판[E05S068]을 해석하면
다음과 같다. 이 그림은 후카카와 하치만, 즉 영대사 경내의 후지총 표
상이다. 그림에서는 매끄러운 표면의 작은 언덕으로 표상되었지만,
『에혼에도미야게』의 삽화 자료[E05S068]-5에서는 표면에 용암이 붙
은 울퉁불퉁하고 거칠은 언덕으로 묘사되었다.

이어지는 도판[H02S024]과 도판[H03S025]는 후지총이 직접적인
테마로 사용된 그림들이다. 함축된 기호 키워드의 인지하에 그림의
「기호행동론」을 적용하여 해석하면 다음과 같다.

도판[H02S024]관련 문헌자료

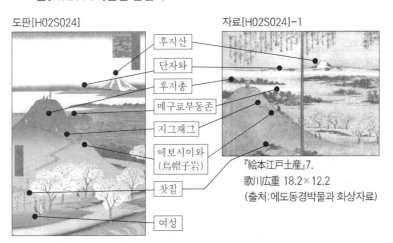

도판[H02S024]

- 후지산
- 단자와
- 후지총
- 메구로부동존
- 지그재그
- 에보시이와 (烏帽子岩)
- 찻집
- 여성

자료[H02S024]-1

『絵本江戸土産』7.
歌川広重 18.2×12.2
(출처:에도동경박물과 화상자료)

기호	인지	행동
백봉, 단자와산, 후지총, 메구로노 모리, 지그재그, 에보시이와, 벚꽃, 찻집, 여성	메구로 신후지	신불기원 행락

　도판[H02S024]의 표제는 「메구로신후지(目黑新富士)」이고 판화 밑그림 검열일은 안세4년(1857) 4월이다. 그림의 제목은 메구로(目黑)의 후지강에서 축조한 것을 시사하고 있으며 등반로에는 후지산 등반이 금지된 여성의 등반모습이 상징되었다. 등반로는 실제 등산도인 99구비를 모형 한 지그재그로 표상했고, 산 중턱의 바위는 에보시이와(烏帽子岩)를 상징한 것이다.

　도판 우측의 자료[H02S024]-1는 『에혼에도미야게』에 묘사된 동일한 소재이다. 두 그림을 비교하여 보면 원경으로는 후지신앙의 신체인 '백봉'이 '단자와산(丹澤山)'과 함께 묘사되었다. 이와 같이 그림들의 소비대상은 추체험이나 의사체험이 필요한 신자를 주 대상으로 한 도판이라고 볼 수 있고, 후지강 사람들의 신앙열기 정도로 보았을 때 후지강의 선전 매체로서 활용되었다고 생각할 수도 있을 것이다.

도판[H03S025]관련 문헌자료

도판[H03S025]

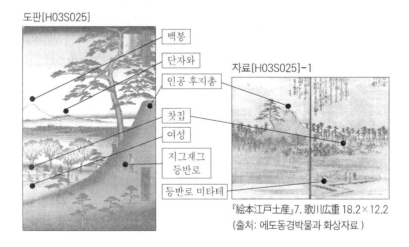

백봉
단자와
인공 후지총
자료[H03S025]-1
찻집
여성
지그재그 등반로
등반로 미타테

『絵本江戸土産』7. 歌川広重 18.2×12.2
(출처: 에도동경박물관 화상자료)

기호	인지	행동
메구로, 백봉, 단자와산, 후지총, 지그재그 등반로, 찻집, 여성	메구로 모토후지	신불기원 행락

도판[H02S025]의 표제는 「메구로모토후지(目黒元不二)」이고 판밑그림 검열일은 안세4(1857)년 4월이다. 자료[H03S025]-1은 『에혼에도미야게』에 묘사된 메구로 모토후지이다. 두 그림을 대조하여 보면 비슷한 모형으로 후지총이 묘사되었고, 그림에는 공통적으로 후지산의 99구비를 상징한 지그재그가 나타났다.

히로시게는 다양한 수요층을 대상으로 후지강적 요소를 그림에 접합시키고 있는데 그 방법은 주로 사람들 사이에서 상징이 공유된 정형화된 모티브를 사용하여 화면에 질서를 부여하는 방법이다. 판화물인 관계로 대량생산을 위한 효율적인 기법으로 생각되고 정형화의 형태는 두 가지로 요약된다.

　(1) '백봉'과 단자와산(丹澤山)을 같이 묘사한다.
　(2) 후지총의 미타테를 사용하여 강조한다.

　(1)의 '백봉'은 사계절에 관계없이 후지산 전체를 백색으로 칠한 것이다.

　'백봉'은 후지강 신자들이 후지산 등반 시 착용하는 백색 일색의 수행 복장[128]을 상징한 것으로 야마부시(山伏)의 복장과 일맥상통하는

---

128) 후지강신자의 수행등반 모습은 야마부시(山伏)의 모습과 닮았다. 백색 상하의를 입고, 백색 토시를 끼고 백색 각반을 착용하고 금강 지팡이(불교 수행자나 순례자가 사용)를 든다. 지팡이에 붙인 작은 깃발을 「마네키」라고 부르며 이것은 단

점이 있다.

또 '백봉' 묘사시에 동반 묘사되는 단자와산은 V장 [그림V-3]에서 시계(視界)상의 상호 위치를 참조할 수 있다. 단자와산은 고래로부터 야마부시 등 수험자들이 수험의 장으로서 입산하던 곳으로 각각 봉우리 마다 신앙적 상징이 있다. 예를 들면 동단자와(東丹澤)에서는 붓카산(仏果山), 교가타케(経ヶ岳), 게곤야마(華嚴山), 호린도(法輪堂), 남동으로는 교자가타케(行者ヶ岳), 손부쓰산(尊仏山), 그 밖에 야쿠시다케(藥師岳), 보다이(菩提) 등과 같이 불교와 부합된 명칭이 그것이다.

2-6-3. 후지총의 미타테

도판[K07S096] 관련 문헌자료

도판[K07S096]

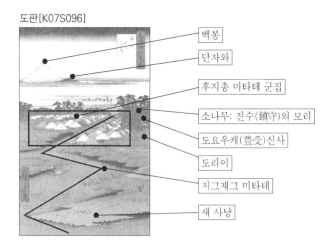

백봉

단자와

후지총 미타테 군집

소나무: 진수(鎮守)의 모리

도요우케(豊受)신사

도리이

지그재그 미타테

새 사냥

체의 표시이다.

기호	인지	행동
백봉, 단자와산, 스야리가스미, 후지총 미타테 군집, 지그재그 미타테, 진수의 모리, 도요우케신사, 도리이	호리에 네코자네 지역	신불기원 행락

도판[K07S096]의 표제는 「호리에네코자네(堀江ねこざね)」이고 밑그림 검열일은 안세3(1856)년 2월이다. 이 그림을 해석하기 위해서는 「후지총의 미타테」라는 개념을 인지하고 있어야한다.

후지총의 미타테란 주로 에도에 유행하였던 후지산 모형의 축조물인 후지총을 상징하는 우키요에의 표현법을 일컬은 말이다. 결국 후지산을 미타테 한 것이라고 말할 수도 있겠지만 후지총의 미타테는 곧 후지강이란 신앙단체를 직접적으로 지칭한다는 의미를 내포한다. 후지총은 후지강 신자들이 축조하였기 때문이다. 이와 같은 내용은 현대인의 눈에는 잘 눈에 띠지 않는 부분이지만 당시로서는 신앙적 상징성을 내재하기 위한 표현법이었다.

자료[K07S096]-1은 에도 아카사카 서방의 아오야마(靑山)에서 바라본 후지산 형상을 표상한 것이다. 그림은 전형적인 종교적 기제를 모티브로 사용하고 있다. 중앙의 백봉 아래로 단자와산과 양옆으로 병렬한 찻집의 지붕들이 미타테 지붕군으로 표상되었다.

자료[K07S096]-1

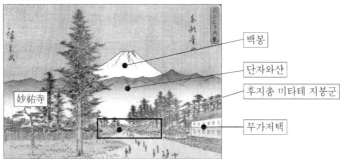

	백봉
	단자와산
	후지총 미타테 지붕군
妙祐寺	
	무가저택

不二三十六景 東都青山 歌川広重. 출처: 山梨県立博物館 화상DB

그러나 히로시게는 후지강과 깊은 관계가 없는 지역의 그림에서 조차도 후지총의 미타테 수법을 사용하여 은밀하게 상징성을 공유하였다. 이 부분이 바로 히로시게의 정체성을 드러낸 부분이라고 생각한다.

자료[K07S096]-2는 미도노숙참(三渡野宿: 현 나가노현)를 묘사한 것이다. 이곳은 나카센도(中山道)[129] 41번째 숙참으로 당시 역참마을의 중심에 있었다(우측 지도참조). 이곳 역참의 외곽에 있는 조동종 도가쿠지(等覺寺)에는 엔구(円空:1632-1695)[130]

「나카센도(中山道)」=「木曾街道」=「木曽路」

200km

---

129) 나카센도(中山道)는 에도의 니혼바시와 교토의 산죠오하시 사이를 연결하는 주요한 가도 중, 산지 측의 도로이다. 또 다른 하나인 도카이도(東海道)는 기점이 니혼바시로 동일하지만 바다측으로 분기하여 서쪽으로 진행하여, 오미노구니(近江國: 현 시가현)에서 쿠사쓰숙참(草津宿)에서 합류하여 이곳부터 교토까지의 구간은 공유하였다. 또 니혼바시를 기점으로 한 고슈가도(甲州街道)와는 그 종점인 시나노노구니(信濃國: 현 나가노현, 기후현 일부)의 시모스와 숙참(下諏訪宿)에서 합류하였다.

130) 에도초기 임제종의 승

작 목각불 11체가 안치되어있는 것에서 신앙적인 마을로 인지되었다.
이 마을을 표상한 그림인 자료[K07S096]-2에는 후지총의 미타테가
표상되었다. 확대한 그림에서 도리이를 가로지른 범천을 확인할 수
있고 미타테 후지총 꼭대기에도 세로선을 그어 사실성을 부여한 감각
을 엿볼 수 있다.

자료[K07S096]-2

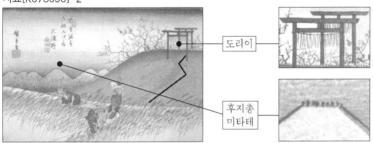

木曾海道六拾九次 三渡野 歌川広重
(출처: 일본국립국회도서관 디지털자료)

자료[K07S096]-3는 나카센도의 31번째 센바숙참(洗馬宿: 나가노
현)이다. 센바에서 나가센도로부터 분기하는 홋코쿠니시가도(北國西
街道)로서 별칭 젠코지가도(善光寺街道) 또는 젠코지니시가도(善光
寺西街道)로 칭하여지는 것에서 젠코지로 향하던 가도로 이용되었던
것을 알 수 있다.

이 그림은 히로시게의 작품 중 걸작으로 꼽히는 작품 중 하나로서
시시각각 변하고 있는 하늘의 노을을 배경으로 지평선 끝에 후지총의
미타테 형상이 상징적으로 위치하여 있다.

자료[K07S096]-2

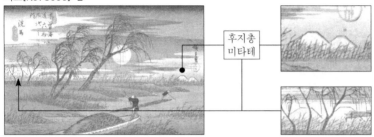

木曾海道六拾九次 三渡野 歌川広重
(출처: 일본국립국회도서관 디지털자료)

자료[K07S096]-4는 나카센도의 46번째 숙참인 오이숙참(大井宿: 현 기후현)이다. 이 그림은 눈덮힌 후지총의 미타테를 배경으로 좌우로 두 그루의 소나무, 두 그룹의 오고가는 여행객(참배객)을 상징을 담아 배치하였다.

자료[K07S096]-4

木曾海道六拾九次 大井 歌川広重 (출처: 일본국립국회도서관 디지털자료)

자료[K07S096]-5는 히로시게의 『후지36경(不二三十六景)』중 사가미(相模: 현 가나가와현) 만의 해안을 묘사한 것이다. '백봉' 앞으로 단자와 산맥이 있고 파도가 후지총으로 미타테되었다. 우측으로 용암과 산기슭에 돌출된 소나무를 상징한 듯한 모티브도 보인다.

자료[K07S096]-5

不二三十六景 歌川広重 相模七里か濱風波 (출처: 山梨県立博物館 화상자료)

막부는 교와2(享和: 1802)년 후지강을 금지하였다. 당시는 짓펜샤잇쿠(十返舍一九)의 『동해도도보여행(東海道中膝栗毛)』이 흥행한 시기이다. 가에2(嘉永: 1849)년 가쓰시카 호쿠사이가 사망한 해에도 후지강을 단속하였다.

그렇다면 후지강 신봉자라는 것이 우키요에 화가에게 어떠한 입지를 제공하였던 것일까? 후지신앙적 요소를 드러내어 표현하지 못하고 그림 안에 은밀하게 표현하는 기법을 다용하였던 것과 어떤 연관성이 있었던 것일까?

히로시게의 출신과 후지 신앙단체의 특수성과 연결 지어 생각해 볼 수 있다.

히로시게의 출신은 비록 낮은 신분이었지만 막부의 가신인 하급무사 등급이었고 후지강은 당시로서는 혁신적인 정신을 함의하고 있는 종교였다. 도쿠가와 막부는 그리스도교 만큼은 아니지만 후지강을 사

교(邪敎)시하여 번번히 단속령을 내려 후지강을 규제하여 왔던 사실
이 있다.[131] 규제의 이유를 살펴보면 다음과 같다.

　에도시대 신앙의 대상인 후지산 본체는 센겐대보살(淺間大菩薩)로
불렸다. 그 명칭은 후지의 가미(kami, 神)를 의미하는 센겐과 불교의
보살을 합한 것으로 막부를 비롯하여 서민들에게도 지지를 받고 있는
하치만대보살(八幡大菩薩)[132]과 다를 바가 없는 전형적인 신불습합의
명칭이다. 그러므로 후지강에 대한 규제의 본질은 다른 곳에 있었다.
그 이유를 두 가지로 함축할 수 있다.

　(1) 후지강의 정치에 대한 사상인 현세 중심적 교리
　(2) 에도막부의 신분제적 통치 질서에 관한 위협

　(1)에서 후지강은 정치(막번체제)를 유교의 리(理)와 음양 사상과
우주관(창조론)에 입각하여 하늘로부터 위임된 것으로 인식하고 있
다. 즉 정치의 근본을 사람을 돕는 것으로 인식하고 있다는 점이 주목
되었다.[133] 당시로서는 혁신적인 발상이지만 이러한 정치 위임설과 정
치관은 정치에의 비판의 소지를 제공함과 동시에 정치위임의 변화에
따라 막번체제를 근본적으로 비판할 수 있는 여지를 잠재하고 있다.
즉 배고픈 서민층이 생기고 민심이 흉흉해지면 정치는 비판을 받아

131) 澤登寛聰(2001) 앞의 글: 1742년 9월부터 1802년 7월까지 있었던 후지강 단속
　　령과 단속 정책에 관해서는 澤登寛聰(2002)「후지신앙과 에도막부의 후지강 단
　　속령」『法政大學文學部記要』제47호, 309-341쪽에서 파악해 볼 수 있다.
132) 하치만진(八幡神)은 일본에서 신앙되는 신으로 무운(武運)의 신으로 여겨지며
　　오진천황(応神天皇)과 동일시 된다. 신불습합시대인 에도시대는 하치만 대보살
　　로 불렸다.
133) 이계황(2007) 앞의 글, 62쪽.

마땅하게 되는 것이다.

(2)는 엄격한 신분제 질서의 토대 위에 성립한 막부에 있어서 후지강의 여성차별에 대한 관대한 사상이 신분질서를 어지럽히는 요소로 간주되었다. 왜냐하면 막부의 체제 하에서는 직업적으로 종교적 행위를 할 수 있는 사람들은 일정한 신분이 정해져 있었지만 후지강 신자들에 의하여 행해지는 의료행위나 가지기도(加持祈禱)[134]는 막부의 체제 밖에서 사회 신분질서를 어지럽히는 일 요인으로 잠재해 있었다.

그러므로 이와 같은 단속령과 규제의 역사는 하급무사 출신인 히로시게가 후지신앙적 요소를 당당하게 표현하지 못하고 그림 안에 그림으로 은밀하게 표현하는 기법을 다용하게 하였던 것과도 어느 정도 연관성이 있었다고 볼 수 있을 것이다.

만약의 경우 퇴로를 생각하여 풍경묘사의 한 요소를 차지하는 지붕에 빗대어 미타테기법을 적용한 것과도 관련성이 있어 보인다. 히로시게가 그린 후지산 그림은 지붕만 보아도 히로시게의 지붕으로 구별할 수 있을 정도로 특징이 있다.

자료[K07S096]-6은 히로시게보다 30년 먼저 출판된 호쿠사이의 『부악36경』 중 후지산의 미타테 기법을 활용한 그림이다. 호쿠사이는 후지산 실체를 물에 비친 그림자와 지붕모양으로 비유하였다. 실체인 후지산에는 눈이 없지만 수면에 비친 후지산의 그림자는 눈 덮인 관설 후지로 나타냈다. 후지산 기슭 아래에는 실체와 동일색 계열인 후지총의 미타테 지붕들이 모여 있다. 당시는 대중 화가라는 공인인 입장에서 신앙심을 정면으로 표출할 수 없었던 이유를 사회, 정치적 규

---

134) 부처의 힘을 빌려서 질병이나 재난을 막기 위한 기도를 올리는 일.

제와 관련된 문제로 상정할 수밖에 없다.

자료[K07S096]-6

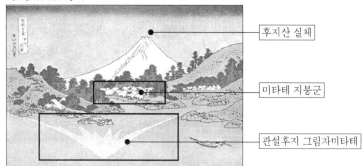

후지산 실체

미타테 지붕군

관설후지 그림자미타테

富嶽三十六景 甲州三坂水面 葛飾北斎 1831-1835
(출처: 山梨県立博物館 화상자료)

　　히로시게의 정형화 기법은 연작물뿐만 아니라 소소한 일용품에도
활용되었다. 자료[K07S096]-7의 부채는 수입물감인 베로 쪽의 농담
(濃淡)으로만 그려졌지만 후지총의 미타테 군집이 한눈에 들어온다.

자료[K07S096]-7

広重『箱根七湯巡』
1830년대団扇版錦絵 20.3×27.9
(출처: Van Vleck Collection of Japanese
Prints, University of Wisconisin - Madison)

자료[K07S096]-8

東海道張交図会 泉市版 歌川広重
(출처:『原 歴史漫歩』(望月宏充))

자료[K07S096]-8는 히로시게가 즐겨 응용했다는 하리마제에이다.
왼쪽 위로 후지산의 능선 일부가 보이고 아래쪽으로 후지총의 미타테
가 밀집하여 있다. 그리고 오른편 대나무는 후지산의 여신이 『다케토
리 모노가타리(竹取物語)』에 나오는 가구야히메(かぐや姫)로 미타테
된 것을 상징하는 요소이다.[135]

히로시게가 후지산을 표상할 때 사용하는 정형화된 기법은 그의 동
해도 시리즈물 20여종에서도 다용되었다. 자료[K07S096]-9는 『동해
도53역참』보영당 에지리(江尻)이다. 험준한 산세와 대칭으로 전경의
사각형 안에 '후지총의 미타테' 기호가 밀집하여 있다.

자료[K07S096]-9

후지총 미타테 지붕군

海道五拾三次(保永堂) 歌川広重 江尻
大判錦絵 24.5×35.8 (출처: 慶應大學圖書館 디지털자료)

자료[K07S096]-10은 『광가동해도(狂歌入東海道)』「에지리(江
尻)」이다. 『광가동해도』는 보통 우키요에 보다 조금 작은 판에서 간행
되었다. 그러므로 의미가 함축된 기호가 다용되었다. 백봉을 배경으로

---

135) 후지신앙과 여신의 유래에 대해서는 박규태(2007) 앞의 글, 30-31쪽에서 파악
해 볼 수 있다.

후지총 미타테, 미타테에 돌출된 소나무, 미타테 지붕군 등의 기호로
구성되어 있다.

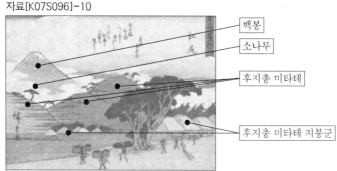

자료[K07S096]-10

백봉
소나무
후지총 미타테
후지총 미타테 지붕군

『狂歌入東海道』歌川広重 江尻 中判錦絵 17.1×22.7.
(출처: 게오대학도서관 화상D)

　　자료[K07S096]-11은 『예서동해도(隷書東海道)』「에지리」로 관설
후지, 단자와, 소나무 숲이라는 종교적 기제로 구성되어 있다.

자료[K07S096]-10

백봉
단자와
소나무 숲

東海道五拾三次 隷書東海道 歌川広重 江尻
(출처: 게오대학도서관 화상DB)

　　자료[K07S096]-12는 『후지36경(不二三十六景)』「가이오쓰키노하
라(甲斐大月原)」로 이곳은 히로시게가 반복해서 화제로 채택한 장소

이다. 화면 구성요소는 백봉, 단자와, 나무, 승려이다. 후지신앙의 정형화된 기호는 히로시게 작품을 판별하는 기준이 된다.

자료[K07S096]-12

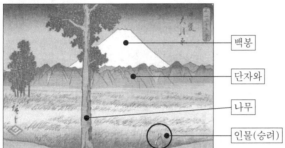

不二三十六景 甲斐大月原 歌川広重 (출처: 山梨県立博物館)

이상과 같이 정형화된 기호의 인지 하에 앞부분에 제시한 『명소에도백경』의 도판[K07S096]을 보면 쉽게 해석할 수 있을 것이다. 그림은 일견 고즈넉한 농어촌의 풍경을 표현하고 있지만 다양한 기원이 함축된 그림이다.

원경으로는 정형요소 (1)인 '백봉'과 '단자와산'을, 중경으로는 정형요소 (2)인 후지총의 미타테를 사용하였다. 전체적으로 후지강의 상징 모티브인 '백봉' 아래로 후지총의 미타테 군집이 퍼져있는 이 그림이 상징하는 것은 질서와 후지강의 지역 집중성[136] 이다. 좌측으로 봉긋한 소나무의 모리(森, 杜, 社)가 표상되었고 전경에는 후지산의 99구비를 상징하는 지그재그 기호가 나타나 있다.

---

136) 이계황(2007) 앞의 글, 74쪽: 후지강의 특성 중 하나가 특히 에도를 벗어난 농어촌에서 지역적 집중성을 유지하고 있는 것이다. 이러한 경향을 보이는 것은 농어촌의 생산구조와 관련되어 있다.

2-6-4. 실경 후지산 표현 비교 분석

2-6-1절의 약연표에서 호쿠사이는 1823년 『부악36경』에 이어서
1834년에 『부악100경』을 간행하였다. 히로시게는 1852년 『후지36경
(不二三十六景)』을 간행하였고 이어서 히로시게 사후 1858년 『후지
36경(富士三十六景)』과 1859년 『후지미100경(富士見百図)』이 연속
으로 간행되었다. 이 중 『후지미100경』의 서문에 쓰인 히로시게의 서
평, 엄밀하게 말하자면 호쿠사이의 그림에 대한 히로시게의 평론이
두 화가를 비교 연구할 때나 또는 히로시게의 그림에서 리얼리티성이
나 서정성을 강조하고자 할 때 자주 인용되곤한다. 이 평론의 대목은
히로시게가 사망하기 1년 전인 1857년에 기록된 것으로 여겨지고 책
이 사후에 간행되었다는 점에서 히로시게의 기록이 아니라는 설도 있
지만 다방면에서 빈번하게 인용되고 있는 구절이므로 참고해 보고자
한다.

　　葛飾の卍翁、先に富嶽百景と題して一本を顯す。こは翁が例の筆
　才にて、草木鳥獸器材のたぐひ、或(あるい)は人物都鄙の風俗、筆力
　を盡し、繪組のおもしろきを專らとし、不二は其あしらひにいたるも
　の多し。此図は、夫(それ)と異にして、予がまのあたりに眺望せしを
　其儘(まま)にうつし置(おき)たる草稿を淸書せしのみ。小册の中もせ
　ばければ、極密には寫しがたく、略せし處(ところ)も亦(また)多けれ
　ど、図取は全く寫眞の風景にして、遠足障(さわり)なき人たち、一時
　の興に備ふるのみ。筆の拙きはゆるし給へ[137]

---

137) 鈴木重三(1970) 앞의 책. 81-82쪽; 小林忠解說(1975) 『浮世繪体系13 富嶽

(해석) 호쿠사이 만옹(卍翁), 먼저 부악백경이라고 제목을 붙여 유명해졌다. 이 옹이 그 재능으로 초목조수기재(草木鳥獸器材)에 능하고 또 인물도비(人物都鄙)의 풍속에 필력을 다해 도안의 즐거움에만 전념한다. 후지(不二) 대해서도 그렇다.

이 그림(자신의『후지미100경』)은 그것과 달리 있는 그대로의 조망을 그대로 옮긴 초고만을 청서(淸書)했다. 작은 책자이므로 세밀하게 사생하기 어려워 생략한 곳도 많지만 그림의 취재는 완전히 사생 풍경을 기본으로 한 것으로, 먼 곳까지 갈 수 없는 사람들의 흥취를 채울 수 있게 하였다.

위의 서문에 대한 요약은 호쿠사이의 그림은 '후지산 표현에 데포르메[138]가 지나치게 과장되었다' '자신은 실경에 충실한 실제로 사생한 것만 그린다'는 것이다. 다음은 위의 인용에 대한 우키요에 연구의 대가인 고바야시 다다시의 견해이다.

요컨대 히로시게는 도안의 즐거움, 구성의 기묘를 목적으로, 주제로 한 대상을 제멋대로 배합 재료로 하는 호쿠사이의 조형법과 달리, 자신의 그림은 현장에서 사생한 스케치에 충실한 소재를 대상으로 하는「사진과 같은 풍경(全く寫眞の風景)」이라는 것이다. 산도 폭포도 마치 고양이가 포획한 쥐를 못살게 굴며 가지고 놀지 않으면 성에차지 않는 것과 같은 호쿠사이에 비하여, 히로시게는 사진 즉 진실을 복사하는 자세를 유지하자라는 것이, 액면 그대로 히로시게의 본심일 것이다. 가령

三十六景』, 集英社, 64쪽; 小林忠(2009)『江戶の浮世繪-浮世繪の構造-』, 蒐華書院, 25쪽.
138) deformation, 현실적인 형태를 작가의 주관이나 과장에 의해 변형하는 것을 말한다.

실제의 작화(作畵)에 직면해서는 이미 많은 지적이 있었듯이 선행의
그림을 본으로 삼아 참고를 하였다고 하더라도 「사실을 그대로 복사한
다(眞を寫す)」라고 하는 동양 전통의 회화론에 충실하려고 했다는 점
은 틀림이 없는 것이다. 「사진(寫眞): 실물 모양을 있는 그대로 그려낸
상」이란 현실의 외면이나 표층의 모습을 그것과 같게 모사하는 것만으
로 달성하는 것이 아니라 그것을 그려야만 할 진실의 상(相)을 확실하
게 포착하는 것이기 때문이다.[139]

위와 같은 관점에서 연구되고 있으므로 현재 히로시게에게는 '서정
의 화가'에 더하여 '사생의 화가'라는 추상적 이미지가 추가로 형성되
어있다. 그러나 실제 그의 많은 작품들이 사생에 기본하여 그렸다는
정설이 근년 개정되었다.[140] 그러나 『후지미100경(富士見百図)』의 서
문에 히로시게가 썼다는 평론의 진위 여부와 관계없이 히로시게가 직
접 기록한 것으로 여겨지는 여행기록 일기나 사생장이 현존한다.[141]

사생장은 그림을 그리는 화가에게는 기본이므로 이상할 것이 없는
부분이지만 여행일기 및 사생첩에 묘사된 명소묘사는 「메이쇼에」의
광고성, 정보성 그림과는 성격과 작풍이 다르다고 생각되므로 히로시
게가 실물의 사생에 기본하여 그렸다는 후지산 묘사를 살펴보는 것도

---

139) 小林忠(2009) 앞의 책, 25쪽.
140) 보영당판 동해도의 간행 년도에 대해서는 덴포원년(1830) 또는 동3년 핫사쿠
(八朔)의 어마진헌(御馬進獻)과 관련지은 견해가 정설이고, 덴포4년 간행, 동5
년 완결이라고 여겨져왔으나 현재는 그 완결을 덴포7년 이후로 하는 설이 유력
하다.(鈴木重三(2004) 「保永堂版『東海道五拾三次』の成立」, 鈴木重三외 『保永
堂版廣重東海道五拾三次』, 岩波書店, 171-172쪽.
141) 히로시게가 木曾街道(中山道)를 여행했다는 기록은 대영박물관이 소장하는 『ス
ケッチ帖』 4권이 현존한다.

그의 정체성 이해에 도움이 될 것이라고 생각한다.

그가 남긴 대부분의 사생첩은 '여행 일기'라는 말을 사용하고 있지만 당시는 현재와 같은 의미의 여행이라는 말이 없었고, 에도시대 일반서민은 상용(商用)이나 사사참예(寺社參詣), 소송(訴訟)의 목적으로만 주거의 이동이 허가되었다. 특히 히로시게의 시대에 서민층은 주로 사사참예를 구실로 한 견물유산(物見遊山)이 성행하였다. 에돗고인 히로시게도 복잡한 에도를 떠나 오야마(大山), 에노시마(江ノ島), 가마쿠라(鎌倉), 소슈(相州)를 비롯한 후지산(富士山), 나리타산(成田山), 하코네(箱根), 더 나아가 서민의 꿈이었던 이세(伊勢)로의 견물유산도 한번쯤 생각해 보았을 것이다.

현재까지 연구에 의한 자료들을 기본으로 히로시게가 여행을 떠난 시점과 지역을 약연표로 살펴보기로 한다.

- 1797年(1세) : 출생(소방직 연립주택)
- 1809年(13세) : 부모 사망, 소방직 종사.
- 1811年頃(15세) : 우타가와 도요히로(歌川豊廣)에 입문. 소방직과 겸업.
- 1812年頃(16세) : 「히로시게(廣重)」라는 화호(畵号) 습명.
- 1818年頃(22세) : 미인화, 야쿠샤에(役者繪) 작품 발표 시작.
- 1823年(27세) : 데쓰조(鐵藏)로 개명, 소방직을 추지로(仲次郎)에게 인계.
- 1830年(34세) : 「이치유사이 히로시게(一幽齋廣重)」로 개호.
- 1831年頃(35세) : 『동도명소(東都名所)』 간행 개시
- 1832年(36세) : 이치류우사이(一立齋)로 개호.

우키요에 풍경 속에 담긴 숨은 그림 -기호와 사상-

- 1833年(37세) :『동해도53역참(東海道五拾三次)』간행 개시
- 1837年(41세) :『에도근교8경(江戸近郊八景)』,『가나자와8경(金澤八景)』,『기소가도69차(木曾街道六十九次)』간행
- 1841年(45세) : 고슈(甲州)로 여행『고슈일기사생장(甲州日記寫生帳)』①
- 1842年(46세) : 오가마치(大鋸町)로 이사
- 1842年(46세) :『고요사루하시노즈(甲陽猿橋の図)』,『행서동해도(行書東海道)』,『광가입동해도(狂歌入東海道)』.
- 1843年(47세) :『동도명소(東都名所)』완성
- 1844年(48세) : 보소(房總)로 여행『가노산행일기(鹿野山行日記)』②
- 1845年(49세) : 오슈아다치(奥州安達)로 여행 ③
- 1846年(50세) : 오가마치에서 도키와쵸(常盤町)로 이사
- 1848年(52세) : 시나노노쿠니 이다(信濃國 飯田)로 여행 추정 ④
- 1849年(53세) :『예서동해도(隸書東海道)』, 나카바시가노신미치(中橋狩野新道)로 이사
- 1851年(55세) : 오신(お辰)을 양녀로
- 1851年(56세) : 방총으로 다시 여행『후지36경(不二三十六景)』완성 ⑤
- 1853年(57세) : 부소(武相)로 여행,「부소명소여회일기(武相名所旅繪日記)」⑥
- 1856年(60세) :『명소에도백경(名所江戸百景)』간행 개시, 삭발하고 법체가 됨.
- 1858年(62세) : 9월 6일. 사망

위의 기록상으로 보았을 때 히로시게의 여행의 시작은 당시로서는 45세의 늦은 나이에 시작되었다. 그러므로 45세 이전의 작품들 중 적어도 그가 거주하던 에도 이외의 지역을 소재로 한 작품들은 사생을 기본으로 하였다고 말하기 어렵다.

자료[K07S096]-13

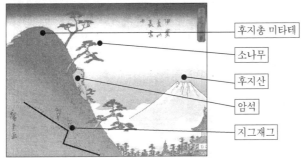

不二三十六景 歌川広重 甲斐夢山裏富士
(출처: 山梨県立博物館 화상자료)

최초의 여행지인 고슈(甲州)를 담은 자료[K07S096]-13은 인상적이다. 이 그림은 1841년 『고슈일기사생장(甲州日記寫生帳)』을 활용한 것으로 여겨지고 있다.[142] 그림의 계절은 여름이지만 후지산 표상만은 유일하게 '백봉'이다. 더욱이 전경의 능선은 지금까지 보아온 후지쓰카의 능선과 닮아 있고 능선에 강조된 바위(용암 미타테), 돌출 소나무를 비롯하여 지그재그로 묘사된 등반로 역시 눈에 익은 상징기호이다. 등반하고 있는 사람의 모습 또한 앞에서 해석한 도판[H02S024],

---

142) 『甲州日記寫生帳』에는 유메야마(夢山)에서 본 후지와 미사카산계(御坂山系)의 능선을 정확하게 묘사한 그림이 있고 고후(甲府) 체재 중에 유메야마(夢山)산책에 나선 것을 확인할 수 있다.

「메구로 신후지(目黑新富士: 1857년 4월)」를 연상하게 한다.

두 번째 여행지인 보소(房總, 현 치바현)[143]는 에도에서 가까운 곳으로서 두 번 방문한 기록이 있는 곳이다. 처음은 1844년 48세 때 가즈사(上總: 현 치바현 중부)의 가노산(鹿野山) 참예를 목적으로 하였다.[144] 두 번째는 1852년 56세 때로 이 여행의 모습은 히로시게가 쓴 일기에 구체적으로 기록되어 있다.[145] 이때의 여행 일기를 활용하여 그린 가즈사, 아와(安房, 현 치바현 남부)에 관한 풍경은 특히 후지가 보이는 포인트로서 호타(保田)해안이 강조되었다.

자료[K07S096]-14

富士三十六景 房州保田ノ海岸 安政5 (출처: 국립국회도서관 디지털화자료)

---

143) 房總半島」의 약칭. 아와(安房)·가즈사(上總)·시모사(下總)의 총칭. 특히 아와 (安房)와 가즈사(上總)를 지칭한다. 현재의 치바현(千葉縣).

144) 여행 코스는 江戸(江戸橋)→木更津→鹿野山参詣(神野寺·白鳥神社)→ 坂戸神 社·木更津(久津間)→ 江戸(鉄砲洲).

145) 여행 코스는 江戸(江戸橋)→木更津山」初代歌川広重→ 鹿野山→ 誕生寺→ 清 澄寺→ 仁右衛門島·江見·和田→ 那古→ 日本寺→ 天神山→ 木更津→ 江戸.

자료[K07S096]-14는 호타(保田)해안에서 후지를 전망한 모양으
로 우측의 곶(岬)은 노코기리산(鋸山)의 산기슭에 있는 묘가네미사키
(明鐘岬)이다. 해변에 히로시게의 자화상을 상징한 모티브가 있고, 원
경으로 정형화된 요소인 (1) '백봉'과 '단자와산'이 표상되었다. 돌출
소나무와 지그재그 선도 보이고 히로시게가 빈번히 사용하던 미타테
파도도 나타나 있다.

세 번째 여행지는 1845년, 오슈(奧州)[146]의 아다치(安達: 현 후쿠시
마 현(福島縣))이다. 자료[K07S096]-15의 표제는 무쓰아다치 도메키
에키 핫케즈(陸奧安達百目木驛八景図)이다. 도메키(百目木)는 에도
시대의 역참으로 번창한 지역이었다.

화면 좌측 아래「와다나베한(渡辺半)」이라는 글자에서 주문 제작된
그림이라는 것을 미루어 알 수 있다. 화면은 도메키를 대표하는 8개소
의 풍경이 진경과 상관없이 담겨있다.[147] 그림 중앙에 돌출된 저택은
주문자의 저택[148]을 상징한다. 실경을 반영한 그림이라고하지만 도판
은 실제로 그렇게 보일 리가 없는 산들을 무리하게 한 화면 안에 포함
시켰다.

자료[K07S096]-15는 중국의「소상8경도(瀟湘八景図)」를 미타테
한 것으로 히로시게 시대에는 각지의 8경을 한 화면에 담아 감상하는
그림이 유행하였으므로 이해가능한 부분이지만 원경으로 '백봉'을 위
치시켜 그림에 질서감을 부여하였다는 히로시게의 정형화 기법이 사

---

146) 福島 · 宮城 · 岩手 · 靑森와 秋田縣의 일부.
147)「팔경도(八景図)」는 중국의 동정(洞庭) 호수 주변의 풍광을 그린「소상8경도(瀟
湘八景図)」를 시작으로 일본에서는 근세에 각지의 소상8경을 미타테한 그림이
등장한다. 예를 들면 비파호(琵琶湖)에 미타테한 오미팔경(近江八景) 등이 있다.
148) 1843년부터 막말까지 도우메기무라(百目木村)의 명주(名主)였던 인물.

용되었다.

자료[K07S096]-15

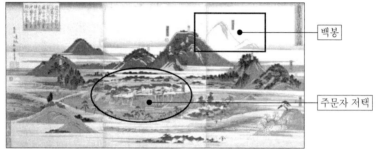

백봉

주문자 저택

陸奥安達百目木駅八景図 歌川広重 錦絵 竪大判 1844-46년 경 추정
(출처: 仙台市博物館 화상DB)

다섯 번째 여행지는 다시 보소이다.

자료[K07S096]-16은 통칭 『부소명소여행일기(武相名所旅繪日記)』중 모토하코네(元箱根)[149]의 사이노카와라(賽の河原)[150]에서 그린 사생이 활용되었다고 여겨진다.

그림의 소재가 된 이곳 하코네삼소관현(箱根三所權現)은 당시 산악신앙의 메카로서 알려져 있었다. 산중의 칼데라호수인 아시노코(芦ノ湖)에서 후지를 전망한 형상이다. 히로시게는 사생을 활용한 그림에서는 자화상을 한 구석에 그려 넣어 메시지를 전하는 특징이 있는 듯하다. 이와 같은 특징은 실경 묘사임을 강조한다는 의미를 내포하고 있는 듯하지만, 자료[K07S096]-16은 후지신앙의 정형요소 (1)인

---

149) 가나가와현(神奈川縣) 하코네 마을의 지명. 아시노코(芦ノ湖)의 남동해안에 위치하고 하코네신사 및 관문(關所)이 있었음.
150) 불교에서 부모를 앞서 죽은 자식이 저승에서 부모 공양을 위해 돌탑을 쌓는다는 삼도천(三途川) 강변의 자갈밭. 쌓는 족족 악귀가 와서 이를 무너뜨리는데 마침내 지장보살이 구해 주었다고 함.

'백봉'이 단자와산이 함께 데포르메 되어있어 진경이라고 생각하기 어렵다.

자료[K07S096]-16

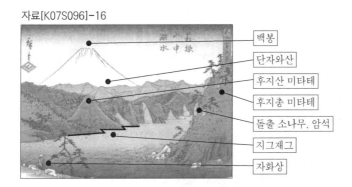

여섯 번째는 부소(武相)로 여행하고 「부소메이쇼다비닛키(武相名所旅繪日記)」를 남겼다. 연표의 마지막 여행지인 부소는 무사시(武藏)와 사가미(相模)지역[151]을 통칭한 것으로 히로시게는 이 지역의 명소 중 주로 에노시마(江ノ島)를 우키요에의 소재로 다용하였다.[152]

자료[K07S096]-17는 에노시마의 정면을 그린 것으로 「부소명소여행일기」에 있는 그림 중 하나이다. 실경 사생을 전제한 그림이지만 전술한 정형화 기법 (2)인 후지총의 미타테가 그대로 사용되었고 그 앞

---

151) 무사시(武藏)와 사가미(相模)를 의미하고, 거의 현재의 동경, 사이타마, 가나가와현에 해당.

152) 에노시마(江ノ島) 그림은 에도 후기 대산예라는 신흥 종교의 유행을 배경으로 하고 있다. 에도시대는 후지강과 더불어 산악신앙의 일종인 대산예(大山詣)가 흥했는데 대산예는 신체인 아후리산 등반 시 특히 후지산이나 에노시마(江ノ島)와 세트로 등배하는 것이 좋다고 여겨졌다. 그 이유는 대산(大山)의 제신이 남신(大山祇大神)인대 반하여 후지산의 고노하나 사쿠야 히메(花開耶姫)를 여신으로 여겨 한쪽만을 참배하는 것을 꺼렸기 때문이다.

으로 결계를 상징하는 도리이가 배치되어있다. 히로시게의 자화상으로 보이는 인물도 전경에 나타나있다.

이상과 같이 실물의 사생에 기본하였다는 그림들을 살펴보았으나 대체적으로 그의 모든 작품들에서 후지산 표상은 여행의 유무와 관계없이 대부분 정형화된 질서의식에 기본한 견고한 구조를 보여주고 있다.

자료[K07S096]-17

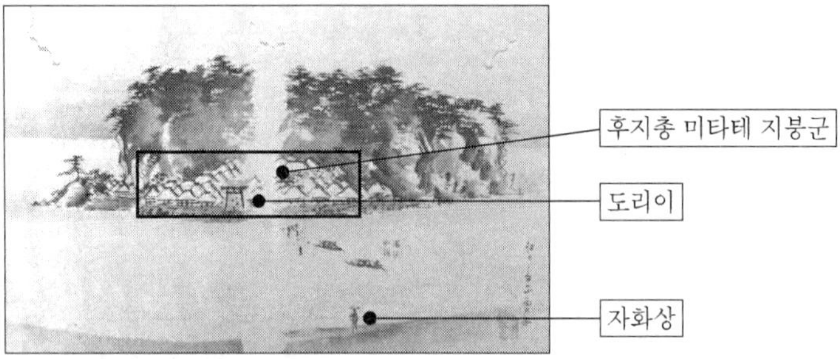

후지총 미타테 지붕군

도리이

자화상

武相名所旅絵日記廣重 江ノ島
(출처: 江東区深川江戸資料館 화상자료)

2-6-5. 히로시게의 후지산과 호쿠사이의 후지산표현 비교

한편 호쿠사이는 히로시게와 달리 자기주장이 강한 구도나 데포르메를 다용한 천재 화가라는 명칭이 주로 알려져 있다. 그러나 이러한 이미지의 호쿠사이 그림의 작법도 수요층의 요구에 부응한 형식에 의거한 것으로 히로시게의 그림과 같이 판매대 위에서 채산성을 겨루던 상품이었다.

일본인들에게 널리 미술적인 관점에서 평가되고 있는 자료 [K07S096]-18의 「개풍쾌청(凱風快晴)」(통칭: 붉은후지)도 상품의 관점에서 보면 특히 길상성이 강조되었다.

그림의 「기호행동론」에 입각하여 해석해 보기로 한다.

자료[K07S096]-18

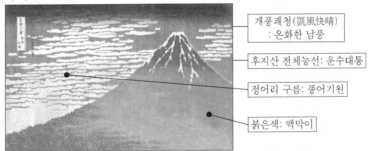

개풍쾌청(凱風快晴)
: 온화한 남풍

후지산 전체능선: 운수대통

정어리 구름: 풍어기원

붉은색: 액막이

冨嶽三十六景 葛飾北斎 개풍쾌청(凱風快晴) (출처: 山梨県立博物館 화상자료)

기호	인지	행동
개풍, 쾌청, 후지산 전체능선, 정어리 구름, 붉은색	후지산	신불기원

당시 사람들은 후지산 전체의 모습을 담은 것은 운수대통이라고 인식하고 있었고, 적색의 다용이 법령으로 규제를 받았던 역사적 사실도 있듯이 붉은색은 액을 막아주고 특히 '천연두 방제(疱瘡除け)'로 인지되었던 시대였다. 그리고 풍어를 상징하는 「정어리 구름(鰯雲)」이나 온화한 남풍을 의미하는 표제의 「개풍(凱風)」도 공유된 의식에 기본 한 것이다. 상쾌하고 맑게 갠 하늘을 의미하는 표제의 쾌청(快晴) 또한 길상의 의미가 포함된 단어이다.

두 화가의 작법은 순수 미술적인 관점에서는 다양한 논란의 여지가 있다. 그렇지만 「메이쇼에」의 간행 목적이 정보의 활용이나 선전, 광고를 위한 것이라면 사생에 근거를 하였던 대본을 사용하였던 그다지 문제가 되는 사항은 아니다. 단지 어떠한 메시지를 담고 있었는지가 관건인 것이다.

　다음 표는 에도후기 「메이쇼에」의 두 거장인 호쿠사이의 후지산과 히로시게의 후지산 표현의 특징을 대조한 것이다. 가장 눈에 띠는 차이점은 후지산의 색깔이다. '후지산'이라는 공통의 화제를 히로시게는 천편일률적으로 '백봉'을 고수하면서 단자와 산을 산기슭에 배치하는 견고한 구조를 유지하고 있다. 반면 호쿠사이는 청색(배로감)을 사용한 '관설후지'에 중점을 두고 다양한 유색을 사용하였으며 도리이를 전면에 두거나 미타테한 구도 등 스토리가 있다.

[표VI-1] 歌川広重의 후지산 색상

백봉	관설	단자와산	기타 유색
36점/36점	없음	31점/36점	없음

자료[K07S096]-19 히로시게의 백봉

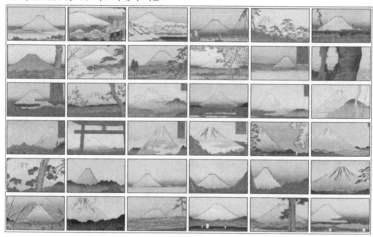

『富士三十六景』 歌川広重 (출처: 山梨県立博物館 화상자료 참조하여 재구성)

[표Ⅵ-2]『富嶽三十六景』호쿠사이의 후지산 색상

백봉	관설	단자와산	기타 유색
5점/46점	31점/46점	4점/46점	8점/46점

자료[K07S096]-20 호쿠사이의 '관설후지'

『富嶽三十六景』葛飾北齋 (출처: 山梨県立博物館 화상자료 참조하여 재구성)

2-6-6. 히로시게의『후지(不二)36경』과『후지(富士)36경』

마지막으로 히로시게 사후에 간행된 두 후지산 시리즈물,『후지36 경(不二三十六景)』과『후지36경(富士三十六景)』을 비교하고자 한다. 이것은 그의 정체성을 직접적으로 대변한 대표작이라고 할 수 있을 것이다. 전술하였듯이 두 시리즈물은 무사시(武藏), 가이(甲斐), 사가미(相模), 아와(安房), 가즈사(上總) 등 히로시게가 실제로 사생한 사생첩을 기본으로 그려졌다는 연작물이다.

　전자는 1852년간행, 판원은 사노야가헤에(佐野屋嘉兵衛), 가로그림(18.1 25.4cm)이고, 후자는 1858년 간행으로 판원은 쓰타야 기치조(蔦谷吉藏), 세로그림 (25.4 18.1cm)이라는 차이로 구분된다.

　다음 표는 두 작품집을 후지산을 중심으로 비교분석한 표이다.

[표Ⅵ-3] 歌川広重『不二三十六景』(가로그림)

범례 - ○ : 백색 후지　◑ : 관설 후지　▲ : 회색 후지

	제목	후지산	단자와산	미타테
1	東都飛鳥山(とうとあすかやま)	○	?	○
2	東都目黒千代が崎(とうとめぐろちよがさき)	○	○	X
3	武蔵小金井堤(むさしこがねいつつみ)	○	X	○
4	相模七里か濱風波(さがみしちりがはまふうは)	○	○	?
5	箱根山中湖水(はこねさんちゅうのこすい)	○	○	?
6	駿河不二川(するがふじかわ)	▲	○	○
7	駿河冨士沼(するがふじのぬま)	○	○	○
8	甲斐大月原(かいおおつきのはら)	○	○	X
9	上総木更津海上(かずさきさらづかいじょう)	○	○	X
10	信濃諏訪湖(しなのすわこ)	○	○	X
11	大江戸市中七夕祭(おおえどしちゅうたなばたまつり)	○	X	?
12	東都山下町河岸(とうとやましたちょうかし)	○	X	?
13	東都水道橋(とうとすいどうばし)	▲	X	○
14	東都永代橋佃島(とうとえいだいばしつくだじま)	▲	X	?
15	東都両国橋(とうとりょうごくばし)	▲	○	?
16	東都青山(とうとあおやま)	◑	○	○

17	武蔵多満川(むさしたまがわ)	○	○	X
18	相模川(さがみがわ)	▲	○	X
19	駿河薩岳嶺(するがさったみね)	연노랑	○	○
20	下総鴻の台(しもうさこうのだい)	○	○	○
21	東都江戸橋日本橋(とうとえどばしにほんばし)	◐	○	○
22	東都駿河台(とうとするがだい)	○	X	○
23	東都墨田堤(とうとすみだづつみ)	○	X	○
24	東都木下川田甫(とうときねがわたんぼ)	○	○	X
25	武蔵野(むさしの)	◐	X	X
26	東海道大森縄手(とうかいどうおおもりなわて)	○	○	○
27	武蔵本牧海上(むさしほんもくかいじょう)	○	○	?
28	神名川海上(かながわかいじょう)	○	○	○
29	相模大山来迎谷(さがみおおやまらいごうだに)	▲	○	X
30	伊豆の海浜(いずのかいひん)	▲	○	X
31	駿河田子の浦(するがたごのうら)	◐	○	○
32	甲斐犬目峠(かいいぬめとうげ)	○	○	○
33	甲斐夢山裏富士(かいゆめやまうらふじ)	연노랑	X	○
34	上総鹿楚山鳥居崎(かずさかのうざんとりいざき)	○	○	○
35	上総天神山海岸(かずさてんじんやまかいがん)	○	○	?
36	安房鋸山(あわのこぎりやま)	○	○	X

[표VI-4] 歌川広重『冨士三十六景』(세로그림)

범례 - ○ : 백색 후지　◐ : 관설 후지　▲ : 회색 후지

	제목	계절	후지산	단자와산	후지총	계절 판별 모티브
1	東都一石ばし(とうといちこくばし)		○	○	?	
2	東都駿河町(とうとするがちょう)	겨울	○	X	X	正月

3	東都数奇屋河岸(とうとすきやがし)	겨울	○	○	○	눈
4	東都佃沖(とうとつくだおき)		○	?	?	
5	東都御茶の水(とうとおちゃのみず)		○	X	X	
6	東都両ごく(とうとりょうごく)	봄	○	○	○	버드나무
7	東都墨田堤(とうとすみだづつみ)	봄	▲	X	X	벚꽃
8	東都飛鳥山(とうとあすかやま)	봄	○	X	○	벚꽃
9	雑司かや不二見茶や(ぞうしがやふじみぢゃや)	가을	○	○	○	국화, 추수10월
10	東都目黒夕日か岡(とうとめぐろゆうひがおか)	가을	○	○	X	단풍
11	鴻之台とね川(こうのだいとねがわ)	가을	○	○	○	단풍
12	武蔵小金井(むさしこがねい)	봄	○	X	X	벚꽃, 제비
13	武蔵多満川(むさしたまがわ)	여름	○	○	○	버드나무
14	武蔵越かや在(むさしこしがやざい)	봄	○	○	○	菜の花の黄色, 花木の桃色
15	武蔵野毛横はま(むさしのげよこはま)	여름	○	○	○	배
16	武蔵本牧のはな(むさしほんもくのはな)	봄	○	○	X	벚꽃, 매화?
17	相州三浦之海上(そうしゅうみうらのかいじょう)	?	○	○	X	
18	さがみ川(さがみがわ)		○	X대산	X	갈대, 백로
19	相模七里か濱(さがみしちりがはま)		○	○	X	

20	相模江之島入口(さがみえのしまいりぐち)		○	○	X	도리이
21	はこね湖すい(はこねこすい)		○	○	X	
22	伊豆の山中(いずのさんちゅう)		○	○	X	
23	駿河薩夕之海上(するがさったのかいじょう)		○	○	X	千鳥
24	駿河三保之松原(するがみほのまつばら)		○	○	X	
25	東海堂左り不二(とうかいどうひだりふじ)	봄	○	○	○	모내기
26	駿遠大井川(すんえんおおいがわ)		○	○	X	
27	伊勢二見か浦(いせふたみがうら)	여름	○	○	X	하지일출
28	信州諏訪之湖(しんしゅうすわのみずうみ	봄	○	○	○	벚꽃
29	信濃塩尻峠(しなのしおじりとうげ)		○	○	X	
30	甲斐御坂越(かいみさかごえ)		○	○	X	
31	甲斐大月の原(かいおおつきのはら)		○	○	X	秋草
32	甲斐犬目峠(かいいぬめとうげ)	가을	○	○	X	단풍
33	下総小金原(しもうさこがねはら)	?	○	X	X	꽃
34	上総黒戸の浦(かずさくろとのうら)		○	○	X	
35	上総鹿埜山(かずさかのうざん)	봄	○	○	X	벚꽃
36	房州保田ノ海岸(ぼうしゅうほたのかいがん)		○	○	X	

위 표에서 히로시게의 후지산 표상은 두 작품집 모두에서 매우 인위적인 질서 감각을 발견할 수 있다. 그 질서감각은 후지산 묘사의 정형화 기법을 따른 것으로 어김없이 (1)'백봉'에 '단자와산' (2) 후지쓰카의 미타테 지붕이 상징되었다.

이와 같은 단순한 정형 기법의 결합이 그림 전체에서 즐겨 사용된 것으로 보아 수용자에게 즐거움을 주는 요소로 작용하여 상품으로서 등가의 가치를 실현했었음을 말해주는 것이다. 동시에 후지강의 선전매체로서의 역할도 훌륭하게 수행하였을 것이다. 히로시게의 정형화 기법은 대중미술의 변화 속에 기호 이미지를 이용한 성공사례라고 말할 수 있다. 작품 속의 후지산이 의미하는 거시적 관점은 정치의 중심지인 에도 막부의 상징적 요소를 공유한 것 또는 상품화한 것으로 생각할 수 있지만 미시적인 시점은 신불기원을 표현하는 기제로도 작용하고 있는 것이다.

3. 『명소에도백경』 구도에 수용된 조선인의 사상

도판[E06S069]관련 문헌자료

도판[E06S069]

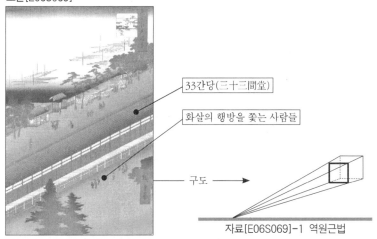

33간당(三十三間堂)

화살의 행방을 쫓는 사람들

구도 ⟶

자료[E06S069]-1 역원근법

　도판[E06S069]을 해석하기 위해서는 4가지 사항에 대한 인지가 필요하다. 첫째는 역원근법의 상징적 의미에 대한 인지이고, 둘째는 18세기 조선의 책가도 (冊架図, 문방도(文房図), 책거리)[153]에 담긴 사상에 대한 인지, 셋째는 우키요에의 일점투시도법[154]에 대한 인지, 넷째는 막말 후카가와 33간당(深川三十三間堂)에 대한 인지이다. 먼저 역원근법에 대한 사항이다. 역원근법이란 부감도 또는 조감도를 그리는

---

153) 서가 (書架)와 방안의 기물 (器物)들을 함께 그린 정물화풍의 그림으로 18세기 조선시대 학문숭배사상을 배경으로 유행하였다.

154) 서양에서 수입된 투시도법의 일종으로 물체의 각 면이 도면에 평행 또는 직각이 되게 설정한 것으로써 소점(vanishing point)이 1점이다.

방법의 하나로 자연적인 시각과는 반대로 먼 쪽을 향하여 역팔자형 (逆八字形)으로 전개하는 표현을 말한다.[155] 자료[E06S069]-4는 역 원근법이 상징적으로 사용된 중국의 그림으로 역원근법은 주로 상징 의 세계를 표현하는 기법으로 사용되었다.

자료[E06S069]-4 역원근법의 상징

진인(수화기제)
남성과 여성의 원리의 균형을 잡고 있는 도교의 진인
(명나라의 목판본)「성명규지(性命圭旨)」[156]의 삽화

(출처:신범순「민화에서 역원근법의 상징적 의미」)

둘째로 조선의 책가도에 대한 사항이다. 도판[E06S069]-5는 18세 기부터 유행한 조선의 책가도이다. 그림은 역원근법 구도를 의도적으 로 사용하여 학문의 세계를 인간세계보다 높이 위치시킨 학문숭배의 전통이나 사상을 시각화한 것으로 주로 서재의 문방도에서 많이 보인 다.[157] 즉 그림 앞의 사람이 그림을 보는 것이 아니라 그림 안쪽에 있 는 학문의 세계에서 인간세계를 건너다보고 있는 상징성을 내포한 그 림이다(자료[E06S069]-6 참조). 〈민화〉의 일종인 책거리 그림에서 뚜렷하게 나타나는 역원근법은 사실 매우 오래된 현상이었으며 어떤

155) 月刊美術(1989)『세계미술용어사전』
156) 심신 수련의 비법을 체계있게 논술한 도교서(道敎書). 저자 및 간행 연대미상.
157) 東京新聞(1994)『DISGUISD VISION 視覺の魔術 展』

사람들은 이것을 서구적인 원근법의 영향으로 이해하기도 하지만, 그러나 이미 고구려 고분벽화에서부터 이 역원근법이 강력한 상징적 모습으로 나타난다.[158]

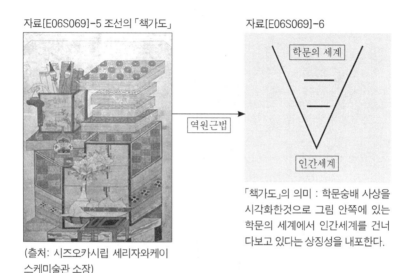

자료[E06S069]-5 조선의 「책가도」

역원근법

자료[E06S069]-6

학문의 세계

인간세계

「책가도」의 의미 : 학문숭배 사상을 시각화한것으로 그림 안쪽에 있는 학문의 세계에서 인간세계를 건너다보고 있다는 상징성을 내포한다.

(출처: 시즈오카시립 세리자와케이 스케미술관 소장)

넷째로 우키요에에서 주로 사용된 원근법인 일점투시도법(자료 [E06S069]-3 참조)에 대한 사항이다. 우키요에에서 일점투시도법은 자료[E06S069]-7과 같이 주로 실내의 입체감을 표현하고자 할 때 사용되어왔다. 히로시게는 일점투시도법을 풍경의 표현에서도 자주 응용하고 있는데(자료[I06S087+]-5, 이노가사라 연못 변재천사 설경(雪景)참조), 도판[E06S069]에서는 예외적으로 역원근법을 도입하였다.

---

158) 신범순(2002) 「민화에서 역원근법의 상징적 의미」, 중한인문과학연구회 Vol.-No. 8. 58쪽.

자료[E06S069]-7

일점투시도법

『芝居狂言浮絵根源』 奧村政信 静嘉堂文庫蔵

마지막으로 후카가와 33간당에 대한 사항이다. 일본 불교의 역사는 6세기 아스카 – 나라시대에 백제로부터 전래된이래 헤이안시대 귀족 신앙을 거쳐 가마쿠라 시대에는 무사와 민중에게 깊이 뿌리내리면서 이후 전국시대를 거쳐 에도시대에 이르게 되지만 이 그림이 그려진 시기는 신불습합의 시대로 신불분리가 행해지는 명치유신(1868) 10년 전이다. 교토의 33간당은 헤이안 귀족 신앙의 증표로서 12세기에 천일체(千一体) 천수관음상을 안치하는 당우(堂宇)로 건축되었고, 에도의 33간당은 그것을 모방하여 관영(寬永)19(1642)년에 세워졌으나 막말이 되면 혼란스러운 세태를 반영하듯 신앙의 목적보다 주로 궁술 연습장으로 사용되었다.

위 문헌자료의 인지하에 도판[E06S069]을 해석하면 다음과 같다.

도판[E06S069]의 표제는 「후카가와 산쥬산겐도(深川三十三間堂)」이고 판 밑그림 검열일은 안세4(1857)년 8월이다. 그림은 길다란 건축물을 중심에 두고 안쪽과 바깥쪽의 모습을 기교적으로 형상화했다.

그림 중앙의 건축물은 불교를 상징하는 교토의 33간당을 미타테한 에도의 33간당 즉 표제의 후카가와 33간당이다. 건축물을 중심으로 안쪽으로는 궁술 연습장면을 주시하고 있는 사람들을, 바깥쪽으로는 찻집에서의 유유자적한 사람들의 모습을 묘사한 것으로 그림의 안쪽 사람들은 '사수가 쏜 화살의 방향'을 쫓고 있다.

후카가와 33간당을 묘사한 동일한 그림이 『에도명소도회』의 삽화에도 있다(자료[E06S069]-2). 두 그림의 확연한 차이점은 구도의 차이이다. 즉 『에도명소도회』의 삽화는 일점투시도법을 사용하고 있고 제시된 도판[E06S069]는 역원근법에 가까운 구도를 의도적으로 사용했다. 전술했듯이 역원근법 구도를 도입하는 주된 목적은 상징의 세계를 표현하는 방법의 하나이다. 그러므로 도판[E06S069]는 일차적으로 궁술 연습장으로 사용되고 있는 후카가와 33간당의 양상을 표상하고 있지만 일차적인 의미를 넘어 무언가 상징적인 의미를 공시하고자 했을것이다. 무엇을 공시하고자 했을까?

다양한 해석법이 있겠지만 전술한 역원근법 구도를 적극적으로 도입하여 학문숭배사상을 시각화한 책가도의 해독법을 도판해석에 적용시켜보면 다음과 같다. 도판[E06S069]는 궁술 연습장으로 사용되고 있는 후카가와 33간당의 양상을 시각화하고 있지만 해당시대의 시대적 배경은 아직 신불습합의 시대로 불교우위의 시대에 해당한다. 그림은 사수가 쏜 화살의 방향을 쫓고있는 사람들을 매개로 그림 안쪽에 있는 불교의 세계에서 인간세계를 건너다보고 있는 상징성을 내포한 그림으로 해석할 수 있을 것이다.

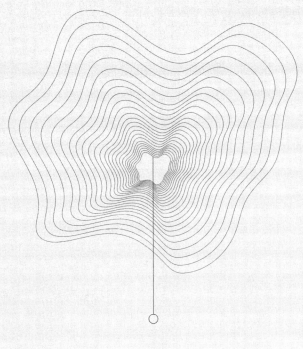

VII
결론

본 논문은 「우키요에 풍경화」에서 「풍경론」이라는 용어가 내포한 매우 제한적인 시각에 기초를 둔 평가를 비판하고, 우키요에 풍경화의 실상과 가치를 표면화하여 보여준 연구결과이다. 즉 '우키요에 풍경화'를 종래의 양식 변천사와는 달리 그것을 생산하고 수요한 해당 시대 사람들의 시대의식 및 가치체계와 연관시켜 이해한 논문으로 각 장에 해당하는 내용을 요약하면 다음과 같다.

Ⅰ장에서는 우키요에 풍경화론의 통설을 정착시킨 초창기의 연구서인 고지마 우스이(小島烏水)의 『우키요에와 풍경화(浮世繪と風景畵)』의 모태가 된 시가 시게타카(志賀重昂)의 『일본풍경론(日本風景論)』을 비판적 관점에서 논하고, 전체적인 우키요에 풍경화사의 맥락 위에서 『명소에도백경』의 연구경향을 파악한 후 본 연구의 관점을 제시하였다.

「우키요에 풍경화」란 20세기 초반 이후 서양의 풍경화에 대한 일본 풍속화를 대응시킨 용어로, 에도시대의 「우키요에(浮世繪)」의 한 장르인 「메이쇼에(名所繪)」를 지칭한다. 이 용어의 사용은 다이쇼3(大

正3: 1914)년 고지마의 『우키요에와 풍경화』를 시발점으로 사용하기 시작하여 오늘날에 이르고 있는데, 여기서 「풍경」이란 용어에 내포된 의미는 대체로 다음 두 가지 측면으로 요약된다.

첫째, 풍경화라는 단어를 사용하여 지금까지 「우키요에」에 대한 인식에 상반되는 새로운 인식을 성립시키며, 「우키요에」를 일본의 예술로 받아들이기에 적합한 풍토를 제공했다.

둘째, 「풍경」이라는 용어에 내포된 의미는 청일전쟁 중에 간행되어 내셔널리즘의 프로파간다의 기제로 사용되던 1894년 시가의 『일본풍경론』을 모태로 한 것인데, 여기서 「풍경」이란 용어는 인간의 사회, 역사, 종교의 부재를 의미하는 자연과학적인 개념이다. 그러나 주지하다시피 에도시대 「우키요에」의 본질은 찰나적이고 가장 실감나는 인간 현실의 이야기를 그림으로 번안한 것으로 인간의 사회, 역사, 종교생활을 기본테마로 한 풍속물의 일종이다. 「우키요에」는 전반적으로 속(俗)적인 것이고, 속은 성(聖)적인 것과 밀접하게 연관되어 있어서 천황이나 신사, 사찰, 유곽, 유녀에 대한 무수한 키워드는 자연과학적인 개념과는 거리가 멀다. 그러므로 일본의 「우키요에」는 예술작품이 곧 하나의 고고한 독립된 주체를 의미했던 서구적 사고와는 달리, 서민들의 일상생활 속에 수용되어 의미전달의 효율성을 위하여 스야리가스미(すやり霞)나 미타테(見立) 등의 독특한 표현기법들이 끊임없이 응용된 장르이다.

테마의 중심에는 당시 서민계층의 의식을 반영할 수 있는 신불습합 사상에 기반을 둔 종교참예나 개장 또는 유곽정보가 담긴 표상이 있고, 이러한 생활 속에서 창출된 미의식은 서구의 미학이 큰 변화를 맞이하는 시기와 일치하여 예술이 지닌 장인(匠人)적 측면을 새롭게 평가하는 자포니슴의 영향아래 높이 평가받게 된 것이다.

Ⅱ장에서는 위와 같은 점에 착안하여 막말에 간행된 히로시게의 『명소에도백경』시리즈물 총 118점에 초점을 맞추어 이 시리즈물의 대표적인 특징으로 인구회자(人口膾炙)되고 있는 서정적인 동위성 – 메시지 또는 텍스트를 구성하는 각 요소의 의미가 지닌 공통분모 또는 의미연결의 일관성 – 을 막말의 시대의식 및 가치체계와 연관시켜 분석할 수 있는 방법론을 구축하였다.

『명소에도백경』이라는 대규모 작품집에 대한 종합적인 평가는 우선 각 그림의 해독을 기본으로 해야 가능한 사항이므로, 각 그림을 해독하는 방법론의 일환으로「기호행동론」을 생성하였다.「기호행동론」에서 기호와 행동의 관계는「우키요에의 기호가 행동을 유발한다」는 관점에 입각하여 기호-인지-행동의 관계를 도식적으로 제시하였다. 그 도식의 모형은 퍼스의 기호론 모형을 기초로 하여 기호 해석자와 해석자를 판단하는 인지자와의 관계를 추가해서 구체화했다. 이때 인지자가 해석자의 기호행동에 '심상(心象)'이 있다는 것으로 판단하기 위한 요건을 제시하였다. 즉, 기호의 해석자가 기호행동을 한다는 것을 '심상'이 있다는 것으로 판단하려면 기호가 단일한 구조가 아닌 도상적, 지표적, 상징적 요소로 상호 유기적인 관계를 만족시켜야한다는 것에 대한 제시이다. 또한 이렇게 생성된 분석틀이「우키요에 풍경화」해석에 적합한지의 여부를 우키요에의 의미작용 구조를 통하여 '제작자와 수요자 사이에 비교적 일치된 의미작용이 쉽게 일어난다' 는 가설의 기본전제가 유의미함을 논증하였다. 즉, 우키요에는 일련의 커뮤니케이션 과정에서 생성되어 소비되므로 발주자와 수용자간의 비교적 일치된 의미작용이 쉽게 일어날 수 있는 매체라는 것이다. 그러므로 『명소에도백경』과 같이 흥행된 작품의 경우는 의미작용이 더욱 활발히 일어났다고 볼 수 있을 것이다. 나아가 이렇게 생성된 분석틀이 우키요에 풍경화 해석에 적합한지 여부를 그림사례를 통해 검증하였다.

Ⅲ장에서는 일본인의 정신사상의 연속성을 성속의 변증법적 관점에서 표층과 심층으로 고찰하였다. 현대 일본국민은 신불분리라는 사상체계 하에서 갈등하고 있지만 불과 약 140년 전(메이지시대에 신불분리가 행해짐)까지만 해도 천년 동안이나 이어져 온 신불습합이라는 사상체계를 유지하던 사회였다.

본 논문의 분석대상인 『명소에도백경』은 아직 「신불습합」 시대인 메이지로의 이행기에 제작되었던 대형 시리즈물이다. 막말에서 근대로의 이행이라는 절박한 시대적 상황에서 100점을 초과하는 시리즈물이 간행되었다는 특징상 형태상의 다양성이나 화면의 전개구조에도 변화가 있을법하지만, 시리즈물은 시각적으로 한결같이 서정적인 분위기를 유지하면서 느낌을 신앙적 상징으로 완결하는 견고한 구조를 보여준다. 이러한 구조를 지탱하는 두 축은 성(聖)과 속(俗)이라는 상반되는 요소로 구성된 축으로 이 견고한 구조는 히로시게의 메이쇼에가 상품으로서 성공할 수 있었던 이유 중 하나였고, 이것은 당시 사람들의 정신의식과 가치체계에 부응한 것이었다.

그러므로 일본에서 성과 속의 거리는 일본어 혼네(本音)와 다테마에(建前)의 관계처럼 생각보다 밀접하므로 일본인의 시대의식을 온전하게 보려면 성과 속 양쪽의 시각을 두루 갖추고, 종교사상의 보편성과 특수성을 균형있게 고려하여야만 한다는 점을 부각시켰다. 『명소에도백경』이 출판된 막말이라는 시대는 종교라는 세계적인 보편성과「신불습합」이라는 특수성이 맞물려 형성된 시기이고「신불분리」의 경계선상에 있었던 시기이기도 하다.「우키요에」로 통칭되는 일본의「니시키에(錦繪)」는 당시 서민층 사이에서 중심적 역할을 수행했다고 일컬어지는 대중매체로서 이러한 일본인의 시대적 갈등과 대중의식이 잘 나타나 있다.

Ⅳ장에서는 어느 시대나 미술 작품집의 성격은 동시대의 시대의식을 반영한다는 전제에서 작품집이 유통된 종교 문화적 배경에 주목하면서, 막말 서민층을 중심으로 획기적인 붐을 보였던 종교참배와 개장(開帳), 쇼진아케(精進明け, 精進落し: 유곽관련)의 풍습, 강(講)의 유행 등 한 시대의 문화를 주도한 사회현상들을 고찰하였다. 그런 고찰결과, 해당시대는 세시풍속 의식과 행사 등에 따르는 신앙적인 실천이 곧 일상생활인 사회라는 사실을 확인할 수 있었다. 나아가 그런 사회에서는 신앙적인 실천에 따른 신앙대상이 '가미(神)'라는 상징적인 개념을 지닌 모든 것으로 이해되었으리라는 점도 추론할 수 있었다.

이어서 히로시게의 작품세계와 다중적 정체성을 고찰하였다. 하급무사와 서민, 장인 사이의 경계를 넘나들던 히로시게의 독특한 위치를 고려하여 그림에 나타난 의식세계를 다음과 같이 살펴보았다.

첫째, 히로시게는 무사이기에 앞서 그의 부친은 서민에 뿌리를 두었다. 그의 다중적 정체성은 사용된 이름에서 확인되고 또 무사와 서민의 경계를 나타낸 그림이 많은 것과 각 계층의 인물표현에서 입증된다. 히로시게가 표현한 무사층, 서민층, 유녀층, 장인층 기타계층의 인물들을 통해 에도의 역사를 볼 수 있다고 할 수 있겠다. 또한 그의 그림은 모두 서민의 긍정적인 의식을 구연한 특징이 있다. 서민층의 현실을 긍정적으로 표현한 노력은 그의 그림이 편안함을 주는 서정적 요인으로 평가받는 요소이다.

둘째, 히로시게는 막부에 소속된 주택에서 태어나 20대 후반까지 하급무사인 소방직 신분이었다. 그의 그림에는 무사였던 자부심과 나름대로의 사명감을 잘 반영하고 있다. 에도에 대한 사랑이 표현되어 에도를 그린 그림이 천 오백장이 넘는 것에서도 입증된다. 그러나 그는 단지 서민의 긍정적인 면만 표현한 것이 아니라 화재그림이나 역사적 인물들의 사상과 의식을 제재로 삼아 상징적으로 표현하기도 하였다. 이러한 특징은 막말에 표현한 해골풍경에서 느낄 수 있다.

셋째, 그는 화가직으로 독립한 후 서민의 정체성, 무사의 정체성과 장인의 정체성을 동시에 지닌 인물이 되었다. 그림을 자신의 다중적 정체성을 표현하는 도구로 사용하기도 했다. 히로시게가 대본을 사용했건 실사를 했건 그가 소재로 채택하여 표현한 그림인 이상 새로운 세계를 형성하므로 그 자체가 하나의 긍정적 가치를 지닌다.

Ⅴ장에서는 「우키요에 풍경화」에 표상된 성과 속의 견고한 두 축에 중점을 두고 『명소에도백경』을 해당시대 사람들 사이에서 공유되어 내려오던 상징기호의 집합체로 보고 심도있는 고찰을 위하여 총118점을 다차원적으로 분석하였다. 일차적으로 종교 사상적 요소는 그 나라의 지리적 조건이나 생태적 환경과 깊은 연관을 맺으며 그 특징이 표출된다는 점에 중점을 두고, 먼저 지역별 분류분석을 하고 아울러 지리 생태적 분석 및 계절, 검열인, 사건사고 등 각 요인별 분석 등을 통해 작품집 전체의 특징을 파악하였다. 구체적으로는 다음 단계를 밟았다.

첫째, 시리즈물의 지역적 분포를 알기 위하여 에도의 기점인 니혼바시를 중심으로 11개 지역으로 나누어 도판을 분류하였다. 그 결과 작품집 총 118점에서 대략 100점 정도가 에도시대에 그어진 주인선 안에 분포하여 있었고, 전체 시계는 니혼바시를 중심으로 북쪽으로는 닛코산, 동북으로는 쓰쿠바산, 서쪽으로는 단자와산, 남서로는 후지 산까지를 시계에 두고 있다.『명소에도백경』의 범위는 에도성을 중심 으로 반경 15km 전후의 범위 내에 있고, 히로시게 행동구도의 특징을 보면 주로 에도성을 중심으로 주변 약5km 반경에 밀집한 분포를 보 이고, 이 지역에서 총 118장 중 50%이상을 취재하였다. 이 결과를 반 영하여 도판이 속한 지역과 계절을 바로 알 수 있도록 도판별로 고유 번호를 부여하였다.

둘째, 고유번호가 부여된 118점을 지형, 계절적 시간적 특징, 구도 적 특징, 산악과 습지, 기후, 식물, 동물, 인공적인 면으로 나누어 분석 하였다.

셋째, 시리즈물 118점의 도판을 성(聖)적 작품계열과 속(俗)적 작 품계열로 범주화하여 교차분석을 하였다. 그 결과『명소에도백경』의 성과 속 구성요소의 출현빈도 및 구성요소들 사이의 연관성을 구체적 으로 파악할 수 있었고, 성과 속이라는 추상적 개념들의 관계를 표면 화시켜 명료하게 논증할 수 있었다. 거기서 성 도상 안의 속 상징이 표 현된 그림수는 약 96%, 속 도상 안의 성 상징이 표현된 그림수는 약 82%로 나타났다. 성과 속의 구성요소들은 일상생활에서 찾아볼 수 있는 생활 속의 상징으로서 에도사람들의 공유된 가치체계와 행동양 식을 보여주는 것이었다.

성을 상징하는 정형화 요소는「신불습합」사상 아래「신불」구분이 없이 표상되었고, 그 표현의 특징은 속적인 영역 안에서 성 요소가 상징되었고, 성적인 영역 안에서 속적인 요소가 상징되었다고 할 수 있다. 그러므로 『명소에도백경』에 담긴 성과 속의 관계는 당시 사람들에게 공유되었던 가치체계가 축약된 집합체로 볼 수 있으며 단순하게 현대적인 관점에서 「상업적」인, 또는 「일본적」, 「전통적」, 「유서의식」이라고 말하여지는 문화적 영위이기 이전에 그것보다 높은 질서에 속하는 당시의 이데올로기의 상징물이라고 말할 수 있을 것이다.

Ⅵ장에서는 Ⅱ장에서 생성된 그림의 「기호행동론」에 입각하여 각 그림을 사상적 관점에서 해석해 보았다. 「기호행동론」의 방법론에 의한 해석은 구성모티브 상호간의 의미생성 경로를 알 수 있게 하므로, 에도라는 공간을 표면적인 일상세계뿐 아니라 심상의 세계(상징세계)를 포함하여 해독할 수 있도록 도와주었다. 작품해석은 지역별로 5개의 범주 즉 신불사상, 모리사상 및 산악신앙, 그리스도교 신앙, 수신신앙, 후지신앙으로 나누어 해석하였다.

일반적으로 일본의 우키요에를 거론할 때 서양의 관점이 반영된다. 서양에서 일본 「우키요에」의 수용과정을 네 단계로 나누어 분석한 주느비에브 라캉브르(Genevi ve Lacambre)에 의하면 일본 「우키요에」의 수용은 발견, 채용, 동화, 창조라는 전형적인 이문화(異文化) 수용의 순서를 그대로 보여 주며, 그 시기나 정도, 방식에서 차이는 있지만 다른 서구 국가들에게 대체로 적용시킬 수 있다고 하였다.[1] 그 수용단

---

1) 프랑스의 주느비에브 라캉브르(Geneviéve Lacambre)의 이문화 수용의 순서는 (1) 절충주의적 요소들 속에 일본의 모티브를 도입하는 단계로, 이는 다양한 나라와 시대의 장식적 모티브를 전혀 변화시키지 않은 채 그대로 받아들여 단순히 덧붙이는 것을 말한다. (2) 일본이 지닌 이국적 또는 자연주의적인 것의 선택적 모방. 특히 초기 일본취미의 단계에서 볼 수 있는 자연주의적 모티브의 동화. (3) 일본의 세련된 기법의 모방. (4) 일본 미술의 원리와 방법의 분석 및 응용 등이다. 月刊美術(1989)

계 중 앞의 발견과 채용의 두 단계는 겉으로 보이는 현상에만 집착한 피상적인 이국취미의 성격을 띠고 있다면, 뒤의 동화와 창조의 단계는 본질적인 영향을 의미하는 것으로 작품을 창출한 시대의 정신성까지를 담보로 하는 것이다.

그러나 종래의 우키요에 연구는 반드시 정신성이나 시대의식을 인식하였다고는 말하기 어렵다. 우키요에 판화가 정보를 담은 시장의 상품으로 제작된 것이라는 기본적인 사실보다는 너무 예술작품으로서의 평가에 편중한 연구경향이 많았다. 『명소에도백경』주제의 8할 이상이 신앙을 주제로 하고 있고 유곽과 연결되어 있음에도 불구하고 관련연구를 찾아보기 어려웠다는 것은 이러한 관점을 반영하고 있다. 「우키요에 풍경화」 연구의 초창기에 정립된 고지마의 통설이 얼마나 오랫동안 이후의 히로시게 풍경판화 연구관에 커다란 영향을 부여해 왔는지 재고해보지 않을 수 없는 대목이다.

이상과 같은 본 논문의 의의는 다음 몇 가지로 정리해 볼 수 있겠다. 첫째, 본 논문은 초기 우키요에 연구에서 「풍경론」이라는 용어에 내포된 인간부재, 사회, 역사, 종교의 부재를 표면화시켜 보여주는 시도라 할 수 있다. 둘째, 본 논문은 『명소에도백경』작품집의 백미로 일컬어지는 서정적 특징에 내포된 또 다른 가치를 찾아냄으로써 히로시게의 「우키요에 풍경화」를 새로운 관점에서 평가할 수 있는 시각을 제시하고자 했다. 셋째, 우키요에 연구에 대한 방법론적 관심이 증가하고는 있지만, 실제적으로 각 장르에 포함된 메시지에 대한 연구 특히 시각적인 메시지와 이미지에 대한 논리적인 연구는 매우 취약한 편이다.

『세계미술용어사전』중앙일보사, 390쪽.

이러한 시점에서 본 논문은 「우키요에」 작품에 내포된 다의적 의미작
용의 논리적인 분석틀을 새로운 관점에서 제공해줄 것으로 기대된다.
나아가 일본의 그림을 근거로 일본의 시대의식과 가치체계 등을 역조
사(逆照射)하여 파악해가는 본 논문의 방법은 우키요에를 새로운 관
점에서 조명 할 수 있게 할 것이다. 끝으로, 본 논문은 사상적 관점에
서 「신불습합」 시대에 그려진 히로시게의 「우키요에」를 해석한 것으
로서, 이를 바탕으로 향후 「신불분리」 이후, 메이지시대의 「우키요에」
에 대한 후속연구로 이어지고 나아가 「우키요에」를 모태로 발전한 현
대의 「애니메이션」과 연계하여 그 사상적 표상의 차이점을 해석할 수
있는 길을 열어놓았다는 점에서도 그 의의를 말할 수 있을 것이다.

참/고/문/헌

[화집 및 지지류]

秋里籬嶌(1797)『東海道名所図繪』.

歌川廣重(1833경)『東海道五十三次』.

_____(1834경)『近江八景』.

_____(1837경)『金澤八景』.

_____(1838경)『江戸近郊八景』.

_____(1842)『行書東海道』『狂歌入東海道』.

_____(1849)『隷書東海道』.

_____(1850-1857)·同二世 畫『繪本江戸土産』.

_____(1852)『不二三十六景』.

_____(1858)『名所江戸百景』.

_____(1859)『富士三十六景』.

景山致恭, 戸松昌訓, 井山能知/編(1849-1862)『江戸切繪図』, 出版者
　　　尾張屋淸七, 國立國會図書館古典籍資料室.

葛飾北齋(1835경)『富嶽三十六景』.

狩野尙信(1634)『若一王子緣起』繪卷(模本).

齋藤幸雄·幸孝·幸成, 長谷川雪旦 畫(1836)『江戸名所図會』.

鈴木春信(1768)『繪本續江戸土産』.

西村重長(1753)『繪本江戸土産』.

江戸図屛風(1835-41) 厚木市 향토자료관 소장.

江戸府內朱引図坤(1818) 동경도 공문서관 소장.

江戸名所一覽双六(1859) 2대 히로시게, 시나가와(品川) 구립 시나가와 역사관 소장.

東都近郊図(1825) 仲田惟喜 작, 동경도 공문서관 소장.

東都鳥瞰図(1803경) 北尾政美, 品川 구립 시나가와 역사관 소장.

長緣江戸之全図(1847) 동경도 공문서관 소장.

[사전류]

고려대학교 일본연구센터편(2010)『일본문화사전』, 도서출판 문.

두산백과(doopedia).

月刊美術(1989)『세계미술용어사전』, 중앙일보사.

존 히넬스(John R. Hinnels)편, 장영길 역(1999)『세계종교사전』, 까치
　　　　글방.

エリア デ(Mircea Eliade)(1994) 奥山倫明譯『エリア デ世界宗敎事
　　　　典』, 株式會社せりか書房.

國際浮世繪學會(2008)『浮世繪大事典』, 東京堂出版.

薗田稔, 橋本政宣(2002)『神道史大辭典』, 吉川弘文館.

新倉善之(1998)『江戸東京 はやり信仰事典』, 北辰堂.

日本國語大辭典(2002) 小學館.

日本大辭典刊行會編(1972-1976)『日本國語大辭典』, 小學館.

日本大百科全書(1998) 小學館.

平凡社(1993)『日本史大事典 4』, 平凡社.

宮地直一, 佐伯有義(1986)『神道大辭典』, 臨川書店.

[국내 단행본]

노만 브라이슨(Norman Bryson)외저, 김융희, 양은희역(1995)『기호

학과 시각예술』,

도서출판 시각과 언어.

롤랑바르트(Roland G rard Barthes)저, 김주환, 한은경 역, 정화열 해
  설(1997)『기호의 제국』, 민음사.

멀치아 엘리아데(Mircea Eliade)저, 박규태역(1990)『종교의 의미-물
  음과 답변-』, 서광사.

_____(1991)『상징, 신성, 예
  술』, 서광사.

멀치아 엘리아데(Mircea Eliade)저, 이동하역(2009)『성과 속 – 종교
  의 본질』, 학민사.

멀치아 엘리아데(Mircea Eliade)저, 이재실역(1993)『종교사 개론』도
  서출판 까치.

박규태(2001)『아마테라스에서 모노노케 히메까지-종교로 읽는 일
  본인의 마음』, 책 세상문고 우리시대.

_____(2005)『상대와 절대로서의 일본-종교와 사상의 깊이에서 본
  일본 문화론-』, 제이앤씨.

_____(2009)『일본정신의 풍경』, 한길사.

박영원(2003)『광고 디자인 기호학』, 범우사.

베르나르 투쌩(Bernard Toussaint)저, 윤학로역(1987)『기호학이란
  무엇인가』, 청하.

서울대학교 종교문제연구소 편(2006)『종교와 역사』, 서울대학교출
  판부.

아키야마데루카즈(秋山光和)저, 이성미역(2004)『일본회화사』, 예경.

에리히 프롬(Fromm Erich)저, 박갑성, 최현철역(1985)『Man for

himself(자기를 찾는 인간)』, 종로서적.

에밀 뒤르켕(Durkheim Emile)저, 노치준, 민혜숙역(1992)『formes el
elmentaires de la vie religieuse. 2nd ed.(종교생활의 원초적
형태)』, 민영사.

이노우에 노부타카(井上順孝)외저, 박규태역(2010)『신도, 일본 태생
의 종교 시스템』, 제이앤씨.

윤상인 외(2011)『일본을 강하게 만든 문화코드』, 나무와 숲.

위버 슈람(Wibur Schramm)외저, 최윤희역(1998)『인간 커뮤니케이
션』, 나남.

정 형(2007)『일본근세소설과 신불』, 제이엔씨.

조나단 해리스(Jonathan Harris)저. 이성훈역(2004)『신미술사? 비판
적 미술사!』, 경성대학교 출판부.

하인쯔 크로엘(Heinz F Kroehl)저, 최길렬역(1993)『현대 커뮤니케이
션 디자인』, 도서출판 국제.

[국외 단행본]

明田鐵男(2003)『江戸十万日 全記錄』, 雄山閣.

淺井了意(1661)『浮世物語』.

淺野秀剛, 吉田伸之(1998)『浮世繪を讀む5 廣重』, 朝日新聞社.

淺野秀剛, 藤澤 紫(2007)『廣重 名所江戸百景/秘藏 岩崎コレクショ
ン』, 小學館.

アデ レ・シュロンブス(Adele Schlombs)(2009)『歌川廣重』,
TASCHEN.

安藤廣重, 歌川廣重 (1世), 楢崎宗重(1976)『廣重武相名所旅繪日記』,

鹿島出版會.

石井研堂(1932)『錦繪の改印の考証』芸艸堂(1995).

伊藤銀月(1910)『日本風景新論』, 前川文榮閣.

稲垣進一(1990)『図説・浮世繪入門』, 河出書房新社.

李孝德(1996)『表象空間の近代-明治「日本」のメディア編制』, 新曜社.

岩波寫眞文庫(1956)『東海道五十三次』, 岩波書店.

上田正昭 上田篤(2001)『鎭守の森を甦る: 社叢學事始』, 思文閣出版.

上原敬二(1943)『日本風景美論』, 大日本出版.

內田實(1932)『廣重』, 岩波書店.

大久保純一(2007)『廣重と浮世繪風景畵』, 東京大學出版會.

_____(2007)「構図から見た《名所江戸百景》」, 東京芸術大學美
　　　術館『歌川廣重「名所江戸百景」のすべて』, 芸大ミュ ジアム
　　　ショップ.

大久保博則, 安田就視(2009)『江戸・東京百景 廣重と歩く』, 角川SS
　　　コミュニケ ションズ.

大室幹雄(2003)『志賀重昂『日本風景論』精讀』, 岩波書店.

大山阿夫利神社(1987)『相模大山街道』.

勝原文夫(1979)『農の美學—日本風景論序說』, 論創社.

加藤典洋(2000)『日本風景論』, 講談社.

かのう書房(1989)『隅田川の歴史: 東京』, かのう書房.

柄谷行人(1980)『日本近代文學の起源』, 講談社.

川崎市市民ミュ ジアム(2008) 廣重「名所江戸百景の世界」-江戸の人
　　　たちの名所感覺』, 艸芸社.

河津一哉, 奧新太郎(1991) 廣重名所江戸百景 新印刷による」, 暮らし

の手帳社.

神崎宣武(1991) 物見遊山と日本人』, 講談社.

菊池貴一郎著 鈴木棠三 編(1965)『繪本江戶風俗往來』, 平凡社.

岸文和(2008)『繪畵行爲論—浮世繪のプラグマティクス』, 醍醐書房.

北原進(1991)『百万都市江戶の生活』角川選書.

切通理作・丸田祥三(2000)『日本風景論』, 春秋社.

近世史料硏究會編(1998)『江戶町触集成』, 塙書房.

金龍山淺草寺編(1996)『図說 淺草寺—今むかし』, 金龍山淺草寺.

河野元昭(1996)『日本の美術367 北齋と北齋派』, 至文堂.

國際浮世繪學會(2008)『浮世繪大辭典』, 株式會社 東京堂出版.

ケンペル(Engelbert Kaempfer) 著, 齋藤信 譯(1977)『江戶參府旅行
　　　　日記』, 平凡社.

小島烏水(1905)『日本山水論』, 隆文館, 近代デジタルライブラリ 日
　　　　本山水論(762372).

＿＿＿＿(1914)『浮世繪と風景畵』, 前川文榮閣.

＿＿＿＿(1937)「解說」『日本風景論』, 岩波書店(初版).

小林忠(1975)解說『浮世繪体系13 富嶽三十六景』, 集英社.

小林忠, 大久保純一(1994)『浮世繪の鑑賞基礎知識』, 至文堂.

小林忠(2009)監修『浮世繪「名所江戶百景」復刻物語』, 芸艸堂.

＿＿＿(2009)『江戶の浮世繪—浮世繪の構造-』, 蕘華書院.

＿＿＿(2006)『浮世繪師列伝』, 平凡社.

近藤信行(1995)『「校訂」『日本風景論』』, 岩波書店(初版).

齋藤月岑, 朝倉治彦校注(1800년대)『東都歲時紀』1, 東洋文庫(159),
　　　　平凡社 發行(1970).

齋藤月岑著, 金子光晴校訂(1804-0878)『增訂武江年表』2, 東洋文庫
　　　　(116, 118), 平凡社 발행(1968).

櫻井德太郎(1962)『講集団成立過程の研究』, 吉川弘文館.

菊岡沾涼(1732)『江戶砂子』, 万屋淸兵衛刊.

志賀重昂(1894)『日本風景論』, 政敎社.

品川區立品川歷史館(1998)『江戶近郊名所つくし-廣重「名所江戶百
　　　　景」へのみち』, 品川區 敎育委員會, 光寫眞印刷株式會社.

新城常三(1982)『新稿社寺參詣の社會經濟史的研究』, 塙書房.

島薗進(2007)『スピリチュアリティの興隆 新靈性文化とその周辺』,
　　　　岩波書店.

ジーボルト(Philipp Franz von Siebold)著, 齋藤信譯(1967)『江戶參府
　　　　紀行』, 平凡社.

　　　　　　　　　　　　　　　　　　　　　　著, 栗原福也編譯(2009)『シー
　　　　ボルトの日本報告 』, 平凡社.

座右宝刊行會(1976)『浮世繪大系 名所江戶百景』16(別卷4), 17(別卷
　　　　5), 集英社.

ジェ ムズ みッチナ コレクション(James A. Michener Collection)
　　　　(1991)『廣重展』, ホノルル美術館, 國際ア ト.

ジェスパ ホフマイヤ(Jesper Hoffmeyer)(2005), 松野孝一郎, 高原美
　　　　規역『生命記号論—宇宙の意味と表象』, 靑土社.

菅原眞弓(2009)『浮世繪版畫の十九世紀—風景の時間,歴史の空間』,ブ
　　　　リュッケ .

鈴木章生(2001)『江戶の名所と都市文化』, 吉川弘文館.

鈴木重三(1970)『廣重』, 日本経濟新聞社.

_____(1971)「風景畫小史」『原色日本の美術24 風景畫と浮世繪師』, 小學館.

_____(1979)『繪本と浮世繪 : 江戶出版文化の考察』, 美術出版社.

鈴木重三, 木村八重子, 大久保純一共著(2004)『保永堂版廣重東海道五拾三次』岩波書店.

鈴木仁一(1971)『末期浮世繪師 - その異常作品群)』, 東京美術.

薗田稔(2000)『季刊 悠久』「日本的集落の構成原理に關するエッセイ」『第83号, 鶴岡八番宮悠久事務局.

高橋克彦(1897)『浮世繪鑑賞事典』, 講談社.

圭室文雄(1992)『大山信仰』, 雄山閣出版.

辻惟雄(2008)『奇想の江戶挿繪』, 集英社.

東京芸術大學美術館(2007)『歌川廣重「名所江戶百景」のすべて』, 芸大ミュ ジアムショップ.

東京新聞(1994)『DISGUISD VISION 視覺の魔術 展』.

東京市役所(1919)『東京市史稿水道篇第一』.

富澤達三(2004)『錦繪のちから―幕末の時事的錦繪とかわら版』, 文生書院.

豊田武, 兒玉幸多編(1970)『体系日本史叢書 24』, 『交通史』, 山川出版社.

內藤正人(2005)『浮世繪再發見』, 小學館.

_____(2007)『もっと知りたい 歌川廣重 : 生涯と作品』, 東京美術.

名古屋市博物館編, 高力猿猴庵(2006)『猿猴庵の本 泉涌寺靈宝拝見図・嵯峨靈仏開帳志』, 名古屋市博物館.

浪江洋二(1961)『白山三業沿革史』, 雄山閣.

永田生慈, 楢崎宗重監修, 河北倫明監修(1996)『日本の浮世繪美術館』, 角川書店.

楢崎宗重, 近藤市太郎(1943)『日本風景版畫史論』, アトリエ社.

楢崎宗重(1984)『廣重の世界 巨匠のあゆみ』, 淸水新書.

西山松之助(1972)「江戸町人總論」『江戸町人の硏究』第1卷, 吉川弘文館.

_____(1974)『江戸町人の硏究』, 吉川弘文館.

長澤利明(1996)『江戸東京の庶民信仰 (三弥井民俗選書)』, 三弥井書店.

中西進(1985)『万葉集(二)』, 講談社文庫.

原信田實(2006)『別冊太陽 浮世繪師列伝』, 「ジャ ナリズム化する浮世繪」, 平凡社.

_____(2007)『謎解き 廣重「江戸百」』, 集英社.

比留間尙(1980)『江戸の開帳』, 吉川弘文館.

藤岡屋由藏(1804-1868)『藤岡屋日記』.

藤懸靜也(1943)『浮世繪之硏究』, 雄山閣.

ヘンリ・スミス(Henry D. Smith)(1992)『廣重 名所繪江戸百景』, 岩波書店.

堀一郎・池田昭譯(1962)『日本の近代化と宗敎倫理』, 未來社.

堀一郎(1993)『聖と俗の葛藤』, 平凡社.

堀晃明(1991)『廣重名所江戸百景 江戸地図付』, 東海銀行國際財団.

_____(1996)『廣重の大江戸名所百景散步-江戸切繪図で歩く-』, 人文社.

正井泰夫(2000)『江戸・東京の地図と景觀』, 古今書院.

松木喜八郎(1939)『廣重江戶風景版畫集』, 岩波書店.

三田元鍾(1975)『切支丹伝承』, 宝文館出版.

南和男(1978)『幕末江戶社會の硏究』, 吉川弘文館.

宮尾しげを(1992)『名所江戶百景』, 集英社.

宮武外骨(1974)『筆禍史』, 原本：淺香書店(1911), 底本：影印版, 崙
書房.

村尾嘉陵, 朝倉治彦編注(1985)『江戶近郊道しるべ』, 平凡社.

メラニ・トレデ,ロ レンツ・ビヒラ (Melanie Trede, Lorenz Bichler)
(2008)『Hiroshige(歌川廣重)名所江戶百景』, TASCHEN.

武者小路穰(1990)『繪師』, 法政大學出版局.

山口桂三郎(1969)『東洋美術選書』「廣重」, 三彩社.

_____(1992)『名品揃物浮世繪12 廣重Ⅲ』, ぎょうせい.

山路興造(2008)『江戶の庶民信仰』, 靑幻舍.

保田与重郎(1942)『風景と歷史』, 保田与重郎全集 全40巻別巻5, 講談社.

ロバト ベラ (Robert N. Bellah)저, 堀一郎・池田昭共譯(1962)『日本
の近代化と宗敎倫理』, 未來社.

渡辺憲司(1994)『江戶遊里盛衰記』, 講談社.

安村敏信,岩崎均史(2009)『廣重と步こう東海道五十三次』, 小學館.

渡辺十千郎(1924)『風景の科學』, 新光社.

吉田豊(2003)『江戶のマスコミ「かわら版」』, 光文社.

David E. Sopher(1967) *Geography of Religions*, New York, Prentice
Hall, Inc.

Henry D. Smith(1986) Hiroshige: *One Hundred Famous Views of
Edo*, New York, G. Braziller.

Julian Bicknell (1994) *Hiroshige in Tokyo: the floating world of Edo*,
　　　　Pomegranate Artbooks.

Oka Isaburo(1997) *HIROSHIGE-Japan's Great Landscape Artist*,
　　　　KODANSHA INTERNATIONAL.

Robert N. Bellah(1957) *Tokugawa Religion,* Chicago, Free Press.

Ruth Benedict(1946) *The Chrysanthemun and The Sword*, Houghton,
　　　　Mifflin Company.

[국내 논문]

강미경(2004)「프랑스 나비파(Nabis)와 자포니즘(Japonisme)의 상
　　　　관관계(相關關係)」『敎育理論과 實踐』Vol. 13, No. 3.

강민기(2009)「1930-1940년대 한국 동양화가의 일본화풍」『美術史
　　　　論壇』Vol. 29.

강민정, 임경호(2011)「자포니즘의 특성이 근대 디자인의 형성에 미
　　　　친 영향」『한국디자인포럼 Vol. 31.

고바야시 다다시(小林忠)(2004)「18세기 일본미술의 한 단면-雅와
　　　　俗의 호응: 본격파 회화와 우키요에」『美術史論壇』Vol. 19.

곽보영(2009)「아르누보 장신구에 표현된 자포니즘 예술특성」『服
　　　　飾』Vol. 59, No. 7.

권선희(1990)「日本美術, 특히 浮世繪가 19세기 西洋 近代美術에 미
　　　　친 影響 硏究」『대전공업대학논문집』Vol. 7, No. 2.

권숙인(1997)「근세 일본에서 대중관광의 발달과 종교-이세신궁참
　　　　배를 중심으로-」『국제지역연구』Vol. 6, No. 1, 서울대학교 국
　　　　제지역원.

김승연, 조향숙(2011)「근대 동북아의 목판화 연구 한,중,일의 18-19
　　　세기 화조목판화를 중심으로」『기초조형학연구』Vol. 12, No. 3.

김애경(2009)「江戶後期の浮世繪にみる視覺イデオロギ : 廣重の名
　　　所江戶百景」『日本 文化學報』Vol. 42.

_____(2010)「에도후기 메이쇼에(名所繪)에 담긴 종교적 표상의 의
　　　미」『日本學報』第84輯.

_____(2010)「히로시게『명소에도백경』속에 담긴「신불(神仏)」표현
　　　의 특징과 의미 고찰」『일본사상』Vol.1 9.

_____(2010)「歌川廣重の『名所江戶百景』にみる宗敎觀の図的表
　　　現」『比較日本學』제23집.

_____(2011)「우키요에(浮世繪) 풍경화 속에 숨겨진「mori(森, 社,
　　　杜)」사상 : 히로시게『명소에도백경』」『일어일문학』Vol. 52.

_____(2012)「우키요에(浮世繪)풍경화 – 속(俗)의 기호행동론적 해
　　　석: 히로시게『명소에도백경』」『日本文化學報』Vol. 52.

김양주(1997) 일본관광명소와 자원의 변천 변화하는 사회적 욕구와
　　　만들어지는 '명소'」『국제지역연구』Vol. 6, No. 1, 서울대학교
　　　국제지역원.

김지영(2005)「우키요에(浮世繪) 표현기법으로서의 미타테(見立) 연
　　　구 스즈키 하루노부(鈴木春信) 작품을 중심으로-」『일본사상』
　　　Vol. 8.

_____(2007)「화중화(畵中畵) 기법을 통해 본 우키요에(浮世繪) 표
　　　현기법 고찰」『일본사상』Vol. 12.

_____(2008)「江戶 대중의 시각 텍스트 수용 양상」『일본어문학』
　　　Vol. 43.

_____(2012)「시각텍스트로 본 주신구라(忠臣藏)」, 한양대학교 대학원, 박사학위 논문.

김중현(2006)「『마넷 살로몽』의 주인공 코리올리스에게 미친 우키요에(l"ukiyo-e)의 영향 고찰」『프랑스학연구』Vol. 38.

마쓰모토신스케(松本眞輔)(2011)「『扶桑略記』에서 본 불상 도래에 관한 인식」『日本文化學報』Vol.51, 한국일본문화학회.

문옥표(1997)「일본관광의 사회조직 단체여행의 역사와 문화」『국제지역연구6』, 서울대학교 지역종합연구소.

문지영(2012)「우타가와 히로시게(歌川重廣)의 우키요에 풍경화(浮世繪風景畵)에 나타난 일본전통교량의 특징과 표현기법」『대한토목학회지』Vol. 60, No. 8.

민병걸(2010)「일본 그래픽디자인의 실천적 기점으로서의 에도 우키요에 고찰」『디자인학연구』Vol. 23, No. 4.

박규태(1996)「일본종교의 현세중심적 에토스-막말기 신종교를 중심으로-」『宗敎學硏究』Vol. 15.

_____(1996)「근세일본의 종교와 문화 현세 중심적 사유의 정착-」『종교와 문화(Religion and Culture)』Vol.2, 서울대학교 종교문제연구소.

_____(2000)「신화·역사·아이덴티티-일본 記紀神話의 古層」『정신문화연구』Vol. 23.

_____(2007)「후지신앙과 여신: 고노하나노사쿠야히메·센겐신사·후지강」『日本思想』第12号.

박옥련, 이행화(2009)「江戸時代 浮世繪에 표현된 女性服 小袖의 특성에 관한고찰」『인문학논총』Vol. 14, No. 2.

박옥련(2011)「에도시대 우키요에(浮世繪)에 나타난 유녀(遊女)의
　　　머리형태에 관한 고찰」『한국인체예술학회지』Vol. 12, No. 4.

성해준, 이성혜(2010)「우키요에(浮世繪)에 표현된 일본인의 성의식」
　　　『일본문화 연구』.

신범순(2002)「민화에서 역원근법의 상징적 의미」, 중한인문과학연
　　　구회 Vol.-No. 8.

양지나, 이상은(2009)「일본 우키요에에 나타난 이미지를 통한 의상
　　　디자인 연구 : 작품에 나타난 문양을 중심으로」『한국의상디자
　　　인학회지』Vol. 11, No. 2.

양지나(2010)「에도시대 우키요에 복식에 표현된 문양과 색채」, 건국
　　　대학교대학원, 박사학위논문.

오쿠보준이치(大久保純一)(2005)「錦繪と繪本一浮世繪版畵の形態
　　　と特質」『국학연구』Vol. 6, 한국국학연구원.

우에하라마사카즈(上原正和)(2004)「風景における傳統的な日本の
　　　美意識とため池景觀」『동북아문화연구』Vol. 6.

이계황(2007)「근세 후지(富士)신앙의 성립과 그 전개」『일본역사연
　　　구 제26집』, 일본사학회.

이마하시리코(今橋理子)(2005)「전설의 기호: 葛飾北齋의〈수박도〉와
　　　칠석」『美術史論壇』Vol. 20.

이미림(2003)「일본 우키요에(浮世繪) 美人畵의 연구동향」『美術史
　　　論壇』Vol.16 17.

＿＿＿(2003)「새로운 미인화(美人畵)의 전형 – 마루야마 오쿄(圓山
　　　応擧)와 신윤복(申潤福)의 미인화(美人畵) 표현」『한국근현대
　　　미술사학』Vol. 11.

_____(2006)「江戶時代 遊女의 肖像 : 寬文美女図를 중심으로」『미술사연구』No. 20.

_____(2008)「江戶時代 視覺文化와 美人大首繪 江戶時代 視覺文化와 美人大首繪」『美術史學硏究』No. 260.

_____(2010)「도시 강호의 허구의 공간-길원에 대하여」『東岳美術史學』Vol. 11.

_____(2012)「近世後期〈美人風俗図〉の繪畵的特徵：日韓比較」『일본문화연구』Vol. 41.

이성례(2008)「일본 에도시대 목판화에 나타난 母子像의 이중 표상」『美術史論壇』Vol. 27.

_____(2010)「일본 근대 메이지기 인쇄 미술에 나타난 현모양처 이미지」『한국근현대미술사학』Vol. 21.

이연식(2007)「고바야시 기요치카(小林淸親)의 작품에 나타난 에도 양풍화(江戶洋風畵)와 우키요에(浮世畵)의 상호영향관계에 대한 연구」, 한국예술종합학교 미술원.

이준섭(2008)「우키요에(浮世繪)로 본 주신구라(忠臣藏)」『일본어문학』Vol. 43.

이진형(2009)「우타가와 히로시게의「우키요에 풍경화」연구」, 성균관대학교교육대학원, 석사학위논문.

이행화, 박옥련(2007)「우키요에(浮世繪)에 표현된 고소데(小袖)의 색채 특성에 관한 연구」『한국의류학회 학술대회논문집』Vol. 2007.

_____(2008)「浮世繪에 표현된 小袖의 문양특성에 관한 연구」『일본근대학 연구』Vol. 20.

이행화(2009)「우키요에(浮世繪)에 나타난 고소데(小袖)의 조형적
　　특성 연구」, 경성대학교 일반대학원, 박사학위논문.

정연경(2007)「영화에 나타나는 일본미술의 요소 영화에 나타나는
　　일본미술의 요소 : 〈프린스 앤 프린세스〉〈킬 빌 1〉〈게이샤의
　　추억〉을 중심으로」『기초 조형학연구』Vol. 8, No. 3.

차미애(2006)「江戶時代 通信使登城行列図」『미술사연구』No. 20.

최수정, 조현신, 이명희(2006)「한국의 민화와 일본의 우키요에(浮世
　　繪)의 비교 연구(1)」『한국디자인학회 학술발표대회 논문집』.

허남린(2008)「비불(秘仏)의 전시와 일본의 종교문화: 개장(開帳)」
　　『종교와 문화(Religion and Culture)』Vol. 14, 서울대학교종교
　　문제연구소.

허남진(2006)「종교지리학: 종교학과 지리학의 경계넘기」『종교문화
　　연구』제8권, 한신인문학연구소.

[국외 논문]

崔京國(1994)「江戶時代における「見立て」文化の總合的研究」, 東京
　　大學, 博士學位論文.

淺野秀剛(1998)「廣重の風景畵の虛構」, 國際浮世繪學會 硏究會.

有賀密夫(1992)「大山門前町の研究」『大山信仰』, 雄山閣出版.

石井硏堂(1922)「廣重の六十余州名所図會剽窃の痕)」『中央美術』82호.

大久保純一(1986)「廣重風景畵における種本利用の諸相について」
　　『名古屋大學文學部硏究論集』XCVI, 哲學32.

加藤政洋(2002)「都市空間の史層, 花街の近代」『10 + 1』No.29.

神谷浩(2000)「風景畵考」『浮世繪芸術』, 國際浮世繪學會 No. 136.

菊池邦彦(2008)「富士山信仰における庚申縁年の由緒について」『國立歷史民俗博物館研究報告』, 佐倉 國立歷史民俗博物館.

久保常晴(1953)「擬宝珠名称考-1-」『立正史學』16, 立正大學史學會.

澤登寬聰(2001)「富士信仰儀礼と江戸幕府の富士講取締令-呪医的信仰儀礼としての江戸市 中への勸進をめぐる身分制的社會秩序の動搖をめぐって-」『法政大學文學部記要』47, 法政大學文學部.

鈴木重三(1992)「浮世繪「揃物」試論」『名品揃物浮世繪12 廣重Ⅲ』, ぎょうせい.

薗田稔(2000)「日本的集落の構成原理に關するエッセイ」『季刊 悠久』第83号, 鶴岡八番宮悠久事務局.

塚本明(2009)「江戸時代における參詣街道沿いの地域社會の構造」『研究成果報告書』.

_____(2010)「近世伊勢神宮領における神仏 關係について」『人文論叢(三重大學)』제27호.

手塚貫(1974)「小島烏水著「浮世繪と風景畵」をめぐって」『浮世繪芸術』, 日本浮世繪協會會誌 38,

原信田實(2006)「浮世繪は出來事をどのようにとらえてきたか」, 神奈川大學21世紀COE プログラム.

林進(2007)「鎭守の森 日本の原風景, 人と森の未來を探る」『神籬』第35号, 西垣林業.

堀越哲美 外(2004)「江戸における遊興地としての寺社・水邊分布に關する研究」『東海支部研究報告集』42.

掘じゅん子(2009)「歌川廣重『名所江戸百景』における遍在する視点

-メデア 近代 ジャポニスム-」, 北海道大學大學院, 博士學位論文.

增野惠子(2008)「志賀重昂『日本風景論』の挿図に關する報告」『非文字資料から人類文化へ』, 神奈川大學21世紀COE プログラム研究推進會議.

松本誠一(1993)「風景畫の成立 日本近代洋畫の場合」『美學』175호, 東京大學出版會.

安西信一(2006)「志賀重昂『日本風景論』における科學と芸術—無媒介性と國粹主義」東北芸術文化學會.

山田雄司(1994)「弁財天の性格とその変容 : 宿神の觀点から」『日本史學集錄』17, 8-26, 筑波大學, 日本史談話會, 18.

湯淺德子(2008)「稻荷信仰から見える江戶」, 東京工業大學校 大學院社會理工研究科, 碩士學位論文.

Bellah Robert N. (1967)「信徒研究 國際會議」, 國學院大學 日本文化研究所 主体, 聖と俗の葛藤.

D. G. Mick(1986) "Consumer Research and Semiotics : Exploring the Morphology of signs, Symbols, Significance", *Journal of Consumer Research*, Vol.13.

Ishimori, Shuzo(1989) "Popularization and Commercialization of Tourism in Early Modern Japan" in *Japanese Civilization in the Modern World* Ⅳ :*Comparative Studies of Economic Institutions*. eds. by Umesao Tadao, Mark Fruin, and Nobuyuki Hata, 『Senri Ethnological Studies』, No. 26.

[기타 간행물]

NHK放送世論調査所(1984)『日本人の宗教意識, NHK世論調査編』,
          日本放送出版協會.

朝日新聞社(1995年 9月 23日 朝刊)

讀賣新聞社(1998年5月)

讀賣新聞社(2008年 5月) 종교의식 여론조사결과

신사 본청(1996年10月)「신사에 관한 의식조사(전국 성인 남녀 2000
          명 대상)」

문화청(1994)『종교연감』, 株式會社 きょうせい.

문화청(2005-2010)『종교연감』, 株式會社 きょうせい.

スタジオジブリ(1988)「이웃집 토토로(となりのトトロ)」, 宮崎駿감독.

＿＿＿＿＿＿(1997)「원령공주(もののけ姫)」, 宮崎駿감독.

＿＿＿＿＿＿(2001)「센과 치히로의 행방불명(千と千尋の神隱
          し)」, 宮崎駿감독.

＿＿＿＿＿＿(2010)「마루 밑 아리에티(借りぐらしのアリエッ
          ティ)」, 米林宏昌감독.

[URL]

Brooklyn Museum : http://www.brooklynmuseum.org/

江戸東京博物館: http://digitalmuseum.rekibun.or.jp/

江戸消防博物館: http://www.bousaihaku.com

江東區深川江戸資料館 畵像DB: http://www.kcf.or.jp/fukagawa/

紙の博物館DB: http://www.papermuseum.jp/

國立國會図書館DB : http://www.ndl.go.jp/

仙台市博物館 畵像DB: http:// www.city.sendai.jp/kyouiku/museum
東京都図書館: http://www.library.metro.tokyo.jp/
東京海洋大學附屬図書館: http://lib.s.kaiyodai.ac.jp/library/archive/
東京大學校大學院 情報學環 學際情報學府図書室 所藏DB：
　　　http://www.lib.iii.u-tokyo.ac.jp/index.html
三重大學図書館 http://culgeo.i-portal.mie-u.ac.jp(龜山美術館 所藏品)
早稻田大學図書館 古典籍總合DB 江戶名所図會: http://www.wul.
　　　waseda.ac.jp
山梨縣立博物館 畵像DB: http://www.museum.pref.yamanashi.jp/
文化廳 http://gyosei.jp

김 애 경(金愛鏡)

한양대학교 문학박사
문학평론가, 수필가, 시인

〈저서〉
「일본의 우키요에 풍경화 속에 담긴 사상」
「신춘문예 등단작가의 한국수필의 원류를 찾아서」
「포물선, 마주보기– 한 치 앞도 볼 수 없어 인생입니다」

우키요에 풍경 속에 담긴 숨은 그림
-기호와 사상-

초 판 인 쇄 | 2021년 1월 8일
초 판 발 행 | 2021년 1월 8일

지 은 이 김애경

책 임 편 집 윤수경

발 행 처 도서출판 지식과교양
등 록 번 호 제2010-19호
주 소 서울시 강북구 우이동108-13 힐파크103호
전 화 (02) 900-4520 (대표) / 편집부 (02) 996-0041
팩 스 (02) 996-0043
전 자 우 편 kncbook@hanmail.net

ISBN 978-89-6764-166-5 93150
정가 40,000원